NomosPraxis

Paul C. Johannes, LL.M | Robert Weinhold

Das neue Datenschutzrecht bei Polizei und Justiz

Europäisches Datenschutzrecht und deutsche Datenschutzgesetze

Nomos

Die Deutsche Nationalbibliothek verzeichnet diese Publikation in der Deutschen Nationalbibliografie; detaillierte bibliografische Daten sind im Internet über http://dnb.d-nb.de abrufbar.

ISBN 978-3-8487-4412-1

1. Auflage 2018

Geleitwort

Die Richtlinie (EU) 2016/680 zum Schutz natürlicher Personen bei der Verarbeitung personenbezogener Daten durch die zuständigen Behörden zum Zwecke der Verhütung, Ermittlung, Aufdeckung oder Verfolgung von Straftaten oder der Strafvollstreckung, sowie zum freien Datenverkehr und zur Aufhebung des Rahmenbeschlusses 2008/977/JI[1] des Rates wurde am 27. April 2016 ausgefertigt und am 4. Mai 2016 im Amtsblatt der Europäischen Union verkündet.[2] Die sogenannte **JI-Richtlinie** (JI-RL) ist von erheblicher Bedeutung für die Datenverarbeitung bei Polizei- und Strafverfolgungsbehörden und wird die Verarbeitung personenbezogener Daten durch diese lange prägen. 1

Die JI-Richtlinie ist Teil der 2012 von der EU-Kommission angestoßenen **grundlegenden Reform des europäischen Datenschutzrechtes.**[3] Nach mehr als vier Jahren Verhandlungen einigten sich das Europäische Parlament und der Rat auf einheitliche neue Datenschutzregeln in der Union. Erlassen wurden dazu zwei neue Regelwerke, die JI-Richtlinie (EU) 2016/680 und die Verordnung (EU) 2016/679 des Europäischen Parlaments und des Rates vom 27. April 2016 zum Schutz natürlicher Personen bei der Verarbeitung personenbezogener Daten, zum freien Datenverkehr und zur Aufhebung der Richtlinie 95/46/EG (Datenschutz-Grundverordnung – DSGVO).[4] Letztere gilt vom 25. Mai 2018 an mit all ihren Regelungen in allen Mitgliedstaaten unmittelbar und wird Teil ihrer Rechtsordnung. Sie bestimmt vorrangig das künftige Datenschutzrecht in der Union.[5] 2

I. Anwendungsbereiche der Datenschutzreform

Die beiden Teile der Datenschutzreform gelten für einen unterschiedlichen Anwendungsbereich. Den **größeren Anwendungsbereich** hat die Datenschutz-Grundverordnung. Sie gilt nach Art. 2 Abs. 1 DSGVO für alle Arten von Datenverarbeitungen, soweit ihre Anwendbarkeit nicht nach Art. 2 Abs. 2 bis 4 DSGVO für einen bestimmten Sachbereich ausgeschlossen wurde.[6] Die JI-Richtlinie gilt dagegen nach Art. 2 Abs. 1 iVm Art. 1 Abs. 1 JI-RL nur für die Verarbeitung personenbezogener Daten zu Zwecken der Verhütung, Ermittlung, Aufdeckung oder Verfolgung von Straftaten oder der Strafvollstreckung, einschließlich des Schutzes vor und der Abwehr von Gefahren für die öffentliche Sicherheit durch die zuständigen Behörden. Schon aufgrund des kleineren Anwendungsbereiches kann die JI-Richtlinie zu Recht als **„kleine Schwester"** der Datenschutz-Grundverordnung bezeichnet werden.[7] 3

Grundverordnung und JI-Richtlinie sind aber nicht nur Geschwister, sie sind **zweieiige Zwillinge** (dizygotisch). Sie sind gleichzeitig von der Kommission vorgeschlagen 4

1 Rahmenbeschluss 2008/977/JI des Rates vom 27. November 2008 über den Schutz personenbezogener Daten, die im Rahmen der polizeilichen und justiziellen Zusammenarbeit in Strafsachen verarbeitet werden, EU ABl. L 350 vom 30.12.2018, 60.
2 EU ABl. L 119 vom 4.5.2016, 89.
3 Siehe http://ec.europa.eu/justice/data-protection/index_de.htm; *Reding*, ZD 2012, 195 ff.
4 EU ABl. L 119 vom 4.5.2016, 1.
5 Siehe dazu *Roßnagel* (Hrsg.) 2017, passim.
6 Siehe dazu *Husemann*, in: Roßnagel 2018, § 3 Rn. 1 ff.
7 So zB *Schwichtenberg*, DuD 2016, 606.

und am gleichen Tag vom Unionsgesetzgeber verabschiedet worden. Sie weisen viele Gemeinsamkeiten auf und sind in vielen Fragen aufeinander abgestimmt. Und dennoch sind sie äußerlich und inhaltlich unterschiedlich.

1. Gemeinsamkeiten

5 Verordnung und Richtlinie haben viele **Gemeinsamkeiten im Aufbau.** So gleichen sich zum Beispiel die Überschriften der Kapitel I bis VIII der beiden Rechtsakte nahezu vollständig. An einigen Stellen bezieht sich JI-Richtlinie sogar ausdrücklich auf die Regelungen oder die Anwendung der Datenschutz-Grundverordnung und verdeutlicht damit deren **Führungsanspruch.**[8] Augenscheinlich diente auch in der Entstehung die Datenschutz-Grundverordnung als Fundament der angestrebten unionsrechtlichen Reform, weswegen sich die Vorschriften der JI-Richtlinie inhaltlich an denen der Grundverordnung orientieren.[9]

6 Auch inhaltlich entsprechen sich viele Regelungen. So sind zum Beispiel die Begriffsbestimmungen fast identisch.[10] Auch die allgemeinen Grundsätze ähneln sich im Wortlaut stark.[11] **Nur leicht abweichende Ausgestaltungen** haben zum Beispiel die Regelungen zur Rechtmäßigkeit der Verarbeitung,[12] zur Verarbeitung besonderer Kategorien von Daten,[13] zum Verzeichnis von Verarbeitungstätigkeiten[14] sowie zum Datenschutzbeauftragten.[15] **Ähnliche Grundstrukturen** im Aufbau und Wortlaut haben außerdem etwa die Regelungen zur automatisierten Entscheidung im Einzelfall,[16] zur Informationsbereitstellung,[17] zum Auskunftsrecht[18] sowie zu den Pflichten des Verantwortlichen.[19]

2. Unterschiede

7 Aber die beiden geschwisterlich verbundenen Rechtsakte sind auch sehr unterschiedlich, und das sowohl hinsichtlich der Form und der Wahl des Rechtsinstruments als auch zum Teil bezogen auf die Inhalte. Neben den ausdrücklich von einander abgegrenzten Anwendungsbereichen,[20] ist der auffälligste Unterschied die **Wahl des Rechtsakts.** Die Datenschutz-Grundverordnung hat als Verordnung gemäß Art. 288 Abs. 2 AEUV allgemeine Geltung. Sie ist in allen ihren Teilen verbindlich und gilt unmittelbar in jedem Mitgliedstaat. Die JI-Richtlinie ist als Richtlinie gemäß Art. 288 Abs. 3 AEUV für jeden Mitgliedstaat, an den sie gerichtet wird, hinsichtlich des zu erreichenden Ziels verbindlich, überlässt jedoch den innerstaatlichen Stellen die **Wahl der Form und der Mittel.**

---

8 Siehe Art. 9 Abs. 1 und 2 JI-RL zum Anwendungsbereich, Art. 41 Abs. 3 JI-RL zur Aufsichtsbehörde und Art. 51 und 58 JI-RL zum Datenschutzausschuss.
9 *Albrecht/Jotzo* 2017, Teil 10 Rn. 8.
10 Vgl. Art. 3 JI-RL mit Art. 4 DSGVO.
11 Vgl. Art. 4 JI-RL mit Art. 5 DSGVO, siehe dazu *Johannes*, ZD-Aktuell 2017, 05852.
12 Vgl. Art. 8 JI-RL mit Art. 6 DSGVO.
13 Vgl. Art. 10 JI-RL mit Art. 9 DSGVO.
14 Vgl. Art. 24 JI-RL mit Art. 30 DSGVO.
15 Vgl. Art. 32-34 JI-RL mit Art. 37-39 DSGVO.
16 Vgl. Art. 11 JI-RL mit Art. 22 DSGVO.
17 Vgl. Art. 13 JI-RL mit Art. 13-14 DSGVO.
18 Vgl. Art. 14 JI-RL mit Art. 15 DSGVO.
19 Vgl. Art. 19-24 JI-RL und Art. 24-30 DSGVO, es fehlt der JI-RL eine dem Art. 27 DSGVO vergleichbare Regelung.
20 Vgl. Art. 2 Abs. 2 lit. d DSGVO und Art. 9 Abs. 1 und 2 Ji-RL.

Das neue europäische Datenschutzrecht wird nicht allein durch die Datenschutz-Grundverordnung geprägt. Dieses wird in vielen Bereichen und Aspekten ergänzt durch Datenschutzregelungen der Mitgliedstaaten. Dadurch entsteht im europäischen Datenschutz eine **Ko-Regulierung** durch Union und Mitgliedstaaten. Erst das komplizierte Zusammenwirken von Unionsrecht und Recht der Mitgliedstaaten bewirkt das zukünftige europäische Datenschutzrecht. Die hohe Abstraktion, Unterkomplexität und Ergänzungsbedürftigkeit der Datenschutz-Grundverordnung führte zwangsläufig dazu, dass das nationale Recht sie konkretisieren und ergänzen muss, um zu rechtssicheren und praktikablen Regelungen zu kommen.[21] 8

Dieses Zusammenwirken ist hinsichtlich der JI-Richtlinie aufgrund der Wahl der Rechtsform einer Richtlinie unausweichlich, denn diese zielt darauf, in nationales Recht umgesetzt zu werden. Dabei muss sie nicht wörtlich übernommen werden, sondern kann in das bestehende nationale Recht eingepflegt werden. Für die Adressaten ist nur das nationale Recht verbindlich. Die Richtlinie ist nur **Maßstab** zur Prüfung der Unionskonformität des nationalen Rechts und als **Orientierung** für dessen Auslegung relevant – wenn sie nicht ausnahmsweise direkt anwendbar ist, weil der Mitgliedstaat die Richtlinie nicht umgesetzt und diese unmittelbar vollziehbar und für den Bürger vorteilhaft ist.[22] 9

Inhaltlich ähneln sich viele Bestimmungen in der Datenschutz-Grundverordnung und der JI-Richtlinie. Unterschiede fallen oft erst durch einen direkten Vergleich des Wortlauts auf.[23] Die JI-Richtlinie enthält aber auch ihre ganz eigenen Regelungen, die kein Vorbild und keine Entsprechung in der Datenschutz-Grundverordnung finden. Zu den **selbständigen Regelungen** der JI-Richtlinie zählen zum Beispiel die zu den besonderen Verarbeitungsbedingungen in Art. 9, zu den Mitteilungen und Modalitäten für die Ausübung der Rechte der betroffenen Personen in Art. 12, zur Ausübung von Rechten der betroffenen Personen in Art. 17 und 18, zur Protokollierung in Art. 25, zur Datenübermittlung in Art. 39 und 40 und zur Meldung von Verstößen an die Aufsichtsbehörde in Art. 48. 10

II. Entstehungsgeschichte und Wahl der Rechtsform

Obwohl die JI-Richtlinie im Schatten der Datenschutz-Grundverordnung steht, darf nicht vergessen werden, dass sie eine eigene Entstehungsgeschichte und eine eigene Vorgängerregelung hat. Dies erklärt auch die Wahl der Rechtsform. 11

1. Entstehungsgeschichte

Nach mehrjährigen Vorbereitungen hat die Europäische Kommission am 25. Januar 2012 ihren Entwurf einer Datenschutz-Grundverordnung[24] zusammen mit einem Entwurf der JI-Richtlinie[25] vorgelegt. Mit dem Entwurf einer Datenschutz-Grundver- 12

21 Dazu ausführlich *Roßnagel* (Hrsg.) 2018, passim.

22 EuGH BeckRS 2004, 70991; BeckRS 2004, 71531; LMRR 1991, 61; NVwZ 1991, 868.

23 Siehe dazu zB *Johannes*, ZD-Aktuell 2017, 05757 zu den Allgemeinen Grundsätzen der Datenverarbeitung *Johannes*, ZD-Aktuell 2017, 05852, zur Datenschutz-Folgenabschätzung; *Johannes*, ZD-Aktuell 2017, 05794, zum Datenschutzbeauftragten.

24 KOM (2012) 11 endg.; siehe hierzu zB Stellungnahme des Ausschusses der Regionen, ABl. C vom 18.12.2012, 391/128; BT-Drs. 17/11325, 2; Bundesrat, BR-Drs. 52/12; Der Europäische Datenschutzbeauftragte, ABl. C vom 30.6.2012, 192/7.

25 KOM (2012) 10 endg.; siehe hierzu zB *Kugelmann*, DuD 2012, 583; *Bäcker/Hornung*, ZD 2012, 147.

ordnung schlug sie eine sehr **radikale Lösung** für die notwendige kontinuierliche Modernisierung des Datenschutzrechts vor, die eine Ermächtigung der Kommission durch viele Kompetenzen zur Rechtssetzung vorsah. Diese Machtkonzentration wurde jedoch durch das Parlament und den Rat verhindert. Dennoch blieb durch die **Wahl einer Verordnung**[26] die Möglichkeit der Mitgliedstaaten zur weiteren Gesetzgebung im Bereich des Datenschutzes beschränkt.[27] Die JI-Richtlinie räumt den Mitgliedstaaten dagegen einen **viel größeren Spielraum** ein: Zum einen gibt die Wahl des Rechtsinstruments den Mitgliedstaaten einen großen Spielraum bei der Umsetzung der unionalen Vorgaben in einzelstaatliches Recht. Zum anderen ist dieser Spielraum besonders groß, weil aufgrund Art. 1 Abs. 3 JI-RL nur eine Mindestharmonisierung vorgesehen ist, von der die Mitgliedstaaten zum stärkeren Schutz der betroffenen Personen abweichen dürfen.

13 Dies ist ein Ergebnis der politischen Einigung im Gesetzgebungsprozess. Die JI-Richtlinie basiert zwar auf einem Vorschlag der Kommission aus 2012, doch schon in der Resolution vom Juli 2011 hatte das Europäische Parlament einen einheitlichen Datenschutz, der auch horizontal für Polizei und Justiz gelten sollte, gefordert. Das Parlament konnte sich gegenüber der Kommission aber nicht durchsetzen. Aufgrund seiner ursprünglichen Forderung bestand das Parlament auf einer gemeinsamen Verhandlung beider Rechtsakte, um einen einheitlichen und kohärenten Rechtsrahmen auch im Bereich der Polizei und Justiz gewährleisten zu können. Dieser ließ sich politisch nur in Form einer Richtlinie und nur in Form der **Mindestharmonisierung** durchsetzen.[28] Eine kohärentere Regelung wäre politisch weder im Rat noch im Parlament durchsetzbar gewesen, da die Regelung der interstaatlichen Datenverarbeitung durch Polizei und Strafjustiz eine Kernzuständigkeit der Mitgliedstaaten ist, die das Unionsrecht bisher nicht betraf.

14 Die neuen unionsrechtlichen Vorgaben in diesem Bereich sind ohnehin erst seit einer Konkretisierung des europäischen Primärrechts denkbar. In den **Verträgen von Lissabon** wurde die Datenverarbeitung durch Polizei und Justiz stärker unionsrechtlich geprägt.[29] Auch wurde Ende 2009 die Europäische Grundrechtecharta (GRCh) in Kraft gesetzt, die in den Art. 7, 8 und 47 Privatsphäre, Telekommunikationsgeheimnis, Datenschutz und einen effektiven Rechtsschutz zusichern, die auch für die Bereiche der Strafverfolgung und der Gefahrenabwehr gelten.[30]

2. Vorgängerregelungen

15 Mit der JI-Richtlinie wird erstmals auch die rein innerstaatliche Datenverarbeitung durch die Polizei und Strafjustiz von europarechtlichen Vorgaben berührt. Dies ist ein Eingriff in die Kernkompetenz eines jeden Mitgliedstaats, den die Vorgängerreglung der JI-Richtlinie bisher nicht vorgesehen hatte. Vorgängerregelung der JI-Richtlinie ist der Rahmenbeschluss 2008/977/JI. Dieser betraf, anders als die Datenschutzrichtlinie, nur den **Datenaustausch zwischen den Mitgliedstaaten**. Die Datenschutzrichtli-

26 Zu den Gründen siehe *Reding*, ZD 2012, 195 ff.
27 Ausführlich zur Entstehungsgeschichte der DSGVO *Roßnagel*, in ders. 2018, § 1 Rn. 15 ff.
28 Siehe Art. 1 Abs. 3 JI-RL; so auch *Schantz*, in Wolff/Schantz 2017, Rn. 205.
29 Zu den Hintergründen und Zielen *Dick*, ZRP 2013, 117 f.
30 *Ennöckl*, in: Sydow 2017, Art. 2 Rn. 14.

nie galt dagegen gemäß Art. 3 Abs. 2 DSRL ausdrücklich nicht für die Datenverarbeitung von Polizei und Strafjustiz.

Der Rahmenbeschluss 2008/977/JI hatte das Ziel, die polizeiliche und justizielle Zusammenarbeit in Strafsachen zwischen den EU-Mitgliedstaaten zu verbessern. Der Beschluss soll den Schutz personenbezogener Daten gewährleisten, die in diesem Kontext verarbeitet werden. Zu diesem Zweck wurden formelle und materielle Bedingungen für die (weitere) Verarbeitung personenbezogener Daten, die zur Verhütung von Straftaten von anderen EU-Mitgliedstaaten, Schengen-assoziierten Staaten und EU-Einrichtungen von Polizei zu Polizei übermittelt wurden, normiert. 16

Der Anwendungsbereich des Rahmenbeschlusses war nach dessen Art. 1 Abs. 2 aber auf die **Übermittlung** personenbezogener Daten beschränkt, die zwischen den zuständigen Stellen der Mitgliedstaaten oder der Union übermittelt oder bereitgestellt wurden. Die Datenschutzvorschriften des Rahmenbeschlusses betrafen also nur den grenzüberschreitenden Datenverkehr, nicht dagegen die Verarbeitung von solchen Daten innerhalb eines Mitgliedstaats. Der Rahmenbeschluss 2008/977/JI enthielt wie die Datenschutz-Richtlinie 95/46/EG Grundsätze zur Datenqualität und zur Zulässigkeit der Verarbeitung sowie die Rechte der betroffenen Person, also etwa Auskunftsrecht, Löschungsrecht und Beschwerderecht an die Datenschutzkontrollstelle. Im Gegensatz zur Datenschutz-Richtlinie waren diese nach Art. 1 Abs. 5 Rahmenbeschluss aber als Mindeststandard konzipiert. Den Mitgliedstaaten war es erlaubt, abweichend vom Rahmenbeschluss, strengere Vorschriften im nationalen Bereich zu erlassen oder beizubehalten.[31] Das **Schutzniveau** des Rahmenbeschlusses blieb deshalb weit hinter dem der Datenschutz-Richtlinie zurück.[32] 17

III. Umsetzung in deutsches Recht

Zeit für die Umsetzung der Richtlinie verbleibt den Mitgliedstaaten nach Art. 63 Abs. 1 JI-RL bis zum 6. Mai 2018. Nach Art. 59 JI-RL wird der Rahmenbeschluss 2008/977/JI mit Wirkung vom 6. Mai 2018 aufgehoben. Die Datenschutz-Grundverordnung wird dagegen zum 25. Mai 2018 direkt anwendbar. Sowohl der Bundes- als auch die Landesgesetzgeber sind dazu verpflichtet, bis zum 6. Mai 2018 die Rechtsvorschriften zu erlassen und zu veröffentlichen, die erforderlich sind, um der JI-Richtlinie nachzukommen. Sie haben der Kommission unverzüglich den Wortlaut dieser Vorschriften mitzuteilen und diese Vorschriften ab dem 6. Mai 2018 anzuwenden. Die **Umsetzung** erfordert den Erlass derjenigen **innerstaatlichen Handlungsform,** die für die Gewährleistung der praktischen Wirksamkeit des Gemeinschaftsrechts ("effet utile") am besten geeignet ist. Die aufgrund der Richtlinie erlassenen Umsetzungsrechtsakte stehen nicht mehr zur freien Disposition des nationalen Gesetzgebers, der keine entgegenstehende Abänderung vornehmen darf. 18

Der Bundesgesetzgeber hat noch in der 18. Legislaturperiode des Deutschen Bundestags neue Datenschutzgesetze erlassen, die sowohl die JI-Richtlinie umsetzen als auch die Datenschutz-Grundverordnung ergänzen und konkretisieren. In Art. 1 des Gesetzes zur Anpassung des Datenschutzrechts an die Verordnung (EU) 2016/679 und zur Umset- 19

31 *Brühann*, in v.d. Groeben/Schwarze/Hatje 2015, Art. 16 AEUV, Rn. 125.
32 So auch *Brühann*, in v.d. Groeben/Schwarze/Hatje 2015, Art. 16 AEUV, Rn. 126.

zung der Richtlinie (EU) 2016/680 (**Datenschutz-Anpassungs- und -Umsetzungsgesetz EU – DSAnpUG-EU** – DSAnpUG-EU) vom 30. Juni 2017[33] ist das neue Bundesdatenschutzgesetz enthalten. Dieses tritt am 25. Mai 2018 – zusammen mit dem Geltungsbeginn der Datenschutz-Grundverordnung in Deutschland – in Kraft und wird das bisherige Bundesdatenschutzgesetz zu diesem Zeitpunkt vollständig ersetzen.

20 Das **neue Bundesdatenschutzgesetz** (im Folgenden BDSG) regelt im ersten Teil in §§ 1 bis 21 ua Definitionen, allgemeine Erlaubnistatbestände sowie die Stellung und die Aufgaben der Bundesbeauftragten für den Datenschutz und die Informationsfreiheit. Diese Regelungen gelten sowohl für die Anpassung an die Verordnung als auch für die Umsetzung der JI-Richtlinie. Der zweite Teil betrifft in §§ 22 bis 44 allein die Anpassung des allgemeinen Bundesdatenschutzrechts an die Verordnung. Er enthält Vorgaben für besondere Verarbeitungssituationen, für zulässige Zweckänderungen und für Einschränkungen der Rechte der betroffenen Personen. Im dritten Teil finden sich in §§ 45 bis 84 spezifische Bestimmungen zur Umsetzung der JI-Richtlinie.

21 Die Datenschutz-Grundverordnung ist ab dem 25. Mai 2018 in Deutschland direkt anwendbar. Regelungen des alten und neuen Datenschutzrechts, die der Verordnung widersprechen, dürfen nicht mehr angewandt werden, da die Verordnung **Anwendungsvorrang** hat.[34] Hinsichtlich der JI-Richtlinie ist dagegen vorrangig deren Umsetzung im deutschem Recht zu beachten und nicht der Wortlaut der JI-Richtlinie selbst.[35]

IV. Zielsetzungen des Buches

22 In dieser Situation will das vorliegende Buch klären, wie die Umsetzung der JI-Richtlinie im neuen Bundesdatenschutzgesetz zu verstehen ist, welche Auswirkungen diese haben und welche Spielräume sie dem nationalen Datenschutzrecht lassen. Es will einen Beitrag zur **Datenschutzrechtswissenschaft** leisten, indem es klärt, wie der Anwendungsbereich der JI-Richtlinie und des Teil 3 des neuen Bundesdatenschutzgesetzes zu bestimmen ist. Zum anderen zeigt es, wie der Bundesgesetzgeber die JI-Richtlinie im Bundesrecht umgesetzt hat. Dies ist wichtig, weil er damit eine Vorreiterrolle für die Umsetzung in den Landesdatenschutzgesetzen einnimmt. Die Länder müssen entscheiden, inwieweit sie den Vorgaben des Bundes entsprechen oder ob und wie sie sich inhaltlich von ihm abgrenzen wollen. Es will der **Datenschutzpraxis** Hilfestellungen bieten, indem es für wichtige Anwendungsbereiche und Fragestellungen feststellt, welche Rechtsvorschriften des Teil 3 des neuen Bundesdatenschutzgesetzes im Lichte der Vorgaben der JI-Richtlinie auszulegen sind. Schließlich will es bei **rechtspolitischen Datenschutzdiskussion** in Deutschland helfen, indem es die Umsetzung der JI-Richtlinie im neuen Bundesdatenschutzgesetz dieser synoptisch gegenüberstellt. So wird verdeutlicht, welche Regelungen wie vom Bundesgesetzgeber umgesetzt und interpretiert wird. Dies ist eine Hilfe bei der Umsetzung der JI-Richtlinie in Landesrecht und Fachrecht.

Kassel, Februar 2018 *Alexander Roßnagel*

---

33 BGBl. I, 2097.
34 Siehe näher *Roßnagel*, in ders. 2018, § 2 Rn. 1 ff.
35 Siehe Rn. 9.

Vorwort der Autoren

Das europäische Datenschutzrecht befindet sich seit 2016 in einer Phase nachhaltiger Erneuerung. Der Datenschutz oder der Schutz natürlicher Personen bei der Verarbeitung personenbezogener Daten wird seit langem als wichtiger Bestandteil des EU-Rechts angesehen. Trotz dieser breiten Anerkennung gab es jedoch bei einigen europäischen Datenschutznormen unterschiedliche nationale Umsetzungen, während andere nicht in den Anwendungsbereich des Gemeinschaftsrechts fielen, so dass der Rechtsrahmen fragmentiert ist. Unstimmigkeiten und erhebliche Rechtsunsicherheit ist die Folge. Insbesondere der Datenschutz in den Bereichen Strafverfolgung und Strafrechtspflege war auf zahlreiche bilaterale Abkommen und Instrumente der Union verteilt, die unter einem begrenzten Anwendungsbereich und häufig niedrigen Mindeststandards litten. Als direkte Folge davon hat die Europäische Kommission die neue Rechtsgrundlage des Vertrags von Lissabon voll ausgeschöpft und 2012 eine umfassende Reform des Datenschutzes für die Union vorgeschlagen. Parallel zur Datenschutz-Grundverordnung, die die Verarbeitung personenbezogener Daten zu allgemeinen und kommerziellen Zwecken umfasst, hat die Kommission eine Richtlinie für Polizei- und Strafverfolgungsbehörden vorgeschlagen. Nach vierjährigen Verhandlungen und Änderungen hat der europäische Gesetzgeber seine Datenschutzreformen abgeschlossen und beide Rechtsakte verabschiedet.

Am 4. Mai 2016 wurde die Richtlinie (EU) 2016/680 zum Schutz natürlicher Personen bei der Verarbeitung personenbezogener Daten durch die zuständigen Behörden zum Zwecke der Verhütung, Ermittlung, Aufdeckung oder Verfolgung von Straftaten oder der Strafvollstreckung, sowie zum freien Datenverkehr und zur Aufhebung des Rahmenbeschlusses 2008/977/JI des Rates im Amtsblatt der Europäischen Union verkündet. Gemäß Art. 63 der Richtlinie haben die Mitgliedstaaten bis 6. Mai 2018 Zeit, die Richtlinie in nationales Recht umzusetzen. Die Richtlinie über die Polizei- und Strafverfolgungsbehörden (nachstehend "JI-Richtlinie" genannt) ist von erheblicher Bedeutung und wird die Verarbeitung personenbezogener Daten durch die Polizei sowie die Justiz- und Strafverfolgungsbehörden auf Jahre hinaus prägen.

Mit dem Ziel diesem gesetzlichen Anpassungsbedarf im Datenschutz nachzukommen hat die Bundesregierung Anfang Februar 2017 den Entwurf des Datenschutz-Anpassungs- und Umsetzungsgesetzes EU (DSAnpUG-EU) in das Gesetzgebungsverfahren eingebracht und dem Bundesrat zugeleitet. Das Gesetz wurde am 5. Juli 2017 verkündet. Das darin enthaltene neue Bundesdatenschutzgesetz soll auch die JI-Richtlinie umsetzen.

Dieses Handbuch ist eine Analyse des oft vernachlässigten, aber unverkennbar wichtigen Teils der europäischen Datenschutzreform aus dem Blickwinkel der Umsetzung der JI-Richtlinie im zukünftigen Bundesdatenschutzgesetz. Es soll Leitfaden und Auslegungshilfe zugleich sein.

Das Handbuch hat drei Teile:

1. Es gibt in § 1 einen grundlegenden Überblick zur JI-RL und deren deutschen Umsetzung im BDSG. Die Umsetzung wird auf Vollständigkeit und Konformität mit den unionsrechtlichen Vorgaben überprüft.
2. In § 2 stellt es die Regelungen der JI-Richtlinie in Form einer Synopse mit den entsprechenden Vorschriften des BDSG gegenüber. Dabei reiht es als Arbeits- und Auslegungshilfe zum einen die Erwägungsgründe und zum anderen die Gesetzesbegründung zwischen Artikel und Paragrafen ein. Dies ist eine praktische Auslegungshilfe für Teil 3 des neuen Bundesdatenschutzgesetzes. Sie hilft auch bei der Erstellung weiterer länder- und bereichspezifischer Regelungen im Anwendungsbereich der JI-Richtlinie.
3. In § 3 stellt es in einer Kurzsynopse die Paragrafen des BDSG mit denen der DSGVO und der JI-RL gegenüber.

Alle drei Teile sollen der weiteren Erarbeitung dieses wichtigen Teils des Datenschutzrechts dienen. Denn Polizeirecht ist und wird auch zukünftig zu einem wesentlichen Teil aus Datenschutzrecht bestehen.

Die Autoren sind wissenschaftliche Mitarbeiter der Projektgruppe verfassungsverträgliche Technikgestaltung (provet) unter der Leitung von Prof. Dr. Alexander Roßnagel im Wissenschaftlichen Zentrum für Informationstechnik-Gestaltung (ITeG). Diese Forschungseinrichtung der Universität Kassel widmet sich der interdisziplinären Gestaltung gesellschaftlich wünschenswerter Informations- und Kommunikationstechnik aus einer soziotechnischen Perspektive. Mit der Bündelung von Kompetenzen aus Informatik, Ergonomie, Technikrecht, Wirtschaftsinformatik und Wirtschaftspsychologie ist das ITeG ein auf die nachhaltige Stärkung des Forschungsprofils der Universität Kassel ausgerichteter Forschungsverbund. Provet im ITeG führt interdisziplinäre Forschungsprojekte zu Rechtsfragen der Informations- und Kommunikationstechniken durch. Das deutsche und europäische Datenschutzrecht ist von zentraler Bedeutung für die Projektarbeit im ITeG und bei provet.

Dieses Handbuch wurde im Rahmen der Projektarbeit des Projektes „Linked-Data-basierte Kriminalanalyse – Integration vernetzter Daten und Früherkennung von Phänomenen der Organisierten Kriminalität“ (LiDaKrA) (FKZ 13N13626) und des Projektes „Multisensoriell gestützte Erfassung von Straftätern in Menschenmengen bei komplexen Einsatzlagen“ (MUSKAT) (FKZ 13N13246) erstellt und mit Mitteln des Bundesministeriums für Bildung und Forschung (BMBF) als Projektträger gefördert. Wir danken dem BMBF für die Unterstützung und gute Zusammenarbeit.

Wir bedanken uns bei allen, die uns bei der Erstellung dieses Buches unterstützt haben. Unser Dank gilt insbesondere Herrn Prof. Dr. Roßnagel für die hilfreichen Anregungen und die konstruktive Kritik bei der Erstellung des Manuskripts. Bedanken möchten wir uns bei all unseren Kollegen für die zahlreichen interessanten Debatten und Ideen, die dazu beigetragen haben dieses Handbuch zu erstellen. Insbesondere Charlotte Husemann, Johanna Hofmann, Johannes Müller, Maxi Nebel, Verena Ossoinig, Natalie Maier, Nadine Miedzianowski, Kevin Marshall, Stephan Blazy, Christian Geminn, Anne Laubach und Phillip Richter, haben uns mit konstruktiver Kritik bei der Finalisierung des Manuskripts unterstützt.

Düsseldorf und Kassel, Februar 2018 *Robert Weinhold, Paul Johannes*

Inhaltsverzeichnis

Über die Autoren

Paul C. Johannes, LL.M., RA: Studierte Rechtswissenschaften und Informatik an der Friedrich-Schiller-Universität (Jena), der Leibniz Universität (Hannover) und der Queen Mary University (London). Absolvent des European Legal Informatics Study Programmes (EULISP). Seit 2009 Rechtsanwalt mit den Tätigkeitsschwerpunkten IT-Recht und Datenschutzrecht. Seit 2010 wissenschaftlicher Mitarbeiter in der „Projektgruppe verfassungsverträgliche Technikgestaltung“ (provet) im Wissenschaftlichen Zentrum für Informationstechnik-Gestaltung (ITeG). Mitarbeit ua in den interdisziplinären Projekten „Beweissicheres elektronisches Laborbuch“ (BeLab), „ProPrivacy“ und „Integration vernetzter Daten und Früherkennung von Phänomenen der Organisierten Kriminalität“ (LiDaKrA). Seit Oktober 2017 stellvertretender Geschäftsführer der Projektgruppe. Er publiziert und referiert ua zum Datenschutzrecht, zum Wissenschaftsrecht und dem Recht des elektronischen Geschäfts- und Rechtsverkehrs.

Robert Weinhold, RA: Studierte Rechtswissenschaften an der Georg-August-Universität in Göttingen und war dort wissenschaftlicher Mitarbeiter im Projekt „Scalable Measures for Automated Recognition Technologies“ (SMART). Das Referendariat absolvierte er in Kassel und München ua bei der ProSiebenSat.1 Media SE. Bis Oktober 2017 war er wissenschaftlicher Mitarbeiter der „Projektgruppe verfassungsverträgliche Technikgestaltung“ (provet) im wissenschaftlichen Zentrum für Informationstechnik-Gestaltung (ITeG) in dem Projekt „Multisensoriell gestützte Erfassung von Straftätern in Menschenmengen bei komplexen Einsatzlagen“ (Muskat). Seit November 2017 ist er Rechtsanwalt in Düsseldorf. Er publiziert und hält Vorträge ua zum Wettbewerbs-, Verbraucherschutz- und Datenschutzrecht.

Abkürzungsverzeichnis

aA	anderer Ansicht
Abs.	Absatz
AEUV	Vertrag über die Arbeitsweise der europäischen Union
aF	alte Fassung
Alt.	Alternative
AntiDopG	Anti-Doping-Gesetz
AO	Abgabenordnung
Art.	Artikel
ASOG Bln	Allgemeines Gesetz zum Schutz der öffentlichen Sicherheit und Ordnung in Berlin
AsylG	Asylgesetz
ATDG	Antiterrordateigesetz
AufenthG	Aufenthaltsgesetz
AWG	Außenwirtschaftsgesetz
Az.	Aktenzeichen
AZRG	Gesetz über das Ausländerzentralregister
BayObLG	Bayerisches Oberstes Landesgericht
BbGPolG	Gesetz über die Aufgaben, Befugnisse, Organisation und Zuständigkeit der Polizei im Land Brandenburg
BDSG	Bundesdatenschutzgesetz vom 30. Juni 2017
BDSG aF	Bundesdatenschutzgesetz in der Fassung der Bekanntmachung vom 14. Januar 2003
beA	Besonderes elektronisches Anwaltspostfach
BeckEuRS	Beck online Rechtsprechung des EuGH, EuG und EuGöD
BeckOK	Beck'scher Online-Kommentar
BeckRS	Beck-Rechtsprechung
Beschl.	Beschluss
BfDI	Bundesbeauftragte(r) für den Datenschutz und die Informationssicherheit
BGB	Bürgerliches Gesetzbuch
BGBl.	Bundesgesetzblatt
BGH	Bundesgerichtshof
BGHSt	Entscheidungen des Bundesgerichtshofs in Strafsachen
BKA-Daten-Verordnung	Verordnung über die Art der Daten, die nach den §§ 8 und 9 des Bundeskriminalamtgesetzes gespeichert werden dürfen
BKAG	Bundeskriminalamtgesetz
BMI	Bundesministerium des Innern
BMBF	Bundesministerium für Bildung und Forschung
BND	Bundesnachrichtendienst
BNDG	Gesetz über den Bundesnachrichtendienst
BPolG	Gesetz über die Bundespolizei (Bundespolizeigesetz)
BR	Bundesrat

BR-Drs.	Bundesratsdrucksache
BremPolG	Bremisches Polizeigesetz
BSI	Bundesamt für Sicherheit in der Informationstechnik
BSIG	BSI-Gesetz
BT	Bundestag
BT-Drs.	Bundestagsdrucksache
BVerfG	Bundesverfassungsgericht
BVerfGE	Entscheidungen des Bundesverfassungsgerichts
BVerfSchG	Bundesverfassungsschutzgesetz
CL&SR	Computer Law & Security Review (Zeitschrift)
CR	Computer und Recht (Zeitschrift)
ders.	Derselbe
Drs.	Drucksache
DSGVO	Datenschutz-Grundverordnung
DSK	Datenschutzkonferenz der unabhängigen Datenschutzbehörden des Bundes und der Länder
DSRL	Richtlinie 95/46/EG des Europäischen Parlaments und des Rates vom 24. Oktober 1995 zum Schutz natürlicher Personen bei der Verarbeitung personenbezogener Daten und zum freien Datenverkehr – Datenschutz-Richtlinie
DSAnpUG-EU	Datenschutz-Anpassungs- und Umsetzungsgesetz EU
DuD	Datenschutz und Datensicherheit (Zeitschrift)
DVBl.	Deutsches Verwaltungsblatt (Zeitschrift)
e.V.	eingetragener Verein
EG	Europäische Gemeinschaft
Eg.	Erwägungsgrund
EGMR	Europäischer Gerichtshof für Menschenrechte
EGVP	Elektronisches Gerichts- und Verwaltungspostfach
EL	Ergänzungslieferung
EMRK	Europäische Menschenrechtskonvention
Ergl.	Ergänzungslieferung
et al.	et alteri (und andere)
EU	Europäische Union
EU ABl.	Amtsblatt der Europäischen Gemeinschaften/Union
EuG	Gerichte der Europäischen Union
EuGH	Europäischer Gerichtshof
EuGöD	Gericht für den öffentlichen Dienst der Europäischen Union
EuR	Europarecht (Zeitschrift)
EUV	Vertrag über die Europäische Union
EuZW	Europäische Zeitschrift für Wirtschaftsrecht (Zeitschrift)
f. / ff.	Folgende
Fn.	Fußnote
G 10	Artikel 10-Gesetz
GG	Grundgesetz
GPS	Global Positioning System

GRCh	Charta der Grundrechte der Europäischen Union
GVG	Gerichtsverfassungsgesetz
GVGEG	Einführungsgesetz zum Gerichtsverfassungsgesetz
HDSG	Hessisches Datenschutzgesetz
HessJStVollzG	Hessisches Jugendstrafvollzugsgesetz
HPresseG	Hessisches Pressegesetz
Hrsg.	Herausgeber
Hs.	Halbsatz
HSOG	Hessisches Gesetz über die öffentliche Sicherheit und Ordnung
HSOG-DVO	Verordnung zur Durchführung des Hessischen Gesetzes über die öffentliche Sicherheit und Ordnung und des Hessischen Freiwilligen-Polizeidienst-Gesetzes
HStVollzG	Hessisches Strafvollzugsgesetz
HSÜG	Hessisches Sicherheitsüberprüfungsgesetz
iSd	im Sinne des
iSv	im Sinne von
iVm	in Verbindung mit
IP	Information à la presse
IT	Informationstechnologie
ITeG	Wissenschaftliches Zentrum für Informationstechnik-Gestaltung
JI-RL	Richtlinie (EU) 2016/680 des Europäischen Parlaments und des Rates vom 27.4.2016
jurisPR-ArbR	juris PraxisReport Arbeitsrecht
juris-PR ITR	juris PraxisReport IT-Recht
Kap.	Kapitel
KG	Kammergericht
KK-StPO	Karlsruher Kommentar zur StPO
KOM	Dokumente der Kommission der EG
KritV	Die Kritische Vierteljahresschrift für Gesetzgebung und Rechtswissenschaft (Zeitschrift)
LG	Landgericht
lit.	littera (Buchstabe)
Ls.	Leitsatz
LVwG SH	Allgemeines Verwaltungsgesetz für das Land Schleswig-Holstein
mwN	mit weiteren Nachweisen
MADG	Gesetz über den militärischen Abschirmdienst (MAD-Gesetz)
M-V	Mecklenburg-Vorpommern
Nds. SOG	Niedersächsisches Gesetz über die öffentliche Sicherheit und Ordnung
NJ	Neue Justiz (Zeitschrift)
NJW	Neue Juristische Wochenzeitschrift (Zeitschrift)
Nr.	Nummer
NRW	Nordrhein-Westfalen
NVwZ	Neue Zeitschrift für Verwaltungsrecht (Zeitschrift)
NZA	Neue Zeitschrift für Arbeitsrecht (Zeitschrift)

OLG	Oberlandesgericht
OVG	Oberverwaltungsgericht
PAG Bay	Gesetz über die Aufgaben und Befugnisse der Bayerischen Staatlichen Polizei
POG RP	Polizei- und Ordnungsbehördengesetz Rheinland-Pfalz
PolEDVG	Gesetz über die Datenverarbeitung der Polizei Hamburg
PolG BW	Polizeigesetz Baden-Württemberg
PolG NRW	Polizeigesetz des Landes Nordrhein-Westfalen
Provet	Projektgruppe verfassungsverträgliche Technikgestaltung
RiStBV	Richtlinie für das Strafverfahren und das Bußgeldverfahren
RL	Richtlinie
Rn.	Randnummer(n)
Rs.	Rechtssache
S. / s.	Siehe
s.a.	siehe auch
SächsPolG	Polizeigesetz des Freistaates Sachsen
SGB	Sozialgesetzbuch
SGB X	Zehntes Buch Sozialgesetzbuch – Sozialverwaltungsverfahren und Sozialdatenschutz
Slg	Sammlung
SOG LSA	Gesetz über die öffentliche Sicherheit und Ordnung des Landes Sachsen-Anhalt
SOG M-V	Gesetz über die öffentliche Sicherheit und Ordnung in Mecklenburg-Vorpommern
SPolG	Saarländisches Polizeigesetz
StGB	Strafgesetzbuch
StPO	Strafprozessordnung
StV	Der Strafverteidiger (Zeitschrift)
StVG	Straßenverkehrsgesetz
StVollzG	Strafvollzugsgesetz
SÜG	Sicherheitsüberprüfungsgesetz
SWD	Arbeitsunterlagen der Kommissionsdienststellen
TDSV	Telekommunikations-Datenschutzverordnung
ThürPAG	Thüringer Gesetz über die Aufgaben und Befugnisse der Polizei
TK	Telekommunikation
TK-Anbieter	Telekommunikationsanbieter
TKG	Telekommunikationsgesetz
TMG	Telemediengesetz
ua	unter anderem, und andere
u.v.m.	und viele mehr
UAbs.	Unterabsatz
SÜG	Sicherheitsüberprüfungsgesetz
UCLA	University of California, Los Angeles
UKlaG	Unterlassungsklagegesetz
ULD	Unabhängiges Landeszentrum für Datenschutz Schleswig-Holstein

Urt.	Urteil
UWG	Gesetzes gegen den unlauteren Wettbewerb
v.	von
v.d.	von der
VerfSchutzG HE 1990	Gesetz über das Landesamt für Verfassungsschutz vom 19. Dezember 1990
Vgl.	Vergleich(e)
VO	Verordnung
Vorl. Beschl.	Vorlagebeschluss
VwGO	Verwaltungsgerichtsordnung
VwVfG	Verwaltungsverfahrensgesetz
WP	Working Paper
zB	zum Beispiel
ZD	Zeitschrift für Datenschutz (Zeitschrift)
ZD-Aktuell	Newsdienst ZD-Aktuell
ZFdG	Zollfahndungsdienstgesetz
ZollVG	Zollverwaltungsgesetz
ZIS	Zeitschrift für Internationale Strafrechtsdogmatik
ZPO	Zivilprozessordnung
ZRP	Zeitschrift für Rechtspolitik (Zeitschrift)

§ 1 Grundlagen

Mobile Kommunikation und Breitband erlauben heute Daten aus allen Bereichen des Lebens zu sammeln und zu teilen. Neue Technologien bringen viele Vorteile, doch sie bergen auch Gefahren für den **Schutz der Privatsphäre.** Beides birgt Chancen und Risiken für die Verarbeitung von personenbezogenen Daten zur Verhinderung und Aufklärung von Verbrechen. Zahlreiche technische Innovationen sind bei Strafverfolgungs- und Gefahrenabwehrbehörden in ganz Europa eingezogen. Maßnahmen wie Predictive Policing, automatisierte KFZ-Kennzeichenerfassung, Entscheidungsunterstützungssysteme oder intelligente Videoüberwachungssysteme führen dazu,[1] dass in großem Umfang personenbezogene Daten zu Zwecken der **Strafverfolgung** und **Gefahrenabwehr** ausgewertet werden können. Der grenzüberschreitende Austausch von Daten wird mittels Technik erleichtert und gewinnt dadurch weiter an Bedeutung. 1

Sowohl die Datenverarbeitung als auch die Zusammenarbeit zwischen den Straf- und Ermittlungsbehörden der Mitgliedstaaten haben sich weiterentwickelt. Der zwischenstaatliche Informationsaustausch ist ein zentrales Instrument für die Sicherheit. Diese Ausweitung ist mit Risiken für die **Grundrechte** der Bevölkerung verbunden. Diese lassen sich nur durch Gewährleistung der Qualität der Datenverarbeitung schützen. Fehlinformationen, Verwechslungen oder unberechtigte Datenverarbeitung müssen verhindert werden. Diese Maßnahmen liegen im Interesse der Sicherheitsbehörden selbst, da so Fehler durch veraltete oder unrichtige Daten vermieden werden können.[2] 2

Um diesen Entwicklungen rechtlich zu begegnen, ist ein **einheitlicher Rechtsrahmen** auf europäischer Ebene erforderlich. Mit dem Ziel die Privatsphäre der Bürger besser zu schützen und Behörden sowie Unternehmen Rechtssicherheit und transparente Regeln zum Umgang mit Kundendaten zur Verfügung zu stellen, verabschiedete der europäische Gesetzgeber nach mehrjähriger Beratung Anfang 2016 das sogenannte Datenschutzpaket[3] als neuen gesetzlichen Rahmen.[4] Es besteht aus **Datenschutz-Grundverordnung** (DSGVO)[5] und der **Richtlinie** zum Schutz natürlicher Personen bei der Verarbeitung personenbezogener Daten zum Zweck der Strafverfolgung und Strafvollstreckung (JI-Richtlinie).[6] 3

Ab dem 25. Mai 2018 wird die Datenschutz-Grundverordnung in Kraft treten und unmittelbar geltendes Recht in allen Mitgliedstaaten der Europäischen Union (EU) 4

1 Siehe zum Beispiel Forschungsprojekte des BMBF CamInSens (Fkz. 13N108 09 bis 14), LiDaKrA (Fkz. 13N136 25 bis 28), Muskat (Fkz. 13N132 46 bis 49), Kreta (Fkz. 13N11453).

2 *Aden*, BT Ausschussdrucksache 18(4)824 G, 2.

3 Dazu http://ec.europa.eu/justice/data-protection/reform/index_en.html.

4 Zur Gesetzgebungshistorie *Roßnagel*, in: Roßnagel 2018, § 1 Rn. 1 ff.

5 Verordnung (EU) 2016/679 des Europäischen Parlaments und des Rates vom 27. April 2016 zum Schutz natürlicher Personen bei der Verarbeitung personenbezogener Daten, zum freien Datenverkehr und zur Aufhebung der Richtlinie 95/46/EG (Datenschutz-Grundverordnung), EU ABl. 119 vom 4.5.2016, 1; im Folgenden DSGVO oder die Verordnung.

6 Richtlinie (EU) 2016/680 des Europäischen Parlaments und des Rates vom 27. April 2016 zum Schutz natürlicher Personen bei der Verarbeitung personenbezogener Daten durch die zuständigen Behörden zum Zwecke der Verhütung, Ermittlung, Aufdeckung oder Verfolgung von Straftaten oder der Strafvollstreckung sowie zum freien Datenverkehr und zur Aufhebung des Rahmenbeschlusses 2008/977/JI des Rates, EU ABl. 119 vom 4.5.2016, 89; im Folgenden JI-RL oder die Richtlinie.

sein. Der **Grundsatz des Anwendungsvorrangs**[7] sorgt dafür, dass ab dann viele nationale Regelungen keine Anwendung mehr finden.[8] Ziel der Verordnung ist ein gleichwertiges Schutzniveau für die Rechte und Freiheiten natürlicher Personen bei der Verarbeitung von Daten in allen Mitgliedstaaten.[9] Die Grundverordnung bedeutet eine fundamentale Neuordnung des europäischen Datenschutzrechts.[10] Gestützt auf Art. 16 Abs. 2 AEUV wird mit ihr eine **Vollharmonisierung** verfolgt. Ob dieses Ziel erreicht wird, steht infrage. Zum einen durch die vielfach besprochenen, diversen Öffnungsklauseln, die auszufüllen den Mitgliedstaaten offensteht.[11] Zum anderen durch die grundsätzlich starke Auslegungsbedürftigkeit der unterkomplexen Grundverordnung selbst.[12] Die Datenschutz-Grundverordnung sieht eine Reihe von **Öffnungsklauseln** für den nationalen Gesetzgeber vor. Zugleich enthält die Verordnung an die Mitgliedstaaten gerichtete Regelungsaufträge. Daraus ergibt sich gesetzlicher Anpassungsbedarf im nationalen Datenschutzrecht. Die Grundverordnung ist vielfach besprochen und bereits mehrfach kommentiert.[13]

5 Im Gegensatz zur Datenschutz-Grundverordnung ist die **JI-Richtlinie** in der öffentlichen Wahrnehmung nur wenig beachtet worden. Sie steht im Schatten der Grundverordnung. Das ist angesichts der hohen praktischen Relevanz, die der Datenaustausch zwischen Sicherheitsbehörden im allgemeinem und insbesondere im Zusammenhang mit der Terrorismusbekämpfung erlangt hat, zu bedauern.[14] Zwar hat die JI-Richtlinie nicht die gleiche Anwendungsrelevanz wie die Datenschutz-Grundverordnung, doch ist sie sehr bedeutend für den europäischen Datenschutz auf ihrem Anwendungsgebiet. Die Bereiche Strafverfolgung und Gefahrenabwehr sind hochsensibel und eingriffsintensiv. Die Mitgliedstaaten sind durch die JI-Richtlinie zur Gesetzgebung über die polizeiliche und strafverfolgende Datenverarbeitung verpflichtet. In Deutschland betrifft dies nicht nur das Polizeirecht des Bundes,[15] sondern auch das Polizeirecht der Länder.[16]

I. JI-Richtlinie

6 Die Richtlinie beruht auf dem **Kompetenztitel** der Europäischen Union aus **Art. 16 AEUV**,[17] der den Schutz natürlicher Personen bei der Verarbeitung personenbezogener Daten gewährleistet und das Europäische Parlament und den Rat zur Rechtsset-

7 Vgl. EuGH, Urt. 9.3.1978, C-106/77, ECLI:EU:C:1978:49, Rn. 14/16 – Simmenthal.
8 Ausführlich Roßnagel (Hrsg.) 2018, passim.
9 Eg. 10, 13 DSGVO.
10 Ein neues Zeitalter sieht *Schantz*, NJW 2016, 1841.
11 Siehe zB *Laue*, ZD 2016, 463; *Körner*, NZA 2016, 1383; *Kühling/Martini*, EuZW 2016, 448.
12 Zur fehlenden Vereinheitlichung *Roßnagel*, in: ders. 2018, § 1 Rn. 29.
13 Bis Dezember 2017 wurden mehr als 11 verschiedene deutschsprachige Gesetzeskommentare zur DSGVO veröffentlicht; eine für ein so junges Gesetz, dass erst noch anwendbar werden muss, bemerkenswert hohe Zahl.
14 So *Aden*, BT Ausschussdrucksache 18(4)824 G, 1.
15 Z.B. BKAG, BPolG, Zollkodex, StPO.
16 *Weichert* 2016, 2.
17 Siehe Erklärung 21 des Vertrags von Lissabon, „Die Konferenz erkennt an, dass es sich aufgrund des spezifischen Charakters der Bereiche justizielle Zusammenarbeit in Strafsachen und polizeiliche Zusammenarbeit als erforderlich erweisen könnte, in diesen Bereichen spezifische, auf Artikel 16 des Vertrags über die Arbeitsweise der Europäischen Union gestützte Vorschriften über den Schutz personenbezogener Daten und den freien Datenverkehr zu erlassen."

zung von Vorschriften über den Schutz natürlicher Personen bei der Verarbeitung personenbezogener Daten und zum freien Verkehr solcher Daten ermächtigt.[18] Ziel der Richtlinie ist es, den freien Verkehr personenbezogener Daten im Bereich der justiziellen Zusammenarbeit in Strafsachen und der polizeilichen Zusammenarbeit zu erleichtern und gleichzeitig ein hohes Schutzniveau für personenbezogene Daten zu gewährleisten.[19] Die Richtlinie ersetzt den bisherigen **Rahmenbeschluss 2008/977/JI**[20] und soll ein gleichwertiges Schutzniveau bei der Verarbeitung personenbezogener Daten in der Strafverfolgung, Strafvollstreckung oder zum Schutz von und zur Abwehr vor Gefahren für die öffentliche Sicherheit in allen Mitgliedstaaten gewährleisten.[21] Nach Art. 1 Abs. 1 JI-RL zielt die Richtlinie auf den Schutz der Rechte und Freiheiten natürlicher Personen bei der Verarbeitung personenbezogener Daten ab.[22] Gegenüber dem Rahmenbeschluss, der nur Anwendung auf Datenverarbeitungen zwischen den Mitgliedstaaten fand, soll die Richtlinie sowohl für grenzübergreifende als auch für innerstaatliche Vorgänge gelten.[23]

Im Gegensatz zur Datenschutz-Grundverordnung gibt die Richtlinie nur einen Rege- 7
lungsrahmen vor, bei dem den EU-Mitgliedstaaten Spielräume gelassen werden. In Art. 1 Abs. 2 JI-RL wird klargestellt, dass die nationalen Regelungen ein höheres Schutzniveau als von der Richtlinie vorgegeben gewähren dürfen.[24]

1. Entstehungsgeschichte

Die Datenverarbeitung durch Polizei und Justiz gehörte früher der **„dritten Säule“** 8
der Europäischen Union an, die nicht so stark reguliert war wie die übrige staatliche Verwaltung und die Wirtschaft. Der bis heute gültige Rahmenbeschluss beschränkt sich ausschließlich auf den grenzüberschreitenden Datenverkehr und machte keinerlei Aussagen über die interne Organisation der Datenverbreitung bei Polizei und Justiz.[25]

Mit den **Verträgen von Lissabon** wurde die Datenverarbeitung durch Polizei und Jus- 9
tiz stärker europarechtlich geprägt.[26] Auch wurde Ende 2009 die Europäische Grundrechtecharta (GRCh) in Kraft gesetzt, die in den Art. 7, 8 und 47 Privatsphäre, Telekommunikationsgeheimnis, Datenschutz und einen effektiven Rechtsschutz zusichern, welche auch für die Bereiche der Strafverfolgung und der Gefahrenabwehr gelten (dazu → Rn. 28 ff.).[27]

Im sogenannten **Stockholmer Programm**[28] hatte der Rat der Europäischen Union die 10
Kommission ersucht, die bestehenden Rechtsinstrumente zum Datenschutz zu bewer-

18 Eg. 1, 3 und 8 JI-RL.
19 Eg. 4 JI-RL.
20 Rahmenbeschluss vom 27.11.2008 über den Schutz personenbezogener Daten, die im Rahmen der polizeilichen und justiziellen Zusammenarbeit in Strafsachen verarbeitet werden, EU ABl. L 350 vom 30.12.2008, 60, im Folgenden der Rahmenbeschluss.
21 Eg. 7 JI-RL.
22 Eg. 11 JI-RL.
23 Eg. 5 JI-RL; sa *Kugelmann*, DuD 2012, 581 (582); sa BT-Drs. 16/8300, 6.
24 Dieser Grundlagenteil zur JI-Richtlinie basiert inhaltlich auf *Johannes/Weinhold*, DVBl 2016, 1501.
25 *Weichert* 2016, 2.
26 Zu den Hintergründen und Zielen *Dick*, ZRP 2013, 117 f.
27 *Ennöckl*, in: Sydow 2017, Art. 2 Rn. 14.
28 ABl. C 115 v. 4.5.2010, 1.

ten und im Bedarfsfall Initiativen vorzulegen. Die EU-Kommission erstellte einen Aktionsplan zur Umsetzung des Stockholmer Programms,[29] in dem zwecks „konsequenter Anwendung des Grundrechts auf Datenschutz" eine Stärkung der „Position der EU bezüglich des Schutzes personenbezogener Daten bei allen EU-Maßnahmen, einschließlich jener in den Bereichen Strafverfolgung und Kriminalprävention sowie in unseren internationalen Beziehungen" vorgesehen ist.

11 In Art. 16 Abs. 1 des **Vertrags über die Arbeitsweise der Europäischen Union** (AEUV) ist der Grundsatz verankert, dass jede Person das Recht auf Schutz ihrer personenbezogenen Daten hat. Art. 16 Abs. 2 AEUV schafft eine besondere Rechtsgrundlage für den Erlass von Datenschutzvorschriften, die auch für die polizeiliche und justizielle Zusammenarbeit in Strafsachen gilt. Am 28. Januar 2010 kündigte die EU-Kommissarin Viviane Reding an, modernisierte europäische Datenschutzvorschriften vorzulegen.[30] Am 4. November 2010 stellte die Europäische Kommission in einer ersten Mitteilung eine neue Strategie zur Stärkung des europäischen Datenschutzrechts vor, die eine bis zum 15. Januar 2011 laufende Frist in Gang setzte, in der die Öffentlichkeit und alle Beteiligten zum Gesamtkonzept der Kommission konsultiert wurden.[31] Mit Entschließung vom 6. Juli 2011 nahm das EU-Parlament einen Bericht an, der das Kommissionskonzept für die Reform des Datenschutzes unterstützt.[32]

12 Die Richtlinie stand während des europäischen Datenschutz-Reformprozesses im Schatten der Datenschutz-Grundverordnung.[33] Letztere stellt die Basis des künftigen europäischen Datenschutzes, auf den sich nicht nur die Richtlinie bezieht, sondern zukünftig beispielsweise auch die E-Privacy-Verordnung.[34] In der Resolution vom Juli 2011 forderte das Europäische Parlament einen **einheitlichen Datenschutz**, der auch horizontal für Polizei und Justiz gelten sollte. Das Parlament konnte sich gegenüber der Kommission nicht durchsetzen. Die Kommission legte am 25. Januar 2012 zwei unterschiedliche Rechtsakte als Vorschlag für einen „soliden und kohärenten politikübergreifenden Rechtsrahmen" vor, um die geplante **Datenschutzreform** umzusetzen.[35] Aufgrund seiner ursprünglichen Forderung bestand das Parlament auf einer gemeinsamen Verhandlung beider Rechtsakte, um einen einheitlichen und kohärenten Rechtsrahmen auch im Bereich der Polizei und Justiz gewährleisten zu können.[36] Die Begriffe der JI-Richtlinie orientieren sich daher hinsichtlich der Grundsätze, Begriffsbestimmungen und Betroffenenrechte an denen der Datenschutz-Grundverordnung. Die Richtlinie trat nach der Veröffentlichung im Amtsblatt der europäischen Union am 5. Mai 2016 in Kraft.

29 Com(2010) 171 endg.
30 EU-Kommission, IP/10/63, 28.1.2010.
31 EU-Kommission, IP/10/1462, 4.11.2010.
32 Zur Entstehungsgeschichte ausführlich *Weichert* 2016, 3 f.
33 *Albrecht/Jotzo* 2017, Teil 10, Rn. 8.
34 Com 2017/0003 COD.
35 Vgl. Com 2012/0009 COD, Com 2012/0010 COD, Com 2012/0011 COD.
36 *Albrecht/Jotzo* 2017, Teil 10, Rn. 8.

2. Struktur der Richtlinie

Aufgrund des straf- und gefahrenabwehrrechtlichen Charakters wurde der Bereich neben der Datenschutz-Grundverordnung in einer **Richtlinie iSd Art. 288 Abs. 3 AEUV** geregelt.[37] Die Regelung der Datenschutz-Grundverordnung und der JI-Richtlinie mit den Regelungsinstrumenten der Verordnung und Richtlinie waren jeweils umstritten.[38] Die Richtlinie wird insbesondere gestützt auf die Kompetenz aus Art. 16 AEUV und der Erklärung Nr. 21 im Anhang zur Schlussakte der Regierungskonferenz, die den Vertrag von Lissabon annahm.[39] 13

Die Struktur und der **Aufbau** sowie zahlreiche **Regelungsinhalte** der Richtlinie entsprechen in wesentlichen Punkten der Datenschutz-Grundverordnung und ähneln dieser.[40] Adressaten der Richtlinie sind im Unterschied zur Verordnung jedoch nicht die Rechtsanwender, sondern grundsätzlich nur die Mitgliedstaaten, die sie umsetzen müssen.[41] Bei der Auslegung der Richtlinie kann daher nicht ohne Weiteres auf die Auslegung der teilweise wortgleichen Vorschriften der Datenschutz-Grundverordnung zurückgegriffen werden. 14

Die zur Umsetzung der Richtlinie erlassenen Rechts- und Verwaltungsvorschriften müssen von den Mitgliedstaaten bis zum **6. Mai 2018 veröffentlicht**, angewendet und der Wortlaut der Vorschriften der Kommission mitgeteilt werden.[42] Bei der Umsetzung in das nationale Recht, bleiben den Mitgliedstaaten die Wahl der Form und Mittel selbst überlassen.[43] Sie sind jedoch nur hinsichtlich der Wahl der Form und Mittel vollständig frei, insoweit die Richtlinie dazu selbst keine Festlegungen trifft.[44] Die Mitgliedstaaten sind verpflichtet, den Rechtszustand vollständig herzustellen, der von der Richtlinie vorgegeben wird.[45] Die nationalen Gesetzgeber müssen dafür alle im Widerspruch zum europäischen Sekundärrecht stehenden nationalen Vorschriften anpassen (sogenannte **Normbereinigung**).[46] Wenn der bestehende Rechtszustand bereits den Vorgaben der Richtlinie entspricht, müssen sie nicht tätig werden.[47] Im Rahmen der Umsetzung in nationales Recht trifft die nationalen Gesetzgeber die Pflicht zur hinreichend bestimmten, klaren und transparenten Umsetzung. Keine Pflicht, aber in jedem Fall ausreichend ist es, wenn die Mitgliedstaaten den Wortlaut 15

37 Erklärung Nr. 21 zum Schutz personenbezogener Daten im Bereich der justiziellen Zusammenarbeit in Strafsachen und der polizeilichen Zusammenarbeit im Anhang zur Schlussakte der Regierungskonferenz, die den Vertrag von Lissabon annahm; die Regelung dieses Bereichs durch eine Verordnung wäre politisch nicht durchsetzbar gewesen, vgl. Eg. 11 JI-RL; sie stünde auch im systematischen Konflikt mit den Rechtsaktbefugnissen nach Art. 82 ff. AEUV.

38 BR-Drs. 51/12; BR-Drs. 52/12; zur Subsidiaritätsrüge *Nguyen*, ZEuS 2012, 280 ff.

39 Einleitung, Eg. 8, 10 und 11 JI-RL; die Richtlinie fällt ihrem Regelungszweck nach auch in die Ermächtigungen nach Art. 82 f. AEUV zu polizeilichen und justiziellen Zusammenarbeit.

40 Im Unterschied zur JI-RL hat die DSGVO mit Kapitel IX über Vorschriften für besondere Datenverarbeitungssituationen ein Kapitel mehr; ähnliche Regelungsinhalte zB Begriffsbestimmungen (Art. 3), Pflichten des Verantwortlichen (Art. 18 ff.), Regelungen des Datenschutzbeauftragten (Art. 30 ff.).

41 *Nettesheim*, in: Grabitz/Hilf/Nettesheim 2016, Art. 288 AEUV, Rn. 109; EuGH Urt. v. 26.2.1986 – 152/84, Slg 1986, 723, Rn. 48 – Marshall = NJW 1986, 2178.

42 Art. 63 Abs. 1 UAbs. 1 JI-RL.

43 Art. 288 Abs. 3 AEUV.

44 *Nettesheim*, in: Grabitz/Hilf/Nettesheim 2016, Art. 288, AEUV, Rn. 112.

45 EuGH Urt. v. 15.10.1998 – C-268/97, Slg 1998, I-6069 – Kommission/Belgien; vgl. EuGH Urt. v. 28.5.1998 – C-298/97, Slg 1998, I-3301 – Kommission/Spanien.

46 *Göbel-Zimmermann/Kern*, NVwZ 2014, 1202.

47 *Nettesheim*, in: Grabitz/Hilf/Nettesheim 2016, Art. 288 AEUV, Rn. 119.

der Richtlinie übernehmen. Die Übernahme des Wortlautes ist grundsätzlich eine unbedenkliche Form der Umsetzung und es ist ausgeschlossen, dass eine Umsetzung abverlangt wird, die im Grade ihrer semantischen Bestimmtheit über die Richtlinienbestimmung hinausgeht.[48] Wie auch schon nach der bisherigen Vorschrift des Art. 1 Abs. 5 des Rahmenbeschlusses können die Mitgliedstaaten nach Art. 1 Abs. 3 JI-RL **strengere nationale Datenschutzbestimmungen** erlassen, als in der Richtlinie vorgesehen.[49] Daraus folgt, dass kein Umsetzungsbedarf auf nationaler Ebene besteht, soweit die nationalen Datenschutzbestimmungen bereits strenger sind und die zuständige Behörde stärker einschränken oder den betroffenen Personen mehr Rechte einräumen.

16 Die Richtlinie regelt den Schutz personenbezogener Daten im Bereich von **Polizei** und **Justiz** in insgesamt zehn Kapiteln. Vorschriften zum materiellen Datenschutzrecht werden in den Kapiteln I bis V geregelt, beginnend bei „Allgemeinen Bestimmungen" über „Grundsätze", „Rechte der betroffenen Person", „Verantwortlicher und Auftragsverarbeiter" und der „Übermittlung personenbezogener Daten an Drittländer oder internationale Organisationen". Vorschriften zum formellen Datenschutz werden in den Kapiteln VI bis X unter den Titeln „Unabhängige Aufsichtsbehörden", „Zusammenarbeit", „Rechtsbehelfe, Haftung und Sanktionen", „Durchführungsrechtsakte" und „Schlussbestimmungen" geregelt.[50]

3. Anwendungsbereich der JI-Richtlinie

17 Die Richtlinie gilt **sachlich** gemäß Art. 2 JI-RL für die ganz oder teilweise automatisierte Verarbeitung personenbezogener Daten sowie für die nichtautomatisierte Verarbeitung personenbezogener Daten, die in einem Dateisystem gespeichert sind oder werden sollen, zum Zwecke der Strafverfolgung, Strafvollstreckung und dem Schutz vor und Abwehr von Gefahren für die öffentliche Sicherheit durch die zuständigen Behörden.[51] Die Richtlinie gilt auch für ausschließlich innerstaatliche Verarbeitungsvorgänge durch Polizei und Strafverfolgungsbehörden.[52]

18 Bei Ermittlungsmaßnahmen von Polizeibehörden und Staatsanwaltschaften werden zum Teil in erheblichem Umfang automatisiert personenbezogene Daten verarbeitet. Die Richtlinie gilt für personenbezogene Daten in **Vorgangs- und Fallbearbeitungssystemen.** Sie ist auch anwendbar für die ganz oder teilweise **automatisierten Ermittlungstechniken**, wie beispielsweise Körperscanner, Vorratsdatenspeicherung, Telekommunikationsüberwachung, Videoüberwachung, interaktive Cybercrimeanalyse, KFZ-Kennzeichenerfassung, IMSI-Catcher, Big Data-Analysen, Früherkennung von Straftaten oder Predictive Policing.[53] Die Richtlinie gilt auch im Fall der **manuellen Verarbeitung** von personenbezogenen Daten, die in einer Datei gespeichert sind oder

48 *Nettesheim*, in: Grabitz/Hilf/Nettesheim 2016, Art. 288 AEUV, Rn. 120.
49 Eg. 15 JI-RL.
50 Zum Inhalt der Richtlinie: *Bäcker/Hornung*, ZD 2012, 147 ff.
51 Zum Begriff „zuständige Behörde" s. Art. 3 Nr. 7 JI-RL.
52 *Marquenie*, CL&SR 2017, 330.
53 *Bäcker/Hornung*, ZD 2012, 149.

gespeichert werden sollen. Dies umfasst aber keine Akten und Aktensammlungen sowie ihre Deckblätter, soweit sie nicht nach bestimmten Kriterien geordnet sind.[54]

Die Richtlinie ist in den Bereichen anwendbar, in denen die Anwendung der Datenschutz-Grundverordnung ausgeschlossen ist.[55] Von der Richtlinie sind Tätigkeiten ausgenommen, die nicht dem **Anwendungsbereich** des Unionsrecht unterfallen,[56] wie die Verteidigung im Sinne des Art. 39 AEUV oder die Datenverarbeitung durch staatliche Nachrichten- und Sicherheitsdienste,[57] und Verarbeitungen personenbezogener Daten durch die Organe, Einrichtungen, Ämter und Agenturen der Europäischen Union.[58] Für letztere soll die Verordnung (EG) Nr. 45/2001 gelten, die an die Vorschriften und Grundsätze der Datenschutz-Grundverordnung anzupassen ist.[59] 19

Auch aus der Richtung Datenschutz-Grundverordnung ist der **Anwendungsbereich** von dem der JI-Richtlinie abgegrenzt.[60] Nach Art. 2 Abs. 2 lit. d DSGVO fallen Datenverarbeitungen zum Schutz der öffentlichen Sicherheit und Ordnung grundsätzlich nicht unter die Verordnung. Dies gilt allerdings nur insoweit, als die „zuständigen Behörden“ tätig werden. Verarbeiten staatliche Stellen unter offenkundiger Verletzung nationaler Zuständigkeitsregelungen personenbezogene Daten für Zwecke der Verhütung, Ermittlung, Aufdeckung oder Verfolgung von Straftaten oder der Strafvollstreckung, gilt die Datenschutz-Grundverordnung.[61] 20

Zuständige Behörde und verantwortlich für die Datenverarbeitung ist gem. Art. 3 Abs. 7 lit. a JI-RL jede staatliche Stelle, die für die Verhütung, Untersuchung, Aufdeckung oder Verfolgung von Straftaten oder die Strafvollstreckung oder Gefahrenabwehr zuständig ist. Zuständige Behörde kann nach Art. 3 Abs. 7 lit. b JI-RL auch eine andere Stelle sein, der durch nationales Recht die Ausübung hoheitlicher Befugnisse zur Verhütung, Untersuchung, Aufdeckung oder Verfolgung von Straftaten oder zur Strafvollstreckung und Gefahrenabwehr übertragen wurde.[62] Demnach sind Teile der Bundes- oder Landesfinanzbehörden, wie etwa die Zoll- beziehungsweise Steuerfahndung umfasst.[63] Gerichte unterliegen im Rahmen ihrer gerichtlichen Tätigkeit vorgenommenen Datenverarbeitungen nicht der Richtlinie[64] und Datenschutzaufsichtsbehörden sind nicht für sie zuständig.[65] 21

Im Gesetzgebungsverfahren stellte die Kommission klar, dass die Richtlinie nicht im Bereich der allgemeinen Gefahrenabwehr, also **nicht straftatenbezogenen Gefahrenabwehr**, gelten solle.[66] Dies wird in Erwägungsgrund 12 aufgegriffen. Dort wird einer- 22

---

54 Eg. 18 JI-RL.
55 Zum Anwendungsbereich der DSGVO *Husemann*, in: Roßnagel 2017, § 3 Rn. 1 ff.
56 Art. 2 Abs. 3 lit. a JI-RL.
57 *Kugelmann*, DuD 2012, 582; *Bäcker/Hornung*, ZD 2012, 149.
58 Art. 2 Abs. 3 lit. b JI-RL.
59 Eg. 19 JI-RL.
60 *Ennöckl*, in: Sydow 2017, Art. 2 Rn. 15.
61 *Ennöckl*, in: Sydow 2017, Art. 2 Rn. 15.
62 Der Begriff war aufgrund der Einbeziehung von Justizbehörden, Gerichten (*Bäcker/Hornung*, ZD 2012, 149) und nichtöffentlichen Stellen (*European Data Protection Supervisor*, Stellungnahme 06/2015, Kritik an Art. 3 Nr. 14 lit. b RL-E-Rat) kritisiert worden.
63 §§ 208 ff. AO.
64 Eg. 80 JI-RL.
65 Art. 45 Abs. 2 Satz 1 JI-RL.
66 Eg. 12 JI-RL; Europäische Kommission, 11.4.2016, COM (2016) 213 final.

seits klargestellt, dass die Tätigkeiten der Polizei oder anderer Strafverfolgungsbehörden hauptsächlich auf die Verhütung, Ermittlung, Aufdeckung oder Verfolgung von Straftaten ausgerichtet sind. Andererseits wird aber auch hervorgehoben, dass es polizeiliche Tätigkeiten gibt, in denen nicht von vornherein bekannt ist, ob es sich um Verhütung von Straftaten handelt oder nicht. Solche Tätigkeiten sind zum Beispiel die Ausübung hoheitlicher Gewalt durch Ergreifung von Zwangsmitteln, Tätigkeiten bei Demonstrationen, großen Sportveranstaltungen und Ausschreitungen und zur Aufrechterhaltung der öffentlichen Ordnung.

23 Die Mitgliedstaaten können nach Erwägungsgrund 12 die **zuständigen Behörden** mit anderen Aufgaben betrauen, die nicht zwangsläufig für die Zwecke der Verhütung, Ermittlung, Aufdeckung oder Verfolgung von Straftaten, einschließlich des Schutzes vor und der Abwehr von Gefahren für die öffentliche Sicherheit, ausgeführt werden. Die Verarbeitung von personenbezogenen Daten für diese anderen Zwecke fallen in den **Anwendungsbereich** der Datenschutz-Grundverordnung.

24 Grundsätzlich fallen in den **Anwendungsbereich** alle Tätigkeiten zur Strafverfolgung und Strafvollstreckung. Mit Erwägungsgrund 13 wird klargestellt, dass eine Straftat im Sinne der JI-Richtlinie ein eigenständiger Begriff des Unionsrechts in der Auslegung durch den Gerichtshof der Europäischen Union sein sollte.

25 Der Anwendungsbereich der Richtlinie wurde durch die Öffnung für den Bereich der **„öffentlichen Sicherheit“** durch den Rat erheblich erweitert und damit aus dem Anwendungsbereich der Datenschutz-Grundverordnung ausgenommen..[67] Im deutschen Recht wird unter „öffentliche Sicherheit“ die Unverletzlichkeit der Rechtsordnung, der subjektiven Rechte und Rechtsgüter des Einzelnen sowie der Bestand des Staates und sonstiger Träger der Hoheitsgewalt und deren Einrichtungen und Veranstaltungen verstanden.[68] Der Begriff ist jedoch im Rahmen der Richtlinie unionsrechtlich autonom[69] und unter Berücksichtigung des **„effet utile“** auszulegen.[70] Nach Erwägungsgrund 12 JI-RL soll auch die Ausübung hoheitlicher Gewalt durch Ergreifung von Zwangsmitteln umfasst sein, wie beispielsweise polizeiliche Tätigkeiten im Rahmen von Demonstrationen, großen Sportveranstaltungen und Ausschreitungen, insbesondere wenn im Vornherein nicht bekannt ist, ob eine Straftat vorliegt oder nicht.

26 Umfasst sein soll ferner die Aufrechterhaltung der **öffentlichen Ordnung**, soweit dies zum Zweck des Schutzes vor und der Abwehr von Bedrohungen der öffentlichen Sicherheit und Bedrohungen für rechtlich geschützte grundlegende Interessen der Gesellschaft, die zu einer Straftat führen können, erforderlich ist. Nach der Rechtsprechung des Europäischen Gerichtshof (EuGH) bedeutet öffentliche Sicherheit den Erhalt der inneren und äußeren Sicherheit eines Mitgliedstaates, was den Schutz von Einrichtungen des Staates, wichtiger öffentlicher Dienste, kritischer Infrastrukturen, aber auch das Überleben der Bevölkerung beziehungsweise das friedliche Zusammenleben und militärische Interessen des Staates beinhaltet. Daneben sind auch die subjektiven Interessen und Rechtsgüter der Bevölkerung, etwa vor bandenmäßiger Kri-

---

67 Vgl. Art. 1 Abs. 1 RL-E-Kom und Art. 1 Abs. 1 RL-E-Parl.
68 *Pieroth/Schlink/Kniesel* 2012, § 8, Rn. 3 ff.; *Bertram* 2009, 147; *Thiel* 2013, § 8, Rn. 8.
69 *Leible/Streinz*, in: Grabitz/Hilf/Nettesheim 2016, Art. 36 AEUV, Rn. 17.
70 *Potacs*, EuR 2009, 465 ff.

minalität geschützt.[71] Im Unterschied zur deutschen Auslegung umfasst die öffentliche Sicherheit die Aufrechterhaltung der öffentlichen Ordnung und damit ein an sozialen Maßstäben geprägtes Element. Allerdings ist die Ergänzung „einschließlich des Schutzes vor und der Abwehr von Gefahren für die öffentliche Sicherheit" auf Betreiben des Rates am Ende des **Trilogs** aufgenommen worden. Eine weitergehende Formulierung, welche die Gewährleistung der öffentlichen Sicherheit generell unter die JI-Richtlinie stellen wollte, hatte sich nicht durchsetzen können. Darauf folgt, dass die Datenschutz-Grundverordnung immer einschlägig ist, wenn es nicht um die Verhütung, Ermittlung, Aufdeckung oder Verfolgung von Straftaten geht.[72]

Die Anwendungsbereiche der Datenschutz-Grundverordnung und der JI-Richtlinie sind in der Praxis wohl nicht trennscharf auseinanderzuhalten. Es ist im Einzelfall **auslegungsbedürftig**, ob eine Behörde Daten zu in der Verordnung – zum Beispiel allgemeine Gefahrenabwehr – oder der Richtlinie – Strafverfolgung und Gefahrenabwehr – geregelten Zwecken verarbeitet (→ Rn. 70 ff.).[73] 27

4. Europäische Grundrechte im nationalen Sicherheitsrecht

Eine wesentliche Änderung im Zusammenhang mit der Richtlinie und entsprechend der Datenschutz-Grundverordnung[74] ergibt sich aus dem grundsätzlichen **Anwendungsbereich der Unionsgrundrechte.** Im Unterschied zur bisherigen Rechtslage sind nationale Vorschriften, die auf der Richtlinie basieren, nicht nur an den deutschen Grundrechten, sondern auch an der Charta der Grundrechte der Europäischen Union zu messen.[75] 28

Die Charta gilt für die Mitgliedstaaten ausschließlich bei der **Durchführung des Rechts der Union,**[76] wobei das Recht der Union das gesamte europäische Primär- und Sekundärrecht umfasst, mithin auch die vorliegende Richtlinie.[77] Nach einer Entscheidung des EuGH wird Unionsrecht durchgeführt, wenn eine Rechtsvorschrift zur Umsetzung einer Richtlinie erlassen wurde.[78] Die Anwendung der Charta ist in diesem Fall ohne Weiteres anzunehmen. Der Gerichtshof hat die Bindung der Mitgliedstaaten an Unionsgrundrechte bereits in den Fällen bejaht, in denen die Mitgliedstaaten die ihnen überlassenen Regelungsspielräume ausfüllen.[79] In zwei weiteren Entscheidungen hat der EuGH eine expansivere Auslegung des Begriffs **„Durch-** 29

71 EuGH Urt. v. 26.10.1999 – C-273/97, Slg 1999, I-7403, Rn. 17 – Sirdar; EuGH Urt. v. 11.1.2000 – C-285/98, Slg 2000, I-69, Rn. 17 – Kreil; EuGH Urt. v. 13.7.2000 – C-423/98, Slg 2000, I-5965, Rn. 18 – Albore; EuGH Urt. v. 11.3.2003, – C-186/01, Slg 2003, I-2479, Rn. 32 – Dory; EuGH Urt. v. 10.7.1984 – 72/83, Slg 1984, 2727, Rn. 34 und 35 – Campus Oil ua; EuGH Urt. v. 17.10.1995 – C-70/94, Slg 1995, I-3189, Rn. 27 – Werner/ Deutschland; EuGH Urt. v. 25.10.2001 – C-398/98, Slg 2001, I-7915, Rn. 29 – Kommission/Griechenland; EuGH Urt. v. 23.11.2010 – C-145/09, ECLI:EU:C:2010:708 – Tsakouridis = NVwZ 2011, 221 (224); *Weinhold*, in: Roßnagel 2017, § 3 Rn. 45.

72 *Albrecht/Jotzo* 2017, Teil 10, Rn. 9.

73 So auch BT-Drs. 18/11325, 73; vgl. *Wolff*, in: Wolff/Brink 2017, § 45 Rn. 10 ff.

74 *Hoidn*, in: Roßnagel 2018, § 2 Rn. 74 ff.

75 Sa *Johannes*, in: Roßnagel 2018, § 2 Rn. 40 ff.

76 Art. 51 Abs. 1 Satz 1 2. Hs. GRCh.

77 *Terhechte*, in: Groeben/Schwarze/Hatje, 2015, Art. 51 GRCh, Rn. 8.

78 EuGH Urt. v. 12.12.1996 – C-74/95 und C-129/95, Slg 1996, I-6609, Rn. 24 f. – Italien.

79 In diese Richtung: EuGH Urt. v. 27.6.2006 – C-540/03, Slg I 2006, 5809, Rn. 104 – Europäisches Parlament/Rat der Europäischen Union = DVBl. 2006, 1035.

führung des Rechts der Union" vorgenommen.[80] Nach dem EuGH bestimmt Art. 51 GRCh die Frage, „inwieweit das Handeln der Mitgliedstaaten den Anforderungen genügen muss, die sich aus den in der Unionsrechtsordnung garantierten Grundrechten ergeben".[81] Aus der ständigen Rechtsprechung des Gerichtshofs ergibt sich im Wesentlichen, dass die in der Unionsrechtsordnung garantierten Grundrechte in allen unionsrechtlich geregelten Fallgestaltungen, aber nicht außerhalb derselben Anwendung finden. Insoweit hat der Gerichtshof bereits festgestellt, dass er eine nationale Rechtsvorschrift nicht im Hinblick auf die Charta beurteilen kann, wenn sie nicht in den Geltungsbereich des Unionsrechts fällt."[82] Die Charta ist danach anwendbar, wenn eine nationale Vorschrift in den Geltungsbereich des Unionsrechts fällt.

30 Einschränkend ist die umfangreiche Rechtsprechung des **Bundesverfassungsgerichts** zum Verhältnis zwischen ihm und dem Europäischen Gerichtshof zu berücksichtigen.[83] Soweit unionsrechtliche Vorgaben aus einer Richtlinie dem Gesetzgeber einen Spielraum bei der Umsetzung belassen, sieht sich das Bundesverfassungsgericht nach wie vor zur Grundrechtskontrolle des nationalen Rechts berufen.[84]

31 Danach sind für die im Rahmen der Umsetzung der Richtlinie geschaffenen Vorschriften, ebenso wie für bereits bestehende Vorschriften, die in den Geltungsbereich des Unionsrechts fallen, **europäische Grundrechte** zu berücksichtigen soweit die Richtlinie dem nationalen Gesetzgeber keinen Spielraum in der Umsetzung belässt. Soweit die Mitgliedstaaten an europäische Grundrechte gebunden sind, wird aufgrund des Kompetenztitels von Art. 16 AEUV für den Schutz personenbezogener Daten die Auslegung von Art. 8 GRCh maßgeblich sein. Daneben ist auch Art. 8 EMRK im Rahmen der Auslegung heranzuziehen.[85] Maßnahmen der Polizeibehörden und Staatsanwaltschaften sind danach zukünftig neben nationalen auch an europäischen Grundrechten zu messen, denen jeweils eine eigene Kasuistik zugrunde liegt.[86]

5. Datenschutzausschuss

32 Die JI-Richtlinie nimmt Bezug auf den nach der Datenschutz-Grundverordnung eingerichteten Europäischen **Datenschutzausschuss**.[87] Der Datenschutzausschuss soll zentrale Institution für die einheitliche und kooperative Umsetzung der Grundverordnung werden. Er knüpft an die Art. 29-Datenschutzgruppe an, hat jedoch eine eigene Rechtspersönlichkeit, eine stärkere Position und umfangreichere Aufgaben.[88] Der Datenschutzausschuss setzt sich aus den Leitern der Aufsichtsbehörden der Mitglied-

80 EuGH Urt. v. 26.2.2013 – C-617/10, ECLI:EU:C:2013:105 – Åkerberg Fransson; EuGH Urt. v. 10.7.2014 – C-198/13, ECLI:EU:C:2014:2055 – Hernández ua/ Reino de España ua = NZA 2014, 1325.
81 EuGH Urt. v. 26.2.2013 – C-617/10, ECLI:EU:C:2013:105, Rn. 18 f. – Åkerberg Fransson.
82 EuGH Urt. v. 26.2.2013 – C-617/10, ECLI:EU:C:2013:105, Rn. 19 – Åkerberg Fransson.
83 BVerfGE 22, 293; BVerfGE 37, 271; BVerfGE 52, 187 = DVBl 1980, 122; BVerfGE 58, 1; BVerfGE 73, 339 = DVBl 1987, 231; BVerfGE 102, 147 = DVBl 2000, 1547; BVerfGE 113, 273 = DVBl 2005, 1119; BVerfGE 118, 79 = DVBl 2007, 821; BVerfGE 123, 267 = DVBl 2009, 1032; BVerfGE 126, 286 = DVBl 2010, 1229; BVerfGE 132,195 = DVBl 2012, 1370; BVerfGE 134, 366; BVerfG, Beschl. v. 15.12.2015 – 2 BvR 2735/14 – NJW 2016, 1149.
84 Ausführlich *Hoidn,* in: Roßnagel 2017, § 2 Rn. 74 ff.
85 Art. 52 Abs. 3 GRCh.
86 *Bäcker/Hornung*, ZD 2012, 149, mwN.
87 Zu dessen Aufgaben nach DSGVO *Roßnagel*, in: ders. 2018, § 6 Rn. 85 ff.
88 *Brink*, in: Wolff/Brink 2017, Art. 68 DSGVO, Rn. 1.

staaten und dem Europäischen Datenschutzbeauftragten zusammen, die aus ihrer Mitte den Vorsitzenden wählen. Die Mitgliedstaaten mit mehreren Aufsichtsbehörden regeln die Vertretung im europäischen Datenschutzausschuss eigenständig, entsenden jedoch nur einen Vertreter.

Nach Art. 51 JI-RL nimmt der nach Art. 68 DSGVO eingerichtete Datenschutzausschuss in Bezug auf die Verarbeitungsvorgänge im Anwendungsbereich der Richtlinie zahlreiche Aufgaben war. Diese entsprechen **Aufgaben** im Anwendungsbereich der Grundverordnung, sind aber nicht so zahlreich. So muss der Ausschuss die Kommission beraten, Fragen prüfen, die die Anwendung der Richtlinie betreffen, Leitlinien, Empfehlungen und bewährte Verfahren für Aufsichtsbehörden und Verantwortliche ausarbeiten und prüfen, wie diese praktisch angewendet werden, die Zusammenarbeit und den wirksamen Austausch zwischen den Aufsichtsbehörden fördern, ebenso wie Schulungsprogramme für die Aufsichtsbehörden und den Austausch von Fachwissen fördern. 33

Damit soll eine weitreichende **Zusammenarbeit** gewährleistet werden. Die Vorschriften der JI-Richtlinie bleiben aber hinter der Datenschutz-Grundverordnung zurück. Weitergehend regelt die Datenschutz-Grundverordnung in Art. 60 DSGVO die Zusammenarbeit zwischen der federführenden Aufsichtsbehörde und anderen betroffenen Aufsichtsbehörden in Fällen des One-Stop-Shop,[89] in Art. 62 DSGVO die Durchführung gemeinsamer Maßnahmen der Aufsichtsbehörden die über die Amtshilfe hinausgehen und in Art. 63 DSGVO das Kohärenzverfahren, das die Aufsichtsbehörden untereinander und gegebenenfalls mit der Kommission zur Zusammenarbeit verpflichtet, um eine einheitliche Anwendung der Verordnung zu gewährleisten. 34

Die Mitgliedstaaten müssen gemäß Art. 41 Abs. 4 JI-RL festlegen, welche **Aufsichtsbehörde** im Mitgliedstaat die Behörden im Europäischen Datenschutzausschuss vertritt.[90] Aufgabe der Aufsichtsbehörde gemäß Art. 46 Abs. 1 lit. l JI-RL Beiträge zur Tätigkeit des Ausschusses zu leisten.[91] Gemäß Art. 42 Abs. 4 JI-RL müssen der Mitgliedstaat dafür sorgen tragen, dass die Aufsichtsbehörde ihre Aufgaben zur Mitwirkung im Ausschuss effektiv wahrnehmen kann.[92] 35

Außerdem unterstützt der Ausschuss nach Art. 58 JI-RL die Kommission bei ihren Aufgaben und der Festlegung von **Durchführungsbestimmungen** auch im Anwendungsbereich der JI-Richtlinie. 36

6. Durchführungsakte und Schlussbestimmungen

Die JI-Richtlinie räumt der Kommission die Möglichkeit ein, verschiedene **Durchführungsrechtsakte** zu ihr zu erlassen. Darin gleicht sie der Datenschutz-Grundverordnung, wobei die Ermächtigungen nicht ganz so zahlreich sind. 37

Die Kommission wird in Art. 36 JI-RL ermächtigt, sogenannte **Angemessenheitsbeschlüsse** zu erlassen und dadurch eine Grundlage zu schaffen, dass die Übermittlung 38

89 Zum One-Stop-Shop und seiner herausragenden Bedeutung *Dammann*, ZD 2016, 309 u. 314.
90 Regelung entspricht Art. 51 Abs. 3 DSGVO.
91 Regelung wortgleich zu Art. 57 Abs. 1 lit. t DSGVO.
92 Regelung wortgleich zu Art. 52 Abs. 4 DSGVO.

an ein Drittland oder eine internationale Organisation nach Art. 35 JI-RL vorgenommen werden darf. Art. 36 JI-RL entspricht sowohl im Wortlaut als auch vom Sinngehalt weitestgehend Art. 45 DSGVO.[93]

39 Art. 36 Abs. 1 JI-RL stellt klar, dass ein Angemessenheitsbeschluss bewirkt, dass die **Übermittlung an ein Drittland** oder eine internationale Organisation vorgenommen werden darf. In Art. 36 Abs. 2 JI-RL werden Kriterien in Form von Regelbeispielen aufgeführt, die bei der Prüfung der Angemessenheit des gebotenen Schutzniveaus von der Kommission zu berücksichtigen sind. In Art. 36 Abs. 3 JI-RL werden die Anforderungen an den Angemessenheitsbeschluss als **Durchführungsrechtsakt** festgelegt. Nach Art. 36 Abs. 4 JI-RL hat die Kommission eine Überwachungspflicht. Wenn der Kommission Informationen vorliegen, dass kein angemessenes Schutzniveau mehr gewährleistet ist, widerruft, ändert oder setzt die Kommission den Angemessenheitsbeschluss nach Art. 36 Abs. 5 JI-RL aus. Art. 36 Abs. 6 JI-RL regelt, wie im Verhältnis zum betroffenen Drittland oder zur betroffenen internationalen Organisation in diesem Fall weiter zu verfahren ist. Art. 36 Abs. 7 JI-RL stellt klar, dass eine Aufhebung oder ein Widerruf einer Angemessenheitsentscheidung Übermittlungen auf anderer Rechtsgrundlage unberührt lassen sollen. Art. 36 Abs. 8 JI-RL werden **Veröffentlichungspflichten** geregelt. Ferner wird die Kommission in Art. 50 Abs. 8 JI-RL ermächtigt im Wege von Durchführungsrechtsakten Form und Verfahren der gegenseitigen Amtshilfe der Aufsichtsbehörden der Mitgliedstaaten nach Art. 50 JI-RL zu erlassen. Sie wird auch ermächtigt auf diesem Weg den elektronischen Informationsaustausch zwischen den Aufsichtsbehörden sowie zwischen den Aufsichtsbehörden und dem Ausschuss auszugestalten. Die Regelung entspricht dem Sinngehalt des Art. 61 Abs. 9 DSGVO.

40 In Art. 58 und 59 bis 65 JI-RL sind Vorschriften zu **Durchführungsakten** beziehungsweise den **Schlussbestimmungen** niedergelegt. Nach Art. 58 Abs. 1 JI-Richtlinie unterstützt der Europäische Datenschutzausschuss die Kommission bei der Festlegung von Durchführungsbestimmung. Art. 58 Abs. 2 und 3 JI-RL legt das dazugehörige Verfahren fest. Die Regelungen gleichen der von Art. 93 DSGVO. Die Normen knüpfen an die verschiedenen Ermächtigungsgrundlagen für den Erlass von datenschutzrechtlichem Durchführungsrecht an, das von der Kommission in Komitologieverfahren erlassen wird und einheitliche Bedingungen für den mitgliedstaatlichen Vollzug der Grundverordnung und der JI-Richtlinie normieren soll.[94] Die Regelungen verweisen auf die **Komitologie-Verordnung** (EU) 182/2011 und bestimmen so, in welchem Komitologieverfahren der jeweilige Durchführungsrechtsakt erlassen wird.[95]

41 Nach Art. 59 JI-RL wird der Rahmenbeschluss 2008/977/JI mit Wirkung vom 6. Mai 2018 aufgehoben. Die Kommission prüft die Richtlinie und berichtet der Kommission nach Art. 62 JI-RL. Zeit für die Umsetzung der Richtlinie verbleibt den Mitgliedstaaten bis zum 6. Mai 2018 nach Art. 63 Abs. 1 JI-RL.

93 Z.B. enthält die JI-RL keine Art. 45 Abs. 9 DSGVO entsprechende Regelung und es müssen, anders als nach Art. 45 Abs. 8 DSGVO, nach Art. 36 Abs. 8 JI-RL nur die festgestellte Angemessenheit veröffentlicht werden.

94 *Sydow*, in: Sydow 2017, Art. 93 Rn. 1.

95 Zu den Verfahren *Daibner*, EuR 2012, 240.

7. Kritik an der JI-Richtlinie

42 Mit der JI-Richtlinie wird der Datenschutz im Bereich der polizeilichen und justiziellen Zusammenarbeit in Strafsachen durch ein einziges Rechtsinstrument mit Wirkung in den einzelstaatlichen Rechtsordnungen geregelt. Das ist ein **großer Fortschritt** für den Datenschutz in der Union und die JI-Richtlinie kann erheblich zur wirksameren, einheitlichen und angemesseneren Regelung der Datenverarbeitung in ihrem Anwendungsbereich beitragen. Die Richtlinie gilt auch für rein innerstaatliche Angelegenheiten.[96] Aufgrund der Regelungsmaterie wird die Kompetenz der Union zum Erlass und die **Wirksamkeit** der Richtlinie vereinzelt in Frage gestellt.[97] Die Kompetenz der Union zum Erlass der Richtlinie folgt jedoch klar aus Art. 82 Abs. 2 lit. b iVm Art. 16 AUEV.

43 Die Wirksamkeit des neuen Rechtsrahmens hängt aber ohnehin in hohem Maße vom Vorhandensein eines hohen Niveaus materieller Schutzmaßnahmen und deren angemessener Umsetzung auf nationaler Ebene ab. Da zahlreiche **Bedenken** hinsichtlich des in der Richtlinie enthaltenen materiellen Datenschutzniveaus geäußert wurden,[98] bleibt abzuwarten, inwieweit die ehrgeizigen Ziele der Datenschutzreform erreicht werden. Trotz der erheblichen Verbesserungen gegenüber dem ursprünglichen Kommissionsvorschlag von 2012 enthält die endgültige Fassung der Richtlinie weiterhin eine Reihe vager, auslegungsbedürftiger Bestimmungen und legt teilweise niedrige oder unzureichende Datenschutzstandards im Vergleich zur Datenschutz-Grundverordnung fest. Insbesondere das Fehlen detaillierter Kriterien und strenger Leitlinien für die Anwendung zahlreicher Bestimmungen und allgemeiner Begriffe wie Notwendigkeit, Angemessenheit und Verhältnismäßigkeit können sich als hinderlich erweisen. Die Richtlinie ruft auch umfangreiche Auslegungs- und Abgrenzungsschwierigkeiten, insbesondere zur Datenschutz-Grundverordnung, hervor.[99]

44 Allein auf Bundesebene werden zu Zwecken der Gefahrenabwehr und Prävention beim Bundeskriminalamt, der Bundespolizei und dem Zollkriminalamt mindestens 69 Dateien geführt, mit bis zu 15.694.595 Datensätzen, wobei ein Datensatz ungefähr einer Person zugeordnet werden kann, Personen jedoch auch in mehreren Dateien gespeichert sein können.[100] Die neuen Regelungen der Richtlinie werden nicht nur für diese eine erhebliche Bedeutung haben, da sie sich an dieser messen lassen müssen. Auch zahlreiche weitere polizeiliche Ermittlungsmethoden sind auf ihre Richtlinienkonformität hin zu prüfen und die erforderlichen Anpassungen im nationalen Recht vorzunehmen. Bereits die Fülle an neuen Vorschriften legt dabei den Schluss nahe, dass mit **zahlreichen Änderungen** zu rechnen ist.

45 Im Vergleich zur Datenschutzrichtlinie und dem Rahmenbeschluss 2008/977/JI ist die Richtlinie eine Verbesserung für die Rechte der betroffenen Personen. Sie hebt die europäischen Schutzanforderungen an und konkretisiert insbesondere die Informationsrechte der betroffenen Personen und die Datensicherheit. Ob Ziele der JI-Richtli-

96 *Kugelmann* DuD 2012, 581.
97 *Wolff*, in: Wolff/Brink 2017, § 45 BDSG, Rn. 2424; *ders.*, in: Schantz/Wolff 2017, Rn. 235.
98 Vgl. *Art. 29-Gruppe*, 03/2015, sa *Marquenie*, CL&SR 2017, 324 mwN.
99 *Brodowski*, ZIS 2017, 13.
100 S. BT-Drs. 17/7307; BT-Drs. 16/13653.

nie erreicht werden und der Datenschutz der betroffenen Personen verbessert wird, hängt entscheidend von der Umsetzung der Richtlinie und der Auslegung der darin enthaltenen unbestimmten Rechtsbegriffe ab.[101] Das hohe Schutzniveau deutscher Regelungen zum Datenschutz bei Gefahrenabwehr und Strafverfolgung wird dadurch komplementiert. Die Mitgliedstaaten können höhere Standards als die in dieser Richtlinie festlegen.[102] Die damit eröffneten Umsetzungsspielräume ermöglichen, das hohe deutsche **Schutzniveau** beizubehalten und durch neue Instrumente und Verfahren (Datenschutz-Folgenabschätzung, Auskunftsrechte, Datenkategorien) zu ergänzen.

46 Das deutsche Sicherheitsrecht dürfte teilweise mit den materiellrechtlichen Anforderungen der **Richtlinie konform** sein.[103] Es ist aber erforderlich das allgemeine und bereichsspezifische Datenschutzrecht zur Strafverfolgung und Gefahrenabwehr auf die Vereinbarkeit mit der Verordnung (EU) 2016/679 zu überprüfen und soweit nötig anzupassen. Hinsichtlich der prozeduralen Regelungen zum Datenschutzbeauftragten, zur Datenschutzaufsicht und zum Rechtsschutz besteht auch in Deutschland großer Anpassungsbedarf. Vergleichbares gilt zum technisch-organisatorischen Datenschutz.

47 Zu beachten ist, dass die Regelungsmaterien des deutschen Polizeirechts nicht vollständig von der Richtlinie erfasst werden, sondern sich mit Rechtsfragen befassen, die unter die **Datenschutz-Grundverordnung** fallen.[104] So werden datenschutzrechtliche Fragen betreffend die innere Organisation der Polizei, zur allgemeinen Gefahrenprävention und -aufklärung, zur Fahndung nach Vermissten ohne Bezug auf das Vorliegen einer Straftat und Ähnliches nicht nach der JI-Richtlinie, sondern nach der Datenschutz-Grundverordnung zu beurteilen sein.

8. Weitere EU-Rechtsakte

48 Die JI-Richtlinie steht im Zusammenhang mit vielen strafrechtsrelevanten Entwicklungen in der Europäischen Union.[105] Es existieren weitere, teils speziellere **EU-Rechtsakte** neben der JI-Richtlinie, die die Verarbeitung von personenbezogenen Daten im Bereich der polizeilichen und justiziellen Zusammenarbeit betreffen.[106]

49 Die Rechtsakte

- Richtlinien über die Verarbeitung von Passenger Name Records,[107]
- Europäische Ermittlungsanordnung,[108]
- Rechtsgrundlagen für Europol,[109]

---

101 *Marquenie*, CL&SR 2017, 338.
102 Eg. 15 JI-RL.
103 So auch *Kühling/Martini ua* 2016, 5; *Weichert* 2016, 10.
104 *Weichert* 2016, 10.
105 Dazu *Brodowski*, ZIS 2017, 13.
106 Vgl. Analyse bei *Böhm* 2012, 175 ff.
107 Richtlinie (EU) 2016/681 des europäischen Parlaments und des Rates vom 27. April 2016 über die Verwendung von Fluggastdatensätzen (PNR-Daten) zur Verhütung, Aufdeckung, Ermittlung und Verfolgung von terroristischen Straftaten und schwerer Kriminalität, ABl. L 119/132.
108 Richtlinie 2014/41/EU des europäischen Parlaments und des Rates vom 3. April 2014 über die Europäische Ermittlungsanordnung in Strafsachen, ABl. L 130/1.
109 Art. 88 AEUV und Verordnung (EU) 2016/794 des europäischen Parlaments und des Rates vom 11. Mai 2016 über die Agentur der Europäischen Union für die Zusammenarbeit auf dem Gebiet der Strafverfol-

- Eurojust,[110]
- Frontex,[111]
- EUROSUR,[112]
- Rechtsgrundlage für Informationssysteme ECRIS,[113]
- Eurodac,[114]
- SIS,[115]
- CIS,[116]
- VIS,[117]
- EU-Richtlinie zur Geldwäsche- und Betrugsbekämpfung,[118]
- Richtlinie zur Bekämpfung von organisierter Kriminalität[119] und
- Richtlinie zur Bekämpfung von organisiertem Terrorismus[120]

gung (Europol) und zur Ersetzung und Aufhebung der Beschlüsse 2009/371/JI, 2009/934/JI, 2009/935/JI, 2009/936/JI und 2009/968/JI des Rates, ABl. L 135/53.

110 Beschluss des Rates vom 28. Februar 2002 über die Errichtung von Eurojust zur Verstärkung der Bekämpfung der schweren Kriminalität (2002/187/JI); Beschluss 2003/659/JI DES RATES vom 18. Juni 2003 zur Änderung des Beschlusses 2002/187/JI über die Errichtung von Eurojust zur Verstärkung der Bekämpfung der schweren Kriminalität, ABl. L 63/1; Beschluss 2009/426/JI des Rates vom 16. Dezember 2008 zur Stärkung von Eurojust und zur Änderung des Beschlusses 2002/187/JI über die Errichtung von Eurojust zur Verstärkung der Bekämpfung der schweren Kriminalität, ABl. L 138/14.

111 Verordnung (EU) 2016/1624 des europäischen Parlaments und des Rates vom 14. September 2016 über die Europäische Grenz- und Küstenwache und zur Änderung der Verordnung (EU) 2016/399 des Europäischen Parlaments und des Rates sowie zur Aufhebung der Verordnung (EG) Nr. 863/2007 des Europäischen Parlaments und des Rates, der Verordnung (EG) Nr. 2007/2004 des Rates und der Entscheidung des Rates 2005/267/EG, ABl. L 251/1; Verordnung (EU) Nr. 656/2014 des europäischen Parlaments und des Rates vom 15. Mai 2014 zur Festlegung von Regelungen für die Überwachung der Seeaußengrenzen im Rahmen der von der Europäischen Agentur für die operative Zusammenarbeit an den Außengrenzen der Mitgliedstaaten der Europäischen Union koordinierten operativen Zusammenarbeit, ABl. L 189/93.

112 Verordnung (EU) Nr. 1052/2013 des europäischen Parlaments und des Rates vom 22. Oktober 2013 zur Errichtung eines Europäischen Grenzüberwachungssystems (EUROSUR), ABl. L 295/11.

113 Beschluss 2009/316/JI des Rates vom 6. April 2009 zur Einrichtung des Europäischen Strafregisterinformationssystems (ECRIS) gemäß Artikel 11 des Rahmenbeschlusses 2009/315/JI, ABl. L 93, 33.

114 Verordnung (EG) Nr. 2725/2000 des Rates vom 11. Dezember 2000 über die Einrichtung von „Eurodac" für den Vergleich von Fingerabdrücken zum Zwecke der effektiven Anwendung des Dubliner Übereinkommens, ABl. L 316, 1.

115 Verordnung (EG) Nr. 1987/2006 des europäischen Parlaments und des Rates vom 20. Dezember 2006über die Einrichtung, den Betrieb und die Nutzung des Schengener Informationssystems der zweiten Generation (SIS II), ABl. L 381/4.

116 Rechtsakt des Rates vom 26. Juli 1995 über die Fertigstellung des Übereinkommens über den Einsatz der Informationstechnologie im Zollbereich, ABl. L 316/33.

117 Verordnung (EG) Nr. 767/2008 des europäischen Parlaments und des Rates vom 9. Juli 2008über das Visa-Informationssystem (VIS) und den Datenaustausch zwischen den Mitgliedstaaten über Visa für einen kurzfristigen Aufenthalt (VIS-Verordnung), ABl. L 218/60.

118 Rahmenbeschluss des Rates vom 28. Mai 2001 zur Bekämpfung von Betrug und Fälschung im Zusammenhang mit unbaren Zahlungsmitteln (2001/413/JI), ABl. L 149/1; eine diesen Rahmenbeschluss ersetzende Richtlinie befindet sich im Gesetzgebungsverfahren: Vorschlag für Richtlinie des europäischen Parlaments und des Rates über die strafrechtliche Bekämpfung von gegen die finanziellen Interessen der Europäischen Union gerichtetem Betrug, COM 2012/363 final, abrufbar: http://eur-lex.europa.eu/legal-content/DE/TXT/?uri=COM:2012:0363:FIN.

119 Beschluss des Rates vom 29. April 2004 über den Abschluss – im Namen der Europäischen Gemeinschaft – des Übereinkommens der Vereinten Nationen gegen die grenzüberschreitende organisierte Kriminalität (2004/579/EG), ABl. L 261/69.

120 Richtlinie (EU) 2015/849 des europäischen Parlaments und des Rates vom 20. Mai 2015 zur Verhinderung der Nutzung des Finanzsystems zum Zwecke der Geldwäsche und der Terrorismusfinanzierung, zur Änderung der Verordnung (EU) Nr. 648/2012 des Europäischen Parlaments und des Rates und zur Aufhebung der Richtlinie 2005/60/EG des Europäischen Parlaments und des Rates und der Richtlinie 2006/70/EG der Kommission, ABl. L 141/73.

- Rahmenbeschluss zur Vereinfachung des Austauschs von Informationen zwischen den Polizei- und Zollbehörden der EU-Länder[121]
- Rahmenbeschluss über den Europäischen Haftbefehl und die Übergabeverfahren zwischen den Mitgliedstaaten[122]

sehen besondere Datenverarbeitungs-und Datenschutzbestimmungen vor.

50 Außerdem existieren spezielle Regelungen im Rahmen

- des Prüm-Abkommens[123] und
- in den geplanten Bestimmungen zum Datenabgleich zwischen Informationssystemen beim Grenzschutz (Smart Borders Paket, inklusive Entry/Exit System).[124]

II. Bundesdatenschutzgesetz

51 Die Datenschutz-Grundverordnung und die JI-Richtlinie bilden einen neuen **europäischen Rechtsrahmen** für den Datenschutz. Dies macht eine umfangreiche Anpassung des deutschen Datenschutzrechts notwendig. Dazu verabschiedete der deutsche Gesetzgeber in einem ersten Schritt im Frühjahr 2017 das **Datenschutz-Anpassungs- und Umsetzungsgesetz** EU (DSAnpUG-EU). Die nationalen Gesetzgeber sind nach Art. 288 Abs. 3 AEUV verpflichtet, unter weitestgehend freier Wahl der Form und Mittel, den Rechtszustand herzustellen, den die JI-Richtlinie vorgibt. Trotz großer materiellrechtlicher Übereinstimmungen des deutschen Sicherheitsrechts mit den Vorgaben der Richtlinie[125] besteht Umsetzungsbedarf für die Gesetzgeber der Länder und des Bundes.

1. Entstehungsgeschichte

52 Mit dem Ziel diesem gesetzlichen Anpassungsbedarf im Datenschutz nachzukommen, hat die Bundesregierung Anfang Februar 2017 den Entwurf des DSAnpUG-EU[126] in das Gesetzgebungsverfahren eingebracht und dem Bundesrat zugeleitet.[127] Am 24. Februar 2017 ist er dem Bundestag vorgelegt worden.[128] Am 9. März 2017 fand eine erste Beratung im Bundestag statt und der Gesetzesentwurf wurde an den Innenausschuss des Bundestags überwiesen.[129] Der Bundesrat hat am 10. März 2017

121 Rahmenbeschluss 2006/960/JI des Rates vom 18. Dezember 2006 über die Vereinfachung des Austauschs von Informationen und Erkenntnissen zwischen den Strafverfolgungsbehörden der Mitgliedstaaten der Europäischen Union, Abl. L 386/89.

122 Rahmenbeschluss 2002/584/JI des Rates vom 13. Juni 2002 über den Europäischen Haftbefehl und die Übergabeverfahren zwischen den Mitgliedstaaten, ABl. L 190/1.

123 Beschluss 2008/615/JI des Rates vom 23. Juni 2008 zur Vertiefung der grenzüberschreitenden Zusammenarbeit, insbesondere zur Bekämpfung des Terrorismus und der grenzüberschreitenden Kriminalität, ABl. L 210/1.

124 Vorschlag der Europäischen Kommission vom 6.4.2016 für Verordnung des europäischen Parlaments und des Rates über ein Einreise-/Ausreisesystem (EES) zur Erfassung der Ein- und Ausreisedaten sowie der Einreiseverweigerungsdaten von Drittstaatsangehörigen an den Außengrenzen der Mitgliedstaaten der Europäischen Union und zur Festlegung der Bedingungen für den Zugang zum EES zu Gefahrenabwehr- und Strafverfolgungszwecken und zur Änderung der Verordnung (EG) Nr. 767/2008 und der Verordnung (EU) Nr. 1077/2011, COM(2016) 194 final, abrufbar: http://eur-lex.europa.eu/legal-content/EN/TXT/?uri=CELEX:52016PC0194.

125 *Weichert* 2016, 10.

126 Zum ersten, scharf kritisierten Referentenentwurf *Johannes*, ZD-Aktuell, 05322.

127 BR-Drs. 110/17.

128 BT-Drs. 18/11325.

129 BT-Plenarprotokoll 18/221, 22176B – 22183D.

zum Entwurf Stellung genommen und die Ausschüsse des Bundesrats haben Empfehlungen ausgesprochen.[130] Der Bundestag wurde offiziell am 23. März 2017 über die Stellungnahme des Bundesrats zusammen mit der Gegenäußerung der Bundesregierung unterrichtet.[131] Einige Änderungswünsche des Bundesrates wurden vom Bundestag aufgegriffen. Der Bundestag beschloss das Gesetz am 27. April 2017 mit umfangreichen Änderungen.[132] Der Bundesrat stimmte dem Gesetz am 12. Mai 2017, entsprechend der Empfehlung seines Ausschusses für innere Angelegenheiten und mit großer Mehrheit zu.[133] Das Gesetz wurde am 30. Juni 2017 ausgefertigt und am 5. Juli 2017 verkündet.[134]

2. Inhalt des DSAnpUG-EU

Das DSAnpUG-EU ist ein Artikelgesetz und enthält in Artikel 1 eine komplette **Neufassung des Bundesdatenschutzgesetzes.** Dieses soll sowohl die Regelungsaufträge und den Anpassungsbedarf aus der Grundverordnung erfüllen als auch die JI-Richtlinie umsetzen.[135] So wie die JI- Richtlinie im Schatten der Datenschutzgrundverordnung steht, steht auch die Umsetzung der JI-Richtlinie im neuen Bundesdatenschutzgesetz im Schatten der Verordnungs-Anpassungen. Der Teil zur JI-Richtlinie des neuen Bundesdatenschutzgesetzes wurde bisher kaum in der Literatur besprochen. Von dem beim Bundestag zum Entwurf des neuen Bundesdatenschutzgesetzes eingereichten 23 Stellungnahmen beschäftigen sich nur vier überhaupt mit Vorschriften zur Umsetzung der JI-Richtlinie. 53

Um eine **homogene Entwicklung** des allgemeinen Datenschutzrechts zu erreichen, soll das neu gefasste Bundesdatenschutzgesetz, soweit nicht dieses selbst oder bereichsspezifische Gesetze abweichende Regelungen treffen, gemäß § 85 BDSG auch für die Verarbeitung personenbezogener Daten im Rahmen von Tätigkeiten öffentlicher Stellen des Bundes Anwendung finden, die außerhalb des Anwendungsbereichs des Unionsrechts liegen, wie etwa die Datenverarbeitung durch das Bundesamt für Verfassungsschutz, den Bundesnachrichtendienst oder den militärischen Abschirmdienst oder im Bereich des Sicherheitsüberprüfungsgesetzes. Dies geht einher mit zusätzlichem gesetzlichen **Änderungsbedarf** in den jeweiligen bereichsspezifischen Gesetzen, siehe Art. 2 bis 6 DSAnpUG-EU. Gemäß Art. 8 DSAnpUG-EU wird das Gesetz am 25. Mai 2018 in Kraft treten und gleichzeitig das alte Bundesdatenschutzgesetz außer Kraft treten. 54

Mitgliedstaaten sind nach Art. 63 JI-RL verpflichtet, bis zum 6. Mai 2018 die Rechts- und Verwaltungsvorschriften zu erlassen, die erforderlich sind, um dieser Richtlinie nachzukommen (zu den möglichen Folgen der verfristeten Umsetzung siehe → Rn. 369). Die **Umsetzung** der JI-Richtlinie soll über die relevanten Regelungen im 55

130 BR-Drs. 110/17 (Beschluss).
131 BT-Drs. 18/11655.
132 BT-Plenarprotokoll 18/231, 23306 ff.
133 BR-Plenarprotokoll 957, 224C – 224D.
134 BGBl. 2017 Teil I Nr. 44, 5.7.2017, 2097.
135 BT-Drs. 18/1325, 1.

DSAnpUG-EU hinaus gesondert auch im Fachrecht erfolgen (ausführlich → Rn. 385 ff.).[136]

56 Außerdem werden die **Regelungsaufträge** und **Öffnungsklauseln** der Datenschutz-Grundverordnung genutzt. Am 25. Mai 2018 wird diese unmittelbar geltendes und anwendbares Recht in allen Mitgliedstaaten der Europäischen Union sein. Ziel der Verordnung ist ein gleichwertiges Schutzniveau für die Rechte und Freiheiten von natürlichen Personen bei der Verarbeitung von Daten in allen Mitgliedstaaten der Union. Der Unionsgesetzgeber entschied sich für die Handlungsform einer Verordnung, damit innerhalb der Union ein gleichmäßiges Datenschutzniveau für natürliche Personen gewährleistet ist. Die Datenschutz-Grundverordnung sieht eine Reihe von Öffnungsklauseln für den nationalen Gesetzgeber vor. Zugleich enthält die Verordnung konkrete, an die Mitgliedstaaten gerichtete Regelungsaufträge. Dies erfordert es, das allgemeine und das bereichsspezifische Datenschutzrecht auf die Vereinbarkeit mit der Verordnung zu überprüfen und soweit nötig anzupassen. Das sollte nun in einem ersten Schritt mit dem neuen Bundesdatenschutzgesetz in Art. 1 DSAnpUG-EU erreicht werden.[137] Dabei ist fraglich, ob der deutsche Gesetzgeber die Aufgaben nach der Datenschutz-Grundverordnung erfüllt und nicht die offenen Regelungsspielräume überdehnt.[138]

3. Struktur des neuen Bundesdatenschutzgesetzes

57 Das neue **Bundesdatenschutzgesetz** ist in mehrfacher Hinsicht **kompliziert:** Erstens betreffen Fragen des Datenschutzes – insbesondere die heute zentrale Frage der Weiterverarbeitung von Daten – unzählige Bereiche der Wirtschaft, der Verwaltung sowie aller Bürger. Zweitens setzt der Entwurf die Datenschutz-Grundverordnung um, die zahlreiche Öffnungsklauseln und Regelungsaufträge beinhaltet, die mit dem vorliegenden Gesetzentwurf ausgestaltet werden. Drittens wird die JI-Richtlinie umgesetzt.[139] Dies führt zu einem Nebeneinander unmittelbar geltender Verordnungsinhalte, Vorschriften zur Umsetzungs- und Anpassung der Verordnung, umgesetzter Richtlinienvorgaben, angepasster Richtlinienvorgaben und originär deutscher Regelungen.

58 Die Datenschutz-Grundverordnung etabliert kein einheitliches Datenschutzrecht, sondern eine **Ko-Regulierung** des Datenschutzes durch Union und Mitgliedstaaten.[140] Dies macht ein deutsches Anwendungsgesetz zur Datenschutz-Grundverordnung notwendig. Im Anwendungsbereich der Verordnung ist dieses nebeneinander von Seiten der EU-Kommission nicht gewollt aber notwendig. Im Anwendungsbereich der JI-Richtlinie ist sie durch die Wahl des Rechtsmittels der Richtlinie gewollt und unausweichlich. Der deutsche Gesetzgeber versucht mit dem neuen Bundesdatenschutzge-

136 BT-Drs. 18/11325, 69.
137 BT-Drs. 18/11325, 69.
138 Dazu *Roßnagel*, DuD 2017, 277.
139 So auch Stellungnahme des Nationalen Normenkontrollrates, BT-Drs. 18/11325, 129.
140 *Roßnagel*, DuD 2017, 277.

setz beides.[141] Dadurch wird die Verständlichkeit und die Anwendungsfreundlichkeit des Gesetzes insgesamt deutlich verringert.[142]

Das neu gefasste Bundesdatenschutzgesetz ist **viergeteilt:**[143] 59

- Teil 1 „Gemeinsame Bestimmungen" enthält Vorgaben für alle Datenverarbeitungen, unabhängig davon, ob sie zu Zwecken der Grundverordnung, der JI-Richtlinie oder zu nicht von diesen beiden Unionsrechtsakten erfassten Zwecken (zB Datenverarbeitung durch Nachrichtendienste) erfolgt.
- Teil 2 „Durchführungsbestimmungen für Verarbeitungen zu Zwecken gemäß Artikel 2 der Verordnung (EU) 2016/679" betrifft Regelungen, die sich allein auf den Anwendungsbereich der Grundverordnung beziehen.
- Teil 3 „Bestimmungen für Verarbeitungen zu Zwecken gemäß Artikel 1 Absatz 1 der Richtlinie (EU)2016/680" dient der Umsetzung der JI-Richtlinie.
- Teil 4 „Besondere Bestimmungen für Verarbeitungen von nicht unter den Anwendungsbereich der Verordnung (EU) 2016/679 und der Richtlinie (EU) 2016/680 fallenden Tätigkeiten", hat den Regelungsschwerpunkt, spezifischere Regelungen für die Behörden des Bundesministeriums der Verteidigung zu schaffen.

Im allgemeinen **Teil 1** des neuen Bundesdatenschutzgesetzes werden Regelungen zum Datenschutzbeauftragten sowie der Aufsichtsbehörde des Bundes getroffen, die der Umsetzung der Regelungen der JI-Richtlinie und der Regelungsaufträge der Datenschutz-Grundverordnung dienen. Der Teil 1 hat als Regelungsschwerpunkte die Schaffung einer allgemeinen Rechtsgrundlage und Videoüberwachung (§§ 3, 4 BDSG), Regelungen zu Datenschutzbeauftragten öffentlicher Stellen (§§ 5 bis 7 BDSG), Ausgestaltung der unabhängigen Datenschutzaufsichtsbehörden (§§ 8 bis 16 BDSG), Festlegung der deutschen Vertretung im Europäischen Datenschutzausschuss (§§ 17 bis 19 BDSG) und Rechtsbehelfe (§§ 20, 21 BDSG).[144] Die gemeinsamen Bestimmungen finden keine Anwendung, soweit das Recht der Europäischen Union unmittelbar gilt, insbesondere die Datenschutz-Grundverordnung. Sie finden außerdem Anwendung im Anwendungsbereich der JI-Richtlinie sowie für die Bereiche, die außerhalb des Unionsrechts liegen (→ Rn. 19, 62).[145] Die Vorschriften in Teil 1 des neuen Bundesdatenschutzgesetzes dienen nämlich sowohl der **Umsetzung der JI-Richtlinie** als auch der **Anpassung** des allgemeinen Datenschutzrechts hin zur Datenschutz-Grundverordnung. Sie beanspruchen Geltung für Sachverhalte aus beiden Rechtsgebieten. Die Umsetzung der Richtlinie erfolgt dabei insoweit im Wesentlichen dadurch, dass der nahezu mit der Richtlinie identische Text der Datenschutz-Grundverordnung wörtlich übernommen wird.[146] 60

141 Das federführende BMI hatte von vornherein geplant, beide Unionsrechtsakte in ein nationales Gesetz zu übernehmen, um „ein reibungsloses Zusammenspiel" von Verordnung und Richtlinie im deutschen Recht zu gewährleisten, BT-Drs. 18/11325, 1.

142 Anders *Kühling*, NJW 2017, 1986, der das Verfahren für gelungen hält.

143 Beschreibung ist BT-Drs. 18/11325 entnommen, s. auch Überblick bei *Düwell*, jurisPR-ArbR 22/2017 Anm. 1.

144 BT-Drs. 18/11325, 70.

145 BT-Drs. 18/11325, 70.

146 So BR-Drs. 17/110 (B), 4.

61 Der **Teil 2** dient der Anpassung an die Datenschutz-Grundverordnung und hat als Regelungsschwerpunkte Rechtsgrundlagen für die Verarbeitung besonderer Kategorien personenbezogener Daten (§ 22 BDSG), die Festlegung der Zulässigkeitsvoraussetzungen für Verarbeitungen zu anderen Zwecken durch öffentliche Stellen (§ 23 BDSG) und durch nichtöffentliche Stellen (§ 24 BDSG) sowie für Datenübermittlungen durch öffentliche Stellen (§ 25 BDSG), die Regelung weiterer besonderer Verarbeitungssituationen (§§ 26 bis 31 BDSG), die Regelungen zu den Betroffenenrechten (§§ 32 bis 37 BDSG) und zur Verhängung von Geldbußen bei Verstößen gegen die DSGVO (§§ 41, 43).

62 Der **Teil 4** des neuen Bundesdatenschutzgesetzes besteht nur aus § 85 und enthält besondere Bestimmungen für Datenverarbeitungen im Rahmen von nicht in die Anwendungsbereiche der DSGVO und der JI-Richtlinie fallenden Tätigkeiten. Nach § 1 Abs. 8 BDSG gilt das neue Bundesdatenschutzgesetz auch für Datenverarbeitungen personenbezogener Daten, die weder in den Anwendungsbereich der Datenschutz-Grundverordnung noch der JI-Richtlinie fallen. Dies betrifft den rein national zu regelnden Bereich der Verarbeitung personenbezogener Daten, der außerhalb des Anwendungsbereichs der Verordnung und der JI-Richtlinie liegt; vgl. Art. 2 Abs. 2 bis 3 DSGVO und Art. 2 JI-RL. Dieser verbleibende nationale Teil folgt schon aus der begrenzten Kompetenz des Unionsrechts. Art. 16 AEUV gibt der Union für Handeln der Mitgliedstaaten im Datenschutzbereich eine Regelungskompetenz nur, sofern die Mitgliedstaaten im „Anwendungsbereich des Unionsrechts" handeln.

Im Folgenden wird **Teil 3** des neuen Bundesdatenschutzgesetzes betrachtet. Auf die anderen Teile des neuen Bundesdatenschutzgesetzes wird nur an erforderlicher Stelle eingegangen.

4. Teil 3 BDSG: Datenschutzrecht bei Polizei und Strafverfolgung

63 Das neue Bundesdatenschutzgesetz enthält in **Teil 3** Bestimmungen zur Umsetzung der JI-Richtlinie mit den Regelungsschwerpunkten

- Aussagen zu Rechtsgrundlagen der Verarbeitung, Zweckbindung und -änderung (§§ 47 bis 51 BDSG),
- Ausformungen der Betroffenenrechte (§§ 55 bis 61 BDSG),
- Festlegung unterschiedlich akzentuierter Pflichten der Verantwortlichen
  - Anforderungen an Auftragsverarbeitungsverhältnisse (§ 62 BDSG),
  - Datensicherheit und Meldungen von Verletzungen des Schutzes personenbezogener Daten (§§ 64 bis 66 BDSG),
  - Instrumente zur Berücksichtigung des Datenschutzes (Datenschutz-Folgenabschätzung, Anhörung der oder des Bundesbeauftragten, Verzeichnis von Verarbeitungstätigkeiten, Protokollierung, §§ 67 bis 70 und 76 BDSG);
  - Berichtigungs- und Löschungspflichten (§ 75 BDSG);
  - Datenübermittlungen an Stellen in Drittstaaten und an internationale Organisationen (§§ 78 bis 81 BDSG).[147]

147 Aufstellung entnommen BT-Drs. 18/12084, 4.

Der **Gesetzeswortlaut** orientiert sich in Teil 3 sehr stark am Text der JI-Richtlinie. 64
Richtlinieninhalte sind wörtlich in die Umsetzungsgesetzgebung übernommen worden. Dabei findet keine Anpassung an das nationale Recht und dessen hergebrachten Begrifflichkeiten statt. Sinn einer Richtlinie ist aber gemäß Art. 288 AEUV, den Mitgliedstaaten die Einpassung der Regelungsgehalte in ihre spezifische Rechtssystematik und -terminologie zu ermöglichen.[148]

Zu beachten ist das die JI-Richtlinie nicht nur in Teil 3 des neuen Bundesdatenschutz- 65
gesetzes umgesetzt wird. Teilweise erfolgt die **Umsetzung** auch in Teil 1. Dies betrifft vor allem organisatorische Vorgaben die auch nach den Öffnungsklauseln der Datenschutz-Grundverordnung vom nationalen Gesetzgeber zu regeln waren und die der deutsche Gesetzgeber einheitlich regeln wollte. Es sind dies die Art. 32 bis 34 JI-RL zu den Datenschutzbeauftragten und die Art. 41 bis 50 JI-RL zur Aufsichtsbehörde und deren Zusammenarbeit. Durch die gemeinsame Regelung werden öffentliche Stellen im Anwendungsbereich der JI-Richtlinie und jene im Anwendungsbereich der Datenschutz-Grundverordnung im neuen Bundesdatenschutzgesetz gleichbehandelt. Dies ist wegen der nahezu wortgleichen Vorgaben in den beiden europäischen Rechtsakten sinnvoll.

5. Vereinbarkeit mit europäischen und deutschen Grundrechten

Die JI-Richtlinie ist als Unionsrecht am Maßstab der **europäischen Grundrechte** zu 66
messen. Entsprechend sind nationale Vorschriften, die auf einer europäischen Richtlinie basieren, nicht nur an den deutschen Grundrechten, sondern auch an der Charta der Grundrechte der Europäischen Union zu messen (→ Rn. 28). Das neue Bundesdatenschutzgesetz muss sich daher sowohl mit den im deutschen Grundgesetz als auch mit den in der europäischen Charta der Grundrechte garantierten Grundrechten vereinbaren lassen. Entsprechend muss Auslegung und Anwendung sowohl mit dem Grundgesetz als auch der Charta konform sein.[149]

6. Anwendungsbereich von Teil 3 des neuen Bundesdatenschutzgesetzes

Die JI-Richtlinie betrifft die nationalen Vorschriften zum Datenschutz im Bereich der 67
Strafverfolgung, Strafvollstreckung und der Abwehr von Gefahren für die öffentliche Sicherheit (→ Rn. 17 ff).[150] Die öffentliche Sicherheit schützt die Unverletzlichkeit der gesamten Rechtsordnung, der subjektiven Rechte und Rechtsgüter des Einzelnen sowie den Bestand des Staates und sonstiger Träger der Hoheitsgewalt und deren Einrichtungen und Veranstaltungen.[151] Geregelt sind alle drei Bereiche in zahlreichen Gesetzen des Bundes und der Länder. Soweit Polizei- und Justizbehörden personenbezogene Daten zu den genannten Zwecken erheben, verarbeiten oder nutzen, finden die jeweiligen spezialgesetzlichen Vorschriften Anwendung, zum Beispiel die der Polizeigesetze oder der Strafprozessordnung.[152]

148 Ausführlich mit Beispielen *Aden*, BT Ausschussdrucksache 18(4)824 G, 5.
149 Vgl. *Johannes*, in: Roßnagel 2018, § 2 Rn. 40 ff.
150 S. Kap. I. 3.; s. auch *Weinhold*, in: Roßnagel 2017, § 3 Rn. 32 ff.
151 *Pieroth/Schlink/Kniesel* 2012, § 8 Rn. 3 ff.
152 § 1 Abs. 3 BDSG.

68 Da die Tätigkeit der Polizei- und Strafverfolgungsbehörden in weiten Teilen vom Umgang mit personenbezogenen Daten geprägt ist, finden sich in den Polizeigesetzen der Länder und des Bundes sowie der Strafprozessordnung zahlreiche von den Landesdatenschutzgesetzen beziehungsweise dem Bundesdatenschutzgesetz abweichende Vorschriften. Neben Generalklauseln zur Erhebung personenbezogener Daten[153] regeln die **Polizeigesetze** und die **Strafprozessordnung** spezielle Maßnahmen der Datenerhebung, -verarbeitung und -nutzung, die für die Rechte der betroffenen Personen, insbesondere für das Recht auf informationelle Selbstbestimmung, eine besondere Gefährdung bedeuten und nach den Vorgaben des Bundesverfassungsgerichts einer bereichsspezifischen und normenklaren Bestimmung des Anlasses und Verwendungszwecks bedürfen.[154]

a) Umsetzung der JI-Richtlinie im neuen Bundesdatenschutzgesetz

69 Der nationale Gesetzgeber muss bis zum 25. Mai 2018 das nationale Recht nicht nur an die Datenschutz-Grundverordnung anpassen, sondern auch die JI-Richtlinie umsetzen. Beide Unionsrechtsakte haben teils wortgleiche Regelungen, worauf bei den Verhandlungen aus Kohärenzgründen geachtet worden war. Zudem bestehen **strukturelle Gemeinsamkeiten**, zum Beispiel bezüglich der Ausgestaltung der Rolle des Datenschutzbeauftragten und der Aufsichtsbehörden.[155] Ein großer Unterschied ist aber, dass die Datenschutz-Grundverordnung direkt wirkt und die Verarbeiter personenbezogener Daten bindet, während die JI-Richtlinie grundsätzlich nur an den nationalen Gesetzgeber adressiert ist und ihm auferlegt, die Bestimmungen der Richtlinie in nationales Recht umzusetzen. Teil 3 des neuen Bundesdatenschutzgesetzes trägt die Überschrift „Bestimmungen für Verarbeitungen zu Zwecken gemäß Artikel 1 Absatz 1 der Richtlinie (EU) 2016/680“. Auch nach der Gesetzesbegründung dient dieser Teil des Gesetzes ausschließlich der Umsetzung der JI-Richtlinie.[156]

b) Eröffnung des Anwendungsbereichs von Teil 3 BDSG

70 § 45 BDSG regelt den Anwendungsbereich des dritten Teils des neuen Bundesdatenschutzgesetzes.[157] Er ist nach § 45 Abs. 1 Satz 1 BDSG nur für die Verarbeitungen personenbezogener Daten für die **Verhütung, Ermittlung, Aufdeckung, Verfolgung oder Ahndung von Straftaten oder Ordnungswidrigkeiten** durch die zuständigen öffentlichen Stellen eröffnet, soweit sie Daten **zum Zweck der Erfüllung dieser Aufgaben** verarbeiten. Nach Satz 2 gelten die öffentlichen Stellen als Verantwortliche. Den Anwendungsbereich präzisierend konkretisiert Satz 3 den Begriff der Verhütung von Straftaten im Sinne des Satzes 1 dahin gehend, dass dieser den Schutz vor und der Abwehr von Gefahren für die öffentliche Sicherheit umfasst.

71 Ferner sollen nach Satz 4 die Sätze 1 und 2 auf diejenigen öffentlichen Stellen Anwendung finden, die für die Vollstreckung von Strafen und Geldbußen zuständig sind. Ebenfalls vom Anwendungsbereich umfasst sind daher Datenverarbeitungen der

153 ZB § 13 HSOG, § 21 BPolG, §§ 161, 163 StPO.
154 BVerfGE 120, 378 (409) = DVBl. 2008, 575.
155 BT-Drs. 18/11325, 73.
156 BT-Drs. 18/11325, 110.
157 Zum Anwendungsbereich der JI-RL s. Rn. 17.

Strafvollstreckungsbehörden, insbesondere also die Staatsanwaltschaften als Vollstreckungsbehörde nach § 451 StPO. Bei jugendlichen und heranwachsenden Verurteilten werden die Aufgaben der Strafvollstreckung von den Jugendrichtern der Amtsgerichte als Vollstreckungsleiter wahrgenommen. Strafvollstreckungsbehörden im Sinne von § 45 BDSG sind alle Teile der Justizverwaltung, die entsprechende Aufgaben wahrnehmen, also zB auch Justizvollzugsanstalten.

Der Anwendungsbereich von Teil 3 des BDSG ist aber nur eröffnet, wenn überhaupt 72
der Anwendungsbereich des neuen BDSG nach § 1 BDSG eröffnet ist. Dies bedeutet zum einen, dass nach § 1 Abs. 1 UAbs. 1 Nr. 2 BDSG insbesondere für Landesbehörden die Datenschutzgesetze der Länder vorrangig Anwendung finden. Zum anderen gehen nach § 1 Abs. 2 BDSG spezialgesetzliche Datenschutzvorschriften des Bundes dem neuen Bundesdatenschutzgesetz vor. Der Anwendungsbereich von § 45 BDSG ist außerdem erst eröffnet, wenn sowohl die sachlichen Voraussetzungen dem Zweck nach vorliegen als auch der Verantwortliche dafür institutionell zuständig ist:[158]

aa) Sachliche Voraussetzungen

Sachlich muss es sich nach § 45 Satz 1 BDSG um eine Verarbeitung zu Zwecken der 73
Verhütung, Ermittlung, Aufdeckung, Verfolgung oder Ahndung von Straftaten oder Ordnungswidrigkeiten handeln. Eine Verarbeitung ist nach § 46 Nr. 2 BDSG jeder Datenumgang mit personenbezogenen Daten unabhängig vom Medium oder der Speicherart. Erfasst sind demnach sowohl automatisierte und computergestützte Verfahren, als auch analoge und sonstige Verfahren, unabhängig davon, ob die Speicherung in einem Datei- oder Ablagesystem erfolgt oder erfolgen soll. Eine Anwendungsausnahme, etwa für nur papiergebundene Datenumgänge außerhalb von geordneten Dateisystemen – wie für nichtöffentliche Stellen nach § 1 Abs. 1 BDSG[159] oder für den sachlichen Anwendungsbereich der Datenschutz-Grundverordnung nach Art. 2 Abs. 1 DSGVO – gibt es nicht.[160] Damit belässt es der deutsche Gesetzgeber bei dem bisherigen **weiten Anwendungsbereich** für das Datenschutzrecht bei öffentlichen Stellen. Er geht damit über den von der JI-Richtlinie nach Art. 2 Abs. 2 JI-RL verlangten sachlichen Anwendungsbereich hinaus. Das ist sowohl im Sinne des Grundrechtsschutzes geboten[161] als auch aufgrund der Regelungskontinuität und Einheitlichkeit des Datenschutzrechts zu begrüßen.[162] Die Regelung ist richtlinienkonform, weil die Mitgliedstaaten nach Art. 1 Abs. 3 JI-RL nicht daran gehindert sind Garantien festzulegen, die strenger sind als die Garantien dieser Richtlinie. Dies gilt erst Recht für die Ausweitung des Schutzes nach der Richtlinie auf Arten von personenbezogenen Daten, die aufgrund der Verarbeitungsart oder des Speichermediums außerhalb des Anwendungsbereiches liegen. Die Regelung fällt auch nicht in den sachlichen Anwen-

158 Diese ist auch in Art. 2 Abs. 1 und 2 JI-RL vorgesehen; vgl. BT-Drs. 18/11325, 110 f.

159 Vgl. zum Anwendungsbereich des neuen BDSG *Husemann*, in: Roßnagel 2018, § 3 Rn. 25 ff.

160 Dazu *Husemann* in: Roßnagel 2018, § 3 Rn. 28.

161 Durch die modernen Möglichkeiten Informationen auf Papier (nachträglich) leicht zu scannen, automatisiert auszuwerten und den Inhalt zu indizieren, besteht – eingedenk des potenziellen Risikos – nur noch ein geringer Unterschied in der Eingriffsintensität von Datenumgang auf Papier und Datenumgang in elektronischen Dateisystemen; vgl. *Nelles/Becker*, ZD 2017, 419.

162 Zur entsprechenden Schutzlücke nach der DSGVO, *Kühling/Raab*, in: Kühling/Buchner 2017, Art. 2 Rn. 19.

dungsbereich der Datenschutz-Grundverordnung nach § 2 Abs. 1 DSGVO. Die Verordnung findet nämlich auf die **nichtautomatisierte Speicherung** von personenbezogenen Daten außerhalb von geordneten Dateisystemen nach Art. 2 Abs. 2 lit. a in Verbindung mit Abs. 1 DSGVO keine Anwendung.[163] Dem deutschen Gesetzgeber steht es frei diesen Bereich selbst zu regeln[164] und für diesen die Regelungen von Teil 3 des neuen Bundesdatenschutzgesetzes für anwendbar zu erklären.

74 Im Anwendungsbereich der §§ 45 ff. BDSG liegen damit sowohl alle Arten von elektronischen **Fallbearbeitungs- und Vorgangsakten** und -systeme als auch ihre Entsprechungen auf Papier. Umfasst sind auch elektronischen Datenbanken und Dateisysteme die personenbezogenen Daten enthalten, einschließlich der Arbeitsplatzrechner von Ermittlungsbeamten. Erfasst sind auch **analoge Karteien, Handakten, Notizbücher** und ähnliches, soweit sie personenbezogene Daten zu den in § 45 BDSG genannten Zwecken enthalten.

bb) Zuständigkeit

75 Für die Eröffnung des Anwendungsbereichs der JI-Richtlinie und damit des dritten Teils des neuen Bundesdatenschutzgesetzes genügt eine Verarbeitung zu Zwecken der Strafverfolgung und Gefahrenabwehr allein nicht. Daneben muss auch eine grundsätzliche Befugnis- und Aufgabenzuweisung (**Zuständigkeit**) des Datenverarbeiters für die Verhütung, Ermittlung, Aufdeckung oder Verfolgung von Straftaten oder die Strafvollstreckung, einschließlich des Schutzes vor und der Abwehr von Gefahren für die öffentliche Sicherheit vorliegen.[165] Dies trifft im Anwendungsbereich des neuen Bundesdatenschutzgesetzes insbesondere für die Polizeibehörden des Bundes,[166] der Generalbundesanwalt beim Bundesgerichtshof sowie die Zollfahndung, soweit sie die Daten zu den genannten Zwecken verarbeiten. Die Polizeibehörden der Länder, die Staatsanwaltschaften an den Landgerichten, die Generalstaatsanwaltschaften an den Oberlandesgerichten und die Steuerfahndung an den Finanzbehörden der Länder, verarbeiten zwar personenbezogene Daten zu den in § 45 BDSG genannten Zwecken und führen zum Teil auch Bundesrecht aus, sie sind aber öffentliche Stellen der Länder und unterfallen nach § 1 Abs. 1 UAbs. 1 Nr. 2 BDSG den Datenschutzgesetzen der Länder.

76 Dagegen ist der Anwendungsbereich nach § 45 BDSG grundsätzlich nicht eröffnet, wenn Daten zu Zwecken der Strafverfolgung durch **private Stellen** oder **öffentliche Stellen, die dazu nicht beauftragt** worden sind, verarbeitet werden. Übt eine nichtöffentliche Stelle[167] derartige Tätigen aus, gelten die Datenschutz-Grundverordnung und eventuell die strengere Vorschrift des Art. 10 DSGVO.[168]

---

163 Dazu *Kühling/Raab*, in: Kühling/Buchner 2017, Art. 2 Rn. 18.

164 Entsprechend für die DSGVO *Kühling/Raab*, in: Kühling/Buchner 2017, Art. 2 Rn. 19.

165 BT-Drs. 18/11325, 110 f.

166 Nach *Aden*, in: Wolff/Brink 2017, Grundlagen, Polizeien und Nachrichtendienste, Rn. 8, zählen zu den Bundespolizeibehörden die Bundespolizei, das Bundeskriminalamt, die Zollverwaltung und -fahndung, die Strom- und Schifffahrtspolizei für die Bundeswasserstraßen, das Luftfahrtbundesamts, der Bundestagspräsident als ordentliche Polizeibehörde im Bundestag und die gerichtliche Sitzungspolizei der Bundesgerichte.

167 Zu denken wäre besonders an Detekteien und Rechtsanwälte; grundsätzlich könnte aber jede private Stelle Daten zur Strafverfolgung verarbeiten, insbesondere bei Taten die gegen sie selbst gerichtet sind oder wozu sie zur Überprüfung sogar rechtlich verpflichtet sein kann (zB Geldwäsche).

168 *Schaffland/Holthaus*, in: Schaffland/Wiltfang 2017, Art. 2 DSGVO, Rn. 26.

Im Unterschied zur Richtlinie verwendet das neue Bundesdatenschutzgesetz nicht den Begriff der zuständigen Behörde, sondern den in der deutschen Rechtssprache üblichen Begriff der **öffentlichen Stelle**. Der Begriff der zuständigen Behörde ist in Art. 3 Nr. 7 lit. a und b JI-RL legaldefiniert und umfasst neben den für die in Art. 1 Abs. 1 JI-RL zuständigen staatlichen Stellen auch andere Stellen oder Einrichtungen, denen durch das Recht der Mitgliedstaaten die Ausübung öffentlicher Gewalt und hoheitliche Befugnisse übertragen wurden. Der Begriff der öffentlichen Stellen ist demnach unionsrechtskonform dahin gehend auszulegen, dass er neben öffentlichen Stellen wie den Polizeibehörden und Staatsanwaltschaften auch die als öffentliche Stellen geltende **Beliehene** umfasst.[169] 77

Daraus folgt im Umkehrschluss, dass Tätigkeiten der zuständigen Behörden, die nicht dem Zweck der Strafverfolgung oder Gefahrenabwehr dienen, nicht in den Anwendungsbereich der JI-Richtlinie und von § 45 BDSG fallen. Dazu zählen zum Beispiel das Personalwesen und die Lohnbuchhaltung. Dazu zählen aber auch Tätigkeiten im Rahmen von Vermisstenanzeigen und -suchen[170] und generell-präventive Maßnahmen, wie Aufklärungs- und Sicherheitskampagnen. Diese fallen in den Anwendungsbereich der Datenschutz-Grundverordnung. 78

c) Anwendungsbereich Gefahrenabwehr

Die Verhütung von Straftaten umfasst nach § 45 Satz 3 BDSG ferner den Schutz vor und die Abwehr von **Gefahren für die öffentliche Sicherheit**. Satz 3 bezieht damit den Bereich der Gefahrenabwehr in den Anwendungsbereich des dritten Teils des neuen Bundesdatenschutzgesetzes ein. Auch nach Art. 2 JI-RL ist der Anwendungsbereich der JI-Richtlinie eröffnet bei Datenverarbeitungen zu Zwecken des Schutzes vor und der Abwehr von Gefahren für die öffentliche Sicherheit durch die zuständigen Behörden. 79

Die von der Aufteilung der Datenschutzreform der Union in zwei Rechtsakte nahegelegte Trennung der Anforderungen an die Datenverarbeitung in formaler (beteiligte Behörden) und materieller Hinsicht (Annahme, dass Behörden entweder nur zu Verordnungs- oder nur zu Richtlinienzwecken Daten verarbeiten) entspricht nicht der Verwaltungspraxis und wird sich so trennscharf wie im Gesetz vorgegeben auf Behördenebene nicht abbilden lassen. In Deutschland gibt es verschiedene Behörden, die zur Ausübung ihrer gesetzlichen Aufgaben sowohl Zwecke nach der Datenschutz-Grundverordnung als auch solche der JI-Richtlinie verfolgen. Dieses Prinzip erkennt Erwägungsgrund 19 der Verordnung ausdrücklich an. Dies kommt auch in Erwägungsgrund 12 der JI-Richtlinie zum Ausdruck. Dabei sind die Mitgliedstaaten gehalten, jeweils ihrer administrativen, verfassungsmäßigen und organisatorischen Struktur Rechnung zu tragen.[171] Dies bedeutet, dass nationale Besonderheiten, im Aufbau und der Struktur der Behörden oder einer föderalen Ordnung, im Rahmen der Umsetzung des Unionsrechts zu berücksichtigen sind. Die **Anwendungsbereiche** der Datenschutz-Grundverordnung und Teil 3 des neuen Bundesdatenschutzgesetzes sind in 80

169 BT-Drs. 18/11325, 110 f.
170 *Kühling/Raab*, in: Kühling/Buchner 2017, Art. 2 Rn. 19.
171 BT-Drs. 18/11325, 73 f.

der Praxis daher wohl **nicht immer trennbar.** Es ist im Einzelfall auslegungsbedürftig, ob eine Behörde Daten zu Zwecken, die in der Verordnung oder den in § 45 BDSG geregelten Zwecken verarbeitet.[172]

81 Im Ergebnis fallen damit zahlreiche Verarbeitungen in den Anwendungsbereich von § 45 BDSG. Unproblematisch ist jede Verarbeitung zu Zwecken der Strafverfolgung umfasst. Darunter fallen in der Regel die Verarbeitungstätigkeiten der Polizeibehörden und Staatsanwaltschaften. Ebenfalls umfasst sind nach § 45 Satz 3 BDSG aber auch Verarbeitungstätigkeiten zu Zwecken der **Gefahrenabwehr,** da die Verhütung von Straftaten im Sinne des Satzes 1 den Schutz vor und die Abwehr von Gefahren für die öffentliche Sicherheit umfassen soll. In unionsrechtskonformer Auslegung ist der Bereich der Gefahrenabwehr aber dahin gehend einzuschränken, dass nur die **straftatenbezogene Gefahrenabwehr** vom Anwendungsbereich umfasst ist. Nicht vom Anwendungsbereich umfasst ist danach die **nicht polizeiliche Gefahrenabwehr,** beispielsweise durch Bauordnungs-, Waffen-, Hygiene- oder Passbehörden. Für diese Behörden gilt grundsätzlich die Datenschutz-Grundverordnung, wobei der nationale Gesetzgeber weitreichende Möglichkeiten hat, abweichende Regelungen zu fassen.[173]

d) Anwendungsbereich Ordnungswidrigkeiten

82 Nach § 45 Satz 1 BDSG ist der Anwendungsbereich auch auf den Bereich der Ordnungswidrigkeiten erstreckt. Somit können auch nicht straftatenbezogene Gefahrenabwehrbehörden unter die Regelungen der Richtlinie fallen, soweit die von Ihnen geführten Verfahren in ein konkretes **Ordnungswidrigkeitenverfahren** münden. In der Gesetzesbegründung wird unterstellt, dass die Datenverarbeitung bei Verwaltungsbehörden, wie zB Waffen-, Hygiene- oder Passbehörden, grundsätzlich solange und soweit nicht in den Anwendungsbereich der JI-Richtlinie fallen, wie die von ihnen geführten Verfahren nicht in ein konkretes Ordnungswidrigkeitenverfahren übergehen.[174] Der Teil 3 des neuen Bundesdatenschutzgesetzes findet neben dem Bereich der Strafverfolgung und polizeilichen Gefahrenabwehr insbesondere im Bereich der Ordnungswidrigkeitenverfahren Anwendung.[175]

83 Indem § 45 BDSG im Anwendungsbereich auch Ordnungswidrigkeiten erfasst, könnte der Anwendungsbereich der Richtlinie überdehnt sein, da fraglich ist, ob die Ermittlung, Verfolgung, Ahndung und Vollstreckung von Ordnungswidrigkeiten vom Anwendungsbereich der JI-Richtlinie umfasst ist.[176] Der deutsche Gesetzgeber stützt sich in Bezug auf die ausdrückliche Anwendung auf Verarbeitungen zu Zwecken von Ordnungswidrigkeiten auf Erwägungsgrund 13 der Richtlinie. Demnach ist der Begriff der **Straftat ein eigenständiger Begriff des Unionsrechts** in der Auslegung durch den Europäischen Gerichtshof der Europäischen Union. Nach Art. 6 Abs. 3 EUV hat der Europäische Gerichtshof der Europäischen Union auch die Europäische Menschrechtskonventionen und die dazu ergangene Rechtsprechung durch den Europäischen

172 So BT-Drs. 18/11325, 73.
173 Zum Anwendungsbereich der Datenschutz-Grundverordnung im öffentlichen Bereich ausführlich, *Schaller*, in: Roßnagel 2018, § 7 Rn. 1 ff.
174 BT-Drs. 18/11325, 110.
175 Vgl. *Wolff*, BT-Ausschussdrucksache 18(4)824 E, 8 f.
176 So Stellungnahme des LfDI M-V zum DSAnpUG-EU, 10.

Gerichtshof für Menschenrechte als allgemeine Grundsätze des Unionsrechts zu beachten.[177] Die Richtlinie zählt zu den Tätigkeiten die der Verhütung, Ermittlung, Aufdeckung oder Verfolgung von Straftaten zuzurechnen sind auch **polizeiliche Tätigkeiten** in Fällen, in denen nicht von vornherein bekannt ist, ob es sich um eine Straftat handelt oder nicht. Auch können solche Tätigkeiten die Ausübung hoheitlicher Gewalt durch Ergreifung von **Zwangsmitteln** umfassen. Ebenfalls umfasst sind die Aufrechterhaltung der öffentlichen Ordnung als Aufgabe, die der Polizei oder anderen Strafverfolgungsbehörden übertragen wurde, soweit dies dem Zweck des Schutzes vor und der Abwehr von Bedrohungen der öffentlichen Sicherheit und Bedrohungen für durch Rechtsvorschriften geschützte grundlegende Interessen der Gesellschaft, die zu einer Straftat führen können, erforderlich ist.[178] Daraus ergibt sich nicht, ob Ordnungswidrigkeiten vom Begriff der Straftat umfasst sind oder nicht.

Der EuGH äußerte sich zur Auslegung des Begriffs „**Straftat**" bisher nicht ausdrück- 84
lich. Im Rahmen eines Vorabentscheidungsverfahrens bezog er zum Verhältnis von Sanktionen und Straftaten Stellung, um die Frage zu beantworten, ob die Verhängung einer strafrechtlichen Sanktion nach einer bereits verhängten steuerrechtlichen Sanktion den Grundsatz „ne bis in idem" verletzt.[179] Für die Beurteilung stellte er darauf ab, ob die steuerrechtliche Sanktion strafrechtlichen Charakter habe. Dabei seien drei Kriterien maßgeblich zu berücksichtigen: die rechtliche Einordnung der Zuwiderhandlung nach innerstaatlichem Recht, die Art der Zuwiderhandlung und die Art und der Schweregrad der angedrohten Sanktion.[180] Der Begriff der Strafe setze nach dem Europäischen Gerichtshof für Menschenrechte das Vorliegen einer Straftat voraus.[181] Dabei sei das erste Kriterium nur von relativem Wert. Würde diesem Kriterium entscheidendes Gewicht beigemessen, könnten die Mitgliedstaaten selbst entscheiden, welchem Bereich eine Sanktion zuzuordnen ist und damit den Grundrechtsschutz verkürzen.[182] Entscheidend komme es auf das zweite und dritte Kriterium, den Charakter und die Art der Zuwiderhandlung sowie den Charakter der Sanktion an.[183] Den im Rahmen von Ordnungswidrigkeitenverfahren zu verhängenden Geldbußen komme ein strafender Charakter zu, auch wenn sie weniger belastend sind, als die im Rahmen von Strafverfahren verhängten Geldstrafen.[184] **Ordnungswidrigkeiten** können demnach unter Berücksichtigung der Rechtsprechung des Gerichtshofs der Europäischen Union und des Gerichtshofs für Menschenrechte dem Strafverfahren zugeordnet werden. Der deutsche Gesetzgeber konnte demnach den Bereich der Ord-

177 Zur autonomen Auslegung von Europarecht *Hofmann/Johannes*, ZD 2017, 221 ff.

178 Eg. 12 JI-RL.

179 EuGH Urt. v. 26.2.2013 – C-617/10, ECLI:EU:C:2013:105 – Åkerberg Fransson = EuZW 2013, 302 ff.

180 EuGH Urt. v. 5.6.2012 – C 489/10, ECLI:EU:C:2012:319 – Łukasz Marcin Bonda = EuZW 2012, 543 ff.; Die drei Kriterien werden in ständiger Rechtsprechung des EGMR als „Engel Criteria" bezeichnet, vgl. EGMR Urt. v. 8.6.1976, Engel ua/Niederlande, Serie A Nr. 22, §§ 80 bis 82, und 10.2.2009, Zolotoukhine/Russland, Beschwerde-Nr. 14939/03, §§ 52 und 53; *Meyer-Ladewig/ Harrendorf/König*, in: Meyer-Ladewig/Nettesheim/von Raumer 2017, Art. 6 EMRK, Rn. 23 ff.

181 EGMR Urt. v. 16.10.2012 – 49646/10 – ECLI:CE:ECHR:2012:1016DEC004964610, Rn. 36.

182 *Meyer-Ladewig/Harrendorf/König*, in: Meyer-Ladewig/Nettesheim/von Raumer 2017, Art. 6 EMRK, Rn. 25 mwN.

183 EGMR, Urt. v. 21.2.1984 – 9/1982/55/84 = NStZ 1984, 269.

184 *Valerius*, in: Graf 2017, Art. 6 EMRK, Rn. 2, mwN; EGMR, Urt. v. 21.2.1984 – 9/1982/55/84 = NStZ 1984, 269 f.

nungswidrigkeiten im Rahmen der Umsetzung der Richtlinie unionsrechtskonform regeln.

e) Anwendungskonflikte und Ko-Regulierung

85 Kritisiert wird der Versuch, die JI-Richtlinie in einem Teil des neuen Bundesdatenschutzgesetzes umzusetzen und nicht ausschließlich in den Polizei- und Sicherheitsgesetzen.[185] Einerseits verkompliziert dies die neue Fassung des Bundesdatenschutzgesetzes deutlich. Andererseits kann so einer Zersplitterung des Datenschutzrechts entgegengewirkt werden und es können **identische Regelungsstrukturen im Unionsrecht** in einem allgemeinen Gesetz zusammengefasst werden. Auch sollte die Umsetzung der JI-Richtlinie sich nicht auf Änderungen in den Sicherheitsgesetzen beschränken, weil unklar ist, wie die Richtlinie genau von der Datenschutz-Grundverordnung abzugrenzen ist.[186]

86 Teil 3 des neuen Bundesdatenschutzgesetzes ist **Lex specialis** zu dessen Teil 2. Ist der Anwendungsbereich des dritten Teils nach § 45 BDSG nicht eröffnet oder existieren keine spezielleren Regelungen, werden in der Regel die Datenschutz-Grundverordnung und Teil 1 und Teil 2 des neuen Bundesdatenschutzgesetzes zur Anwendung kommen. So muss zum Beispiel eine Polizeibehörde des Bundes bei Datenverarbeitungen die nicht die Strafverfolgung oder die Gefahrenabwehr betreffen in der Regel die Datenschutz-Grundverordnung beachten.

87 Zu beachten ist, dass der Teil 1 des neuen Bundesdatenschutzgesetzes Vorschriften enthält, die sowohl für den nach § 45 BDSG eröffneten Anwendungsbereich gelten als auch der Umsetzung der JI-Richtlinie dienen. Sie gelten für die Polizei- und Strafverfolgungsbehörden, auch weil sie **öffentliche Stellen** im Sinne von § 2 BDSG sind. Dies sind zum Beispiel die §§ 5 bis 7 BDSG zu den Datenschutzbeauftragten und die §§ 8 bis 16 BDSG zur Bundesbeauftragten für den Datenschutz und die Informationsfreiheit (BfDI).

88 Auch fungiert der Teil 3 des neuen Bundesdatenschutzgesetzes nach § 1 Abs. 2 BDSG als **Auffanggesetz** zu weiteren spezialgesetzlichen Regelungen im Anwendungsbereich der JI-Richtlinie. Dies wird im Anwendungsbereich der JI-Richtlinie zukünftig zu einem **Nebeneinander der Anwendung** von speziellerem Sicherheitsgesetz – zum Beispiel Ermächtigungsnorm nach Strafprozessordnung – und dem allgemeinen Teil 1 BDSG – zum Beispiel den Datenschutzbeauftragten und die Bundesbeauftragte – und Teil 3 des neuen Bundesdatenschutzgesetzes – zum Beispiel zu Fragen der Datensicherheit – führen.

89 Notwendigkeit zur **Abgrenzung** besteht mit Art. 10 DSGVO. Nach diesem darf die Verarbeitung personenbezogener Daten über strafrechtliche Verurteilungen und Straftaten oder damit zusammenhängende Sicherungsmaßregeln nur unter behördlicher Aufsicht vorgenommen werden oder wenn dies nach dem Unionsrecht oder dem Recht der Mitgliedstaaten, das geeignete Garantien für die Rechte und Freiheiten der betroffenen Personen vorsieht, zulässig ist. Auch ein umfassendes Register der straf-

185 *Wolff*, BT-Ausschussdrucksache 18(4)824 E, 3.
186 BT-Drs. 18/11325, 1 ff.

rechtlichen Verurteilungen darf nur unter behördlicher Aufsicht geführt werden. Die Vorschrift richtet sich sowohl an private als auch an öffentliche Stellen. Allerdings ist der Anwendungsbereich der JI-Richtlinie und von § 45 BDSG **spezieller** als der von Art. 10 DSGVO. Die in Art. 10 DSGVO genannten Daten über strafrechtliche Verurteilungen und Straftaten oder damit zusammenhängende Sicherungsmaßregeln, dürfen zu Zwecken der Gefahrenabwehr, Strafverfolgung und Strafvollstreckung von zuständigen öffentlichen Stellen verarbeitet werden. Insofern wird ohnehin dem in Art. 10 DSGVO zum Ausdruck kommenden Behördenvorbehalt genügt.

7. Der oder die Datenschutzbeauftragte

Das neue Bundesdatenschutzgesetz konkretisiert in den §§ 5 bis 7 BDSG, die den 90
oder die **Datenschutzbeauftragte** für öffentliche Stellen betreffen, zum einen die Regelungen der Datenschutz-Grundverordnung zu den Datenschutzbeauftragten und setzt zum anderen die entsprechenden Vorgaben der JI-Richtlinie um.

Dabei wiederholt das neue Bundesdatenschutzgesetz teilweise die Reglungen der Da- 91
tenschutz-Grundverordnung. Die §§ 5 bis 7 BDSG verstoßen im Verhältnis zur Datenschutz-Grundverordnung nicht gegen das **Normwiederholungsverbot**. Diese Vorschriften dienen nämlich auch der Umsetzung der JI-Richtlinie. Die Regelungen der Datenschutz-Grundverordnung und der JI-Richtlinie zum Thema Datenschutzbeauftragte sind teilweise wortgleich. Außerdem stellt Erwägungsgrund 8 DSGVO klar, dass Teile der DSGVO in nationales Recht aufgenommen werden dürfen, soweit dies erforderlich ist, um die **Kohärenz** zu wahren und die nationalen Rechtsvorschriften für die Personen, für die sie gelten, verständlicher zu machen. Die Normwiederholung ist hier notwendig, um einen einheitlichen Rechtsrahmen für Datenschutzbeauftragte für öffentliche Stellen im Anwendungsbereich der Datenschutz-Grundverordnung als auch der JI-Richtlinie zu schaffen.

Das zukünftige Bundesdatenschutzgesetz führt zum Zweck der **einheitlichen Rege-** 92
lung der Datenschutzbeauftragten der öffentlichen Stellen des Bundes, Vorgaben der Datenschutz-Grundverordnung mit denen der JI-Richtlinie zusammen. Außerdem werden zur weiteren Anpassung und Konkretisierung Vorschriften aus dem bisherigen Bundesdatenschutzgesetz übernommen:

Die Umsetzung von Art. 32 Abs. 1 JI-RL erfolgt in § 5 Abs. 1 BDSG durch eine Über- 93
nahme des Art. 37 Abs. 1 lit. a DSGVO. § 5 Abs. 2, 3 und 5 BDSG setzen Art. 32 Abs. 2 bis 4 JI-RL um. Sie entsprechen Art. 37 Abs. 3, 5 und 7 DSGVO. § 5 Abs. 4 BDSG überträgt die Regelung des Art. 37 Abs. 6 DS-GVO, nach welcher sowohl **interne** als auch **externe Datenschutzbeauftragte** zulässig sind, auf den gesamten Bereich der Bundesverwaltung. Dies geht über die Vorgaben der JI-Richtlinie in Art. 32 hinaus. Das ist aber unionsrechtlich unbedenklich. Die Möglichkeit auch externe Datenschutzbeauftragte zu bestellen, ist zwar keine Regelung, die unter Art. 1 Abs. 3 JI-RL fällt. Nach Erwägungsgrund 63 JI-RL kann es sich bei dem oder der Datenschutzbeauftragten aber auch um ein Mitglied des vorhandenen Personals des Verantwortlichen handeln. Daraus lässt sich schließen, dass der europäische Gesetzgeber sowohl die Möglichkeit der Bestellung behördenexterner Berater als auch internen Personals zum Datenschutzbeauftragten vorgesehen hat.

94 § 6 Abs. 1 und 2 BDSG setzen Art. 33 Abs. 1 und 2 JI-RL um. Sie entsprechen Art. 38 Abs. 1 und 2 DSGVO. § 6 Abs. 3 und 5 Satz 1 BDSG übertragen die Vorgaben von Art. 38 Abs. 3 und 4 DS-GVO auf alle öffentlichen Stellen des Bundes, unabhängig davon, zu welchem Zweck die Datenverarbeitung erfolgt oder dem Anwendungsbereich. Dies geht über die Vorgaben der JI-Richtlinie hinaus. Durch die Erstreckung der Vorgaben der Datenschutz-Grundverordnung auf den Anwendungsbereich der JI-Richtlinie und § 45 BDSG, sowie der Datenverarbeitung zu Zwecken, für die der **Anwendungsbereich** des Rechts der Europäischen Union nicht eröffnet ist, wie zB Nachrichtendienste, soll die Rechtsstellung, der oder des behördlichen Datenschutzbeauftragten in öffentlichen Stellen des Bundes einheitlich ausgestaltet werden.[187] Dies ist unionsrechtlich unbedenklich. Die Ausweitung von Art. 38 Abs. 3 DS-GVO auf den Anwendungsbereich der JI-Richtlinie und damit § 45 BDSG ist nach Art. 1 Abs. 3 JI-RL zulässig, soweit diese Regelungen **strengere Garantien** für den Schutz der Rechte betroffener Personen enthalten. Diese darf jeder Mitgliedstaat selbst bestimmen. Auch nach Erwägungsgrund 63 JI-RL soll der Datenschutzbeauftragte seinen Auftrag und seine Aufgaben auf unabhängige Weise gemäß dem Recht der Mitgliedstaaten wahrnehmen können. § 6 Abs. 3 BDSG ist auch deswegen richtlinienkonform.

95 § 6 Abs. 4 BDSG entspricht der bisherigen Regelung des § 4 f Abs. 3 Satz 4 bis 6 BDSG aF und konkretisiert Art. 38 Abs. 3 Satz 2 DSGVO. Bei dem besonderen **Abberufungs- und Kündigungsschutz** der oder des Datenschutzbeauftragten soll es sich um eine arbeitsrechtliche Regelung handeln,[188] die ergänzend zu den Vorgaben der Datenschutz-Grundverordnung beibehalten werden könne.[189] Die Regelung ist richtlinienkonform und kann auch auf den letzten Satz von Erwägungsgrund 63 JI-RL bezüglich der Unabhängigkeit des Datenschutzbeauftragten gestützt werden. Hinsichtlich des Regelungsziels der öffentlichen Stellen des Bundes im Anwendungsbereich der Datenschutz-Grundverordnung kann die Regelung unproblematisch auf Art. 6 Abs. 2 und 3 DSGVO gestützt werden. Auch ist sie eine unionsrechtlich zulässige Konkretisierung des **Benachteiligungsverbots** von § 38 Abs. 3 Satz 2 DSGVO. Sie dient der Anpassung und Anwendung der Datenschutz-Grundverordnung. Auch ist sie nur eine klarstellende Ergänzung und steht nicht im Anwendungskonflikt mit Regelungen der Grundverordnung. Überdies lässt sie sich auch auf die breite Öffnungsklausel in Art. 88 DS-GVO zum Datenschutz im Beschäftigtenverhältnis stützen. Art. 88 DSGVO stellt allerdings vornehmlich die Öffnungsklausel für den nichtöffentlichen Beschäftigtendatenschutz dar. Für den öffentlichen Beschäftigtendatenschutz ist Art. 6 Abs. 2 iVm § 6 Abs. 1 UAbs. 1 lit. e DSGVO die Öffnungsklausel.[190]

96 Die Regelung zur **Verschwiegenheitspflicht** in § 6 Abs. 5 Satz 2 BDSG entspricht § 4 f Abs. 4 BDSG aF. Das **Zeugnisverweigerungsrecht** in § 6 Abs. 6 BDSG sichert die Verschwiegenheitspflicht ab und entspricht § 4 f Abs. 4 a BDSG aF. Die Regelungskompetenz folgt aus Art. 38 Abs. 5 DSGVO.[191] Die Regelung geht über die Vorgaben der

187 BT-Drs. 18/11325, 82.
188 *Maier/Ossoinig*, in: Roßnagel 2018, § 5 Rn. 310.
189 BT-Drs. 18/11325, 82.
190 S. *Maier*, DuD 2017, 169 ff.; *Maier/Ossoinig*, in: Roßnagel 2018, § 8 Rn. 1.
191 *Kühling/Martini ua* 2016, 330; *Maier/Ossoinig*, in: Roßnagel 2018, § 5 Rn. 294.

JI-Richtlinie hinaus. Das dient der kohärenten Rechtsstellung der oder des behördlichen Datenschutzbeauftragten in der gesamten Bundesverwaltung. Dies ist richtlinienkonform nach Art. 1 Abs. 3 JI-RL, da diese Regelungen strengere Garantien für den Schutz der Rechte betroffener Personen sind. Diese darf jeder Mitgliedstaat selbst bestimmen.

§ 7 Abs. 1 BDSG setzt Art. 34 Abs. 1 JI-RL nahezu wortgleich um. Die Gegenüber- 97
stellung des Wortlauts der Vorschriften zeigt, dass die Norm, unter lediglich **redaktioneller Anpassung**, Art. 39 Abs. 1 DSGVO entspricht. Dies geschieht um die Aufgaben der oder des Datenschutzbeauftragten öffentlicher Stellen für alle Verarbeitungszwecke einheitlich auszugestalten. Dabei stellt § 7 Abs. 1 Satz 2 BDSG klar, dass die Aufgaben eines behördlichen Datenschutzbeauftragten eines Gerichtes sich nicht auf das Handeln des Gerichts im Rahmen seiner justiziellen Tätigkeit beziehen. Ein solche Einschränkung im nationalen Recht ist gemäß Art. 34 Abs. 1 Satz 2 JI-RL unionsrechtlich statthaft, denn Mitgliedstaaten können Gerichte und andere unabhängige Justizbehörden im Rahmen ihrer **justiziellen Tätigkeit** von der Pflicht zu Bestellung eines Datenschutzbeauftragten befreien. Dabei ist effektiv zwischen justizieller und sonstiger Tätigkeit zu trennen.[192]

§ 7 Abs. 2 BDSG stellt klar, dass die oder der behördliche Datenschutzbeauftragte 98
weitere Aufgaben und Pflichten wahrnehmen kann, sofern diese nicht zu einem Interessenkonflikt führen. Die Regelung entspricht Art. 38 Abs. 6 DSGVO, deren Regelungsgehalt somit auf den Anwendungsbereich der JI-Richtlinie der Datenverarbeitung außerhalb des Anwendungsbereichs des Rechts der Europäischen Union, zB zu nachrichtendienstlichen Zwecken, erstreckt wird. Im Anwendungsbereich der JI-Richtlinie ist die Regelung im Hinblick auf deren Erwägungsgrund 63 unionsrechtlich unbedenklich. Laut diesem kann der oder die Datenschutzbeauftragte sowohl ein Mitglied des vorhandenen Personals des Verantwortlichen sein, als auch die Stelle in Teilzeit ausfüllen.

§ 7 Abs. 3 BDSG entspricht Art. 39 Abs. 2 DSGVO. Die Regelung hat keine Entspre- 99
chung in der JI-Richtlinie. Sie soll auch im Anwendungsbereich der JI-Richtlinie und außerhalb des Anwendungsbereichs der Verordnung als allgemeiner Grundsatz festgeschrieben werden.[193] Dies ist eine **Festschreibung des Sorgfaltsmaßstabs** des oder der Datenschutzbeauftragten. Diese ist sachbezogen und kann zu einer Lockerung des Schutzstandards führen. Als solche fällt die Regelung nicht unter Art. 1 Abs. 3 JI-RL. Die Regelung ist aber als Konkretisierung von Art. 34 JI-RL noch als im Umsetzungsspielraum der unionsrechtlichen Vorgaben anzusehen und damit statthaft.

Die Aufgaben und Befugnisse des Datenschutzbeauftragten werden im Teil 3 des neu- 100
en Bundesdatenschutzgesetzes ergänzt oder konkretisiert. Nach § 67 Abs. 3 BDSG hat der Verantwortliche den oder die Datenschutzbeauftragten an der Durchführung einer Datenschutz-Folgenabschätzung zu beteiligen (dazu → Rn. 267 ff.). Protokolle automatisierter Verarbeitungssysteme (dazu → Rn. 322 ff.) dürfen nach § 76 Abs. 3 BDSG ausschließlich für die Eigenüberwachung und die Überprüfung der Rechtmä-

192 Vgl. Eg. 80 JI-RL.
193 BT-Drs. 18/11325, 82.

ßigkeit der Datenverarbeitung durch Betroffene, Aufsichtsbehörden und den oder die Datenschutzbeauftragte verwendet werden.

101 Sichergestellt wird auch, dass er Aufsichtsbehörden und Betroffenen bekannt gemacht wird. Nach § 55 Nr. 3 BDSG sind Namen und die Kontaktdaten der oder des Datenschutzbeauftragten jedermann zur Verfügung zu stellen. Meldung von Verletzungen des Schutzes personenbezogener Daten an die Aufsichtsbehörde (→ Rn. 103 ff.) müssen nach § 65 Abs. 3 Nr. 3 BDSG ebenfalls den Namen und die Kontaktdaten des Datenschutzbeauftragten enthalten. Gleiches gilt nach § 69 Abs. 2 Nr. 5 DSGVO bei der Anhörung der Aufsichtsbehörde vor Inbetriebnahme neu anzulegender Dateisysteme (dazu → Rn. 292 ff.). Die Kontaktdaten müssen auch in das Verzeichnis von Verarbeitungstätigkeiten aufgenommen werden (dazu → Rn. 301 ff.). Entsprechendes gilt für den Auftragsverarbeiter nach § 70 Abs. 2 Nr. 1 BDSG.

102 In Teil 2 sieht § 38 BDSG Ergänzungen zu den Art. 37 DSGVO für den oder die Datenschutzbeauftragte nichtöffentlicher Stellen vor.[194]

8. Die Aufsichtsbehörde

103 Die Regelungen über die Organisation, Stellung, Errichtung, Zuständigkeit, Aufgaben und Befugnisse der **Aufsichtsbehörden** der Mitgliedstaaten findet sich in Art. 41 bis 49 JI-RL. Die Regelungen der JI-Richtlinie sind stark an die Vorschriften der Datenschutz-Grundverordnung in Art. 51 bis 59 DSGVO angelehnt.

104 Die für die Überwachung der Richtlinie zuständigen Behörden sind nach Art. 42 Abs. 1 JI-RL unabhängig. Auch kann es sich nach Art. 41 Abs. 3 JI-RL dabei um dieselbe Behörde handeln, die nach der Verordnung zu errichten ist.[195] Die Mitgliedstaaten sind nach Art. 44 JI-RL verpflichtet, verbindliche Regelungen für die **Errichtung der Behörden** zu treffen, die insbesondere die erforderlichen Qualifikationen und sonstigen Voraussetzungen für die Ernennung zum Mitglied der Aufsichtsbehörde umfassen.

105 Die Aufsichtsbehörden sind **im Hoheitsgebiet ihres Mitgliedstaates zuständig**, die ihr gemäß der Richtlinie übertragenen Aufgaben und Befugnisse zu erfüllen beziehungsweise auszuüben, mit Ausnahme der Aufsicht über Gerichte und andere unabhängige Justizbehörden im Rahmen deren justizieller Tätigkeit.[196] Die Aufgaben der Aufsichtsbehörden nach der JI-Richtlinie entsprechen im Wesentlichen denen der Datenschutz-Grundverordnung.[197] Für die angesprochenen Behörden bedeutet dies ähnliche Änderungen wie diejenigen, die sich aus der Datenschutz-Grundverordnung erge-

194 *Maier/Ossoinig*, in: Roßnagel 2018, § 5 Rn. 296.

195 Dies erfordert die eindeutige Bestimmung der unterschiedlichen Befugnisse nach dem jeweils zu überwachenden Zuständigkeitsbereich, *Ziebarth*, in: Sydow 2017, Art. 4 Rn. 233; s. zur Bestimmung der zuständigen Aufsichtsbehörde *Hofmann*, in: Roßnagel 2017, § 3 Rn. 284 ff.

196 Der Europäische Datenschutzbeauftragte merkte in seiner Stellungnahme an, dass nicht immer klar sei, ob die Staatsanwaltschaften den unabhängigen Datenschutzbehörden zuzurechnen sind, vgl. EDSB, Stellungnahme 06/2015, 28.10.2015; *Weinhold*, ZD-Aktuell 2017, 05451.

197 Art. 46 Abs. 1 lit. g JI-RL findet sich in der DSGVO nicht wieder; die Regelungen des Art. 57 Abs. 1 lit. j bis v. DSGVO gehen über die Aufgaben der Richtlinie hinaus, ausgenommen Art. 57 Abs. 1 lit. t. DSGVO; s. zu den Aufgaben der Aufsichtsbehörden in der Grundverordnung *Braun*, in: Roßnagel 2018, § 6 Rn. 52 ff.

ben.[198] Entsprechend entstehen für die Aufsichtsbehörden vergleichbare neue Aufgaben und zu deren Bewältigung auch zusätzlicher **Personalbedarf.** Allerdings haben die Aufgaben im Anwendungsbereich der JI-Richtlinie und § 45 BDSG aus der Natur der Sache im Vergleich zu denen im Anwendungsbereich der Datenschutz-Grundverordnung einen geringen Umfang oder fallen ganz weg. Dies gilt zum Beispiel für die Akkreditierung, Zertifizierung und Genehmigung von Verhaltensregeln und die Aufgaben zur umfassenden Kooperation innerhalb der Union.

Die in Art. 47 JI-RL geregelten **Befugnisse** fallen hinter denjenigen der Datenschutz-Grundverordnung in Art. 58 DSGVO zurück. Die Datenschutz-Grundverordnung regelt die Befugnisse der Aufsichtsbehörden in einem umfassenden Katalog. Die JI-Richtlinie nennt exemplarisch nur die Abhilfebefugnisse der Warnung, Anweisung und des Verbots.[199] Die von den Mitgliedstaaten zu schaffenden Abhilfebefugnisse müssen wirksam sein, damit die Aufsichtsbehörden die ihnen übertragenen Aufgaben wahrnehmen können. 106

Nach Art. 50 JI-RL müssen die Mitgliedstaaten Regelungen vorsehen, wonach die Aufsichtsbehörden einander maßgebliche **Informationen übermitteln** und **Amtshilfe** gewähren. Die Vorschrift muss sich insbesondere auf die Zusammenarbeit zwischen Aufsichtsbehörden unterschiedlicher Mitgliedstaaten beziehen, da nur so das in Erwägungsgrund 83 formulierte Ziel der einheitlichen Anwendung und Durchsetzung der nach dieser Richtlinie erlassenen Vorschriften erreicht werden kann.[200] 107

Aber die **Zusammenarbeit** muss auch innerhalb föderaler Strukturen gewährleistet werden. So stellte das Bundesverfassungsgerichts in seinem Urteil zur Anti-Terror-Datei fest, dass bei Bund und Länder übergreifenden Tätigkeiten eine effektive Kontrolle gewährleistet werden muss. Dies erfordere eine Zusammenarbeit der Aufsichtsbehörden, die sich im Wege der Amtshilfe durch Delegation oder Ermächtigung bei der Wahrnehmung ihrer Befugnisse gegenseitig unterstützen.[201] Um neue Aufgaben, Kontroll- und Überwachungstätigkeiten bewältigen zu können, müssen die Aufsichtsbehörden über entsprechend mehr Kontrollpersonal verfügen.[202] 108

Der erste Teil des neuen Bundesdatenschutzgesetzes enthält in den §§ 8 ff. BDSG von Kapitel 4 Regelungen zu der **Bundesbeauftragten für den Datenschutz und die Informationsfreiheit** als Aufsichtsbehörde für die öffentlichen Stellen des Bundes, auch soweit sie als öffentlich-rechtliche Unternehmen am Wettbewerb teilnehmen. Bezogen auf den Anwendungsbereich von § 45 BDSG, umfasst dies die Polizei- und Strafverfolgungsbehörden des Bundes, also unter anderem die Bundespolizei, das Bundeskriminalamt sowie die Generalbundesanwaltschaft (weitere Behörden → Rn. 75, Fn. 201). Mit Kapitel 4 werden die Regelungen des bisherigen Bundesdatenschutzgesetzes zu der Bundesbeauftragten an die Vorgaben der Datenschutz-Grundverordnung angepasst. Zugleich werden die Vorgaben der JI-Richtlinie umgesetzt. Die Kon- 109

198 Zu Letzterem ausführlich *Roßnagel* 2017 passim.
199 Die Befugnis zum Verbot der Verarbeitung findet sich in dem Entwurf des Bundesdatenschutzgesetzes in § 16 Abs. 2 BDSG bisher nicht wieder.
200 Dazu vgl. § 60 Abs. 2 BDSG.
201 BVerfGE 133, 277 (370 f.).
202 *Roßnagel* 2017, 196.

trolle durch die Bundesbeauftragte wurde durch das Datenschutz-Anpassungs- und -Umsetzungsgesetz EU auch im Recht der Nachrichtendienste umgesetzt.[203] Die Landesdatenschutzbeauftragten werden auch zukünftig nach den Datenschutzvorschriften der Länder für die Überwachung von Landesbehörden, insbesondere den Polizei- und Gefahrenabwehrbehörden, zuständig sein. Die Regelung des § 40 BDSG bezieht sich nur auf die Überwachung nichtöffentlicher Stellen im Anwendungsbereich der Verordnung durch die Aufsichtsbehörden der Länder.

110 Dabei wurden die Regelungen der §§ 21 bis 26 BDSG aF inhaltlich weitgehend übernommen. Sie wurden allerdings neu strukturiert unter Orientierung an dem Aufbau der Kapitel VI der Datenschutz-Grundverordnung und der JI-Richtlinie. Im Einzelnen geregelt werden die **Errichtung**, die **Zuständigkeit**, die **Unabhängigkeit**, die **Ernennung und Amtszeit**, das **Amtsverhältnis**, die **Rechte und Pflichten**, die **Aufgaben** und **Befugnisse** der Bundesbeauftragten.

111 Die Aufgaben der Bundesbeauftragten beziehen sich nach § 14 Abs. 1 Nr. 1 BDSG auch auf die Datenverarbeitungen im Anwendungsbereich von § 45 BDSG. Die Aufgaben im Anwendungsbereich der Richtlinie bestimmen sich nach Art. 46 JI-RL. Die in § 14 Abs. 1 Nr. 1 BDSG geregelten Aufgaben der Bundesbeauftragten konkretisieren die Vorgaben des Art. 46 JI-RL. Für den Anwendungsbereich von § 45 BDSG und der JI-Richtlinie, sieht § 82 BDSG spezielle Regelungen zur Zusammenarbeit der Aufsichtsbehörden vor. Die Vorschrift setzt Art. 50 JI-Richtlinie um, welche Art. 61 DSGVO entspricht.

112 Die **Befugnisse** der Aufsichtsbehörden werden in Art. 47 JI-RL vorgegeben. Jeder Mitgliedstaat ist nach Absatz 1 verpflichtet, wirksame **Untersuchungsbefugnisse** für die Mitgliedstaaten vorzusehen. Die Befugnisse sollen zumindest die Möglichkeit der Aufsichtsbehörde beinhalten, Zugang zu allen personenbezogenen Daten die verarbeitet werden und alle für die Aufgabenerfüllung notwendigen Informationen von den Verantwortlichen zu erhalten. Mit § 16 Abs. 3 BDSG wird für den gesamten Anwendungsbereich des neuen Bundesdatenschutzgesetzes der bisherige § 24 Abs. 2 Satz 1 und 2 BDSG aF weitgehend übernommen. Dadurch erstrecken sich die Befugnisse der Bundesbeauftragten auch auf einem Brief-, Post- oder Fernmeldegeheimnis sowie einem Amts- oder Steuergeheimnis unterliegende Daten. § 16 Abs. 3 BDSG greift die bislang in § 24 Abs. 4 Satz 2 BDSG aF geregelten Zugangs- und Informationsrechte der Bundesbeauftragten auf.

113 Nach Art. 47 Abs. 2 JI-RL müssen neben den Untersuchungsbefugnissen auch wirksame **Abhilfebefugnisse** bestehen. Beispielhaft nennt Art. 47 Abs. 2 JI-RL die Befugnisse der **Warnung**, der **Anweisung** sowie der **Beschränkung** und des **Verbots**. Ziel der Befugnisse ist nach Erwägungsgrund 82 JI-RL die wirksame, zuverlässige und einheitliche Überwachung der Einhaltung und Durchsetzung der Richtlinie.

114 Die Befugnisse der Bundesbeauftragten im Anwendungsbereich der Richtlinie sind zum einen in § 16 Abs. 2 BDSG geregelt.[204] Danach kann die Bundesbeauftragte,

203 Vgl. Art. 2 ff. DSAnpUG-EU in den §§ 26 a BVerfSchG, 12 a MADG, 32 BNDG, 36 a SÜG.

204 § 16 Abs. 1 BDSG regelt die Befugnisse im Anwendungsbereich der Verordnung unter Verweis auf Art. 58 DSGVO.

wenn sie bei Datenverarbeitungen öffentlicher Stellen des Bundes außerhalb des Anwendungsbereiches der Verordnung einen Verstoß gegen die Vorschriften des Bundesdatenschutzgesetzes oder sonstige Mängel bei der Verarbeitung oder Nutzung personenbezogener Daten feststellt, diese gegenüber der zuständigen obersten Bundesbehörde beanstanden und innerhalb einer gesetzten Frist zur Stellungnahme auffordern. Die **Beanstandung** ist damit nach wie vor das „schärfste Schwert der Bundesbeauftragten".[205] Nach der Gesetzesbegründung solle es sich bei der Beanstandung um das aus § 25 BDSG aF bekannte Instrument handeln.

Hinter den von der Richtlinie exemplarisch vorgesehenen Befugnissen bleibt die Regelung des Art. 16 Abs. 2 BDSG deswegen weit zurück. Mit seiner Regelung in § 16 Abs. 2 BDSG bringt der Gesetzgeber zum Ausdruck, dass er die den Aufsichtsbehörden nach der Datenschutz-Grundverordnung und der JI-Richtlinie eingeräumten Befugnisse für zu weitgehend hält und versucht diese, soweit es ihm im Rahmen der Umsetzung der Richtlinie möglich ist, weitestgehend auf das Maß des bisherigen Bundesdatenschutzgesetzes zu begrenzen.[206] Der Gesetzgeber begründete dies damit, dass im Anwendungsbereich des Teil 3 des neuen Bundesdatenschutzgesetzes eine **Letztentscheidungs- und Anordnungsbefugnis** nicht mit der Sensibilität und Komplexität der entsprechenden Verarbeitungen und dem Bedürfnis nach ständiger Verfügbarkeit rechtmäßig erhobener Daten und Datenverarbeitungsanlagen in Einklang zu bringen sei. Mit dem den Aufsichtsbehörden eingeräumten und bekannten Instrument der Beanstandung stehen den Aufsichtsbehörden nach Ansicht des Gesetzgebers ausreichend Möglichkeiten zur Verfügung, um auf die aus ihrer Sicht rechtswidrigen Verarbeitungen aufmerksam zu machen und ihren Beitrag dazu zu leisten, rechtswidrigen Zuständen abzuhelfen.[207] 115

Die Begründung des Gesetzgebers vermag nicht zu überzeugen. Zum einen ist davon auszugehen, dass die Aufsichtsbehörde keinen Anlass hat, von ihren Befugnissen Gebrauch zu machen, wenn es sich um rechtmäßig erhobene Daten oder Datenverarbeitungsanlagen handelt. Die Beanstandung allein erreicht zum anderen nicht das Ziel, die wirksame, zuverlässige und einheitliche Durchsetzung der Vorschriften der Richtlinie zu gewährleisten. Die Befugnis entfaltet **keinerlei unmittelbare Rechtswirkung** und ihr kommt auch keine aufschiebende Wirkung zu. Die Beanstandung hat keinen Regelungscharakter und sie ist kein Verwaltungsakt.[208] Eine Beanstandung verpflichtet die oberste Bundesbehörde lediglich zur Abgabe einer Stellungnahme. Die obersten Bundesbehörden üben die Rechtsaufsicht und Fachaufsicht für die Bundesoberbehörden aus und sind nach dem Grundsatz der Gesetzmäßigkeit der Verwaltung aus Art. 20 Abs. 3 GG verpflichtet die Rechtmäßigkeit in ihrem Zuständigkeitsbereich herzustellen. 116

Soweit die Rechtsansicht der Bundesbeauftragten und die der Fach- und Rechtsaufsicht nach ihrer Stellungnahme divergieren, ist ihnen aufgrund der fehlenden Rechts- 117

205 Vgl. § 25 BDSG aF; *Schiedermair*, in: Wolff/Brink 2017, § 20 BDSG, Einf.
206 *Roßnagel* 2017, 99.
207 BT-Drs. 18/11325, 88.
208 BVerwG, NVwZ-RR 1992, 371; OVG Schleswig, Urt. v. 16. 9. 1991 – 1 L 18/91; Sächs. OVG, Urt. v. 21.6.2011, Az.: 3 A 224/10, 1 K 1158/04.

wirkung einer Beanstandung und dem Grundsatz der Gesetzmäßigkeit der Verwaltung, der eine gerichtliche Klärung überflüssig macht, keine Möglichkeit gegeben, ihre Ansicht auf dem Rechtsweg durchzusetzen. Beanstandung und Stellungnahme sind als Gegenmodell **gerichtlicher Auseinandersetzung** ausgestaltet und sollen ausschließen, dass Divergenzen auf dem Rechtsweg ausgetragen werden.[209] Die Bundesbeauftragte kann mittels der Beanstandung die Regelungen der Richtlinie nicht unmittelbar durchsetzen und ist auf die Mitwirkung der obersten Bundesbehörden angewiesen. Diese Mitwirkung besteht in der Weisung der ihnen nachgeordneten Behörden. Derart schwach ausgestaltete Befugnisse entsprechen allerdings nicht dem Ziel der JI-Richtlinie an einer wirksamen Aufsicht und Durchsetzung durch unabhängige Aufsichtsbehörden.

9. Begriffsbestimmungen

118 Den konkreten Regelungen in der Richtlinie gehen allgemeine Bestimmungen voraus, die den **Gegenstand und die Ziele**,[210] den **Anwendungsbereich**[211] sowie die **verwendeten Begriffe**[212] der Richtlinie regeln. In den **Begriffsbestimmungen** des Art. 3 JI-RL werden Begriffe, beispielsweise „Profiling" oder „biometrische Daten", neu oder vom bisherigen deutschen Recht abweichend geregelt. Sie sind im Rahmen polizeilicher Ermittlungsmaßnahmen zu berücksichtigen, etwa der Begriff „biometrische Daten", wenn daran konkrete Ermächtigungstatbestände anknüpfen.

119 § 46 BDSG regelt die Begriffsbestimmungen des dritten Teils des künftigen Bundesdatenschutzgesetzes. Die Regelung setzt Art. 3 JI-RL nahezu inhalts- und wortgleich um. Die Nummerierung weicht ab, da keine Begriffsbestimmung der **„zuständigen Behörde"** gemäß Art. 3 Nr. 7 JI-RL in § 46 BDSG erfolgt. Der Inhalt dieser Begriffsbestimmung der JI-Richtlinie geht in § 45 BDSG zum Anwendungsbereich auf. Ein weiterer Grund für die abweichende Nummerierung im Verhältnis zur JI-Richtlinie liegt darin, dass in § 46 Nr. 14 BDSG eine Begriffsbestimmung zu **„besondere Kategorien personenbezogener Daten"** eingeschoben wurde (zum Inhalt → Rn. 142 ff.). Diese wurde dem Inhalt von Art. 10 JI-RL entnommen.[213] Ferner definiert § 46 Nr. 17 BDSG die **„Einwilligung"** durch den Betroffen (dazu →Rn. 154 ff.). Die Definition ist wortgleich zu Art. 4 Nr. 11 DSGVO.

120 Zu beachten ist, dass die Begriffsbestimmungen im § 46 BDSG **nur Bedeutung für Teil 3** des neuen Bundesdatenschutzgesetzes haben. Keinesfalls sind sie für die Anwendung der übrigen Teile des Bundesdatenschutzgesetzes oder gar der Datenschutz-Grundverordnung heranzuziehen. Es ist absehbar, dass dies Anwendern des zukünftigen Bundesdatenschutzgesetzes Schwierigkeiten bereiten wird. Allerdings weicht der Wortlaut der Begriffsbestimmungen der JI-Richtlinie und des neuen Bundesdatenschutzgesetzes auf der einen Seite sowie der Wortlaut der Begriffsbestimmungen der Datenschutz-Grundverordnung auf der anderen Seite nur teilweise voneinander ab.

209 Vgl. *Dammann*, in: Simitis 2014, § 25 Rn. 21.
210 Art. 1 JI-RL.
211 Art. 2 JI-RL.
212 Art. 3 JI-RL.
213 BT-Drs. 18/11325, 111.

Zu beachten ist aber, dass sie natürlich im jeweiligen Sachzusammenhang eine andere Bedeutung erhalten können.

10. Allgemeine Grundsätze für die Datenverarbeitung

Die von § 47 BDSG festgelegten allgemeinen Grundsätze für die Verarbeitung von personenbezogenen Daten beziehen sich auf jede Form der Verarbeitung im Anwendungsbereich des § 45 BDSG. Der verwendete **Begriff der Verarbeitung** entspricht dem des § 46 Nr. 2 BDSG und ist denkbar weit, im Sinne jeder Form des Datenumgangs, auszulegen. Die bisherige Unterscheidung nach §§ 3 Abs. 3 bis 5 BDSG aF zwischen Erhebung, Verarbeitung und Nutzung besteht nicht länger fort. Die Begriffe gehen im Begriff der Verarbeitung auf. Neben den in § 47 BDSG festgelegten allgemeinen Grundsätzen für die Datenverarbeitung sind die in den §§ 48-54 BDSG festgelegten besonderen Voraussetzungen der Verarbeitung zu beachten. 121

Die Einführung und Erweiterung der bestehenden Grundsätze der Datenverarbeitung im Anwendungsbereich der JI-Richtlinie ist jedoch ein bemerkenswerter Fortschritt.[214] Dadurch werden europaweit grundlegende Garantien zum Schutz der Rechte des Betroffenen bei der Verarbeitung von Daten zu Zwecken der Gefahrenabwehr und Strafverfolgung geschaffen.[215] § 47 BDSG legt, in Umsetzung von Art. 4 Abs. 1 JI-RL, sechs **Grundsätze für die Datenverarbeitung** fest und führt diese an zentraler Stelle zusammen.[216] Die Umsetzung der JI-Richtlinie erfolgt im zukünftigen Bundesdatenschutzgesetz nahezu wortgleich. Die Grundsätze ähneln in Aufbau, Wortlaut und Inhalt denen in Art. 5 DSGVO, unterscheiden sich jedoch im Detail. Der am leichtesten zu erkennende Unterschied ist zum Beispiel, dass die Grundsätze nach Art. 5 DSGVO jeweils am Ende mit Kernbegriffen in Klammern versehen worden, die die Verständlichkeit fördern sollen.[217] Die Grundsätze nach Art. 4 JI-RL und § 47 BDSG wurden nicht mit **Kernbegriffen** versehen. Aussagen und Bewertungen zu den Grundsätzen nach Art. 5 DSGVO sind wegen der Unterschiede im Detail nur eingeschränkt auf die Grundsätze nach § 47 BDSG übertrag- und anwendbar. Der mit den Grundsätzen in Art. 4 JI-Richtlinie und § 47 BDSG verfolgte Zweck ist aber vergleichbar mit den Grundsätzen nach Art. 5 DSGVO. 122

Die in § 47 BDSG festgelegten Grundsätze sind **Vorgaben** für Verantwortliche und Rechtsanwender bei der Auslegung, Fortbildung und Anwendung der besonderen Regeln von Teil 3 des neuen Bundesdatenschutzgesetzes. Ferner sind sie auch bei der Auslegung, Fortbildung und Anwendung des sonstigen, spezialgesetzlichen Fachrechts im Anwendungsbereich von § 45 BDSG heranzuziehen. Es sind somit keine bloßen Programmsätze, wie aus ihrer primärrechtlichen Ableitung aus Art. 8 GRCh deutlich wird.[218] Das zeigt sich an der mit § 45 BDSG vergleichbaren Vorschrift des Art. 5 DSGVO über die Grundsätze der Verarbeitung, die nach Art. 83 Abs. 5 lit. a DSGVO bußgeldbewehrt ist.[219] Es sind **rechtliche Pflichten**. Ihre Bedeutung erhalten 123

---

214 *Marquenie*, CL&SR 2017, 331 mwN.
215 Kritisch und weitergehende Konkretisierungen fordernd *Art. 29-Gruppe*, 03/2015.
216 BT-Drs. 18/11325, 118.
217 So *Albrecht/Jotzo* 2017, Teil 2, Rn. 1.
218 So entsprechend zu Art. 5 DSGVO, *Albrecht/Jotzo* 2017, Teil 2, Rn. 1.
219 Art. 83 DSGVO ist zu unbestimmt, s. *Hohmann*, in: Roßnagel 2017, § 3 Rn. 331.

sie aber erst bei der Anwendung und Auslegung anderer Rechte und Pflichten nach dem neuen Bundesdatenschutzgesetz oder sonstigem Fachrecht, das die JI-Richtlinie umsetzt. Die Grundsätze schließen keine spezielleren Vorschriften aus, die konkretisierende oder sogar abweichende Regelungen treffen können.[220] Man kann die Grundsätze als **rechtliche Anforderungen** verstehen. Diese werden durch gesetzliche Kriterien im Rest des Gesetzes konkretisiert. Soweit sie jedoch nicht konkretisiert werden, können sie direkt zur Anwendung kommen.

a) Rechtmäßigkeit der Datenverarbeitung

124 Art. 4 Abs. 1 lit. a JI-RL wurde in § 47 Nr. 1 BDSG wortgleich umgesetzt. Die Regelung der JI-Richtlinie entspricht zum Teil der Regelung von Art. 5 Abs. 1 lit. a DSGVO. Personenbezogene Daten müssen nach § 47 Nr. 1 BDSG zunächst auf **rechtmäßige Weise** verarbeitet werden.

125 Das Gebot der Rechtmäßigkeit der Datenverarbeitung verdeutlicht den sich aus dem Grundrecht auf informationelle Selbstbestimmung und aus Art. 8 Abs. 1 lit. a GRCh ergebenden Grundsatz, dass eine Verarbeitung personenbezogener Daten durch eine staatliche Stelle ein **Eingriff** ist, der einer gesetzlichen Ermächtigung bedarf.[221] Dabei muss die Rechtsgrundlage, auf der die Datenverarbeitung beruht, laut Erwägungsgrund 33 **klar und präzise** deren Tragweite und Anwendung regeln. Eine Datenverarbeitung muss für die betroffene Person dadurch **voraussehbar** sein.[222]

b) Datenverarbeitung nach Treu und Glauben

126 Personenbezogene Daten müssen gemäß § 47 Nr. 1 BDSG nach Treu und Glauben verarbeitet werden. Die Regelung wurde wortgleich zu Art. 4 Abs. 1 lit. a JI-RL umgesetzt. Die Regelung der JI-Richtlinie entspricht zum Teil der Regelung von Art. 5 Abs. 1 lit. a DSGVO. Jene enthält zusätzlich ein ausdrückliches Transparenzgebot.[223]

127 Die Verarbeitung nach **Treu und Glauben** ist ebenfalls in Art. 8 Abs. 2 Satz 1 GRCh verbürgt. Der Begriff ist sowohl in der Grundrechtecharta als auch in der JI-Richtlinie und der Datenschutz-Grundverordnung aus Sicht des Rechtsanwenders schwer zu fassen.[224] Zum einen ist das Gebot als **Rücksichtnahmepflicht** zu verstehen, dass den Grundsatz der Verhältnismäßigkeit leiten soll.[225] Verstanden werden kann er auch als Gebot und **Wertungsmaßstab der Fairness**, der in Ausnahmefällen, in denen eine einschlägige Regelung fehlt, die Beurteilung einer Verarbeitung als rechtswidrig ermöglicht.[226] Treuwidrig soll zum Beispiel regelmäßig die Verwendung verborgener Überwachungstechniken sein.[227]

---

220 Entsprechend zu den Grundsätzen nach DSGVO *Roßnagel*, in: ders. 2018, § 3 Rn. 47.
221 Vgl. zur DSGVO *Schantz*, in: Wolff/Brink 2017, Art. 5 Rn. 5.
222 Vgl. EuGH Urt. v. 20.5.2003 – C-465/00, Slg 2003 I-04989 (ECLI:EU:C:2003:294) – Österreichischer Rundfunk = EuR 2004, 276, Rn. 77; EuGH Urt. v. 8.4.2014 – C-293/12 u. C-594/12, Slg 2014 (ECLI:EU:C:2014:238) – Digital Rights Ireland = NJW 2014, 2169, Rn. 54.
223 Dort zusätzlich: *„... und in einer für die betroffene Person nachvollziehbaren Weise verarbeitet werden („Rechtmäßigkeit, Verarbeitung nach Treu und Glauben, Transparenz")".*
224 Für die DSGVO: *Frenzel*, in: Paal/Pauly 2017, Art. 5 DSGVO, Rn. 18; *Schantz*, in: Wolff/Brink 2017, Art. 5 Rn. 7.
225 *Schantz*, in: Wolff/Brink 2017, Art. 5 Rn. 7.
226 *Frenzel*, in: Paal/Pauly 2017, Art. 5 Rn. 20.
227 *Pötters*, in: Gola 2017, Art. 5 Rn. 9.

Der Grundsatz nach Treu und Glauben soll Betroffene folglich auch vor unklaren Verarbeitungsvorgängen schützen.[228] Teilweise wird davon ausgegangen, dass er Grundlage des Transparenzgebots in der Datenschutz-Grundverordnung sei.[229] Anders als Art. 5 lit. a DSGVO sieht Art. 4 Abs. 1 lit. a JI-RL kein Transparenzgebot vor. Auch wenn es nicht ausdrücklich erwähnt wird, enthält die Pflicht zur Verarbeitung nach Treu und Glauben in Art. 4 Abs. 1 lit. a JI-RL und § 47 Nr. 1 BDSG **immanent ein Gebot zur Transparenz.** Eine Datenverarbeitung nach Treu und Glauben ist ohne Transparenz schwerlich möglich. Allerdings steht Transparenz im Anwendungsbereich der JI-Richtlinie zweckentsprechend unter anderen Anforderungen an die Verhältnismäßigkeit als im Anwendungsbereich der Datenschutz-Grundverordnung. So ist zum Beispiel im Zuge von verdeckten Ermittlungen auch die nachträgliche Benachrichtigung über die erfolgte Datenverarbeitung angemessen. 128

c) Zweckfestlegung und -bindung

Nach § 47 Nr. 2 BDSG müssen personenbezogene Daten für festgelegte, eindeutige und rechtmäßige Zwecke erhoben werden und dürfen nicht in einer mit diesen Zwecken nicht zu vereinbarenden Weise verarbeitet werden. Zu unterscheiden ist demnach zwischen der **Erhebung** personenbezogener Daten zu festgelegten, eindeutigen und rechtmäßigen Zwecken, und der Bindung an die zuvor festgelegten Zwecke bei **im Nachhinein erfolgenden Verarbeitungen**, also zwischen den Grundsätzen der Zweckfestlegung und der Zweckbindung. Die Regelung wurde wortgleich aus der JI-Richtlinie übernommen. Sie entspricht Art. 5 Abs. 1 lit. b Hs. 1 DSGVO. Die Datenschutz-Grundverordnung sieht in der Regelung darüber hinaus in Art. 5 Abs. 1 Hs. 2 eine Privilegierung bei der Weiterverarbeitung für im öffentlichen Interesse liegenden Archivzwecken, wissenschaftlichen und historischen Forschungszwecken oder statistischen Zwecke vor. Diese gelten nach der Regelung als nicht mit dem ursprünglichen Zweck unvereinbar.[230] Im Unterschied zur Grundverordnung wird der Zweckbindungsgrundsatz im Rahmen der JI-Richtlinie und dem neuen Bundesdatenschutzgesetz für solche begünstigte Zwecke nicht im Rahmen der Grundsätze der Verarbeitung gelockert.[231] Daraus folgt im Vergleich zur Datenschutz-Grundverordnung im Anwendungsbereich der Richtlinie ein grundsätzlich strengerer Zweckbindungsgrundsatz. Dieser ist im Wesentlichen mit den vom Bundesverfassungsgericht im Rahmen seines Volkszählungsurteils aufgestellten Anforderungen vergleichbar.[232] Danach müssen die Zwecke bereichsspezifisch und präzise bestimmt sein und die erhobenen Daten für den Zweck geeignet und erforderlich sein. Dies deckt sich mit den Anforderungen des Art. 8 Abs. 2 GRCh an die Verarbeitung personenbezogener Daten. 129

d) Datenminimierung

Nach § 47 Nr. 3 BDSG müssen personenbezogene Daten dem Verarbeitungszweck **entsprechen**, für das Erreichen des Verarbeitungszwecks **erforderlich** sein und ihre 130

228 So bereits für die vergleichbare Formulierung der DSRL *Dammann/Simitis* 1997, Art. 6 DSRL, Rn. 3.
229 Vgl. *Albrecht/Jotzo* 2017, Teil 2, Rn. 3.
230 Dies ist eher eine Flexibilisierung als eine klare Regelausnahme, vgl. *Johannes/Richter*, DuD 2017, 301.
231 Siehe aber Art. 4 Abs. 3 JI-RL und §§ 49 und 50 BDSG.
232 Vgl. BVerfGE 65, 1, 46 und EG 29 JI-RL.

Verarbeitung **nicht außer Verhältnis** zu diesem Zweck stehen. Die Vorschrift wurde im Verlauf des Gesetzgebungsverfahrens geändert.[233] In seiner ursprünglichen Fassung im Gesetzesentwurf mussten personenbezogene Daten dem Verarbeitungszweck entsprechen, maßgeblich und in Bezug auf die Zwecke, für die sie verarbeitet werden, nicht übermäßig sein.[234]

131 Die Regelung des Entwurfs wurde wortgleich aus Art. 4 Abs. 1 lit. c JI-RL übernommen. Diese entsprach zwar im Wortlaut der deutschen Sprachfassung nicht aber dem in der Verordnung nach Art. 5 Abs. 1 lit. c DSGVO normierten Grundsatz der Datenminimierung.[235] Inhaltlich sind die Regelungen trotz unterschiedlichen Wortlauts aber gleich. In den englischen Sprachfassungen von JI-Richtlinie und Datenschutz-Grundverordnung sind die Regelungen ähnlicher.[236] Der Wortlaut der Entwurfsfassung in § 47 Nr. 3 BDSG ähnelte mehr dem Inhalt von Art. 6 Abs. 1 lit. c Datenschutz-Richtlinie.[237] Mit der Änderung des von der Richtlinie abweichenden Wortlauts sollte eine **an die deutsche Rechtssprache angelehnte Formulierung** gewählt werden, insbesondere um die Wörter „maßgeblich“ und „übermäßig“ zu umschreiben.[238] Demnach soll die Bedeutung der Regelung zwar sprachlich an die deutsche Rechtssprache angeglichen werden, aber inhaltlich keine andere Bedeutung als in der Richtlinie haben. Der in § 47 Nr. 3 BDSG normierte Grundsatz hat grundsätzlich dieselbe Bedeutung wie der Grundsatz der Datenminimierung nach Art. 5 Abs. 1 lit. c DSGVO.[239]

132 Dieser Grundsatz entspricht dem **Gebot der Erforderlichkeit**, der an verschiedenen Stellen des bisherigen Bundesdatenschutzgesetzes auszumachen war.[240] Der Grundsatz bleibt hinter dem bisher bekannten Grundsatz der Datenvermeidung und Datensparsamkeit zurück,[241] da dessen Maßstab der von dem Betroffenen festgelegte Zweck ist.[242]

e) Richtigkeit

133 Das Gebot der Richtigkeit nach § 47 Nr. 4 BDSG verlangt, dass personenbezogene Daten **sachlich richtig** und **erforderlichenfalls auf dem neuesten Stand** sein müssen. Die Regelung wurde wortgleich aus der JI-Richtlinie übernommen. Sie ist wortgleich zu Art. 5 Abs. 1 lit. d Hs. 1 DSGVO. Auch sachlich stimmen die Grundsätze überein und verlangen dasselbe.[243]

---

233 BT-Drs. 18/12084, 9.
234 Vgl. BT-Drs. 18/11325.
235 Dort: “*dem Zweck angemessen und erheblich sowie auf das für die Zwecke der Verarbeitung notwendige Maß beschränkt sein*“.
236 Vgl. Art. 4 Abs. 1 lit. c JI-RL: *Member States shall provide for personal data to be adequate, relevant and not excessive in relation to the purposes for which they are processed*; zu Art. 5 Abs. 1 lit. c DSGVO: *Personal data shall be adequate, relevant and limited to what is necessary in relation to the purposes for which they are processed (‘data minimisation’).*
237 Vgl. dazu *Brühann*, in: Grabitz/Hilf 2009, Art. 6. DSRL, Rn. 13.
238 BT-Drs. 18/12144, 6 f.
239 So auch *Wolff*, in: Schantz/Wolff 2017, Rn. 440.
240 Zum Grundsatz nach DSGVO *Roßnagel*, in: Roßnagel 2018, § 3 Rn. 70 ff.
241 Dazu *Barlag*, in: Roßnagel 2017, § 3 Rn. 233.
242 Zum Grundsatz der Datenvermeidung und -sparsamkeit, vgl. § 3 a BDSG aF, *Roßnagel*, in: Eifert 2011, 44 ff.
243 So auch *Wolff*, in: Schantz/Wolff 2017, Rn. 440.

Zum Zeitpunkt der Beurteilung, wann personenbezogene Daten auf den neuesten Stand zu bringen sind, verhält sich die Richtlinie nicht. Für den **Zeitpunkt der Beurteilung** maßgebend kann daher nur der Zeitpunkt einer Verarbeitung sein. Vor der Verarbeitung von personenbezogenen Daten ist der Verantwortliche verpflichtet in angemessener Weise zu prüfen, ob die einer (Weiter-)Verarbeitung zugrundeliegenden personenbezogenen Daten richtig und auf dem neuesten Stand sind. Insoweit statuiert das Gebot der Richtigkeit eine **Überprüfungspflicht** von personenbezogenen Daten, die der Verarbeitung vorausgehen muss. Dazu sind technische und organisatorische Maßnahmen zu treffen, mit denen aktiv die Richtigkeit der verarbeitenden Daten zu überprüfen ist.[244] Dabei sind alle angemessenen Maßnahmen zu treffen, damit personenbezogene Daten, die im Hinblick auf die Zwecke ihrer Verarbeitung unrichtig sind, unverzüglich gelöscht oder berichtigt werden. Nicht ableiten lässt sich die Pflicht, personenbezogen Daten neu zu erheben, wenn sie nicht auf dem neuesten Stand sind. 134

Der Grundsatz der sachlichen Richtigkeit bezieht sich allerdings nicht auf die Richtigkeit von Ermittlungsergebnissen oder Beweismitteln, wie zB einer Aussage von Zeugen. Diese sind nicht ohne Weiteres nachprüfbar.[245] Richtigkeit bezieht sich vielmehr auf die Tatsachen, die ein bestimmtes personenbezogenes Datum nach dem Wissen des Verarbeiters verkörpern sollen (s. entsprechend zum Berichtigungsanspruch → Rn. 194). 135

f) Speicherbegrenzung

Nach § 47 Nr. 5 BDSG sind personenbezogene Daten nicht länger, als es für die Zwecke, für die sie verarbeitet werden, erforderlich ist, in einer Form zu speichern, die die **Identifizierung der betroffenen Personen ermöglicht.** Die Regelung setzt Art. 4 Abs. 1 lit. e JI-RL wortgleich um. Sie entspricht inhaltlich Art. 5 Abs. 1 lit. e Hs. 1 DSGVO. Die Regelungen haben auch sachlich grundsätzlich dieselbe Bedeutung.[246] Im Unterschied zur Datenschutz-Grundverordnung wird der Speicherbegrenzungsgrundsatz der JI-Richtlinie nicht für begünstigte Zwecke der Archivierung, Statistik und Forschung gelockert.[247] 136

Der Grundsatz setzt der Gesetzessystematik und dem Sinn und Zweck nach voraus, dass personenbezogene Daten, die nicht mehr für den festgelegten Zweck erforderlich sind, zu **löschen** sind. Der Grundsatz fordert darüber hinaus auch die **Anonymisierung** von Daten, wenn die Identifizierung der Betroffenen Personen mit den Daten nicht mehr dem Zweck nach erforderlich ist. Soweit Daten durch Anonymisierung die Merkmale entfernt wurden, die der verantwortlichen Stelle die Identifizierung der betroffenen Person erlaubt, können diese erhalten werden. Eine solche Anonymisierung durchzuführen ist sowohl organisatorisch als auch technisch herausfordernd.[248] Gerade aufgrund der Möglichkeiten und Befugnisse der Polizei- und Strafverfol- 137

244 Zur DSGVO *Pötters*, in: Gola 2017, Art. 5 Rn. 24.
245 Eg. 30 JI-RL.
246 So auch *Wolff*, in: Schantz/Wolff 2017, Rn. 447.
247 Siehe aber Art. 4 Abs. 3 JI-RL und § 50 BDSG.
248 Vgl. *Ohm*, UCLA Law Review 2010, 1701; *Tene/Zanfir-Fortuna* PinG 2017, 129.

gungsbehörden dürfte eine **Re-Identifizierung** mit verhältnismäßigen Mitteln oft möglich bleiben.[249]

g) Integrität und Vertraulichkeit

138 Nach § 47 Nr. 6 BDSG müssen personenbezogene Daten in einer Weise verarbeitet werden, die eine **angemessene Sicherheit** der personenbezogenen Daten gewährleistet. Hierzu gehört auch ein durch geeignete technische und organisatorische Maßnahmen zu gewährleistender Schutz vor unbefugter oder unrechtmäßiger Verarbeitung, unbeabsichtigtem Verlust, unbeabsichtigter Zerstörung oder unbeabsichtigter Schädigung (**Techniksicherung**). Die Regelung setzt Art. 4 Abs. 1 lit. f JI-RL nahezu wortgleich um, von einer unbeachtlichen Umstellung des Satzbaus abgesehen. Sie entspricht inhaltlich den Grundsätzen der Integrität und Vertraulichkeit nach Art. 5 Abs. 1 lit. f DSGVO. Der Grundsatz ist auf **Konkretisierungen** angelegt.[250] Die Vorschrift gebietet den Systemdatenschutz und nennt dazu Regelbeispiele.[251] Konkretisiert wird der Grundsatz unter anderem durch die Vorgaben des § 64 BDSG.

h) Grundsatz der Verantwortlichkeit

139 Nach Art. 4 Abs. 4 JI-RL ist der Verantwortliche für die Einhaltung der Grundsätze der Datenverarbeitung nach Art. 4 JI-RL verantwortlich und muss deren Einhaltung nachweisen können. Die Regelung entspricht im Wortlaut der **Rechenschaftspflicht** des Art. 5 Abs. 2 DSGVO. Sie wurde nicht ausdrücklich im neuen Bundesdatenschutzgesetz umgesetzt. Eine solche Pflicht folgt aber im Anwendungsbereich von § 45 BDSG bereits dem Gebot der Gesetzmäßigkeit der Verwaltung, wie es aus Art. 20 Abs. 3 GG folgt. Die Regelung des Art. 4 Abs. 4 JI-RL muss bei der Anwendung von § 47 BDSG und aller anderen Vorschriften des dritten Teils stets beachtet und in diese hineininterpretiert werden. Der Grundsatz der Richtlinie formuliert insoweit eine **Beweisregel**, die den Verantwortlichen mit einer Nachweispflicht belastet, um die Rechtmäßigkeit der Verarbeitung nachweisen zu können. Eingedenk dieses Grundsatzes ist im Gerichtsverfahren die Anwendung eines Erfahrungssatzes, der die Einhaltung der Gebote durch die verantwortliche öffentliche Stelle unterstellt, ausgeschlossen. Vielmehr wird es bei fehlenden Nachweisen zu einer Umkehr der Nachweislast kommen, soweit diese – zB durch den Grundsatz „*in dubio pro reo*" im Strafverfahren – nicht ohnehin beim Verarbeiter liegt. Der Grundsatz belegt die Behörden also bei Streitfragen, zB im Schadensersatzprozess, mit einer **erhöhten Darlegungs- und Substantiierungslast.**[252]

11. Rechtsgrundlagen der Verarbeitung personenbezogener Daten

140 Entsprechend der Rechtsnatur europäischer Richtlinien[253] setzt die JI-Richtlinie einen **Rahmen für die nationale Gesetzgebung** und sieht keine konkreten Ermächtigungstatbestände vor. Vielmehr beschränkt sie sich darauf die Grundsätze der Verarbeitung

---

249 EuGH Urt. v. 19.10.2016 – C-582/14, ECLI:EU:C:2016:779 – Breyer/Deutschland = NJW 2016, 3579.
250 *Wolff*, in: Schantz/Wolff 2017, Rn. 448.
251 Ausführlich zur Regelung der DSGVO *Roßnagel*, in: Roßnagel 2018, § 3 Rn. 81 f.
252 Für DSGVO *Roßnagel*, in: Roßnagel 2018, § 3 Rn. 83 f.; *Wolff*, in: Schantz/Wolff 2017, Rn. 449.
253 Art. 288 Abs. 3 AEUV.

personenbezogener Daten in ihrem Anwendungsbereich festzulegen und knüpft an das Bestehen spezieller Ermächtigungstatbestände im nationalen Recht an.[254]

141 Die Polizeigesetze des Bundes und der Länder sowie die Strafprozessordnung sehen für zahlreiche Datenverarbeitungsprozesse **spezifische Ermächtigungsgrundlagen** vor. Die Verarbeitung personenbezogener Daten wird in den Polizeigesetzen regelmäßig in eigenen Kapiteln geregelt. In ihnen werden den spezifischen Ermächtigungstatbeständen zunächst Generalklauseln und allgemeine Grundsätze vorangestellt. So regelt das Bundespolizeigesetz beispielsweise zunächst in § 21 BPolG die Erhebung personenbezogener Daten. Im Anschluss folgen spezielle Regelungen, zB in § 22 BPolG die Befragung und Auskunftspflicht, in § 22 a BPolG die Erhebung von Telekommunikationsdaten oder in § 26 BPolG die Datenerhebung bei öffentlichen Veranstaltungen und Ansammlungen. In der Strafprozessordnung sind spezifische Ermächtigungstatbestände nicht in einem eigenen Kapitel und geordnet zu finden, sondern finden sich verstreut über die gesamte Strafprozessordnung, zB in § 98 a StPO zur Rasterfahndung, § 100 g StPO zur Erhebung von Verkehrsdaten oder § 483 StPO über die Datenverarbeitung zu Zwecken des Strafverfahrens.

a) Verarbeitung besonderer Kategorien personenbezogener Daten

142 § 48 Abs. 1 BDSG erlaubt die Verarbeitung besonderer Kategorien personenbezogener Daten, wenn sie zur Aufgabenerfüllung unbedingt erforderlich ist. Die Verarbeitung soll nach Absatz 2 durch geeignete Garantien für die Rechtsgüter der betroffenen Personen geschützt werden. **Daten besonderer Kategorien** sind gemäß der Legaldefinition des § 46 Nr. 14 BDSG Daten, aus denen die rassische oder ethnische Herkunft, politische Meinungen, religiöse oder weltanschauliche Überzeugungen oder die Gewerkschaftszugehörigkeit hervorgehen, genetische Daten, biometrische Daten zur eindeutigen Identifizierung einer natürlichen Person, Gesundheitsdaten und Daten zum Sexualleben oder zur sexuellen Orientierung.

143 Die Nutzung der genannten besonderen Kategorien von personenbezogenen Daten im Rahmen polizeilicher Tätigkeit ist grundsätzlich als schwerwiegender Eingriff in die Grundrechte, zB in das Recht auf informationelle Selbstbestimmung, zu qualifizieren. Die Verarbeitung kann zusätzliche Informationen über den Betroffenen offenbaren und als Grundlage für weitere Maßnahmen dienen.[255] Zum Beispiel gehen von der biometrischen Gesichtserkennung, insbesondere im Zusammenwirken mit Videoüberwachung, spezifische Gefahren aus, die zu schwerwiegenden Grundrechtseingriffen führen können.[256]

144 Die Legaldefinition ist den Vorgaben von Art. 10 JI-RL entnommen. Sie ist nicht Teil der Begriffsbestimmungen von Art. 3 JI-RL. Die genannten Kategorien entsprechen denen von Art. 9 Abs. 1 DSGVO. Die Begriffe genetische Daten, biometrische Daten und Gesundheitsdaten werden in § 46 Nr. 11, 12, 13 BDSG legaldefiniert. Der Wortlaut der entsprechenden Begriffsbestimmung erfolgt in nahezu wortgleicher Umset-

254 *Bäcker/Hornung*, ZD 2012, 149.
255 Ausdifferenziert zur biometrischen Videoüberwachung *Hornung/Schindler*, ZD 2017, 205 f.
256 S. auch § 4 BDSG.

zung der Vorgaben von Art. 3 Nr. 12, 13, 14 JI-RL.[257] Für den Anwendungsbereich der Datenschutz-Grundverordnung finden sich gleichlautende Begriffsbestimmungen in Art. 4 Nr. 13, 14 und 15 DSGVO.

145 Exemplarisch nennt Abs. 2 **geeignete Garantien**, die insbesondere spezifische Anforderungen an die Datensicherheit oder die Datenschutzkontrolle, die Festlegung von besonderen Aussonderungsprüffristen, die Sensibilisierung der an Verarbeitungsvorgängen Beteiligten, die Beschränkung des Zugangs zu den personenbezogenen Daten innerhalb der verantwortlichen Stelle sowie die Pseudonymisierung und Verschlüsselung der personenbezogenen Daten sein können. Aufgrund des exemplarischen Charakters ist der Verantwortliche nicht auf konkrete Garantien verpflichtet. Ihm obliegt die Wahl darüber, welche Garantien im konkreten Fall geeignet sind. Die Vorschrift setzt Art. 10 JI-RL um. Danach ist die Verarbeitung von personenbezogenen Daten an drei Voraussetzungen geknüpft:

146 Erstens muss die Verarbeitung „**unbedingt erforderlich**" sein. Für was, geht nicht aus der Norm hervor, erschließt sich aber aus dem in Art. 1 Abs. 1 JI-RL genannten Regelungsgegenstand. Es darf kein gleich geeignetes milderes Mittel als die Verarbeitung der Daten besonderer Kategorie geben. Zweitens darf deren Verarbeitung nur vorbehaltlich **geeigneter Garantien** für die Rechte und Freiheiten der betroffenen Person erfolgen. Drittens muss eine der Bedingungen der lit. a bis lit. c vorliegen. Die Verarbeitung der Daten besonderer Kategorien muss also entweder nach dem **Unionsrecht oder dem Recht der Mitgliedstaaten** zulässig sein (lit. a) oder zur **Wahrung lebenswichtiger Interessen** der betroffenen oder einer anderen natürlichen Person dienen (lit. b) oder sich auf Daten beziehen, die die betroffene Person offensichtlich öffentlich gemacht hat.

147 Die drei Voraussetzungen müssen **kumulativ** vorliegen. Der Wortlaut von Art. 10 JI-RL ließe zwar ein Alternativverhältnis zwischen den ersten beiden Voraussetzungen und der Dritten zu. Gegen ein Alternativverhältnis spricht aber der eindeutige Wortlaut des Erwägungsgrunds 37.

148 Es ist fraglich, ob § 48 BDSG bestimmt genug ist, um eine eigenständige Ermächtigungsgrundlage für die Verarbeitung besonderer Kategorien von personenbezogenen Daten zu sein. § 48 BDSG ist keine Konkretisierung der Vorgaben der Richtlinie. Der den Mitgliedstaaten mit dem in Art. 10 JI-RL aufgegebene Regelungsauftrag besteht darin, konkrete Ermächtigungsgrundlagen zu schaffen. Die deutsche Regelung wiederholt jedoch nur die von der Richtlinie vorgegebenen abstrakten Verarbeitungsvoraussetzungen. Der europäische Gesetzgeber wollte eine Verarbeitung besonderer Kategorien personenbezogener Daten, die besonders schützenswert sind, nur dann legitimieren, wenn sich die Erlaubnis auf ausdrücklich geregelte Fälle bezieht.[258] Aufgrund dessen wurden neben der Regelung im Bundesdatenschutzgesetz **fachspezifische Regelungen** gefordert, um die Polizei und Strafverfolgungsbehörden zur Verarbeitung von besonderen Kategorien personenbezogener Daten zu ermächtigen.[259]

257 Die Umstellungen ändert nicht die Bedeutung.
258 Erwägungsgrund 37 „in durch Rechtsvorschriften geregelten Fällen".
259 *Voßhoff*, BT-Ausschussdrucksache 18(4)788, 18.

Demnach ist bei **richtlinienkonformer Auslegung** und dem Sinn und Zweck des künftigen Bundesdatenschutzgesetzes der § 48 BDSG keine eigenständige Ermächtigungsgrundlage. Der deutsche Gesetzgeber wollte zwar die von ihm mit § 48 BDSG geschaffene Regelung ausweislich des in der Gesetzesbegründung eindeutig zum Ausdruck gebrachten Willens, als eine eigenständige Rechtsgrundlage für die Verarbeitung besonderer Kategorien von personenbezogenen Daten schaffen, hat dieses Ziel mit seinen abstrakten Vorgaben aber verfehlt.[260] Die verfassungsrechtlichen Grundsätze der Normenklarheit und Bestimmtheit setzen voraus, dass eingriffsintensive Maßnahmen, zu denen die Verarbeitung besonderer Kategorien von personenbezogenen Daten zu rechnen ist, entsprechend der mit ihnen verbundenen Risiken, normativ gerechtfertigt werden. Dies erfordert eindeutige Bestimmungen, aus denen für die betroffenen Personen erkennbar ist, ob, wann und in welchem Umfang in ihre Rechte eingegriffen werden kann.[261] All dies ist in § 48 BDSG nicht erkennbar. Daher scheidet auch eine Auslegung aus, die in § 48 BDSG eine Generalklausel sehen will. Es bedarf daher konkreter Regelungen im Fachrecht, in denen insbesondere der Zweck eindeutig festgelegt wird.[262] 149

b) Verarbeitung zu anderen Zwecken

§ 49 BDSG erlaubt die **Weiterverarbeitung** von personenbezogenen Daten zu anderen Zwecken als zu denjenigen, zu denen sie erhoben wurden. Diese Regelung setzt Art. 4 Abs. 2 JI-RL um. Sie wiederholt jedoch lediglich den Wortlaut der JI-Richtlinie und ist verfassungsrechtlich zu unbestimmt.[263] Die neue Regelung ermöglicht es, vorhandene Datenbestände zwischen verschiedenen Aufgabenbereichen hin und her zu transferieren, soweit dies verhältnismäßig wäre. Eine derart allgemein gehaltene Weiterverarbeitungsklausel fällt hinter die bisher in der Strafprozessordnung und den Polizeigesetzen vorhandenen Zweckänderungsvorschriften zurück.[264] Spezifische Zweckänderungsregelungen tragen dem verfassungsrechtlichen Bestimmtheitsgrundsatz in ausreichendem Maße Rechnung. Aus der vorliegenden Regelungen ist jedoch nicht ersichtlich, in welchem Umfang und Fällen die Verantwortlichen von einer **Zweckänderung** Gebrauch machen können.[265] Der pauschale Verweis in § 49 Satz 1 BDSG auf die in § 45 BDSG genannten Zwecke ist **zu allgemein** und zu unbestimmt, um alleine eine Ermächtigungsgrundlage für Weiterverarbeitungen sein. 150

Die **verfassungsrechtlichen Bedenken** spiegeln sich in der Rechtsprechung des Bundesverfassungsgerichts zum bisherigen Recht. In seiner Entscheidung zum Bundeskriminalamtgesetz traf das Bundesverfassungsgericht zentrale Aussagen zur Zweckbindung.[266] Das Gericht forderte, dass der Gesetzgeber eine Nutzung von Daten über den konkreten Anlass hinaus nur dann erlauben kann, wenn er hierfür eine eigene 151

260 BT-Drs. 18/11325, 111.
261 BVerfG Urt. v. 20.4.2016, Az.: 1 BvR 966/09, 1 BvR 1140/09, in: BVerfGE 141, 220.
262 *Aden*, BT Ausschussdrucksache 18(4)824 G, 7; a.A. *Albers*, in: Wolff/Brink 2017, § 48 BDSG, Rn. 10.
263 A.A. *Albers*, in: Wolff/Brink 2017, § 49 BDSG, Rn. 9.
264 Zum Verständnis der ‚zweckkonformen Weiternutzung' als Zweckänderung *Müllmann*, NVwZ 2016, 1694; zum Grundsatz der hypothetischen Datenneuerhebung nach BVerfGE 141, 220, Rn. 287 mwN.
265 Vgl. *Aden*, BT Ausschussdrucksache 18(4)824 G, 6.
266 BVerfG Urt. v. 20.4.2016, Az.: 1 BvR 966/09, 1 BvR 1140/09, in: BVerfGE 141, 220.

Rechtsgrundlage schafft.[267] Das Bundesverfassungsgericht forderte nicht eine allgemeine Rechtsgrundlage für die Zweckänderung, sondern spezifische auf die Ermächtigungstatbestände abgestimmte Regelungen.[268] Die Vorschrift des § 49 BDSG ist nicht mit den Anforderungen des Bundesverfassungsgerichts vereinbar. Eine Differenzierung zwischen unterschiedlichen Zwecken findet nicht statt. Die Regelung bleibt sogar hinter § 481 StPO zurück, der bereits erhebliche verfassungsrechtliche Herausforderungen für die Gesetzgeber der Länder begründet.[269] Nach dem Bundesverfassungsgericht soll eine Übermittlung personenbezogener Daten aus eingriffsintensiven Ermittlungsmaßnahmen nur dann zulässig sein, wenn ein **gleichwertiger Rechtsgüterschutz** besteht. Eine Übermittlung von personenbezogenen Daten an andere Sicherheitsbehörden komme nur dann in Betracht, wenn sich daraus ein hinreichend spezifischer Ansatz für eine konkrete Ermittlung ergebe.[270] Soweit sich daraus nur ein potenzieller Ermittlungsansatz ergibt oder die Zweckänderung nur nützlich ist, ist es für die Rechtfertigung einer Übermittlung nicht ausreichend. Mit Blick auf die Entscheidung des Bundesverfassungsgerichts und den darin enthaltenen weitreichenden Aussagen zu den verfassungsmäßigen Anforderungen an die Zweckänderung und Zweckbindung, müssen die **Regelungen über die Zweckänderung im Fachrecht** geregelt werden.[271]

152 Nach § 49 Satz 2 BDSG ist die Verarbeitung zu einem anderen, in § 45 BDSG nicht genannten Zwecke zulässig, wenn es in einer Rechtsvorschrift vorgesehen ist. Die Vorschrift regelt die Weiterverarbeitung von außerhalb der Richtlinie liegenden Zwecken. Nach Erwägungsgrund 34 JI-RL sollte für außerhalb der Richtlinie liegenden Zwecken grundsätzlich die Datenschutz-Grundverordnung gelten, wenn eine solche Verarbeitung nach dem Unionsrecht oder dem Recht der Mitgliedstaaten zulässig ist. Insbesondere sollte die Datenschutz-Grundverordnung für die Übermittlung personenbezogener Daten für Zwecke gelten, die **außerhalb des Anwendungsbereichs der JI-Richtlinie** liegen. Kritik richtet sich dagegen, dass in § 49 Satz 2 BDSG lediglich der Begriff der Rechtsvorschrift verwendet wird, aus der nicht ersichtlich sei, ob es sich um nationale oder europäische Vorschriften, insbesondere die Datenschutz-Grundverordnung handeln solle.[272] Richtlinienkonform mit Blick auf Erwägungsgrund 34 ist der Begriff so auszulegen, dass unter Rechtsvorschriften sowohl nationale Vorschriften als auch unionsrechtliche Vorschriften, einschließlich der Datenschutz-Grundverordnung zu verstehen sind.

c) Forschung, Statistik und Archivierung

153 § 50 BDSG erlaubt die Verarbeitung von Daten zu Zwecken der Strafverfolgung und Gefahrenabwehr in archivarischer, wissenschaftlicher oder statistischer Form, wenn

267 BVerfG Urt. v. 20.4.2016, Az.: 1 BvR 966/09, 1 BvR 1140/09, in: BVerfGE 141, 220-378, Rn. 276 ff. mwN.
268 *Müllmann*, NVwZ 2016, 1695.
269 Zur Verfassungswidrigkeit der Ermächtigungen zur Datenweitergabe an Private: *Müller-Eiselt*, DVBl. 2014, 1170 ff.
270 BVerfG Urt. v. 20.4.2016, Az.: 1 BvR 966/09, 1 BvR 1140/09, in: NJW 2016, 1781, 1802, Rn. 290 ff. mwN, 1804, Rn. 313.
271 *Voßhoff*, BT-Ausschussdrucksache 18-4-824-h-18-4-788, 19.
272 *Piltz*, BT-Ausschussdrucksache 18(4)824 C, 33.

hieran ein öffentliches Interesse besteht und geeignete Garantien für die Rechtsgüter der betroffenen Personen vorgesehen werden. Anonymisierung wird explizit als mögliche Garantie genannt, ebenso wie die räumliche und organisatorische Trennung der Verarbeitung. Die Vorschrift setzt Art. 4 Abs. 3 JI-RL um, wonach der Verantwortliche Daten auch zu **wissenschaftlichen, statistischen und historischen Zwecken** verarbeiten darf.[273] Als Anwendungsbeispiel führt die Gesetzesbegründung die im Bundeskriminalamt durchgeführte kriminologische oder kriminaltechnische Forschung an.[274] Gemeint sein dürften insbesondere auch Kriminalitätsstatistiken. § 50 BDSG erlaubt nur die Verarbeitung von personenbezogenen Daten zu den begünstigten Zwecken durch die in § 45 BDSG genannten Stellen, also Strafverfolgungs- und Polizeibehörden, wobei diese Daten zu den begünstigten Zwecken auch austauschen dürfen.[275] Spezialgesetzliche Rechtsgrundlagen können auch andere öffentliche und nichtöffentliche Stellen zur Verarbeitung der Datensätze der Strafverfolgungs- und Polizeibehörden, insbesondere zu den begünstigten Zwecken, ermächtigen.[276]

d) Einwilligung

In der Richtlinie ist den Mitgliedstaaten in Art. 8 JI-RL vorgegeben, dass eine Verarbeitung nur dann rechtmäßig ist, wenn sie für die Erfüllung einer Aufgabe erforderlich ist und wenn sie auf Grundlage des Unionsrechts oder des Rechts der Mitgliedstaaten erfolgt. Erwägungsgründe 35 und 37 zeigen, dass die **Einwilligung** zwar weitgehend, aber nicht vollständig ausgeschlossen wird.[277] Die Rechtmäßigkeit erfordert demnach zweierlei: Die Erforderlichkeit der Verarbeitung für eine Aufgabe zu Zwecken der Richtlinie und eine Ermächtigungsgrundlage im Recht der Union oder der Mitgliedstaaten. Nicht ausdrücklich in der Richtlinie vorgesehen ist die **Möglichkeit der Einwilligung** der betroffenen Personen. Die Richtlinie geht in Erwägungsgrund 35 und 37 davon aus, dass die Verarbeitung im Rahmen der Richtlinie auf die Einwilligung gestützt werden kann. Die Mitgliedstaaten sollen nach Erwägungsgrund 35 Rechtsvorschriften erlassen können, die die betroffenen Personen zur Zustimmung in die Verarbeitung ihrer personenbezogenen Daten in konkreten Situationen ermächtigen. Die Einwilligung soll jedoch keine Grundlage für die Verarbeitung sein, wenn die zuständige Behörde eine natürliche Person dazu auffordert oder anweist, ihren Anordnungen nachzukommen. In diesen Fällen bliebe den betroffenen Personen keine echte **Wahlfreiheit**, weshalb ihre Reaktionen nicht als freiwillig angesehen werden könnten. 154

Eine Verarbeitung auf Grundlage der Einwilligung soll dennoch möglich sein. Im Zusammenhang mit der Verarbeitung besonderer Kategorien personenbezogener Daten soll dies nach Erwägungsgrund 37 insbesondere dann möglich sein, wenn die Verarbeitung durch eine Rechtsvorschrift erlaubt ist, die betroffene Person ausdrücklich 155

---

273 Zur Verarbeitung privilegierter Zwecke im Anwendungsbereich der DSGVO *Johannes/Richter*, DuD 2017, 300.

274 BT-Drs. 18/11325, 119.

275 In Anwendung von § 49 BDSG und bei richtlinienkonformer Auslegung, da Art. 4 Abs. 3 JI-RL auch andere Verarbeiter (in ihrem Anwendungsbereich) nennt.

276 ZB § 476 StPO.

277 *Stemmer*, in: Wolff/Brink 2017, Art. 7 Rn. 22; *Schwichtenberg*, DuD 2016, 606 f.; *Stief*, StV 2017, 473.

zugestimmt hat und die Einwilligung allein nicht die ausschließliche Grundlage der Verarbeitung darstellt.

156 Unter Berücksichtigung dessen ist in § 51 BDSG normiert, unter welchen Voraussetzungen eine Einwilligung erteilt werden kann. Die Vorschrift basiert im Wesentlichen auf Art. 7 DSGVO. Die **Einwilligung** selbst ist im Rahmen der Begriffsbestimmungen in § 46 Nr. 17 BDSG **legaldefiniert.** Eine Einwilligung ist danach jede freiwillig für den bestimmten Fall, in informierter Weise und unmissverständlich abgegebene Willensbekundung in Form einer Erklärung oder einer sonstigen eindeutigen bestätigenden Handlung, mit der die betroffene Person zu verstehen gibt, dass sie mit der Verarbeitung der sie betreffenden personenbezogenen Daten einverstanden ist. Der Verantwortliche muss die **Erklärung nachweisen** können und sie muss in der erforderlichen Form nach Art. 51 Abs. 2 BDSG abgegeben worden sein. Die Einwilligung ist nach § 51 Abs. 3 BDSG **frei widerruflich.** Die Einwilligung soll nur wirksam sein, wenn sie nach § 51 Abs. 4 BDSG auf der freien Entscheidung der betroffenen Person beruht. Die Umstände der Erteilung sind für die Beurteilung zu berücksichtigen. Nach § 51 Abs. 5 BDSG muss sich die Erklärung der Einwilligung ausdrücklich auf die besonderen Kategorien personenbezogener Daten beziehen, soweit diese verarbeitet werden.

157 Obwohl Art. 8 JI-RL die **Einwilligung** nicht ausdrücklich vorsieht, scheint der europäische Gesetzgeber nach seinen Erwägungsgründen davon auszugehen, dass eine solche, jedenfalls durch Art. 8 JI-RL, **nicht ausgeschlossen** ist.[278] Aufgrund der praktischen Erfordernisse für eine solche Möglichkeit bei bestimmten justiziellen und polizeiliche Aufgaben, beispielsweise im Rahmen der Anordnung zur Entnahme einer Blutprobe nach § 81 a StPO, ist die Regelung über die Grundsätze einer wirksamen Einwilligung im nationalen Recht nur konsequent. Allerdings ist mit Blick auf die Erwägungsgründe zu gewährleisten, dass die **Einwilligung allein nicht ausreichend** ist für die rechtmäßige Verarbeitung personenbezogener Daten. Neben in § 51 BDSG sind bereichsspezifische Ermächtigungstatbestände im Fachrecht vorzusehen, die als Rechtfertigungstatbestand für die Erhebung und Verarbeitung die Einwilligung der betroffenen Personen explizit vorsehen.[279] Dabei sollte die Möglichkeit zur Einwilligung eine Ausnahme bleiben, da der Umgang mit personenbezogenen Daten bei öffentlichen Stellen nicht am freien Willen der betroffenen Person orientiert ist, sondern am Über- und Unterordnungsverhältnis zwischen den Beteiligten.[280]

e) Verarbeitung auf Weisung des Verantwortlichen

158 Nach § 52 BDSG darf jede einem Verantwortlichen oder einem Auftragsverarbeiter unterstellte Person, die Zugang zu personenbezogenen Daten hat, diese Daten ausschließlich auf **Weisung des Verantwortlichen** verarbeiten, es sei denn, dass sie nach einer Rechtsvorschrift zur Verarbeitung verpflichtet ist. Die Vorschrift setzt Art. 23 JI-RL um.[281] Eine mit der Regelung des Art. 23 JI-RL vergleichbare Vorschrift findet

278 *Wolff*, BT-Ausschussdrucksache 18(4)824 E, 15; *Piltz*, BT-Ausschussdrucksache 18(4)824 C, 32 f.
279 *Stief*, StV 2017, 474.
280 *Roßnagel/Laue*, DöV 2007, 546.
281 BT-Drs. 18/11325, 112.

sich in Art. 29 DSGVO. Entgegen der Vorgabe des Art. 23 JI-RL umfasst die Umsetzung in Art. 52 BDSG nicht den Auftragsverarbeiter selbst, sondern nur jede dem Verantwortlichen oder einem Auftragsverarbeiter unterstellte Person. Mit Blick auf die Richtlinie muss Art. 52 BDSG richtlinienkonform dahin gehend ausgelegt werden, dass auch der Auftragsverarbeiter nur auf Weisung des Verantwortlichen personenbezogene Daten verarbeiten darf. Die Vorschrift unterwirft jede dem Verantwortlichen oder einem Auftragsverarbeiter unterstellte Person den Weisungen des Verantwortlichen, bei richtlinienkonformer Auslegung auch den Auftragsverarbeiter selbst. Entsprechendes gilt nach § 62 Abs. 5 S. 2 Nr. 1 BDSG bei gesetzeskonformer Ausgestaltung des Auftragsverhältnisses.

Die **Begriffe** des Verantwortlichen und des Auftragsverarbeiters sind in §§ 52 Nr. 7 159
und 8 BDSG **legaldefiniert**. Im Unterschied zum Auftragsverarbeiter kann der Verantwortliche allein oder gemeinsam über die Zwecke und Mittel der Verarbeitung bestimmen. Eine dem Verantwortlichen oder Auftragsverarbeiter unterstellte Person, die Zugang zu personenbezogenen Daten hat, ist diejenige, die unmittelbar unter der Verantwortung des Verantwortlichen steht. Der Verantwortliche oder der Auftragsverarbeiter muss rechtlich in der Lage sein, der entsprechenden Person rechtlich verbindliche Weisungen zu erteilen.[282] Die unterstellte Person muss nur eine faktische Zugriffsmöglichkeit auf die personenbezogenen Daten haben, auf die rechtliche Befugnis kommt es nicht an.[283] Eine **Weisung** ist jede an die Normadressaten gerichtete Anordnung, die sich auf den Gegenstand und die Art des Umgangs mit den personenbezogenen Daten bezieht und dabei technische und organisatorische Maßnahmen vorgibt.[284]

f) Verpflichtung auf Datengeheimnis

§ 53 BDSG greift die Regelung des § 5 BDSG aF auf. Der Wortlaut der Vorschriften 160
ähnelt sich aber nur und ist nicht identisch, weshalb die neue Regelung inhaltlich nur teilweise mit der Vorgängerregelung übereinstimmt. Klargestellt wird, dass mit der Datenverarbeitung befasste Personen nicht unbefugt personenbezogene Daten verarbeiten dürfen. Außerdem sind sie **bei Aufnahme der Tätigkeit auf das Datengeheimnis zu verpflichten**, das auch nach Beendigung der Tätigkeit fortgelten soll. Neu im Vergleich zu § 5 BDSG aF ist, dass die Regelung nun öffentliche Stellen dazu auffordert, ihre Bediensteten und Angestellten auf das Datengeheimnis zu verpflichten. Diese Verpflichtung wird nicht durch eine generelle Verpflichtung auf Dienst- und Amtsgeheimnisse abgedeckt.[285] Aus Gründen der Rechtssicherheit und zu Nachweiszwecken ist zu empfehlen, eine Verpflichtung auf das Datengeheimnis für alle mit der Datenverarbeitung befassten Personen im Anwendungsbereich von § 45 BDSG nachzuholen und dies mit einer Belehrung über die neue Rechtslage zu verbinden.

Es findet sich keine direkte Entsprechung der Regelung in der JI-Richtlinie. Sie kon- 161
kretisiert aber zum einen das Gebot der Rechtmäßigkeit nach § 47 Nr. 1 BDSG und

282 *Martini*, in: Paal/Pauly 2017, Art. 29 Rn. 15.
283 *Martini*, in: Paal/Pauly 2017, Art. 29 Rn. 16.
284 *Martini*, in: Paal/Pauly 2017, Art. 29 Rn. 18.
285 So schon bzgl. § 5 S. 2 BDSG aF, vgl. nur *Ehmann*, in: Simitis 2014, § 5 Rn. 25 ff.

setzt zum anderen den Grundsatz der Vertraulichkeit nach Art. 4 Abs. 1 lit. f JI-RL sowie den Grundsatz der Verantwortlichkeit nach Art. 4 Abs. 4 JI-RL um.

g) Automatisierte Einzelentscheidung

162 Neue Ermittlungsmethoden auf Basis von Predictive Policing, Big Data-Analysen, Entscheidungsunterstützungssystemen oder intelligenten Kameraüberwachungssysteme[286] nutzen auf unterschiedliche Art und Weise die Analyse großer Mengen personenbezogener Daten. Solche Technologien bergen die Gefahr, dass sie zum **Profiling** und **für automatisierte Entscheidungen** genutzt werden. Dies stellt ein hohes Risiko für die Grundrechte und Grundfreiheiten der Betroffenen dar, welches Art. 11 JI-RL. adressiert.

163 Verarbeitungen, die ausschließlich auf einer **automatisierten Entscheidung** beruhen – einschließlich **Profiling** – und nachteilige Rechtsfolgen für die betroffenen Personen haben, sind nach Art. 11 JI-RL **verboten.** Etwas anderes gilt, wenn nach dem Unionsrecht oder dem Recht der Mitgliedstaaten eine gesetzliche Erlaubnis vorgesehen ist, die Garantien für die Rechte und Freiheiten der betroffenen Personen gewährleistet. Technische Innovationen wie Predictive Policing und bestimmte Arten von Entscheidungsunterstützungssystemen, die zu nachteiligen Rechtsfolgen für die betroffene Person führen können, müssen daher ausdrücklich gesetzlich erlaubt werden.

164 Art. 11 JI-RL wird in § 54 BDSG umgesetzt. Der deutsche Gesetzgeber verkürzt dabei die Überschrift „Automatisierte Entscheidungsfindung im Einzelfall" zu „Automatisierte Einzelentscheidung".

165 § 54 BDSG regelt das Verbot automatisierter Einzelentscheidungen und schließt dabei auf Profiling beruhende Entscheidungen in Absatz 3 explizit ein. Nach der Gesetzesbegründung ist die in Absatz 1 genannte, nur unter bestimmten Umständen zulässige, „Entscheidung, die eine **nachteilige Rechtsfolge** für die betroffene Person hat", ein **Rechtsakt mit Außenwirkung** gegenüber der betroffenen Person, also regelmäßig ein Verwaltungsakt. Interne Zwischenfestlegungen oder -auswertungen, die nur Ausflüsse automatisierter Prozesse sind, sollen nicht hierunter fallen.[287] Eine solche Auslegung ist mit dem Wortlaut von § 54 Abs. 1 BDSG und Art. 11 Abs. 1 JI-RL, die auch auf erhebliche Beeinträchtigungen und nicht nur auf nachteilige Rechtsfolgen abstellen, nicht vereinbar und deswegen **unionsrechtswidrig.** Auch die Entscheidungsunterstützung und -vorbereitung durch automatisierte Verfahren kann erhebliche Beeinträchtigungen der Betroffenen zur Folge haben. Um Gefahren für den Persönlichkeitsschutz zu begrenzen, die von nicht überprüften automatisierten Verarbeitungen ausgehen, die den Einzelnen zum Objekt eines Entscheidungsmechanismus machen, ist auch für solche und insbesondere das automatisierte Profiling eine gesetzliche Ermächtigung notwendig. Diese muss bestimmt genug sein, um die Risiken die von solchen Verfahren ausgehen auszugleichen. Insbesondere die polizeirechtlichen Generalklauseln dürften dazu nicht genügen.

---

286 Vgl. Videoüberwachung öffentlich zugänglicher Räume, § 4 BDSG.
287 BT-Drs. 18/11325, 112.

Der Regelungsauftrag von Art. 11 Abs. 1 JI-RL wird in § 54 Abs. 1 BDSG darüber hinaus bei der Umsetzung im Wortlaut verkürzt und lässt den ausdrücklichen Hinweis der Richtlinie vermissen, dass eine ausschließlich auf automatischer Verarbeitung beruhenden Entscheidung Profiling miteinschließt. Im Gegensatz zu den Vorgaben der JI-Richtlinie wird **ein Verbot nicht ausdrücklich festgestellt.** Klargestellt wird aber, dass eine auf einer automatischen Verarbeitung beruhende Entscheidung, die mit einer nachteiligen Rechtsfolge für die betroffene Person verbunden ist oder sie erheblich beeinträchtigt, nur zulässig ist, wenn sie in einer Rechtsvorschrift vorgesehen ist. Die weiter in Art. 11 Abs. 1 JI-RL festgelegten Vorgaben für eine solche Rechtsvorschrift – geeignete Garantien für die Rechte und Freiheiten der betroffenen Person bietet, zumindest aber das Recht auf persönliches Eingreifen seitens des Verantwortlichen, erlaubt – müssen in einer solchen erfüllt werden und bedürfen nicht der Erwähnung in § 54 Abs. 1 BDSG. 166

§ 54 Abs. 2 BDSG setzt Art. 11 Abs. 2 JI-RL um. Erlaubt wird damit die Verarbeitung von besonderen Kategorien personenbezogener Daten für automatisierte Einzelentscheidungen im Sinne des jeweiligen Absatzes 1. Diese Formulierung setzt die Vorgaben der JI-Richtlinie hinsichtlich der **Daten besonderer Kategorien** hinreichend um. Die Regelung ist eine Erlaubnis im Sinne Art. 10 lit. a JI-RL. Aufgrund der schwachen unionsrechtlichen Vorgaben ist § 54 Abs. 2 BDSG bestimmt genug. Die Vorschriften ähneln dem Wortlaut von Art. 22 Abs. 4 DSGVO. Art. 22 Abs. 4 DSGVO verweist hinsichtlich des Verbotes der Verarbeitung von Daten besonderer Kategorien direkt auf die Verbotsausnahmen von Art. 9 Abs. 2 lit. a und g DSGVO. Art. 11 Abs. 2 JI-RL enthält keinen solchen Verweis auf die Regelungen von Art. 10 JI-RL. Auch deswegen ist davon auszugehen, dass Art. 11 Abs. 2 JI-RL einen unionsrechtlichen Regelungsauftrag im Sinne von Art. 10 lit. a JI-RL enthält, der im nationalen Recht durch eine Ermächtigungsnorm zu konkretisieren ist. Folglich ist § 54 Abs. 2 BDSG eine Ermächtigungsnorm für die Verarbeitung von Daten besonderer Kategorien im spezifischen Verarbeitungszusammenhang von automatisierten Einzelentscheidungen (zur Verarbeitung von Daten besonderer Kategorien → Rn. 148). 167

Die Art. 22 Abs. 2 und Abs. 3 DSGVO haben keine Entsprechungen in den Regelungen der JI-Richtlinie und des zweiten Teils des neuen Bundesdatenschutzrechts. 168

h) Profiling

Profilbildung erfolgt, um bestimmte Verhaltensweisen zu analysieren oder vorherzusagen. Eine **„Bewertung von Persönlichkeitsmerkmalen"** nimmt eine automatisierte Entscheidung dann vor, wenn sie nicht auf der durch ein personenbezogenes Datum oder Persönlichkeitsmerkmal repräsentierten Information, sondern auf deren Interpretation beruht. Der Begriff „Profiling" ist methodenoffen und trifft sehr unterschiedliche Formen der Datenauswertung.[288] 169

Anders als den Begriff der automatisierten Einzelentscheidung **definiert** das neue Bundesdatenschutzgesetz den Begriff **„Profiling"**. Nach Art. 46 Nr. 4 BDSG ist dies jede Art der automatisierten Verarbeitung personenbezogener Daten, bei der diese 170

288 *Härting*, CR 2014, 529.

Daten verwendet werden, um bestimmte persönliche Aspekte, die sich auf eine natürliche Person beziehen, zu bewerten, insbesondere um Aspekte der Arbeitsleistung, der wirtschaftlichen Lage, der Gesundheit, der persönlichen Vorlieben, der Interessen, der Zuverlässigkeit, des Verhaltens, der Aufenthaltsorte oder der Ortswechsel dieser natürlichen Person zu analysieren oder vorherzusagen. Die Begriffsdefinition setzt wortgleich Art. 3 Nr. 4 JI-RL um. Die Definition entspricht der in Art. 4 Nr. 4 DSGVO.

171 Art. 11 Abs. 1 JI-RL stellt klar, dass **Profiling ein Unterfall** der ausdrücklich verbotenen Arten von ausschließlich auf automatisieren Verarbeitung beruhenden Entscheidungen ist. Diese Klarstellung fehlt in § 54 Abs. 1 BDSG. Mangels gesetzlicher Definition des Begriffes „automatisierte Einzelentscheidung" ist er unionsrechtskonform entsprechend auszulegen. Ausschließlich auf einer automatischen Verarbeitung beruhende Entscheidungen können auch Profiling im Sinne der Definition von Art. 3 Nr. 4 JI-RL und § 46 Nr. 4 BDSG sein. Diese Einschätzung wird durch den Vergleich von Art. 11 Abs. 1 JI-RL und Art. 22 Abs. 1 DSGVO bestätigt. Diese Vorschrift entspricht dem Wortlaut des ersten Halbsatzes von Art. 11 Abs. 1 JI-RL und enthält auch einen Einschub hinsichtlich des Profilings.

172 § 54 Abs. 3 BDSG setzt Art. 11 Abs. 3 JI-RL nahezu wortgleich um. Verboten wird Profiling, das zur Folge hat, dass betroffene Personen auf der Grundlage von besonderen Kategorien personenbezogener Daten diskriminiert werden. Die Vorschrift hat keine Entsprechung in Art. 22 DSGVO. Insoweit **geht die JI-Richtlinie** – und damit auch das BDSG – **über** die **Datenschutz-Grundverordnung hinaus** und statuiert ein ausdrückliches Diskriminierungsverbot für das Profiling im Hinblick auf besondere personenbezogene Daten im Anwendungsbereich der Richtlinie.[289]

173 Verboten ist nach § 54 Abs. 3 BDSG ausdrücklich nur Profiling, welches zur Folge hat, dass betroffene Personen auf der Grundlage von besonderen Kategorien[290] personenbezogener Daten **diskriminiert** werden. Ein Beispiel dafür ist sogenanntes Racial Profiling, also eine Beurteilung aufgrund äußerer Merkmale, wie der Hautfarbe. Aus dem Sachzusammenhang der Vorschrift, deren Überschrift und der Gesetzessystematik lässt sich schließen, dass dieses Verbot nur für das Profiling im Zuge automatisierter Verarbeitungsvorgänge zur Entscheidungsfindung gilt.[291] Nicht automatisiertes Profiling, auch auf Grundlage von besonderen Kategorien von personenbezogenen Daten, durch Ermittlungsbeamte und Polizisten, etwa bei Großversammlungen oder Gefahrenpunkten, wird durch § 54 Abs. 3 BDSG nicht verboten.

12. Rechte der betroffenen Person

174 Die im dritten Teil des künftigen Bundesdatenschutzgesetzes in Kapitel 3 festgeschriebenen Rechte der Betroffenen sollen insbesondere den strukturellen Nachteil „abfedern", dass die betroffenen Personen von der Erhebung und weiteren Verarbeitung

289 *Martini*, in: Paal/Pauly 2017, Art. 22 Rn. 7.

290 Gem. § 46 Nr. 14 BDSG Daten, aus denen die rassische oder ethnische Herkunft, politische Meinungen, religiöse oder weltanschauliche Überzeugungen oder die Gewerkschaftszugehörigkeit hervorgehen, genetische Daten, biometrische Daten zur eindeutigen Identifizierung einer natürlichen Person, Gesundheitsdaten und Daten zum Sexualleben oder zur sexuellen Orientierung.

291 Dies folgt auch aus den Überschriften von Art. 11 JI-RL und § 57 BDSG.

ihrer personenbezogenen Daten häufig nichts wissen (sollen). Die Rechte dienen der Transparenz und Rechtsdurchsetzung und ermöglichen informationelle Selbstbestimmung. Art und Inhalt der Betroffenenrechte sind zum großen Teil in der JI-Richtlinie vorgegeben. Die Richtlinie trifft zum Schutz der betroffenen Personen umfängliche Regelungen in Bezug auf deren Rechte bei der Verarbeitung personenbezogener Daten.

a) Allgemeine Informationspflichten

Nach Art. 12 Abs. 1 JI-RL sind Informationen in präziser, verständlicher, leicht zugänglicher Form und in **einer einfachen und klaren Sprache** bereitzustellen. Eine vergleichbar grundsätzliche Vorschrift gibt es im deutschen Recht nicht.[292] Ferner lassen sich keine Vorschriften über die Form der Auskunft finden. Die Datenschutz-Grundverordnung enthält Vorschriften zu Informationspflichten bei der Erhebung von personenbezogenen Daten bei der betroffenen Person in Art. 13 und wenn die Informationen nicht bei der betroffenen Person erhoben wurden in Art. 14.[293] 175

Nach Art. 13 Abs. 1 JI-RL sind der betroffenen Person vom Verantwortlichen umfangreiche Informationen über dessen Identität und Kontaktdaten, einschließlich Informationen über die Kontaktdaten des Datenschutzbeauftragten, den Zweck der Verarbeitung, das Bestehen eines Beschwerderechts bei einer Aufsichtsbehörde und deren Kontaktdaten sowie Informationen über die bestehenden Rechte auf Auskunft, Berichtigung, Löschung und Einschränkung der Verarbeitung zur Verfügung zu stellen. 176

Diese unionsrechtlichen Vorgaben werden in § 55 BDSG umgesetzt. Nach § 55 BDSG hat jeder Verantwortliche im Anwendungsbereich von § 45 BDSG jedermann zugängliche Informationen in allgemeiner Form über die von ihm vorgenommenen Verarbeitungen und deren Zwecken zur Verfügung zu stellen. Auch muss er über Rechte und Kontaktdaten der Verantwortlichen, Datenschutzbeauftragten und zuständigen Aufsichtsbehörde informieren. Es sind allgemeine Informationspflichten, die mögliche betroffene Personen in die Lage versetzen sollen, weitere Informationen anzufragen und zu erhalten sowie informierte Entscheidungen treffen zu können. In der Konzeption sind Parallelen zu den Informations- und Impressumpflichten gegenüber Verbrauchern bei Telemediendiensten und Fernabsatzgeschäften erkennbar.[294] 177

Ob die allgemeine Bekanntgabe allein zur Umsetzung von Art. 13 Abs. 1 JI-RL genügt, ist fraglich. Nach der JI-Richtlinie sind die Informationen nicht jedermann, sondern der betroffenen Person zur Verfügung zu stellen. Dies deutet nach allgemeinem Verständnis auf eine **direkte Ansprache oder Unterrichtung** in irgendeiner Art oder Form hin. Allerdings können nach Erwägungsgrund 42 JI-RL diese Informationen auch auf der Webseite der zuständigen Behörde erfolgen. Dies spricht für die Möglichkeit, dass betroffene Personen lediglich durch allgemeine Informationen und 178

292 Vergleichbare Inhalte finden sich jedoch zur Durchsetzung des Transparenzgebots und Informationsrecht vereinzelt, in zB §§ 7 Abs. 6, 15 a, 20 w, 31 BKAG; § 491 StPO.
293 Dazu *Hohmann/Miedzianowski*, in: Roßnagel 2018, § 4 Rn. 4 ff.
294 Vgl. § 5 TMG.

unabhängig von der Datenverarbeitung im konkreten Fall zu informieren sind.[295] Diese Auslegung kann systematisch auch auf die Überschrift von Art. 13 JI-RL gestützt werden, wonach zwischen zur Verfügung zu stellenden und zu erteilenden Informationen zu unterscheiden ist. Ersteres verlangt Art. 13 Abs. 1 JI-RL. Das Erteilen von Informationen direkt an die betroffene Person in konkreten und besonderen von den Mitgliedstaaten zu regelnden Fällen sieht Art. 13 Abs. 2 JI-RL vor.[296]

179 Dass nach Art. 13 Abs. 1 JI-RL **keine direkte Benachrichtigung** verlangt wird, erschließt sich systematisch und dem Sinn und Zweck nach auch aus Art. 13 Abs. 3 JI-RL. Dieser ermöglicht nur Ausnahmen der Benachrichtigung nach Art. 13 Abs. 2 JI-RL. Die Möglichkeit des Aufschiebens, Einschränkens oder Unterlassens der Benachrichtigung nach Art. 13 Abs. 2 JI-RL, um die Ermittlungsziele nicht zu gefährden, wäre nutzlos, wenn nach Art. 13 Abs. 1 JI-RL stets eine direkte Benachrichtigung erfolgen müsste. Die Umsetzung von Art. 13 Abs. 1 JI-RL in § 55 BDSG ist daher richtlinienkonform.

180 Nach Sinn und Zweck der allgemeinen Informationsgabe müssen die **Informationen** aber **tatsächlich** auch **leicht verfügbar** und in **verständlicher Form** der Allgemeinheit ständig zur Verfügung gestellt werden.[297] Es genügen in der Regel allein weder Bekanntmachungen in Amtsblättern und Zeitungen noch Aushänge in Dienststellen oder Ministerien. Auch genügt es nicht die Informationen nur auf den Webseiten von Behörden oder Ministerien zur Verfügung zu stellen. Aber die vorgenannten Maßnahmen können in der Regel kumulativ genügen, wenn damit zu rechnen ist, dass der ganz überwiegende Teil der betroffenen Personen sich aus diesen informieren kann.

181 Um dem Wortlaut von Art. 13 Abs. 1 JI-RL im Einzelfall zu genügen, müssen bei der Wahl des Informationsmediums oder der Informationsmedien die von den Datenverarbeitungen betroffenen Personen oder Personengruppen eingeschätzt werden. Umso wahrscheinlicher es ist, dass die betroffenen Personen die Informationen auf den Webseiten der Behörden nicht zur Kenntnis nehmen (können), umso wichtiger ist es, die Informationen auch auf andere Arten (zB Hinweisschilder, Aushänge, Informationsblätter, Bekanntmachungen, direkte Ansprache) zur Verfügung zu stellen und die betroffenen Personenkreise in genügender Weise zu informieren.

182 Bei Videoüberwachung im öffentlichen Raum gilt darüber hinaus § 4 Abs. 2 BDSG, der entsprechend Hinweisschilder und Aushänge mit den Kontaktdaten des Verantwortlichen am Ort der Videoüberwachung verlangt.

b) Benachrichtigung der betroffenen Personen

183 § 56 BDSG regelt den **Mindestinhalt von direkten Benachrichtigungen** an betroffene Personen, wenn die Benachrichtigung durch spezielle Rechtsvorschriften vorgesehen oder angeordnet ist. Mit der Vorschrift wird Art. 13 Abs. 2 und 3 JI-RL teilweise umgesetzt, indem nicht das „ob“ der Benachrichtigung, sondern lediglich das „wie“ sowie die Ausnahmen davon festgelegt werden. Der Verantwortliche im Anwendungs-

295 So auch BT-Drs. 18/11325, 120.
296 Dieser wird in § 56 BDSG umgesetzt.
297 Nach Art. 12 Abs. 1 JI-RL in präziser, verständlicher und leicht zugänglicher Form in einer klaren und einfachen Sprache.

bereich der Grundverordnung hat stets die betroffene Person nach Art. 13 und 14 DSGVO zum Zeitpunkt der Erhebung oder Beginn der Verarbeitung zu informieren. Auf die Art der Datenverarbeitung oder die Kategorie der Daten kommt es nicht an. Im Anwendungsbereich von § 45 BDSG und der JI-Richtlinie muss die **Benachrichtigungspflicht spezialgesetzlich vorgeschrieben** sein. Die Pflicht zur Benachrichtigung wird zB statuiert in § 101 Abs. 4 StPO, § 20 BKAG sowie § 66 Abs. 1 BDSG. Einer Benachrichtigungspflicht ist selbstständig und ohne Aufforderung oder Antrag der betroffenen Person nachzukommen.

Mitgeteilt werden müssen nach § 56 Abs. 1 BDSG die in § 55 BDSG genannten allge- 184
meinen Angaben, die Rechtsgrundlage der Verarbeitung, die Dauer oder Kriterien für die Speicherfrist, gegebenenfalls die Kategorien von Empfängern der Daten sowie erforderlichenfalls weitere Informationen, insbesondere, wenn die personenbezogenen Daten ohne Wissen der betroffenen Person erhoben wurden. Weitere Informationen sind nach Erwägungsgrund 42 solche, die unter Berücksichtigung der spezifischen Umstände, unter denen die Daten verarbeitet werden, notwendig sind, um gegenüber der betroffenen Person eine Verarbeitung nach Treu und Glauben zu gewährleisten. Benachrichtigungen müssen die betroffenen Personen in die Lage versetzen, die Rechtmäßigkeit der Maßnahmen nachzuvollziehen, um erforderlichenfalls Betroffenenrechte gelten machen oder eine gerichtliche Nachprüfung vorbereiten zu können. Zu benennen sind deshalb in der Regel Zeitpunkt, Art und Dauer der (verdeckten) Maßnahme. Auch der Lebenssachverhalt sollte, soweit dies ohne die Verletzung von Rechten Dritter möglich ist, identifizierbar sein.[298]

Eine Benachrichtigung hat in der Regel **unverzüglich** nach Eintritt der in der pflicht- 185
begründenden Norm genannten Voraussetzungen zu erfolgen. Nach § 56 Abs. 2 BDSG kann die Benachrichtigung aufgeschoben, eingeschränkt oder unterlassen werden, wenn andernfalls die Zweckerfüllung, die öffentliche Sicherheit oder Rechtsgüter Dritter gefährdet würden und eine Interessenabwägung zeigt, dass das Interesse an der Vermeidung dieser Gefahren das Informationsinteresse der betroffenen Person überwiegt. Die Regelung ähnelt zB den Ausnahmen von der Benachrichtigungspflicht nach § 101 Abs. 4 S. 3 StPO.

Fraglich ist die **Konformität** von § 56 Abs. 3 BDSG **mit der JI-Richtlinie**, insoweit die 186
Pflicht zur Benachrichtigung über die Übermittlung personenbezogener Daten an die Verfassungsschutzbehörden, den Bundesnachrichtendienst, den Militärischen Abschirmdienst und, soweit die Sicherheit des Bundes berührt wird, andere Behörden des Bundesministeriums der Verteidigung, von deren Zustimmung abhängig gemacht wird.[299] Diese Gesetzgebungsmaßnahme kann auf die Rechtsgründe zum Schutz der öffentlichen Sicherheit im Sinne von Art. 13 Abs. 3 lit. c JI-RL und zum Schutz der nationalen Sicherheit im Sinne von Art. 13 Abs. 3 lit. d JI-RL gestützt werden.

Die **Zustimmungsbedürftigkeit** erscheint in dieser Form – eine gebundene Entschei- 187
dung – aber eine Verschiebung der Verantwortlichkeit zu sein, welche nicht von der JI-Richtlinie vorgesehen ist. Die genannten Stellen liegen sowohl außerhalb der Kon-

298 So auch für Benachrichtigungsinhalt nach StPO *Bruns*: in: KK-StPO 2013, § 101 Rn. 22 a.
299 Die Regelung ist § 19 Abs. 3 BDSG aF entnommen.

trollmechanismen der JI-Richtlinie als auch derjenigen der Datenschutz-Grundverordnung und damit außerhalb des Schutzes, den diese Rechtsvorschriften und die entsprechenden Aufsichtsbehörden den betroffenen Personen bieten sollen. Ein Zustimmungsbedürfnis wäre nach dem Sinn und Zweck der Vorschrift nur dann zu rechtfertigen, wenn das Aufschieben, Einschränken oder Unterlassen der Unterrichtung über die Übermittlung in einer demokratischen Gesellschaft erforderlich und verhältnismäßig ist und sofern den Grundrechten und den berechtigten Interessen der betroffenen natürlichen Person Rechnung getragen wird. Letzteres erfordert wenigstens die Möglichkeit der Überprüfung der Zustimmungsverweigerung, entweder durch den Verantwortlichen selbst oder eine unabhängige Aufsichtsbehörde. Dazu sollte die Regelung von § 56 Abs. 4 BDSG auf § 56 Abs. 3 BDSG erweitert werden. Dies wäre auch nach Art. 17 Abs. 1 JI-RL zwingend erforderlich.

188 § 56 Abs. 4 BDSG sieht vor, dass bei jeder **Einschränkung einer Benachrichtigung** nach § 56 Abs. 2 BDSG stets die Bundesbeauftragte (als Aufsichtsbehörde → Rn. 103) entsprechend § 57 Abs. 7 BDSG anstelle der betroffenen Person zu benachrichtigen ist. Dies gilt insbesondere bei verdeckten Ermittlungen. Indem die Bundesbeauftragte entsprechend § 57 Abs. 7 BDSG benachrichtigt werden muss, wird die Verhältnismäßigkeit der Einschränkung der Benachrichtigungspflicht gewahrt. Durch die Benachrichtigung der Aufsichtsbehörde wird die Entscheidung der verantwortlichen Stelle erst überprüfbar.

189 Die Pflicht zur **Benachrichtigung der Aufsichtsbehörde** an Stelle der betroffenen Person setzt Art. 17 Abs. 1 JI-RL voraus. Sie ist eine wichtige Maßnahme um die Grundrechte und berechtigten Interessen der Betroffenen im Sinne von Art. 13 Abs. 3 JI-RL zu wahren, auch wenn deren Benachrichtigung unterbleibt. Die Benachrichtigung der Bundesbeauftragten kann weder aufgeschoben noch eingeschränkt und erst Recht nicht unterlassen werden, sondern hat unverzüglich und in der Regel mit Beginn der Verarbeitung zu erfolgen.

190 In diesem Zusammenhang bestehen Bedenken gegen die entsprechende Anwendung von § 57 Abs. 7 Satz 3 BDSG. Die Ausnahme, nach der die stellvertretende Prüfung durch die Bundesbeauftragte im Einzelfall durch die zuständige oberste Bundesbehörde wegen Gefährdung „der Sicherheit des Bundes oder eines Landes“ verweigert werden kann (Abs. 7 Satz 3), ist mit dem Grundrecht auf informationelle Selbstbestimmung aus Art. 2 Abs. 1 iVm Art. 1 Abs. 1 GG und mit dem Grundrecht auf Datenschutz nach Art. 8 GRCh nicht vereinbar. Sie ist auch nicht richtlinienkonform mit den Vorgaben des Art. 17 JI-RL.[300]

c) Auskunftsrechte der betroffenen Person

191 Den betroffenen Personen steht nach Art. 14 Abs. 1 JI-RL das Recht zu, von dem Verantwortlichen **Auskunft** zu erhalten, ob sie betreffende personenbezogene Daten verarbeitet werden. Dieses Auskunftsrecht kann nach Art. 15 JI-RL weitreichend eingeschränkt werden. Auch das bisherige Bundesdatenschutzgesetz sicherte in den §§ 19 ff. Auskunftsrechte zu. Die Strafprozessordnung weist derart ausführlich gere-

300 So auch *Aden*, BT Ausschussdrucksache 18(4)824 G, 7.

gelte Informations- und Auskunftspflichten bisher nicht auf[301] und das Bundespolizeigesetz schließt die nach dem bisherigen Bundesdatenschutzgesetz bestehenden Auskunftspflichten sogar aus.[302]

Auch wenn die Auskunftsrechte keine direkten Auswirkungen auf polizeiliche Ermitt- 192
lungen haben, so wirken sich die Regelungen auf die Wahrnehmung der Rechte der betroffenen Personen aus. Um eine für die Verantwortlichen einfache Bearbeitung dieser Auskünfte zu ermöglichen, sollten zur Vereinfachung von Arbeitsabläufen bei den Polizeibehörden und Staatsanwaltschaften bereits im Rahmen der Entwicklung technischer Systeme die Auskunftsrechte der betroffenen Personen berücksichtigt werden und entsprechende technische Schnittstellen geschaffen werden.

§ 57 BDSG regelt das Auskunftsrecht der betroffenen Personen. Er setzt Art. 14 193
und 15 JI-RL um. Diese entsprechen inhaltlich Art. 15 DSGVO.[303] Bedenken bestehen gegen die **Richtlinienkonformität von Art. 57 Abs. 2 BDSG.** Danach gilt das Auskunftsrecht nach Absatz 1 dann nicht, wenn Daten nur aufgrund gesetzlicher Aufbewahrungsvorschriften nicht gelöscht werden dürfen oder ausschließlich Zwecken der Datensicherung oder der Datenschutzkontrolle dienen, die Auskunftserteilung einen unverhältnismäßigen Aufwand erfordern würde und eine Verarbeitung zu anderen Zwecken ausgeschlossen ist. Die Regelung basiert auf § 19 Abs. 2 BDSG aF und setzt Art. 15 Abs. 1 JI-RL um, der Ausnahmen für die Erteilung einer Auskunft zu den in lit. a bis lit. e bezeichneten Zwecken vorsieht. Die Regelung des § 57 Abs. 2 BDSG bezieht sich nicht auf einen der in Art. 15 Abs. 1 lit. a bis lit. e JI-RL genannten Zwecke. Die in § 57 Abs. 2 BDSG genannten Zwecke finden in Art. 15 Abs. 1 JI-RL keine Erwähnung. Es ist demnach fraglich, ob die Vorschrift richtlinienkonform ausgestaltet ist.[304] Die Vorschrift hätte nicht an § 19 Abs. 2 BDSG aF orientiert werden dürfen und ausdrücklich die in Art. 15 Abs. 1 JI-RL genannten Zwecke berücksichtigen sollen.

d) Recht auf Berichtigung, Löschung und Einschränkung der Verarbeitung

Das Recht der betroffenen Personen auf **Berichtigung, Löschung und Einschränkung** 194
der Verarbeitung ist in Art. 16 JI-RL geregelt. Dieser weicht, zum Beispiel in Bezug auf die durch Art. 16 Abs. 4 JI-RL begründete Informationspflicht des Verantwortlichen, vom bisherigem nationalen Recht ab. Entsprechende Regelungen der Datenschutz-Grundverordnung sind in Art. 16 bis 19 DSGVO.

Die Umsetzung von Art. 16 JI-RL erfolgt in § 58 BDSG. Nach § 58 Abs. 1 BDSG hat 195
die betroffene Person das Recht von dem Verantwortlichen unverzüglich die **Berichtigung** der betreffenden unrichtigen Daten zu verlangen. Die Berichtigung bezieht sich auf die die betroffene Person betreffenden Tatsachen, soweit sie als solche gekennzeichnet sind, nicht aber auf den Inhalt von Erklärungen oder Schriftstücke, zB Zeu-

301 Es finden sich zahlreiche Benachrichtigungspflichten, vgl. §§ 101 a, 100 j Abs. 4, 101 Abs. 4 bis 6, 101 a StPO, die jedoch im Einzelfall auch eingeschränkt werden können; das Akteneinsichtsrecht nach § 146 StPO hat nur der Beschuldigte über seinen Verteidiger.

302 § 37 BPolG.

303 Ausführlich zum Auskunftsrecht nach DSGVO *Hohmann/Miedzianowski*, in: Roßnagel 2018, § 4 Rn. 7.

304 *Piltz*, BT-Ausschussdrucksache 18(4)824 C, 33 f.

genaussagen,[305] Sachverständigengutachten oder Einschätzung oder Annahmen von Ermittlungsbeamten. Berichtigt werden können solche Daten, die der Verarbeiter selbst als Tatsachen bezeichnet und Beurteilungen, die er sich zu eigen gemacht hat (s. entsprechend zum Grundsatz der Richtigkeit → Rn. 133 ff.). Oft wird es für eine Berichtigung ausreichen, die Darstellung im Kontext zu ändern, um zu verdeutlichen, dass es sich nicht um unstreitige Tatsachen, sondern um Vermutungen handelt (dazu → Rn. 313). Wenn eine **Richtigkeit** oder Unrichtigkeit nach § 58 Abs. 1 Satz 1 BDSG nicht festgestellt werden kann, tritt nach § 58 Abs. 1 Satz 3 BDSG an die Stelle der Berichtigung eine Einschränkung der Verarbeitung. Die betroffene Person kann nach § 58 Abs. 1 Satz 5 BDSG zudem die Vervollständigung unvollständiger Daten verlangen.

196 Nach § 58 Abs. 2 BDSG steht der betroffenen Person ferner ein unverzügliches Recht auf **Löschung** zu, wenn die Verarbeitung unzulässig ist, die Kenntnis der Daten nicht mehr erforderlich für die Aufgabenerfüllung des Verantwortlichen ist oder zur Erfüllung einer rechtlichen Verpflichtung gelöscht werden müssen.

197 § 58 Abs. 3 BDSG regelt umfassend die Möglichkeit der Verarbeitung an Stelle einer Löschung. Eine Einschränkung der Verarbeitung anstatt einer Löschung kann insbesondere dann erfolgen, wenn bei einer Löschung schutzwürdige Interessen der betroffenen Person verletzt würden, wenn die Daten zu Beweiszwecken weiter aufbewahrt werden müssen oder eine Löschung **unverhältnismäßigen Aufwand** erfordern würde. In der neuen Regelung werden in Abs. 3 Satz 1 Nr. 1 und 3 Elemente aus dem bisherigen § 20 Abs. 3 BDSG aF aufgenommen, ergänzt um Art. 16 Abs. 3 Satz 1 lit. b JI-RL in § 58 Abs. 3 Satz 1 Nr. 2 BDSG.[306] Problematisch ist die in § 58 Abs. 3 Nr. 3 BDSG geschaffene Ausnahme, wegen unverhältnismäßigen Aufwandes von der Löschung abzusehen. Nach der Gesetzesbegründung handelt es sich dabei um eine restriktiv auszulegende Ausnahmeregelung. Grundsätzlich soll die IT-Infrastruktur des Verantwortlichen so ausgelegt sein, dass sie Löschungsbegehren umsetzen können.[307] Die Richtlinie sieht in Art. 16 Abs. 3 JI-RL eine solche Ausnahmeregelung nicht vor. Die Ausnahme schränkt die Rechte der betroffenen Personen in unzulässiger Weise ein und ist nicht richtlinienkonform. Die in § 58 Abs. 3 Satz 2 BDSG getroffene Regelung, eingeschränkte Daten nur für die Zwecke verarbeiten zu können, die der Löschung entgegenstanden, sah die Richtlinie nicht vor. Die Einschränkung der Verarbeitung ist laut Begriffsbestimmung in § 46 Nr. 3 BDSG die Markierung personenbezogener Daten, mit dem Ziel ihre künftige Verarbeitung einzuschränken. Das Ziel besteht nicht darin, die Verarbeitung vollständig ausschließen zu können. Die Regelung in § 58 Abs. 3 Satz 2 BDSG konkretisiert damit den Begriff der Einschränkung und stellt klar, in welchem Umfang eine Verarbeitung zulässig sein kann.

198 Bei automatisierten Dateisystemen muss nach § 58 Abs. 4 BDSG technisch sichergestellt sein, dass eine Einschränkung der Verarbeitung erkennbar ist. Die Regelung

---

305 BT-Drs. 18/11325, 114; der Inhalt von Zeugenaussagen ist von dem Recht der Berichtigung vollständig ausgeschlossen, auch wenn die Zeugenaussage selbst personenbezogene Angaben enthält.
306 BT-Drs. 18/11325, 114.
307 BT-Drs. 18/11325, 115.

stellt eine **technische Gestaltungsanforderung** für automatisierte Dateisysteme dar, die durch den Verantwortlichen sicherzustellen ist.

§ 58 Abs. 5 BDSG normiert die Pflicht des Verantwortlichen, im Falle einer Berichtigung von zuvor übermittelten Daten, die Stelle, die die Daten zuvor übermittelt hat über die Berichtigung zu unterrichten. Abschließend regelt § 58 Abs. 6 BDSG Informationspflichten gegenüber den betroffenen Personen soweit der Verantwortliche von der Berichtigung oder Löschung von personenbezogenen Daten absieht (zum Formerfordernis „schriftlich" → Rn. 202). Die Regelung des § 57 Abs. 7 und 8 BDSG über die Wahrnehmung der Rechte der betroffenen Person durch die Bundesbeauftragte sind nach § 58 Abs. 7 BDSG entsprechend anzuwenden. 199

e) Verfahrensgrundsätze

§ 59 BDSG legt **Verfahren für die Ausübung der Rechte der betroffenen Person** fest. 200
Er setzt Art. 12 JI-RL um, der mit „Mitteilungen und Modalitäten für die Ausübung der Rechte der betroffenen Person" überschrieben ist. Jene Vorschrift entspricht Teilen des Wortlauts und des Regelungsinhalts von Art. 12 DSGVO.

§ 59 Abs. 1 BDSG setzt Art. 12 Abs. 1 JI-RL um. Nach § 59 Abs. 1 Satz 1 BDSG ist 201
der Verantwortliche verpflichtet, mit der betroffenen Person **in präziser, verständlicher** und **leicht zugänglicher Form** zu kommunizieren und sich dabei einer **klaren** und **einfachen Sprache** zu bedienen. Diese Pflicht ist nicht erfolgsbezogen. Es genügt geeignete Maßnahmen zu ergreifen. Nach Satz 2 soll bei der Beantwortung von Anträgen grundsätzlich die für den Antrag gewählte Form verwendet werden. Dies gilt, soweit keine besonderen Formvorschriften einschlägig sind. Das bedeutet, dass wenn eine betroffene Person eine Frage per E-Mail stellt, ihr grundsätzlich per E-Mail geantwortet werden soll.[308] Stellt sie die Anfrage mündlich, soll ihr, soweit möglich, auch unverzüglich mündlich geantwortet werden. Dabei ist jedoch stets § 59 Abs. 4 BDSG zu beachten und gegebenenfalls die Identität des Anfragenden zu überprüfen. Eine vergleichbare flexible Formbindung findet sich in Art. 12 Abs. 3 DSGVO.

§ 59 Abs. 2 BDSG setzt Art. 12 Abs. 3 JI-RL um. Bei Anträgen hat der Verantwortli- 202
che die betroffene Person unverzüglich schriftlich darüber in Kenntnis zu setzen, wie mit diesen verfahren wurde. **Schriftlichkeit** meint, dass Gedanken und Informationen mithilfe von Schriftzeichen auf einem Datenträger verkörpert werden und von diesem durch Inaugenscheinnahme ohne Weiteres gelesen werden können. Schriftlich sind handschriftlich und maschinenschriftliche Niederschriften auf Papier einschließlich elektronisch erstellter Ausdrucke, Telefaxe und Fotokopien. Eine Unterschrift ist nicht zwingend. Es genügt, dass der Verantwortliche als Aussteller erkennbar ist. Die Anforderungen an die Schriftform sind auch unionsrechtlich nicht legaldefiniert. In der Praxis entsprechen sie den oben genannten Anforderungen an die unmittelbare sinnliche Wahrnehmung.[309]

Das Verwaltungsverfahrensrecht des Bundes und der Länder ermöglicht den **Ersatz** 203
der Schriftform unter bestimmten tatsächlichen und rechtlichen Voraussetzungen,[310]

308 Zu beachten ist aber die Formvorschrift in § 58 Abs. 2 BDSG.
309 *Paal*, in: Paal/Pauly 2017, Art. 12 Rn. 38.
310 Siehe zB § 3 a VwVfG.

zum Beispiel durch ein elektronisches Dokument mit qualifizierter elektronischer Signatur oder die absenderbestätigte De-Mail. Nach § 126 a BGB kann die gesetzlich geforderte Schriftform auch in zivilrechtlichen Angelegenheiten ersetzt werden. Dies betrifft zum Beispiel das Vertragsverhältnis mit dem Auftragsverarbeiter. Da weder im Bundesdatenschutzgesetz noch in der JI-Richtlinie etwas anderes bestimmt ist, kann grundsätzlich auch die nach § 59 Abs. 2 BDSG geforderten Schriftform nach den entsprechenden gesetzlichen Vorschriften ersetzt werden.[311]

204 § 59 Abs. 2 BDSG steht scheinbar in Widerspruch zu § 59 Abs. 1 Satz 2 BDSG. Dem Wortlaut nach raubt er jenem den Bedeutungsgehalt. Wenn jeder Antrag nach Absatz 2 schriftlich zu beantworten ist, dann bleibt für die Beantwortung von Anträgen in anderer Form nach Abs. 1 Satz 2 eigentlich kein eigener Anwendungsbereich mehr. Dieser, auch in der JI-Richtlinie zu findende Widerspruch, lässt sich aber durch die Annahme auflösen, dass die Pflichten kumulativ gelten. Der Verantwortliche hat zum Beispiel bei per E-Mail gestellten Anfragen nach Möglichkeit gemäß Abs. 1 Satz 2 auch per E-Mail zu antworten. So erhält die betroffene Person auf einfache Weise die gewünschten Informationen. Die Pflicht nach Abs. 2 schriftlich darüber zu informieren, wie verfahren wurde, bleibt daneben bestehen. Dies dient sowohl der Information der betroffenen Person, als auch dem Nachweis. Keinesfalls darf die Pflicht zur schriftlichen Auskunft nach Abs. 2 allein als Grund genommen werden, eine schnelle Antwort durch dasselbe Kommunikationsmittel nach Abs. 1 Satz 2 zu versagen oder auf den Hinweis zu reduzieren, dass diese schriftlich erfolgt. Dies widerspräche dem Sinn und Zweck dieser kumulativ geltenden Vorgaben. Ist es der Behörde möglich auf die Anfrage direkt zu antworten, soll sie dies auch tun.

205 Unter Ausnutzung eines gesetzlich normierten Schriftformersatzes können bei elektronisch gestellten Anträgen und Anfragen, insbesondere solchen per E-Mail, besonderem Anwaltspostfach(beA), EGVP und De-Mail, die **kumulativen Pflichten** nach § 59 Abs. 1 Satz 2 und Abs. 2 BDSG gleichzeitig erfüllt werden. Zur Zeit- und Kostenersparnis sind damit auch die Behörden im Anwendungsbereich der JI-Richtlinie angehalten entsprechende Modernisierungen in ihrer Sphäre oder Behörde zu etablieren.

206 § 59 Abs. 3 BDSG setzt Art. 12 Abs. 4 JI-RL um. Jene Norm entspricht Art. 12 Abs. 5 DSGVO. § 59 Abs. 3 Satz 1 BDSG stellt klar, dass Auskünfte, Benachrichtigungen und Bearbeitungen von Anträgen grundsätzlich **unentgeltlich** zu erfolgen haben. Nach Satz 2 sind davon offenkundig unbegründete und exzessive Anträge ausgenommen. Deren Bearbeitung kann verweigert werden oder es darf für deren Bearbeitung eine Gebühr nach dem Verwaltungskostenrecht verlangt werden. **Missbrauch** im Sinne von Satz 2 liegt bei Anträgen vor, bei denen das Fehlen der Voraussetzungen auf der Hand liegt oder offen zu Tage tritt und der Antrag eindeutig aussichtslos ist.[312] Missbrauch liegt auch vor, wenn Anträge exzessiv, also ohne Maß gestellt werden. Das ist insbesondere bei häufiger, nicht zu rechtfertigender Wiederholung anzunehmen. Umfasst sind damit insbesondere auch querulatorische Anträge. Dabei kommt

311 Gilt entsprechend für §§ 57 Abs. 6; 58 Abs. 6; 62 Abs. 3 und 6, 69 Abs. 3; 70 Abs. 1 BDSG.
312 So *Quaas*, in: Wolff/Brink 2017, Art. 12 DSGVO, Rn. 44 unter Verweis auf BVerfGE 67, 43 (59); 94, 166 (191).

es auf den konkreten Einzelfall an, starre Grenzen lassen sich nicht angeben. Satz 3 stellt klar, dass der Verantwortliche das Vorliegen der Tatbestandsvoraussetzungen von Satz 2 nachweisen muss.

§ 59 Abs. 4 BDSG setzt Art. 12 Abs. 5 JI-RL um, der Art. 12 Abs. 6 DSGVO entspricht. 207 § 59 Abs. 4 BDSG gestattet dem Verantwortlichen in begründeten Zweifelsfällen zusätzliche **Informationen zur Identitätsklärung** von der antragstellenden Person anzufordern. Laut Gesetzesbegründung ist hierdurch keine Änderung der bisherigen verbreiteten Praxis angezeigt, den Nachweis der Identität durch den Antragsteller auch weiterhin als Grundvoraussetzung für die Antragstellung anzusehen.[313] Diese Annahme geht angesichts der klaren Vorgaben der JI-Richtlinie fehl und wird sich bei einer richtlinienkonformen Auslegung der Vorschrift nicht halten lassen. Hintergrund dieser Regelung ist der Schutzgedanke, dass Informationen nur der tatsächlich betroffenen Person zur Verfügung gestellt werden sollen. Andererseits dürfen keine zu hohen Anforderungen an die Sicherheit der Identifizierung gestellt und erst recht kein Verfahren etabliert werden, das die betroffenen Personen von der Geltendmachung von Auskunftsansprüchen durch **Formalismus** abschreckt. Eine konkrete Form der Identifizierung wird nicht vorgeschrieben. Der Verantwortliche muss einzelfallabhängig alle vertretbaren Mittel nutzen. Dazu gehören auch die Mittel, die der Verantwortliche sonst zur Identifizierung der betroffenen Personen und Vorgänge nutzt, wie zum Beispiel Aktenzeichen, Geburtstag, Anschrift oder Personalausweisnummer. Macht der Antragsteller solche Angaben und bestehen nach positivem Abgleich mit den vorhandenen Daten keine Anhaltspunkte, dass der Antragsteller nicht berechtigt ist, ist eine sicherere Identifizierung, etwa durch Vorlage des Personalausweises, nicht erforderlich. Verbleiben Zweifel an der Identität, muss auch dies nicht zur Ablehnung des Antrags führen, da über die Art und Weise der Auskunftserteilung Unsicherheiten beseitigt werden können. So kann über die Zustellungsart die erforderliche Identität sichergestellt werden. Erwägungsgrund 41 JI-RL stellt klar, dass die zu Zwecken der Identifizierung erhobenen zusätzlichen Daten nur für diesen konkreten Zweck verarbeitet werden dürfen.

Nach Art. 12 Abs. 2 JI-RL müssen die Mitgliedstaaten vorsehen, dass der Verant- 208 wortliche die Ausübung der den betroffenen Personen gemäß den Artikeln 11 und 14 bis 18 JI-RL zustehenden Rechte erleichtert. Weder in § 59 BDSG noch an anderer Stelle des künftigen Bundesdatenschutzgesetzes wird Art. 12 Abs. 2 JI-RL dem Wortlaut nach umgesetzt. Diese Vorschrift der JI-Richtlinie entspricht vom Regelungsgehalt Art. 12 Abs. 2 Satz 1 DSGVO. Eine Umsetzung von Art. 12 Abs. 2 JI-RL wird auch in der Gesetzesbegründung nicht angesprochen. Die Vorschrift soll wohl in allen Regelungen zu den Betroffenenrechten in Teil 3 des künftigen Bundesdatenschutzgesetzes zum Ausdruck kommen.[314] Der deutsche Gesetzgeber bleibt hier aber deutlich hinter dem Regelungsauftrag der JI-Richtlinie, wie er in Art. 12 Abs. 2 JI-RL und Satz 1 von Erwägungsgrund 40 zum Ausdruck kommt, zurück. Nach diesem ist die Ausübung der Betroffenenrechte über die Unentgeltlichkeit und Information hinaus

313 BT-Drs. 18/11325, 115.
314 „Appellcharakter", so für die entsprechende Regelung der DSGVO *Quaas*, in: Wolff/Brink 2017, Art. 12 DSGVO, Rn. 32.

zu erleichtern. Damit sind insbesondere einfache Zugangsmechanismen zu den für die Rechtsausübung erforderlichen Informationen und zur Antragstellung gemeint. Gefordert ist ein aktives Tun und Unterstützen sowie eine Pflicht zur Eröffnung von Informationsmöglichkeiten und Kommunikationswegen.[315] Art. 12 Abs. 2 JI-RL ist folglich stets zu beachten, wenn bewertet werden soll, ob der Verantwortliche in genügender Weise Informationen und Auskunft nach den Vorschriften des Bundesdatenschutzgesetzes erteilt hat.

f) Beschwerderecht gegen die Aufsichtsbehörde

209 Nach Art. 52 JI-RL steht jeder betroffenen Person **unbeschadet anderweitiger Rechtsbehelfe** das **Recht auf Beschwerde** bei einer Aufsichtsbehörde zu, wenn sie der Ansicht ist, dass eine sie betreffende Verarbeitung gegen die Vorschriften der Richtlinie verstößt. Die Vorschrift ähnelt Art. 77 DSGVO.[316]

210 Die betroffene Person kann sich nach § 60 Abs. 1 Satz 1 BDSG in Umsetzung von Art. 52 Abs. 1 JI-RL mit **Beschwerden** über die bei Verantwortlichen durchgeführten Verarbeitungen an die Bundesbeauftragte wenden. Die Ausnahme der justiziellen Tätigkeit von Gerichten gemäß § 60 Abs. 1 Satz 2 BDSG ist unionsrechtlich statthaft, da Art. 34 Abs. 1 Satz 2 JI-RL und Erwägungsgrund 80 JI-RL entsprechende Ausnahmemöglichkeiten vorsehen. Von der Ausnahme nicht umfasst ist die Tätigkeit der Staatsanwaltschaften als Ermittlungsbehörden. Die Vorschrift soll laut Gesetzesbegründung den § 21 BDSG aF überführen.[317]

g) Rechtsschutz gegen Entscheidungen der Aufsichtsbehörde

211 Das Recht auf Beschwerde nach Art. 52 JI-RL ist nach Art. 53 JI-RL durch einen wirksamen gerichtlichen Rechtsbehelf gegen einen die betroffene Person betreffenden rechtsverbindlichen Beschluss abgesichert. Die Vorschrift entspricht Art. 78 DSGVO.[318]

212 Soweit den betroffenen Personen gegenüber eine verbindliche Entscheidung der Bundesbeauftragten ergeht, können sie nach § 61 BDSG in Umsetzung von Art. 53 Abs. 1 JI-RL um **Rechtsschutz** ersuchen. Dies bezieht sich nicht auf die von der Bundesbeauftragten erstellten Stellungnahmen oder Empfehlungen.[319] Erwägungsgrund 86 JI-RL betont, dass sich der Rechtsschutz insbesondere auf die Ausübung von Untersuchungs-, Abhilfe- und Genehmigungsbefugnissen oder die Ablehnung oder Abweisung von Beschwerden bezieht.

213 In § 20 Abs. 2 BDSG wird in Umsetzung von Art. 53 Abs. 2 JI-RL der Rechtsschutz auf Fälle der Untätigkeit der Bundesbeauftragten ausgedehnt. Für das Rechtsschutzverfahren ist § 20 BDSG anwendbar (→ Rn. 365). Danach ist grundsätzlich der Verwaltungsrechtsweg eröffnet. Für Rechtsbehelfe gegen Bußgelder sind die ordentlichen Gerichte zuständig.

---

315 Vgl. zur entsprechenden Regelung der DSGVO *Paal*, in: Paal/Pauly 2017, Art. 12 Rn. 44.
316 Zur DSGVO *Miedzianowski*, in: Roßnagel 2018, § 4 Rn. 68 ff.
317 BT-Drs. 18/11325, 115.
318 Zu den Rechtsbehelfen *Nebel*, in: Roßnagel 2017, § 2 Rn. 112 ff.
319 BT-Drs. 18/11325, 115.

h) Kollektiver Rechtsschutz

Mit Art. 55 JI-RL greift die JI-Richtlinie die Regelungen des Art. 80 DSGVO auf und verpflichtet die Mitgliedstaaten ein **Verbandsbeschwerderecht** und **Verbandsklagerecht** einzurichten. Danach soll die betroffene Person das Recht haben, eine ordnungsgemäß gegründete Einrichtung, Organisationen oder Vereinigungen ohne Gewinnerzielungsabsicht, deren satzungsmäßige Ziele im öffentlichen Interesse liegen und die im Bereich des Schutzes der Rechte und Freiheiten von betroffenen Personen in Bezug auf den Schutz ihrer personenbezogenen Daten tätig sind, zu beauftragen, in ihrem Namen eine Beschwerde einzureichen und in ihrem Namen die in den Art. 52 bis 54 JI-RL genannten Rechte wahrzunehmen. Eine vergleichbare Regelung bestand im nationalen Recht im Bereich der Gefahrenabwehr und Strafverfolgung bisher nicht. Kollektive Rechtsdurchsetzung ist aber, insbesondere wegen der rationalen Apathie vieler Betroffener gegenüber privater Rechtsdurchsetzung auch im Anwendungsbereich der JI-Richtlinie, eine sinnvolle Möglichkeit zur Überprüfung behördlicher Datenverarbeitungen.[320] 214

Im dritten Teil des neuen Bundesdatenschutzgesetzes wurde die Regelung jedoch **nicht umgesetzt.**[321] Um Datenschutzverstöße im Wege der Verbandsklage geltend zu machen, findet sich im nationalen Recht bisher nur eine Regelung in § 2 Abs. 2 Nr. 11 UKlaG. Die Regelung bezieht sich aber auf die Verarbeitung von personenbezogenen Daten eines Verbrauchers durch einen Unternehmer und ist auf wirtschaftliche Zwecke begrenzt. Die Regelung gilt folglich im Anwendungsbereich der JI-Richtlinie nicht. Verbandsklagen sind dem deutschen Recht nicht völlig fremd. Sie finden sich neben der Regelung des § 2 Abs. 2 Nr. 11 UKlaG als Teil des Verbraucherschutzrechts, im Wettbewerbsrecht, Behindertengleichstellungsrecht, Naturschutzrecht[322] und auf Landesebene im Tierschutzrecht. 215

Der nationale Gesetzgeber muss bis zum Ablauf der Umsetzungsfrist der JI-Richtlinie eine entsprechende Regelung schaffen, damit die betroffenen Personen ihre Rechte im Wege der Verbandsbeschwerde und -klage geltend machen können (zur Direktanwendbarkeit einer Richtlinie bei unterlassener Umsetzung → Rn. 369). 216

13. Pflichten der Verantwortlichen und Auftragsverarbeiter

Die Richtlinie trifft in den Vorschriften der Art. 19 bis 34 JI-RL zahlreiche Regelungen über die Verantwortlichen und Auftragsverarbeiter. Nach Art. 19 Abs. 1 JI-RL muss der Verantwortliche zB geeignete Strategien sowie technische und organisatorische Maßnahmen umsetzen, um sicherzustellen und den Nachweis erbringen zu können, dass personenbezogene Daten im Einklang mit den Vorschriften der Richtlinie verarbeitet werden und die ergriffenen Maßnahmen erforderlichenfalls überprüfen und aktualisieren. Nach Art. 19 Abs. 2 JI-RL müssen die Maßnahmen nach Absatz 1 die Anwendung geeigneter Datenschutzvorkehrungen durch den Verantwortlichen umfassen, sofern dies in einem angemessenen Verhältnis zu den Verarbeitungs- 217

320 Dazu allgemein *Schantz*, in: Schantz/Wolff 2017, Rn. 1269 ff.

321 Auch das allgemeine Verwaltungs- und Verwaltungsprozessrecht erlauben grundsätzlich keine Verbandsbeschwerde und Verbandsklage.

322 S. § 8 UWG, § 13 BGG und §§ 63, 64 BNatSchG.

tätigkeiten steht. Die Regelungen entsprechen Art. 24 Abs. 1 und 2 DSGVO.[323] Eine entsprechende Umsetzung in nationales Recht erfolgte nicht. Vergleichbare Nachweispflichten sind auch dem bisherigen deutschen Recht im sachlichen Anwendungsbereich der JI-Richtlinie fremd. Die dadurch begründeten Dokumentations- und Prüfungspflichten sowie die zu ergreifenden technischen Maßnahmen können zu einem erheblichen Aufwand in der Praxis führen und sind im Rahmen technischer Entwicklungen in die bestehenden technischen Verfahren, Abläufe und Prozesse zu integrieren.

218 Nach Art. 19 JI-RL haben die Mitgliedstaaten vorzusehen, dass der Verarbeiter unter Vornahme einer Risikoanalyse, geeignete Datenschutzvorkehrungen trifft und dies auch nachweisen kann. Art. 19 JI-RL kommt der Charakter einer Generalnorm zu, die durch weitere Pflichten des Verantwortlichen, zB der Nachweispflicht nach Art. 4 Abs. 4 JI-RL und den Vorgaben zur Datensicherheit nach Art. 29 JI-RL, konkretisiert wird. Sie ist nicht rein deklaratorisch. Die Wirkung von Art. 19 JI-RL ist zB, dass die Rechenschaftspflicht nach Art. 4 Abs. 4 JI-RL nicht nur für Art. 4 JI-RL, sondern für alle Verpflichtungen des Verantwortlichen gilt.[324] Der Generalnorm nach sollen Verarbeiter gewährleisten, dass jegliche Datenverarbeitung in Einklang mit den Vorgaben der JI-Richtlinie einschließlich der nationalen Umsetzungsbestimmungen erfolgt. Zudem soll darüber auch der Nachweis geführt werden können. In Art. 19 JI-RL kommt, genauso wie in Art. 24 DSGVO, ein risikobasierter Ansatz des neuen europäischen Datenschutzrechtes zum Ausdruck. Danach ist eine Analyse des Risikos immer erforderlich. Die zu treffenden Maßnahmen und Vorkehrungen zum Datenschutz sind dann in angemessener Weise am festgestellten Risiko auszurichten.[325]

219 Der deutsche Gesetzgeber hat in Teil 3 des neuen Bundesdatenschutzgesetzes keine vergleichbare Generalnorm des Verantwortlichen erlassen oder auch nur dessen Pflichten zusammengefasst. Nun ergeben sich im künftigen Bundesdatenschutzgesetz die Pflichten sowohl aus den Regelungen über die Grundsätze der Verarbeitung sowie den spezifischen Pflichten der §§ 62 ff. BDSG. Diese bleiben dabei hinter Art. 19 JI-RL zurück, da sich die Rechenschaftspflichten nicht auf die Pflichten des Verantwortlichen erstrecken. Eine Art. 19 JI-RL umsetzende Vorschrift hätte Kapitel 4 zu den Pflichten der Verantwortlichen und Auftragsverarbeiter vorangestellt werden können. Im Anwendungsbereich von § 45 BDSG folgen Art. 19 JI-RL entsprechende Pflichten allerdings aus dem Gebot der Gesetzmäßigkeit der Verwaltung, wie es aus Art. 20 Abs. 3 GG folgt. Die Regelung des Art. 19 JI-RL muss bei der Anwendung aller Vorschriften von Teil 3 des neuen Bundesdatenschutzgesetzes den Verarbeiter betreffend entsprechend hineingelesen werden.

a) Pflichten bei Auftragsverarbeitung

220 Die **Pflichten bei Auftragsverarbeitung** sind in Art. 22 JI-RL vorgegeben. § 62 BDSG setzt Art. 22 JI-RL um. Es werden Anforderungen für das Eingehen von Auftragsver-

---

323 S. dazu *Blazy*, in: Roßnagel 2018, § 5 Rn. 7 ff.

324 Vgl. zur entsprechenden Regelung der DSGVO *Hartung*, in: Kühling/Buchner 2017, Art. 24 Rn. 11.

325 Zur DSGVO *Hartung*, in: Kühling/Buchner 2017, Art. 24 Rn. 11; von „Datenschutzcompliance“ spricht *Raschauer*, in: Sydow 2017, Art. 24 Rn. 1.

arbeitungsverhältnisse aufgestellt. Gleichzeitig werden Elemente des § 11 BDSG aF erhalten. Wie im bisherigen Recht bedarf der Verantwortliche **keiner gesonderten Rechtsgrundlage** für die Datenübermittlung an den Auftragsverarbeiter.[326] Der in der Begründung des Gesetzgebers zum Ausdruck gekommene Wille hilft über die gestrichene Regelung des Art. 3 Abs. 8 S. 3 BDSG aF hinweg, so dass die Weitergabe von Daten an den Auftragnehmer zwar eine Übermittlung darstellt, dieser aber keiner gesonderten Ermächtigung bedarf, soweit die übrigen Voraussetzungen des § 62 BDSG vorliegen.

§ 62 Abs. 1 BDSG greift die Regelung des § 11 Abs. 1 BDSG aF auf und stellt die Ver- 221
antwortung des Verantwortlichen auch bei Auftragsdatenverarbeitung heraus. Im Hinblick auf den Grundsatz der Verantwortlichkeit nach Art. 4 Abs. 4 JI-RL und die Begriffsbestimmungen hat die Regelung in Abs. 1 Satz 1 eigentlich nur deklaratorischen Charakter. Gleichwohl stellt Abs. 1 Satz 2 BDSG die **Passivlegitimation** im Rechtsstreit klar. Zu beachten ist, dass aus Gründen der effektiven Rechtsdurchsetzung die Geltendmachung von Betroffenenrechten auch gegenüber dem Auftragsverarbeiter für den Verantwortlichen wirken können. Dieser kann Empfangsbote sein.

Im Unterschied zur Datenschutz-Grundverordnung sehen die JI-Richtlinie und das 222
neue Bundesdatenschutzgesetz **keine Schadenersatzansprüche** der betroffenen Person gegenüber dem Auftragsverarbeiter vor (Zur Schadensersatzpflicht des Auftragsverarbeiters → Rn. 357). Nach § 62 Abs. 1 Satz 2 BDSG können Betroffenenrechte und Schadensersatz nur gegenüber dem Verantwortlichem geltend gemacht werden. Dies greift die Regelung des § 11 Abs. 1 BDSG aF auf. Ausdrücklich ist diese Zuweisung der Verantwortlichkeit in Art. 56 JI-RL nicht vorgesehen, der insoweit das Recht auf Schadensersatz gegenüber dem Verantwortlichen und jeder sonst nach dem Recht der Mitgliedstaaten zuständigen Stelle gewährt. Dagegen soll sich die betroffene Person nach Art. 54 JI-RL einen gerichtlichen Rechtsbehelf auch gegen den Auftragsverarbeiter richten können. Dies wird durch § 44 Abs. 1 BDSG umgesetzt. § 44 Abs. 1 BDSG und § 62 Abs. 1 Satz 2 BDSG widersprechen sich nicht, da die betroffene Person, über die in § 62 Abs. 1 Satz 2 BDSG genannten Betroffenenrechte hinaus, den Auftragsverarbeiter für einen Verstoß gegen datenschutzrechtliche Bestimmungen heranziehen könnte.

Die **Einschränkung der Passivlegitimation** in § 62 Abs. 1 Satz 2 BDSG folgt zumindest 223
hinsichtlich der Betroffenenrechte logisch aus der Grundbedingung der Auftragsverarbeitung nach § 62 Abs. 5 Nr. 1 BDSG – in Umsetzung von Art. 22 Abs. 3 lit. a JI-RL –, dass der Auftragsverarbeiter nur auf Weisung des Verantwortlichen handelt. Handelt er entgegen den Weisungen des Verantwortlichen, wird er gemäß § 62 Abs. 7 BDSG selbst zum Verantwortlichen und damit zum passivlegitimierten Anspruchsgegner.

§ 62 Abs. 2 BDSG beschreibt an den Auftragsverarbeiter zu stellende Anforderungen 224
und setzt Art. 22 Abs. 1 JI-RL um. Die Regelung ähnelt Satz 1 von Erwägungs-

326 BT-Drs. 18/11325, 115; Wegen dem Wegfall der Regelung des § 3 Abs. 8 S. 3 BDSG aF bedarf die Übermittlung an den Auftragsverarbeiter im Rahmen des Art. 28 DSGVO einer Ermächtigung nach Art. 6 DSGVO, dazu *Hofmann*, in: Roßnagel 2017, § 3 Rn. 251; *Nebel/Richter*, ZD 2012, 411; *Roßnagel/Richter/Nebel,* ZD 2013, 105.; eine solche kann auch § 3 BDSG sein.

grund 81 und Art. 28 Abs. 1 DSGVO.[327] Der Auftragsverarbeiter muss mit **geeigneten technischen und organisatorischen Maßnahmen** sicherstellen, dass die Verarbeitung im Einklang mit den gesetzlichen Anforderungen erfolgt und der Schutz der Rechte der betroffenen Personen gewährleistet wird.

225 In § 62 Abs. 3 BDSG werden Voraussetzungen für die Eingehung von Unterauftragsverarbeitungsverhältnissen normiert. Dadurch wird Art. 22 Abs. 2 JI-RL umgesetzt, der Art. 28 Abs. 2 DSGVO ähnelt.

226 In § 62 Abs. 4 BDSG wird in Übernahme von Elementen aus Art. 28 Abs. 4 DSGVO die Überführung von den Auftragsverarbeiter treffenden **Pflichten** auf einen **Unterauftragnehmer** geregelt. Die JI-Richtlinie sieht vergleichbare Regelungen nicht vor, sie sind aber als nationale Konkretisierung der Richtlinienvorgaben statthaft. Die Regelung ist nach Art. 1 Abs. 3 JI-RL als strengere Garantie zum Schutz der Rechte der betroffenen Personen richtlinienkonform. § 62 Abs. 4 Satz 2 BDSG normiert die Haftung des Auftragsverarbeiters gegenüber dem Verantwortlichen, wenn der Unterauftragnehmer die ihm auferlegten Verpflichtungen nicht erfüllt. Demnach haftet der Auftragsverarbeiter für das Fehlverhalten des von ihm eingesetzten Unterauftragsverarbeiters. Diese Regelung betrifft jedoch nur die Haftung im Verhältnis des Auftragsverarbeiters zum Verantwortlichen. Die Schadensersatzpflicht des Auftragnehmers gegenüber dem Verantwortlichen nach § 64 Abs. 4 Satz 2 BDSG und die Schadensersatzpflicht des Verantwortlichen gegenüber der betroffenen Person – auch für Schäden die vom Auftragnehmer oder vom Unterauftragnehmer verursacht wurden – bestehen unabhängig voneinander (→ Rn. 365).

227 In § 62 Abs. 5 BDSG werden die erforderlichen **Inhalte** einer der Auftragsverarbeitung zugrundeliegenden **Vereinbarung** niedergelegt. Es kann sich um einen Vertrag oder sonstiges Rechtsinstrument handeln. Darin müssen Gegenstand, Dauer, Art und Zweck der Verarbeitung, Art der personenbezogenen Daten, die Kategorien betroffener Personen und die Rechte und Pflichten des Verantwortlichen festgehalten werden. Die Anforderungen werden in den Nr. 1 bis 9 von Absatz 5 konkretisiert. Die Regelung setzt Art. 23 Abs. 3 JI-RL um. Im Rahmen der Nr. 1 bis 9 von Absatz 5 entsprechen die Regelungen aber nicht ausschließlich den Vorgaben der Richtlinie, sondern auch denen des Art. 28 Abs. 3 lit. a bis h DSGVO.

228 Art. 22 Abs. 4 JI-RL bestimmt, dass das **Verträge zur Auftragsverarbeitung schriftlich** abzufassen sind, was **auch in einem elektronischen Format** erfolgen kann. Diese Vorgabe ist wortgleich zu Art. 28 Abs. 9 DSGVO. Schriftlich meinte im Rahmen des bisherigen § 4 a Abs. 1 BDSG aF die Schriftform des § 126 BGB. Diese kann durch die elektronische Form nach § 126 a BGB ersetzt werden. Die elektronische Form erfordert eine qualifizierte elektronische Signatur. Im Gegensatz dazu sind die Vorgaben der JI-Richtlinie und die Regelung der Datenschutz-Grundverordnung weniger streng. Diese schreiben vor, dass die Vereinbarung schriftlich abzufassen ist, was aber auch in einem elektronischen Format erfolgen kann. Diese Anforderungen an die Form entsprechen nicht den Anforderungen der Schriftform und elektronischen Form

327 Zur Auftragsverarbeitung, bislang „Auftragsdatenverarbeitung“, siehe *Hofmann*, in: Roßnagel 2017, § 3 Rn. 251.

in den §§ 126, 126 a BGB, sondern sind unionsrechtlich autonom auszulegen[328] und liegen in ihren Anforderungen unter der schriftlichen und elektronischen Form. Eine qualifiziere Signatur ist also nicht zwingend erforderlich.[329] Um die beabsichtigte Beweis- und Authentizitätsfunktion erfüllen zu können, sind aber ebenfalls Sicherungsmittel einzusetzen, so dass die Textform in der Regel nicht ausreicht.[330] Diese müssen aber nicht den hohen Anforderungen § 126 a BGB erfüllen.

Entsprechend ist § 62 Abs. 2 BDSG auszulegen. Hinsichtlich der Auftragsdatenverarbeitung im Anwendungsbereich von § 45 BDSG, ist davon auszugehen, dass der deutsche Gesetzgeber ein **hohes Niveau an Schutz und Beweisbarkeit** sicherstellen wollte. Auch wollte er an die bisherige Rechtslage des § 4 a Abs. 1 BDSG aF anknüpfen. In der Umsetzung der JI-Richtlinie weicht der deutsche Gesetzgeber von deren Wortlaut ab und macht ebenfalls klar, dass keine Formfreiheit besteht und die Anforderungen über denen der Textform liegen. Nach § 62 Abs. 6 BDSG ist der Vertrag im Sinne von Absatz 5 schriftlich oder elektronisch abzufassen. Der deutsche Gesetzgeber greift damit eine Formulierung auf, die er auch schon anderer Stelle im Verwaltungsrecht eingeführt hat.[331] Im Kontext der Verwaltungskommunikation wurde mit der Einführung der Alternative „oder elektronisch“ in vielen Vorschriften ein vereinfachtes Verfahren eingeführt. Der Einsatz elektronischer Kommunikationsmittel und elektronische Sichermittel wurde in das Ermessen der Behörden gestellt.[332] Zur Ermessenseinschätzung wird in der Gesetzbegründung zu vorgenannten Gesetz auf die „Handreichung zum Einsatz von Vertrauensmechanismen in der Kommunikation zwischen Verwaltung und Bürgerinnen und Bürger bzw. der Wirtschaft“[333] des *IT-Planungsrats* verwiesen.[334] Diese stellt Richtlinien zur Ermittlung des erforderlichen Schutz- und Vertrauensniveaus einer Verwaltungsdienstleistung vor und definiert, welche Technologie bei welchem Schutzniveau erforderlich ist. Die einfache E-Mail ohne Verschlüsselung wird nur für Verfahren mit untergeordnetem Schutzniveau empfohlen. Schon bei einem normalen Schutzniveau sind Kommunikationsmittel vorgesehen, die größere Sicherheit bieten. 229

Auftragsverarbeitungsverträge im Sinne von § 62 Abs. 5 BDSG bedürfen daher nach § 62 Abs. 6 BDSG nicht zwingend der Schriftform nach § 126 BGB. Diese kann durch die elektronische Form nach § 126 a BGB ersetzt werden. Der Vertragsschluss kann allerdings auch auf andere Art elektronisch erfolgen, wobei zu Zwecken der Transparenz und Beweisbarkeit – die auch die betroffenen Personen schützen sollen – die Authentizität und Integrität der Verträge durch angemessene Sicherungsmaßnah- 230

328 Zur DSGVO *Hartung*, in: Kühling/Buchner 2017, § 28 Rn. 95.
329 Zur DSGVO *Hartung*, in: Kühling/Buchner 2017, § 28 Rn. 96; *Bertermann*, in: Ehmann/Selmayr 2017, Art. 28 Rn. 9; *Hofmann*, in: Roßnagel 2017, § 3 Rn. 250 ff.
330 Zur DSGVO *Martini*, in: Paal/Pauly 2017, Art. 28 Rn. 75; *Spoerr*, in: Wolff/Brink 2017, Art. 28 DSGVO, Rn. 103.
331 Gesetz zum Abbau verzichtbarer Anordnungen der Schriftform im Verwaltungsrecht des Bundes vom 29. März 2017, BGBl. 2017 I Nr. 16, 4.4.2017, 626.
332 *Johannes*, ZD-Aktuell 2017, 05489.
333 IT-Planungsrat, Handreichung mit Empfehlungen für die Zuordnung von Vertrauensniveaus, 13.3.2015, http://www.it-planungsrat.de/SharedDocs/Downloads/DE/Projekte/eID/Handreichung_Vertrauensniveaus.pdf.
334 BT-Drs. 18/10183, 65.

men sicherzustellen ist.[335] Nicht nur der Auftragsverarbeiter, sondern auch die den Auftrag erteilende Behörde muss dafür Sorge tragen, wobei sie für sich das Schutzniveau und die angemessenen Sicherungsmethoden bestimmen müssen.

231 Die Vorgabe des § 62 Abs. 6 BDSG ist eine **echte Formvorschrift** und hat konstituierende Wirkung. Sie hat zwar vornehmlich eine **Beweisfunktion** und soll vor allem der Transparenz (Art. Abs. 4 lit. a JI-RL und § 47 Nr. 1 BDSG) und der Rechenschaftspflicht (Art. 4 Abs. 4 JI-RL) dienen.[336] Aus der Genese der unionsrechtlichen Vorgaben lässt sich aber schließen, dass es sich nicht nur um eine Dokumentationspflicht handelt.[337] Die Formvorschriften haben nach dem Willen des europäischen Gesetzgebers im Vergleich zur Regelung der bisherigen Datenschutzrichtlinie 95/46 EG nicht bloße Beweisfunktion,[338] sondern dienen auch der **Dokumentation** und **Authentizitätssicherungszwecken**. Ein Auftragsverarbeitungsvertrag der § 62 Abs. 6 BDSG nicht genügt, ist gemäß § 125 BGB nichtig. Das Formerfordernis gilt sowohl für das Verhältnis zwischen Verantwortlichem und Auftragsverarbeiter, als auch zwischen Auftragsverarbeiter und Unterauftragsverarbeiter.

232 Nach § 62 Abs. 7 BDSG gilt der Auftragsverarbeiter, der die Zwecke und Mittel der Verarbeitung und Verstoß gegen die Vorgaben des Bundesdatenschutzgesetzes bestimmt, in Bezug auf die Verarbeitung als Verantwortlicher. Die Regelung setzt Art. 22 Abs. 5 JI-RL um. Dies gilt auch, wenn der Auftragsverarbeitungsvertrag nicht § 62 Abs. 6 BDSG genügt und gemäß § 125 BGB formnichtig ist.

b) Gemeinsame Verantwortlichkeit

233 Nach Art. 21 Abs. 1 Satz 1 JI-RL müssen die Mitgliedstaaten eine Regelung vorsehen, wonach in dem Fall, dass zwei oder mehr Verantwortliche gemeinsam die Zwecke und Mittel zur Verarbeitung festlegen, sie **gemeinsam verantwortlich** sind. Eine mit der Regelung des Art. 21 JI-RL vergleichbare Regelung findet sich in Art. 26 DSGVO. Im Unterschied zur Regelung des Art. 26 Abs. 2 Satz 2 DSGVO fehlt es der JI-Richtlinie an einer Pflicht zur Offenlegung, die vorsieht, dass das Wesentliche der Vereinbarung der betroffenen Person zur Verfügung gestellt wird.

234 Indirekt ergibt sich aus Art. 21 JI-RL, dass es mehr als nur einen Verantwortlichen im Sinne der JI-Richtlinie geben kann.[339] Die Regelung führt damit neben dem Verantwortlichen und dem Auftragsverarbeiter eine weitere Rechtsfigur für die **Verteilung der Verantwortlichkeit** ein. Vergleichbar ist allenfalls die bisherige Regelung des § 6 Abs. 2 BDSG aF, wonach die Verantwortlichkeit bei der Speicherungsberechtigung mehrerer Stellen geregelt war. Ziel von Art. 21 JI-RL ist eine klare Zuteilung der Verantwortlichkeiten, um die Rechte und Freiheiten der betroffenen Personen zu schützen und Fragen der Verantwortung und Haftung der Verantwortlichen und der Auftragsverarbeiter eindeutig beantworten zu können. In Art. 21 Abs. 1 JI-RL ist das In-

335 Diese sind zB qualifizierte und fortgeschrittene elektronische Siegel, fortgeschrittene elektronische Signaturen und absenderbestätigte DE-Mails.
336 Zur DSGVO *Albrecht/Jotzo* 2017, Teil 5, Rn. 26.
337 Zur DSGVO *Spoerr*, in: Wolff/Brink 2017, Art. 28 DSGVO, Rn. 101 f.
338 Vgl. Art. 17 Abs. 4 DSRL.
339 So auch *Plath*, in: ders. 2016, Art. 26 DSGVO, Rn. 1.

nenverhältnis zwischen den gemeinsam Verantwortlichen geregelt, in Abs. 2 JI-RL das Außenverhältnis gegenüber den betroffenen Personen.

Mit § 63 BDSG wird Art. 21 JI-RL umgesetzt. Nach Satz 1 BDSG gelten zwei oder mehr Verantwortliche als gemeinsame Verantwortliche, wenn sie gemeinsam die Zwecke und die Mittel der Verarbeitung festlegen. Die Regelung setzt die Vorgaben von Art. 21 Abs. 1 Satz 1 JI-RL um. Wann zwei oder mehr Verantwortliche gemeinsam die Zwecke und Mittel der Verarbeitung festlegen und damit der Tatbestand der Vorschrift erfüllt ist, ergibt sich eindeutig weder aus der Vorschrift, noch aus der Gesetzesbegründung. Auch Art. 21 JI-RL und die Erwägungsgründe der JI-Richtlinie enthalten keine Hinweise. 235

Anhaltspunkte lassen sich indirekt der Datenschutz-Grundverordnung entnehmen, da diese aufgrund des gemeinsamen Entstehungsprozesses und übereinstimmenden Begriffsverständnisses mit der Richtlinie für die Auslegung derselben ergänzend herangezogen werden kann. Erwägungsgrund 92 DSGVO, der sich auf die Datenschutz-Folgenabschätzung bezieht, enthält den Hinweis, dass es sich um gemeinsam Verantwortliche handeln könnte, wenn „Behörden oder öffentliche Stelle eine gemeinsame Anwendung oder Verarbeitungsplattform schaffen möchten". Die Regelung kann als Orientierung für die Auslegung des Anwendungsbereichs der Vorschrift dienen.[340] Demnach handelt es sich um gemeinsame Verantwortliche, wenn verschiedene Gefahrenabwehr- und Strafverfolgungsbehörden zu Zwecken die ihrer Aufgabenerfüllung dienen gemeinsam Anwendungen entwickeln und betreiben oder Plattformen für die gemeinsame Verarbeitung errichten. Beispiel für eine solche Plattform ist das Informationssystem des Bundeskriminalamts (BKA) nach § 13 BKAG nF Das Bundeskriminalamt hat auch zukünftig die Aufgaben als Zentralstelle bei der Strafverfolgung und bei der Gefahrenabwehr zu fungieren. Das Informationssystem dient der Unterstützung bei polizeilichen Ermittlungen, Unterstützung bei Ausschreibungen von und Fahndungen nach Personen und Sachen, Unterstützung bei der polizeilichen Informationsverdichtung durch Abklärung von Hinweisen und Spurenansätzen, Durchführung von Abgleichen von personenbezogenen Daten und der Unterstützung bei der Erstellung von strategischen Analysen und Statistiken. Je nach Ausgestaltung und der Rechte und Möglichkeiten anderer Behörden in einem solchen Datenverbund, kommt es zu einer gemeinsamen Verantwortlichkeit zwischen dem Bundeskriminalamt und den anderen Behörden oder sogar aller Behörden gemeinschaftlich, die Zugriff auf das System oder Teilbereiche davon haben.[341] 236

Abzugrenzen sind die gemeinsam Verantwortlichen **vom Auftragsverarbeiter**. Letzterer kann zwar die Mittel der Verarbeitung festlegen, aber nur nach den Vorgaben des Verantwortlichen. Er entscheidet hingegen nicht über die Zwecke. Eine Abgrenzung ist im Einzelfall schwierig. Im Rahmen der vertraglichen Ausgestaltung liegt die Abgrenzung zur Disposition der Verantwortlichen, indem sie über die Ausgestaltung ihrer Beziehung und damit über die Abgrenzung bestimmen können. Die vertragliche Ausgestaltung ist jedoch nur Indiz, der dadurch erschüttert wird, dass die tatsächlich 237

340 Vgl. *Plath*, in: ders. 2016, Art. 26 DSGVO, Rn. 3.
341 Vgl. zur Verantwortlichkeit auch § 12 BKAG aF.

von den Vertragspartnern gelebte Situation der Verantwortlichen von der Vereinbarung abweicht.[342]

238 Nach § 63 Satz 2 BDSG haben die gemeinsam Verantwortlichen ihre jeweiligen Aufgaben und datenschutzrechtlichen Verantwortlichkeiten in transparenter Form in einer Vereinbarung festzuhalten, soweit diese nicht durch Rechtsvorschrift festgelegt sind. Nach § 63 Satz 3 BDSG muss aus der **Vereinbarung** insbesondere hervorgehen, wer welchen Informationspflichten nachzukommen hat und wie und gegenüber wem betroffene Personen ihre Rechte wahrnehmen können. Die Regelung entspricht weitgehend den Vorgaben des Art. 21 Abs. 1 Satz 1 JI-RL. Die jeweils festzuhaltenden Aufgaben müssen bei richtlinienkonformer Auslegung solche des dritten Teils des neuen Bundesdatenschutzgesetzes sein. Die Vereinbarung in transparenter Form wird regelmäßig ein Vertrag sein. Um dem Erfordernis der Transparenz zu genügen, muss dieser nicht nur den Interessen des Verantwortlichen, sondern auch den Interessen der betroffenen Personen zu dienen bestimmt sein und dafür in einer für Dritte verständlichen Form verfasst sein.[343]

239 Nach § 63 Satz 4 BDSG hindert eine entsprechende Vereinbarung die betroffene Person nicht, ihre Rechte gegenüber jedem der gemeinsam Verantwortlichen geltend zu machen. Die Regelung setzt die Vorgaben des Art. 21 Abs. 2 JI-RL um. Aus der Gesetzesbegründung geht hervor, dass § 6 Abs. 2 BDSG aF teilweise übernommen wurde.[344] Dies bezieht sich auf die Formulierung in § 63 Satz 4 BDSG, wonach die betroffene Person gegenüber jedem Verantwortlichen ihre Rechte wahrnehmen kann. Diese Regelung ist an die bisherige Regelung in § 6 Abs. 2 Satz 1 BDSG aF angelehnt. Ziel der Regelung ist, dass sich im Falle mehrerer Verantwortlicher im Außenverhältnis diese sich nicht auf eine im Innenverhältnis beschränkte Verpflichtung nur einer Partei berufen können sollen.[345]

c) Datensicherheit

240 Um die **Datensicherheit**[346] zu gewährleisten sieht Art. 29 Abs. 1 JI-RL die Pflicht des Verantwortlichen vor, technische und organisatorische Maßnahmen zu ergreifen, um ein dem Risiko für die Rechte und Freiheiten natürlicher Personen entsprechendes Schutzniveau zu gewährleisten. Die Vorschrift ist im Rahmen der Richtlinie zentral für die Gewährleistung von Datensicherheit und konkretisiert den Grundsatz des Art. 4 Abs. 1 lit. f JI-RL. Überschrieben ist die Norm mit **Sicherheit der Verarbeitung.** Die in Art. 29 Abs. 2 JI-RL vorgeschlagenen Maßnahmen konkretisieren die Pflicht von Absatz 1 und sind teilweise vergleichbar mit den Maßnahmen der Anlage zu § 9 BDSG aF. Soweit es zu einer Verletzung des Schutzes personenbezogener Daten kommt, sind diese nach Art. 30 JI-RL den Aufsichtsbehörden zu melden und die betroffenen Personen nach Art. 31 JI-RL darüber zu benachrichtigen. Beide Vorschrif-

342 Vgl. *Plath*, in: ders. 2016, Art. 26 DSGVO, Rn. 3.
343 Vgl. *Plath*, in: ders. 2016, Art. 26 DSGVO, Rn. 5.
344 BT-Drs. 18/11325, 116.
345 Vgl. *Plath*, in: ders. 2016, Art. 26 DSGVO, Rn. 9.
346 Zum Begriff Datensicherheit vgl. *Ernestus*, in: Roßnagel 2003, Kap. 3.2, Rn. 4.

ten begründen Umsetzungsbedarf, da vergleichbare Regelungen bislang nicht existieren.[347]

§ 64 BDSG regelt die Datensicherheit und setzt Art. 29 JI-RL um. Überschrieben ist die Regelung mit Anforderungen an die Sicherheit der Datenverarbeitung und sie konkretisiert den Grundsatz nach § 47 Nr. 6 BDSG, wonach personenbezogene Daten so zu verarbeiten sind, dass deren Sicherheit gewährleistet ist. Nach Absatz 1 Satz 1 müssen der Verantwortliche und der Auftragsverarbeiter unter Berücksichtigung des Stands der Technik, der Implementierungskosten, der Art, des Umfangs, der Umstände und der Zwecke der Verarbeitung sowie der Eintrittswahrscheinlichkeit und der Schwere der mit der Verarbeitung verbundenen Gefahren für die Rechte der betroffenen Personen die erforderlichen technischen und organisatorischen Maßnahmen treffen, um ein dem **Risiko angemessenes Schutzniveau** zu gewährleisten, insbesondere im Hinblick auf die Verarbeitung besonderer Kategorien von personenbezogenen Daten. Nach Absatz 1 Satz 2 muss der Verantwortliche dabei die einschlägigen Richtlinien und Empfehlungen des Bundesamts für Sicherheit in der Informationstechnik (BSI) berücksichtigen. Die Regelung bietet den Verantwortlichen erheblichen Gestaltungsspielraum durch die Verwendung unbestimmter Rechtsbegriffe, beispielsweise dem Stand der Technik, und den zu treffenden Abwägungsentscheidungen. Für die Auslegung der Vorschriften des neuen Bundesdatenschutzgesetzes können die Erwägungen zu den mit den Vorgaben der Richtlinie vergleichbaren Regelungen der Datenschutz-Grundverordnung in Art. 5 lit. f, 25 und 32 herangezogen werden. 241

In den Absätzen 2 und 3 sind **Zielvorgaben und Regelbeispiele** vorgegeben, die die in Absatz 1 normierte Pflicht konkretisiert. Einerseits ist die Ausdifferenziertheit der Norm zu begrüßen. Andererseits beinhaltet die Norm Regelungen, die sich an den ersten Datenschutzgesetzen aus den 1970er und 1980er Jahren orientieren und die inzwischen fachlich als veraltet anzusehen sind.[348] 242

Die §§ 64 Abs. 1, 65 Abs. 1 und 66 Abs. 1 BDSG knüpfen als Tatbestandsvoraussetzung an Gefahren für die Rechtsgüter der betroffenen Personen an. Die Vorschriften setzten die Art. 29 bis 31 JI-RL um, die an entsprechender Stelle von einem hohen Risiko für die Rechte und Freiheiten natürlicher Personen sprechen. Die unterschiedlichen Formulierungen bergen das Risiko der Rechtsunsicherheit für die Verantwortlichen.[349] Die **Begriffe** des **Risikos** und der **Gefahr** weisen einen unterschiedlichen Bedeutungsgehalt auf. Risiko im deutschen Gefahrenabwehrrecht ist als Kategorie niedriger als die Gefahr einzustufen und versteht sich als die nicht sichere Eintrittswahrscheinlichkeit von Schäden.[350] Demgegenüber ist der Begriff der konkreten Gefahr im Gefahrenabwehrrecht ein Zustand, bei dem in überschaubarer Zukunft mit dem Schadenseintritt wahrscheinlich gerechnet werden kann. Die abstrakte Gefahr unterscheidet sich von der konkreten Gefahr demgegenüber nicht hinsichtlich des Maßes der Wahrscheinlichkeit, sondern des Bezugspunktes. Sie liegt vor, wenn bei generell- 243

347 Vgl. § 42 a BDSG aF.
348 *Heibey*; in: Roßnagel 2003, Kap. 4.5, Rn. 12 ff.; *Voßhoff*, BT-Ausschussdrucksache 18(4)788, 22.
349 *Arbeitsgemeinschaft für wirtschaftliche Verwaltung eV*, BT-Ausschussdrucksache 18-4-830, 7; *Piltz*, BT-Ausschussdrucksache 18(4)824 C, 34.
350 So *Hünnekenns*, in: Landmann/Rohmer 2017, § 73 WHG, Rn. 5, mwN zum Risikobegriff.

abstrakter Betrachtungsweise für bestimmte Arten von Verhaltensweisen oder Zuständen mit hinreichender Wahrscheinlichkeit ein Schaden im Einzelfall eintritt.[351]

244 Im Unionsrecht ist der Begriff des Risikos eine übergeordnete Kategorie, der ein anderes Verständnis als dem deutschen Gefahrenbegriff zugrunde liegt. Unionsrechtlich als signifikantes Risiko bezeichnete Eintrittswahrscheinlichkeiten für Schäden entsprechen dem deutschen Begriff der konkreten Gefahr.[352]

245 Anders als von der Richtlinie vorgegeben, könnten die Verantwortlichen dazu verleitet sein, eine höhere Schwelle für die Annahme eines Risikos anzulegen. Um die Kohärenz mit der Datenschutz-Grundverordnung und der JI-Richtlinie zu erhalten, wäre der Wortlaut der europäischen Vorschriften vom Gesetzgeber zu übernehmen gewesen. Der Begriff der Gefahr ist daher **richtlinienkonform weit auszulegen** und nicht an die bekannten polizeilichen Gefahrenbegriffe zu knüpfen. Maßnahmen zur Gewährleistung von Datensicherheit sind daher bereits bei dem Vorliegen von Risiken zu treffen.

d) Melde- und Benachrichtigungspflichten

aa) Meldepflichten

246 Das künftige Bundesdatenschutzgesetz sieht in § 65 Abs. 1 in nahezu wortgleicher Umsetzung von Art. 30 JI-RL die Pflicht vor, dass Verletzungen des Schutzes von personenbezogenen Daten an die Aufsichtsbehörde zu melden sind. Nach § 65 Abs. 1 Satz 1 BDSG muss der Verantwortliche die Verletzung **unverzüglich** und möglichst **binnen 72 Stunden**, nachdem diese bekannt wurde, gegenüber der Aufsichtsbehörde durch Meldung mitteilen, es sei denn, dass die Verletzung voraussichtlich nicht mit Risiken für die Rechte und Freiheiten natürlicher Personen verbunden ist. Art. 33 DSGVO regelt dem inhaltlich weitestgehend entsprechende Pflichten.

247 § 65 Abs. 1 Satz 1 BDSG weist einen von der Richtlinie abweichenden Wortlaut auf, indem an Stelle der Begriffe „Rechte und Freiheiten" der Begriff „Rechtsgüter" und anstelle des Begriffs des „Risiko" der der „Gefahr" verwendet wird. Dem insbesondere im Polizeirecht bekannten Begriff der Gefahr liegt ein engeres Begriffsverständnis als dem europäischen Begriff des Risikos zu Grunde. Der Begriff der Gefahr ist daher richtlinienkonform weit auszulegen (ausführlich zur Differenzierung zwischen den Begriffen Risiko und Gefahr → Rn. 243).

248 Der Begriff der **Verletzung des Schutzes von personenbezogenen Daten** wird in § 46 Nr. 10 BDSG definiert als eine Verletzung der Sicherheit, die zur unbeabsichtigten oder unrechtmäßigen Vernichtung, zum Verlust, zur Veränderung oder zur unbefugten Offenlegung von oder zum unbefugten Zugang zu personenbezogenen Daten geführt hat, die verarbeitet wurden. Es geht um sogenannte „Datenpannen" oder „Datenlecks", die durch Fehlfunktion technischer Systeme oder durch gezielte Angriffe, wie Hacking oder Datendiebstahl, verursacht worden sind.[353] Es kommt nicht darauf an, ob der Verantwortliche die Verletzung fahrlässig oder gar vorsätzlich kausal be-

351 *Rachor*, in: Lisken/Denninger 2007, Kap. F, Rn. 78.
352 So *Hünnekenns*, in: Landmann/Rohmer 2017, § 73 WHG, Rn. 5 f.
353 Vgl. *Plath*, in: ders. 2017, Art. 33 DSGVO, Rn. 1.

wirkt hat.[354] Auch auf ein irgendwie geartetes Verschulden kommt es nicht an. Die Regelung begründet für die Verantwortlichen daher erhebliche Sorgfaltspflichten in Bezug auf die Fähigkeit sicherheitsrelevante Ereignisse erkennen zu können.[355]

Unverzüglich bedeutet nach § 121 BGB ohne schuldhaftes Zögern, ohne einen kon- 249
kreten Zeitraum festzulegen. Unverzüglich bedeutet im Rahmen des § 65 Abs. 1 Satz 1 BDSG demnach, dass der Verantwortliche den Rahmen von 72 Stunden nicht voll ausschöpfen darf, wenn er seinen Pflichten vorher nachkommen kann. Je nach Schwere und den Umständen der eingetretenen Verletzung kann eine Verzögerung der Meldung, auch wenn sie innerhalb der 72 Stunden liegt, ein schuldhaftes Zögern begründen. Da die Meldung nach § 65 Abs. 1 Satz 1 BDSG „möglichst" binnen 72 Stunden zu erfolgen hat, impliziert die Regelung von Satz 2, dass eine Überschreitung der 72 Stunden in begründeten Ausnahmefällen angemessen sein kann. In der Regel ist aber bei einer Überschreitung der 72 Stunden von einer nicht mehr unverzüglich erfolgten Meldung auszugehen.

Nach Art. 30 Abs. 1 Satz 2 JI-RL ist eine **Begründung der Meldung** beizufügen, wenn 250
die Meldung nicht binnen 72 Stunden erfolgt. Die Umsetzung in § 65 Abs. 1 Satz 2 BDSG setzt nicht ausdrücklich voraus, dass die Begründung der Meldung beizufügen ist. Richtlinienkonform ist die Vorschrift jedoch dahin gehend auszulegen. Eine Meldung hat, wenn ihr eine Begründung beizufügen hat, demnach schriftlich, elektronisch oder in Textform zu erfolgen.

Problematisch ist die von dem Verantwortlichen selbst vorzunehmende **Prognoseent-** 251
scheidung über die Gefahr für die Rechtsgüter der betroffenen Personen durch die Verletzung, da sich mit der Verletzung bereits eine Gefahr für die Verletzung des Schutzes personenbezogener Daten realisiert hat.[356] Die Regelung ist daher so zu verstehen, dass eine Meldung nur in Ausnahmefällen nicht zu erfolgen hat, insbesondere dann, wenn von der Verletzung keine weiteren Beeinträchtigungen ausgehen können. Insbesondere wenn personenbezogene Daten in die Hände Dritter gelangt sind, wird eine Gefahr für die Rechtsgüter angenommen werden müssen, da der Verantwortliche keinerlei Kenntnis über den Verbleib oder die Verwendung der Daten hat.

Nach Art. 30 Abs. 2 JI-RL und dessen Umsetzung in § 65 Abs. 2 BDSG muss der **Auf-** 252
tragsverarbeiter eine ihm bekanntwerdende Verletzung unverzüglich dem Verantwortlichen melden. Eine Meldung an die Aufsichtsbehörde durch den Auftragsverarbeiter ist nicht gefordert. Der Verantwortliche kann seinerseits nach erfolgter Meldung durch den Auftragsverarbeiter alles Weitere veranlassen, um seinen Pflichten gegenüber der Aufsichtsbehörde ausreichend nachzukommen.

In Art. 30 Abs. 3 JI-RL sind die Vorgaben über die Informationen geregelt, die eine 253
Meldung gegenüber der Aufsichtsbehörde enthalten muss. Die Regelung wurde mit § 65 Abs. 3 BDSG umgesetzt. Dazu gehört neben **ausführlichen Informationen** über die Art der eingetretenen Verletzung auch eine **Prognose** über deren wahrscheinliche Folgen, den Namen und die Kontaktdaten der oder des Datenschutzbeauftragten und

354 A.A. (anscheinend) *Schlösser-Rost*, in: Wolff/Brink 2017, Art. 65 DSGVO, Rn. 9.
355 Vgl. *Plath*, in: ders. 2017, Art. 33 DSGVO, Rn. 3.
356 Vgl. *Plath*, in: ders. 2017, Art. 33 DSGVO, Rn. 6.

eine Beschreibung der von dem Verantwortlichen ergriffenen oder vorgeschlagenen Maßnahmen zur Behandlung der Verletzung und der getroffenen Maßnahmen zur Abmilderung ihrer möglichen nachteiligen Auswirkungen.

254 Nach Art. 30 Abs. 4 JI-RL ist es, wenn und soweit der Verantwortliche die Informationen nicht gleichzeitig bereitstellen kann, ausreichend, wenn die Informationen ohne unangemessene Verzögerung schrittweise zur Verfügung gestellt werden. Nach § 65 Abs. 4 BDSG sind die Informationen unverzüglich nachzureichen, sobald sie dem Verantwortlichen vorliegen. Die Regelung weicht vom Wortlaut der europäischen Vorgabe ab, da anders als dort keine schrittweise zur Verfügungsstellung der Informationen gefordert ist. Der Verantwortliche ist bei richtlinienkonformer Auslegung dazu aufgefordert, auch einzelne ihm bereits vorliegende Informationen zur Verfügung zu stellen, sobald sie ihm vorliegen. Ziel der Regelung der Richtlinie ist, dass Informationen schnellstmöglich den Aufsichtsbehörden zur Verfügung gestellt werden, um sich ein Bild über die Lage verschaffen zu können. Dies können zunächst auch Teilinformationen sein.

255 Art. 30 Abs. 5 JI-RL normiert die Pflicht zur **Dokumentation** von Verletzungen des Schutzes personenbezogener Daten und deren Umfang. Zweck der Dokumentation ist die Überprüfung der Einhaltung durch die Aufsichtsbehörden. Eine sinngemäße Umsetzung findet sich in § 65 Abs. 5 BDSG. Die Regelung entspricht Art. 33 Abs. 5 DSGVO.[357] Eine Dokumentation kann schriftlich oder elektronisch erfolgen. Abs. 5 konkretisiert damit den Grundsatz der Verantwortlichkeit gemäß Art. 4 Abs. 4 JI-RL. Die Dokumentationspflicht soll der Bundesbeauftragten ermöglichen, die Einhaltung der Meldepflicht effektiv zu kontrollieren.

256 Nach Art. 30 Abs. 6 JI-RL soll die Informationspflicht des Verantwortlichen aus Art. 30 Abs. 3 JI-RL auch gegenüber dem Verantwortlichen eines anderen Mitgliedstaates bestehen, von dem oder an den von der Verletzung betroffene Daten übermittelt worden sind. Umsetzung findet die Regelung gleichlautend in § 65 Abs. 6 BDSG. Die Datenschutz-Grundverordnung enthält keine entsprechende Regelung in Art. 33 DSGVO.

257 Gegenüber der Richtlinie wird die **Meldepflicht** in § 65 Abs. 7 BDSG dahin gehend ergänzt, dass § 42 Abs. 4 BDSG entsprechend anzuwenden ist. Danach darf eine Meldung oder Benachrichtigung in einem Strafverfahren gegen den Meldepflichtigen oder Benachrichtigenden und seine in § 52 Abs. 1 StPO bezeichneten Angehörigen nur mit Zustimmung des Meldepflichtigen oder Benachrichtigenden verwendet werden. Auch sind nach § 65 Abs. 8 BDSG weitergehende Meldepflichten, beispielsweise gegenüber dem Bundesamt für Sicherheit in der Informationstechnik, nicht ausgeschlossen.

bb) Benachrichtigungspflichten

258 Ergänzt werden die Meldepflichten durch **Benachrichtigungspflichten gegenüber den betroffenen Personen.** In Umsetzung von Art. 31 Abs. 1 JI-RL sieht § 66 Abs. 1 BDSG vor, dass der Verantwortliche die betroffenen Personen unverzüglich über eine Verlet-

357 Dazu *Marschall*, in: Roßnagel 2018, § 5 Rn. 175.

zung des Schutzes personenbezogener Daten benachrichtigen muss, wenn der Vorfall eine erhebliche Gefahr für die Rechtsgüter betroffener Personen zur Folge hat. Der Begriff der Verletzung des Schutzes personenbezogener Daten entspricht dem der Meldepflichten, er wird legaldefiniert in § 46 Nr. 10 BDSG.

Die Benachrichtigungspflicht dient dem Schutz der betroffenen Personen. Diese sollen 259
sich auf die **Folgen der Verletzung** einstellen können, um **erforderliche Vorkehrungen** treffen zu können.[358] Eine vergleichbare Regelung findet sich in Art. 34 DSGVO. Nach Erwägungsgrund 85 DSGVO kann die Verletzung des Schutzes personenbezogener Daten bei nicht angemessener Reaktion einen physischen, materiellen oder immateriellen Schaden für natürliche Personen nach sich ziehen, wie etwa Verlust der Kontrolle über ihre personenbezogenen Daten oder Einschränkung ihrer Rechte, Diskriminierung, Identitätsdiebstahl oder -betrug, finanzielle Verluste, unbefugte Aufhebung der Pseudonymisierung, Rufschädigung, Verlust der Vertraulichkeit von dem Berufsgeheimnis unterliegenden Daten oder andere erhebliche wirtschaftliche oder gesellschaftliche Nachteile für die betroffene natürliche Person. Die betroffenen Personen sollen durch die Benachrichtigung in die Lage versetzt werden, diese Folgen durch adäquate Reaktionen zu verhindern.

Die bisherigen Informationspflichten des § 42 a BDSG aF knüpften an unterschiedli- 260
che Kategorien von Daten an. Diese Differenzierung wird im Rahmen der neuen Benachrichtigungspflichten aufgegeben. Zu melden und zu benachrichtigen ist demnach unabhängig von der Kategorie betroffener Daten.

Eine Benachrichtigungspflicht besteht nur dann, wenn die Verletzung eine **voraus-** 261
sichtlich erhebliche Gefahr für die Rechtsgüter der betroffenen Personen zur Folge hat. Die Schwelle der Gefahrenprognose ist höher als im Rahmen der Meldepflichten. Demnach muss die Annahme einer Meldepflicht gegenüber den Aufsichtsbehörden nicht auch eine Benachrichtigungspflicht gegenüber den betroffenen Personen begründen. Die unterschiedlichen Gefahrenschwellen begründen sich aus den unterschiedlichen Adressaten und dem sich daraus ergebenden unterschiedlichen administrativen Aufwand.[359] Allerdings gilt es auch hier zu beachten dass der Begriff der Gefahr richtlinienkonform auszulegen ist (ausführlich zur Differenzierung zwischen den Begriffen Risiko und Gefahr, s. → Rn. 243).

Ebenso wie die Meldung muss die Benachrichtigung **unverzüglich** erfolgen. Konkrete 262
Angaben wie im Rahmen der Meldepflichten gibt das Gesetz nicht vor. Unverzüglich bedeutet demnach ohne schuldhaftes Zögern. Dass es an einer konkreten zeitlichen Vorgabe fehlt, begründet sich dadurch, dass die Benachrichtigung in enger Abstimmung mit der Aufsichtsbehörde und nach Maßgabe der von dieser oder von anderen zuständigen Behörden erteilten Weisungen erfolgen soll.[360] Der Benachrichtigung hat grundsätzlich eine **Meldung an die Behörden** vorauszugehen, damit die notwendige Abstimmung vorgenommen werden kann. In Abhängigkeit von der eingetretenen Verletzung und der durchgeführten Prognose über die Gefahren für die Rechtsgüter

358 Eg. 62 JI-RL.
359 *Grages*, in: Plath 2017, Art. 34 DSGVO, Rn. 4.
360 Eg. 62 JI-RL.

der betroffenen Personen wird zu beurteilen sein, wann eine Benachrichtigung zu erfolgen hat. Drohen beispielsweise unmittelbare Gefahren, wird eine besonders zeitnahe Benachrichtigung erfolgen müssen, um den betroffenen Personen ausreichend Zeit einzuräumen, den Gefahren begegnen zu können. Dagegen kann eine längere Benachrichtigungsfrist gerechtfertigt sein, wenn es darum geht, geeignete Maßnahmen gegen fortlaufende geringfügige Verletzungen des Schutzes von Daten zu treffen.[361]

263 Die **inhaltlichen Vorgaben** der Benachrichtigung richten sich in Umsetzung von Art. 31 Abs. 2 JI-RL nach § 66 Abs. 2 BDSG. Die Benachrichtigung nach Absatz 1 hat in klarer und einfacher Sprache die Art der Verletzung des Schutzes personenbezogener Daten zu beschreiben und zumindest die in § 65 Abs. 3 Nr. 2 bis 4 BDSG genannten Informationen und Maßnahmen zu enthalten. Die betroffene Person soll auf dieser Grundlage eine Einschätzung über die ihm drohenden Gefahren vornehmen können. Neben der Art der Verletzung muss der Verantwortliche über den Namen und die Kontaktdaten der oder des Datenschutzbeauftragten informieren und der Benachrichtigung eine Beschreibung der wahrscheinlichen Folgen der Verletzung und der von dem Verantwortlichen ergriffenen oder vorgeschlagenen Maßnahmen zur Behandlung der Verletzung und der getroffenen Maßnahmen zur Abmilderung ihrer möglichen nachteiligen Auswirkungen beifügen. Nicht ausdrücklich erforderlich ist es, dass der Verantwortliche über die Rechte der betroffenen Person auf Auskunft, Berichtigung, Löschung und Einschränkung der Verarbeitung und das Recht zur Beschwerde bei der Aufsichtsbehörde informiert. Eine allgemeine Pflicht die betroffenen Personen über diese Rechte zu informieren ergibt sich aus § 55 Nr. 2 und 4 BDSG (s. → Rn. 145). Den betroffenen Personen soll dadurch ein Überblick über die ihnen zu Gebote stehenden Betroffenenrechte verschafft werden.[362] Aus diesen Vorgaben lässt sich ableiten, dass auch im Rahmen der Benachrichtigung ein Hinweis auf die Betroffenenrechte regelmäßig geboten ist.[363]

264 Die **Form** der Benachrichtigung schreibt die Regelung nicht vor. Die Text- und Schriftform wird aber in der Regel angemessen sein. Hinsichtlich der Form und Kommunikationsmittel für die Benachrichtigung kann sich der Verantwortliche an § 55 BDSG orientieren.

265 In Umsetzung von Art. 31 Abs. 3 Nr. 1 bis 3 JI-RL kann nach § 66 Abs. 3 Nr. 1 bis 3 BDSG von der **Benachrichtigung abgesehen** werden, wenn der Verantwortliche geeignete technische und organisatorische Sicherheitsvorkehrungen getroffen hat und diese Vorkehrungen auf die von der Verletzung betroffenen Daten angewandt wurden und durch im Anschluss an die Verletzung getroffene Maßnahmen sichergestellt wurde, dass aller Wahrscheinlichkeit nach keine erhebliche Gefahr mehr besteht, oder die Benachrichtigung mit einem unverhältnismäßigen Aufwand verbunden wäre. In dem letzten Fall ist die Benachrichtigung durch eine öffentliche Bekanntmachung oder eine ähnliche und gleichermaßen informative Maßnahme zu ersetzen. Ein Unterbleiben der Benachrichtigung soll gewährleisten, dass behördliche oder gerichtliche Untersuchungen, Ermittlungen und Verfahren nicht behindert werden, die Strafverfol-

361 Eg. 62 JI-RL.
362 BT-Drs. 18/11325, 112.
363 Vgl. *Grages*, in: Plath 2017, Art. 34 DSGVO, Rn. 7.

gung oder die Strafvollstreckung nicht gefährdet werden und um die öffentliche und die nationale Sicherheit oder die Rechte und Freiheiten anderer zu schützen.[364] Die Benachrichtigung kann in Umsetzung von Art. 31 Abs. 5 JI-RL nach § 66 Abs. 5 BDSG auch aufgeschoben, eingeschränkt oder unterlassen werden, soweit nicht die Interessen der betroffenen Personen aufgrund der von der Verletzung ausgehenden Gefahren überwiegen. Die vorzunehmende Abwägungsentscheidung sollte ebenso wie die unterbliebene Benachrichtigung in enger **Abstimmung mit der Aufsichtsbehörde** erfolgen.

Wenn der Verantwortliche die betroffenen Personen nicht benachrichtigt, kann in 266
Umsetzung von Art. 31 Abs. 4 JI-RL nach § 66 Abs. 4 BDSG die Bundesbeauftragte förmlich feststellen, dass ihrer oder seiner Auffassung nach die in Absatz 3 genannten Voraussetzungen nicht erfüllt sind. Die Bundesbeauftragte hat dabei die Wahrscheinlichkeit zu berücksichtigen, dass die Verletzung eine erhebliche Gefahr im Sinne von Absatz 1 zur Folge hat. Im Unterschied zur vergleichbaren Regelung in Art. 34 Abs. 4 DSGVO kann die Aufsichtsbehörde von dem Verantwortlichen nicht verlangen dies nachzuholen. Sie ist auf die Möglichkeit der förmlichen Feststellung beschränkt. Nach § 66 Abs. 6 BDSG findet § 42 Abs. 4 BDSG entsprechend Anwendung.

e) Datenschutz-Folgenabschätzung

In Umsetzung von Art. 27 JI-RL sieht § 67 BDSG vor, dass der Verantwortliche eine 267
Datenschutz-Folgeabschätzung durchzuführen hat, wenn, insbesondere bei Verwendung neuer Technologien, aufgrund der Art, des Umfangs, der Umstände und der Zwecke der Verarbeitung voraussichtlich eine erhebliche Gefahr für die Rechtsgüter betroffener Personen zu befürchten sind. Diese Pflicht besteht in vergleichbarer Form nach Art. 35 DSGVO. Die Datenschutz-Folgenabschätzung ist vorab vom Verarbeiter durchzuführen, sofern mit einer geplanten Verarbeitungsart voraussichtlich ein hohes Risiko[365] für die Rechte und Freiheiten natürlicher Personen verbunden ist.[366]

Die Datenschutz-Folgenabschätzung ist ein Instrument, um das **Risiko** zu **erkennen** 268
und zu **bewerten**, welches für das Individuum durch den Einsatz einer bestimmten Technologie oder eines Systems durch den Verantwortlichen entsteht. Ziel einer Datenschutz-Folgenabschätzung ist es, Kriterien für den Schutz der Rechte der betroffenen Personen zu definieren, die Folgen von Datenverarbeitungspraktiken möglichst umfassend zu erfassen sowie objektiv und nachvollziehbar mit Blick auf die verschiedenen Rollen und damit verbundenen Interessen so zu bewerten, dass typischem Missbrauch mit adäquaten Gegenmaßnahmen begegnet werden kann.[367]

Dafür ist eine Art der Technikfolgenabschätzung notwendig, mit der **geeignete und** 269
wirksame Maßnahmen zum Eindämmen des Risikos getroffen werden können. Damit schließt die Datenschutz-Folgenabschätzung an die auch bei weniger hohem Risi-

364 Eg. 62 JI-RL.
365 Zur Begriffsdeutung nach DSGVO *Marschall*, DuD 2015, 183.
366 Orientierungshilfe für den nichtöffentlichen Bereich *DSK*, Kurzpapier Nr. 5, 2017.
367 Vgl. zur Datenschutz-Folgenabschätzung nach DSGVO: Forum Privatheit, White Paper Datenschutz-Folgenabschätzung, 2017.

ko notwendigen Anforderungen an, zu gewährleisten, dass die Verarbeitung pflichtgemäß erfolgt und dies auch nachweisen zu können.

270 Der deutsche Gesetzgeber setzt die Vorschriften zur Datenschutz-Folgenabschätzung der Art. 27 und 28 Abs. 1 lit. a JI-RL in § 67 BDSG um. Dabei übernimmt er die Regelungen nicht wortgleich, sondern passt sie an die deutsche Rechtssprache an. So wird zum Beispiel „hohes Risiko für die Rechte und Freiheiten natürlicher Personen" umgesetzt in „erhebliche Gefahr für die Rechtsgüter betroffener Personen". Der geänderte Wortlaut und die Bedeutung der verwendeten Begriffe sind richtlinienkonform weit auszulegen (→ Rn. 243).

271 Darüber hinaus fügt der Gesetzgeber im neuen Bundesdatenschutzgesetz Regelungsinhalte zur Datenschutz-Folgenabschätzung aus der Datenschutz-Grundverordnung hinzu, die nicht von der JI-Richtlinie vorgesehen sind.

272 Die **Zusammenfassung mehrerer ähnlicher Verarbeitungsvorgänge** in einer Datenschutz-Folgenabschätzung ist nach dem neuen Bundesdatenschutzgesetz **erlaubt.**[368] Auch ist der Datenschutzbeauftragte zwingend zu beteiligen.[369] Die Datenschutz-Folgenabschätzung muss eine systematische Beschreibung der geplanten Verarbeitungsvorgänge und der Zwecke der Verarbeitung enthalten.[370] Eine systematische Beschreibung erfordert die Angabe aller datenschutzrelevanten Sachverhaltsmerkmale,[371] einschließlich umfassender Angaben zur eingesetzten Technik sowie Art, Umfang, Umständen und Zwecken der Datenverarbeitung sowie der Darlegung der berechtigen Interessen. Dagegen verlangt Art. 27 Abs. 2 JI-RL eigentlich nur eine allgemeine Beschreibung.[372] Außerdem hat der Verarbeiter zu überprüfen, ob die Verarbeitung den Maßgaben folgt, die sich aus der Folgenabschätzung ergeben haben.[373] Dies bedeutet auch, dass wenn sich die Risiken der Verarbeitung erhöhen, die Folgenabschätzung teilweise oder ganz erneuert werden muss.

273 Erfreulich aus Sicht des Schutzes der betroffenen Personen ist auch die Pflicht zur **Beteiligung des behördlichen Datenschutzbeauftragten** an der Datenschutz-Folgenabschätzung nach § 67 Abs. 3 BDSG. Nach § 7 Abs. 1 Nr. 3 BDSG hat er bei deren Datenschutz-Folgenabschätzung den Verantwortlichen zu beraten und die Durchführung zu überwachen. Eine solche Pflicht sieht die JI-Richtlinie nicht ausdrücklich vor. Nach Art. 34 lit. c JI-RL ist der Datenschutzbeauftragte eigentlich nur auf Anfrage an der Datenschutz-Folgenabschätzung zu beteiligen. Die im künftigen Bundesdatenschutzgesetz statuierte Pflicht entspricht eher Art. 35 Abs. 2 DSGVO und ist als strengere Garantie im Sinne von Art. 1 Abs. 1 JI-RL richtlinienkonform.

274 § 67 Abs. 4 BDSG ist in Wortlaut und Inhalt zum Teil an Art. 37 Abs. 7 DSGVO angeglichen. Daraus folgt das die eigentliche Durchführung und der Inhalt einer Datenschutz-Folgenabschätzung bei Polizei- und Strafverfolgungsbehörden nahezu den An-

368 Vgl. § 67 Abs. 2 BDSG und Art. 35 Abs. 1 Satz 2 Adgo.
369 Vgl. § 67 Abs. 2 BDSG und Art. 35 Abs. 1 Satz 2 Adgo.
370 Vgl. § 67 Abs. 4 Nr. 1 BDSG und Art. 35 Abs. 7 lit. a DSGVO.
371 Zum Begriff der systematischen Beschreibung nach DSGVO *Jandt*, in: Kühling/Buchner 2017, Art. 35 Rn. 38.
372 Die strengere Anforderung im zukünftigen BDSG ist als Garantie iSv Art. 1 Abs. 1 JI-RL richtlinienkonform.
373 Vgl. § 67 Abs. 5 BDSG und Art. 35 Abs. 11 DSGVO.

forderungen einer Datenschutz-Folgenabschätzung nach der Grundverordnung entspricht.[374]

Die Angleichung der Regelungen ist aus zwei Gründen zu begrüßen. Zum einem er- 275
höht sie den Schutz der betroffenen Personen indem sie die Pflichten der Verarbeiter im Anwendungsbereich von § 45 BDSG und der JI-Richtlinie sinnvoll und zweckentsprechend konkretisiert und erhöht. Zum anderen wird die Datenschutz-Folgenabschätzung im Anwendungsbereich von § 45 BDSG an Vorgaben aus der Datenschutz-Grundverordnung angepasst. Dies führt zu einer einfacheren Rechtsanwendung des zukünftigen Bundesdatenschutzgesetzes und der Verordnung und ist für alle betroffenen Personen und Verarbeiter leichter verständlich.

Es bleiben aber wichtige Unterschiede. Bei einer Datenschutz-Folgenabschätzung im 276
Anwendungsbereich von § 45 BDSG müssen im Vergleich zur Datenschutz-Folgenabschätzung nach Datenschutz-Grundverordnung folgende Maßnahmen nicht vom Verarbeiter getroffen werden. Es bedarf keiner systematischen Beschreibung der von dem Verantwortlichen verfolgten berechtigten Interessen, wie es Art. 35 Abs. 7 lit. a DSGVO vorschreibt. Diese lassen sich ohnehin aus der Aufgabenzuweisung der Behörde ableiten. **Genehmigte Verhaltensregeln** gem. Art. 40 DSGVO müssen nicht entsprechend Art. 35 Abs. 8 DSGVO berücksichtigt werden. Auch muss nicht der **Standpunkt** der betroffenen Personen eingeholt werden.

Unterschiede ergeben sich auch bei der Frage, wann eine Datenschutz-Folgenabschät- 277
zung durchzuführen ist. Ob die Polizei- und Strafverfolgungsbehörden eine Datenschutz-Folgenabschätzung im Anwendungsbereich von § 45 BDSG durchführen müssen, bestimmt sich **ausschließlich** nach § 67 Abs. 1 BDSG.

Im Anwendungsbereich von § 45 BDSG und der JI-Richtlinie kann von der Auf- 278
sichtsbehörde nach § 69 Abs. 1 UAbs. 2 BDSG – der Art. 28 Abs. 3 JI-RL umsetzt – eine **Positiv-Liste** mit Verarbeitungsvorgängen erstellt werden, die eine Datenschutz-Folgenabschätzung zwingend erforderlich machen. Diese Entscheidung bindet die Daten verarbeitende Behörde.[375] Eine **Negativ-Liste** im Sinne von Art. 35 Abs. 5 DSGVO, mit Arten von Verarbeitungsvorgängen, für die keine Datenschutz-Folgenabschätzung erforderlich ist, kann die Aufsichtsbehörde im Anwendungsbereich von § 45 BDSG und der JI-Richtlinie dagegen nicht erstellen.

Weder die JI-Richtlinie noch das künftige Bundesdatenschutzgesetz enthalten einen 279
mit dem Art. 35 Abs. 3 DSGVO vergleichbaren **Katalog von Regelbeispielen.** Nach diesem ist eine Datenschutz-Folgenabschätzung insbesondere dann erforderlich, wenn (a) eine systematische Bewertung persönlicher Aspekte betroffener Personen erfolgt, die als Grundlage für Entscheidungen dient, (b) umfangreiche Verarbeitung besonderer Kategorien von personenbezogenen Daten oder (c) eine umfangreiche Überwachung öffentlich zugänglicher Bereiche erfolgt.

374 Ausführliche Hinweise für die praktische Durchführung einer Datenschutz-Folgenabschätzung nach DSGVO: Forum Privatheit, White Paper Datenschutz-Folgenabschätzung, 2017.

375 Im Hinblick auf die DSGVO ist die Erstellung von Positiv-Listen eine Pflicht der Aufsichtsbehörden, wohingegen die Erstellung von Negativ-Listen im Ermessen liegt, *Marschall*, in: Roßnagel 2018, § 5 Rn. 182.

280 Die JI-Richtlinie macht keine dem Art. 35 Abs. 10 DSGVO entsprechende Vorgaben. Im Rahmen der Umsetzung in nationales Recht hat der Gesetzgeber Ermessen und kann entsprechende Regelungen treffen und bestimmte neue Verarbeitungen von der Pflicht zur Datenschutz-Folgeabschätzung ausnehmen. Allerdings darf er nicht die Grenzen von Art. 35 Abs. 1 JI-RL verlassen und nur solche Verarbeitungen freistellen, die voraussichtlich kein hohes Risiko für die Rechte und Freiheiten natürlicher Personen zur Folge haben. Dazu wird der Gesetzgeber eine Datenschutz-Folgenabschätzung analog Art. 35 Abs. 10 DSGVO durchführen müssen.

281 Ob die **Notwendigkeit für die Durchführung** einer Datenschutz-Folgenabschätzung besteht, muss der Verantwortliche daher in der Regel selbst prüfen. Liegt ein Anhaltspunkt für eine verpflichtende Durchführung einer Datenschutz-Folgenabschätzung vor, hat der Verantwortliche die Datenschutz-Folgenabschätzung vor der Aufnahme der Datenverarbeitung durchzuführen.

282 Die Behörden im Anwendungsbereich von § 45 BDSG haben daher bei jeder neuen Verarbeitungsform zu prüfen, ob vorab eine Datenschutz-Folgenabschätzung durchzuführen ist. Die eigene Prüfung erübrigt sich nur, soweit die Aufsichtsbehörde nicht ohnehin zwingend eine Datenschutz-Folgenabschätzung vorsieht.

283 Nach § 67 Abs. 1 BDSG ist eine **Datenschutz-Folgenabschätzung zwingend** durchzuführen, wenn die Verarbeitungsform aufgrund der Art, des Umfangs, der Umstände und der Zwecke der Verarbeitung voraussichtlich eine erhebliche Gefahr für die Rechtsgüter betroffener Personen zur Folge hat. Wann dies der Fall ist, definiert weder das künftige Bundesdatenschutzgesetz noch die JI-Richtlinie. Sowohl die Regelung der JI-Richtlinie als auch deren deutsche Umsetzung sind in ihrer Art wie eine Generalklausel formuliert.[376] Eine Gefahr ist dann erheblich, wenn eine Prognose ergibt, dass mit hoher Wahrscheinlichkeit ein Eingriff in die Rechtsgüter natürlicher Personen droht. Dies dürfte im Bereich der Polizeien und Strafverfolgungsbehörden nahezu immer der Fall sein.

284 Durch einen Erst-Recht-Schluss ist der Katalog mit Regelbeispielen nach Art. 35 Abs. 3 DSGVO auf die Prüfung nach § 67 BDSG anzuwenden. Wenn eine Datenschutz-Folgenabschätzung nach den Regelbeispielen schon unter nichtöffentlichen Stellen geboten ist, ist sie das im Verhältnis Staat zu Bürger bei Datenverarbeitungen zu Zwecken der Strafverfolgung und Gefahrenabwehr erst recht.

285 Im Sinne von Art. 27 JI-RL ist eine Datenschutz-Folgenabschätzung insbesondere beim **Einsatz neuer Technologien** zur Verarbeitung angezeigt. Allerdings können auch bereits eingesetzte Datenverarbeitungssysteme Gegenstand von Folgenabschätzungen werden, etwa wenn durch eine Änderung des Verarbeitungszwecks oder der zu verarbeitenden Daten eine andere Gefahr entsteht, die hoch ist.

286 Die Datenschutz-Folgenabschätzung sollte nach Erwägungsgrund 58 JI-RL auf maßgebliche Systeme und Verfahren im Rahmen von Verarbeitungsvorgängen abstellen, nicht jedoch auf Einzelfälle. § 67 Abs. 2 BDSG, wonach für die Untersuchung mehrerer ähnlicher Verarbeitungsvorgänge mit ähnlich hohem Gefahrenpotential eine ge-

376 So für die ähnliche Formulierung in Art. 35 DSGVO *Laue/Nink/Kremer* 2016, § 7 Rn. 68.

meinsame Datenschutz-Folgenabschätzung vorgenommen werden kann, ist daher richtlinienkonform. Außerdem greift er die Regelung des Art. 35 Abs. 1 Satz 2 DSGVO nahezu wortgleich auf. Nach Erwägungsgrund 92 DSGVO kann das insbesondere dann vernünftig und zweckmäßig sein, wenn mehrere Verantwortliche gemeinsame Anwendungen oder Verarbeitungsumgebungen einführen wollen.

Die Regelungen im künftigen Bundesdatenschutzgesetz und der JI-Richtlinie sowie in 287 der Datenschutz-Grundverordnung sehen ausdrücklich vor, dass die Datenschutz-Folgenabschätzung nur **„vorab" durchzuführen** ist. Eine Datenschutz-Folgenabschätzung für vor dem Zeitpunkt des Inkrafttretens des neuen Bundesdatenschutzgesetzes etablierte Verarbeitungen und -systeme, ist daher nicht zwingend. Allerdings muss bereits mit Inkrafttreten des neuen Bundesdatenschutzgesetzes Regelungskonformität bei allen Verarbeitungen und Verarbeitungssystemen bestehen. Um dies überprüfen, nachweisen und gewährleisten zu können, können Datenschutz-Folgenabschätzung, auch unter informeller Einbeziehung der Aufsichtsbehörden, schon vor Inkrafttreten der Regelungen erstellt werden.

f) Zusammenarbeit mit der Bundesbeauftragten

Nach § 68 BDSG muss der Verantwortliche mit der Bundesbeauftragten für Daten- 288 schutz und Informationsfreiheit bei der Erfüllung ihrer Aufgaben zusammenarbeiten. Diese Vorschrift setzt Art. 26 JI-RL um. Diese entspricht inhaltlich Art. 31 DSGVO. Die in § 68 BDSG normierte Pflicht des Verantwortlichen soll die sich ohnehin aus anderen Vorschriften ergebenden **Kooperationsverpflichtungen** und **Kooperationsbeziehungen** zwischen Bundesbeauftragter und Verantwortlichem zusammenfassen.[377]

Im Unterschied zu der Regelung des künftigen Bundesdatenschutzgesetzes wird in 289 Art. 26 JI-RL neben dem Verantwortlichen auch der Auftragsverarbeiter adressiert und die Verpflichtung zur Zusammenarbeit unter den Vorbehalt einer Anfrage durch die Aufsichtsbehörde gestellt.

Dass Auftragsverarbeiter von der **Pflicht zur Zusammenarbeit** nicht umfasst seien 290 sollen, macht vor dem Hintergrund der Regelungen in Art. 26 JI-RL und Art. 31 DSGVO, nur wenig Sinn. Den im Anwendungsbereich der Datenschutz-Grundverordnung agierenden Auftragsverarbeiter trifft neben spezifisch normierten Pflichten zur Zusammenarbeit mit den Aufsichtsbehörden die allgemeine Pflicht zur Zusammenarbeit aus Art. 31 DSGVO. Der Auftragsverarbeiter im Anwendungsbereich der Richtlinie sollte nicht besser gestellt sein, als der Auftragsverarbeiter im Anwendungsbereich der Grundverordnung. Die Pflicht zur Zusammenarbeit des Auftragsverarbeiters mit der Aufsichtsbehörde wird auch nicht an anderer Stelle des neuen Bundesdatenschutzgesetzes umgesetzt. Der eindeutige Wortlaut des § 68 BDSG lässt eine richtlinienkonforme Auslegung nicht zu. Wird dieses legislative Versehen nicht korrigiert, kommt es zu einer direkten Anwendung der JI-Richtlinie (dazu → Rn. 372).

377 BT-Drs. 18/11325, 117; vgl. Art. 24 Abs. 3 UAbs. 2, 25 Abs. 3, 28 Abs. 1 JI-RL, §§ 65 Abs. 1, 70 Abs. 4 BDSG.

291 Da die Verpflichtung zur Zusammenarbeit des Verantwortlichen im künftigen Bundesdatenschutzgesetz nicht von einer **Anfrage** der Bundesbeauftragten abhängig ist, statuiert die Regelung eine grundsätzliche Pflicht, die über die Anforderungen der Richtlinie hinausgeht.[378] Wie ein Vergleich mit §§ 70 Abs. 4 und 76 Abs. 5 BDSG zeigt, hat der Gesetzgeber die Verpflichtung zur Zusammenarbeit entsprechend den Vorgaben der Richtlinie teilweise von einer Anforderung oder Anfrage der Bundesbeauftragten abhängig gemacht. Indem der Gesetzgeber im Rahmen von § 68 BDSG keine Anfrage oder Anforderung der Bundesbeauftragten für die Begründung der Verpflichtung zur Zusammenarbeit für erforderlich hielt, brachte er zum Ausdruck, eine allgemeine und objektive Pflicht des Verantwortlichen statuieren zu wollen. Diese geht über die Antwort auf Anfragen durch die Aufsichtsbehörden hinaus und fordert ein proaktives Handeln der Verantwortlichen und Auftragsverarbeiter. Für öffentliche Stellen ist diese weitergehende Verpflichtung auch konsequent, da sie aus dem Gebot der Rechtsstaatlichkeit zur Wahrung der Rechtsordnung verpflichtet sind. Konkretisiert wird die Pflicht durch speziellere Verpflichtungen, beispielsweise in § 70 Abs. 4 BDSG, wonach die Verantwortlichen und Auftragsverarbeiter auf Anforderung der Bundesbeauftragten verpflichtet sind, ihre Verfahrensverzeichnisse der Bundesbeauftragten zur Verfügung zu stellen.

g) Anhörung der Aufsichtsbehörde

292 Der Verantwortliche hat nach § 69 BDSG unter bestimmten Voraussetzungen vor der Inbetriebnahme von neu anzulegenden Dateisystemen die **Bundesbeauftragte als Aufsichtsbehörde anzuhören.** Die Regelung setzt Art. 28 JI-RL um. Die Regelung ähnelt Art. 36 DSGVO.[379] Der Verantwortliche hat die Bundesbeauftragte vor der Inbetriebnahme neuer Dateisysteme anzuhören, wenn eine Datenschutz-Folgenabschätzung nach § 67 BDSG zeigt, dass die Verarbeitung eine hohe Gefahr für die Rechte betroffenen Personen zur Folge hätte, wenn der Verantwortliche keine Abhilfemaßnahmen treffen würde. Die Regelung ähnelt Art. 36 Abs. 1 DSGVO. Art. 28

293 Unabhängig von einer Datenschutz-Folgenabschätzung ist eine Anhörung aber nach § 69 Abs. 1 UAbs. 1 Nr. 2 BDSG auch dann durchzuführen, wenn die Form der Verarbeitung, insbesondere bei der Verwendung neuer Technologien, Mechanismen oder Verfahren, eine erhebliche Gefahr für die Rechtsgüter der betroffenen Personen zur Folge hat.

294 Im Anwendungsbereich von § 45 BDSG und der JI-Richtlinie kann von der Aufsichtsbehörde nach § 69 Abs. 1 UAbs. 2 BDSG – der Art. 28 Abs. 3 JI-RL umsetzt – eine **Positiv-Liste** mit Verarbeitungsvorgängen erstellt werden, die eine Anhörung der Aufsichtsbehörde zwingend erforderlich machen. Diese Entscheidung bindet die Daten verarbeitende Behörde.

295 Detaillierte Vorgaben, welche Informationen der Verantwortliche der Bundesbeauftragten bei einer Anhörungspflicht nach § 69 Abs. 1 BDSG zur Verfügung zu stellen hat, sind § 69 Abs. 2 BDSG zu entnehmen. Dieser setzt die Vorgaben von Art. 28

378 Zur Pflicht nach DSGVO eine hinreichend konkrete Anfrage zu stellen *Hartung*, in: Kühling/Buchner 2017, Art. 31 Rn. 9.

379 Zur Konsultationspflicht nach DSGVO *Marschall*, in: Roßnagel 2018, § 5 Rn. 183.

Abs. 4 JI-RL um und konkretisiert sie inhaltlich durch Zusammenführung der Regelungsinhalte von Art. 36 Abs. 3 BDSG.[380] Diese Informationspflicht umfasst die Datenschutz-Folgenabschätzung – soweit eine erstellt wurde –, die Angaben, die für die Bestimmung des Verantwortlichen und des oder der Auftragsverarbeiter erforderlich sind, den Zweck und die Mittel der Verarbeitung, die Schutzmaßnahmen und Garantien, die Kontaktdaten des Datenschutzbeauftragten und die sonstigen von der Aufsichtsbehörde geforderten Informationen. § 36 Abs. 3 BDSG regelt die Aufgaben und Befugnisse der Bundesbeauftragten (**Reaktionskompetenz**)[381] im Rahmen der Anhörung. Die Vorschrift setzt Art. 28 Abs. 5 JI-RL um. Sie ähnelt Art. 36 Abs. 2 DSGVO, unterscheidet sich von dieser aber in Details, insbesondere den Fristen. Zunächst hat die Bundesbeauftragte eine Bewertung vorzunehmen, ob der Verantwortliche das Risiko für die betroffenen Personen ausreichend ermittelt hat und welche Maßnahmen ausreichend wären. Diese Risikobewertung kann mit Methoden einer Datenschutz-Folgenabschätzung vorgenommen werden.[382] Falls die Bewertung zeigt, dass die geplante Verarbeitung nicht im Einklang mit den gesetzlichen Vorgaben[383] stünde, unterbreitet sie dem Verantwortlichen innerhalb einer Frist von bis zu sechs Wochen[384] nach Einleitung der Anhörung entsprechende schriftliche Empfehlungen. Diese sollen darauf hinwirken, Risiken für die Rechte der Betroffenen zu vermeiden oder zu verringern indem konkrete Maßnahmen zur Änderung oder dem Schutz der personenbezogenen Daten, die in neuen Dateisystemen verarbeitet werden sollen, empfohlen werden.

Neben der Abgabe einer Empfehlung kann die Bundesbeauftragte gemäß ihren Aufgaben und Befugnissen eingreifen. § 36 BDSG sieht diese Kompetenz zwar nicht ausdrücklich vor und unterläuft damit die Vorgaben des § 28 Abs. 5 JI-RL. Sie ergibt sich aber – insbesondere bei richtlinienkonformer Auslegung von Art. 36 BDSG – aus der Aufgabenzuweisung aus § 14 Abs. 1 Nr. 1 BDSG und ihren Befugnissen nach § 16 Abs. 2 BDSG. Da die Bundesbeauftragte nach § 16 Abs. 2 BDSG außerhalb des Anwendungsbereichs der Datenschutzgrundverordnung – und damit im Anwendungsbereich von § 45 BDSG und der JI-Richtlinie – nur die Befugnisse zur Beanstandung, Einforderung von Stellungnahmen und Warnung hat, bleiben ihre Eingriffsmöglichkeiten beschränkt (vgl. zu den Befugnissen der Aufsichtsbehörde → Rn. 114 ff.) 296

Weder § 69 BDSG noch Art. 28 JI-RL enthalten eine Art. 36 Abs. 2 Satz 4 DSGVO entsprechende Regelung, dass die Aufsichtsbehörde in dem Fall, dass sie noch nicht alle für die Zwecke der Konsultation angeforderten Informationen erhalten hat, die Fristen aussetzen kann. Dies dürfte kein Versehen des Unions-Gesetzgebers sein, sondern eine bewusste Entscheidung dafür das Anhörungsverfahren zeitlich zu straffen.[385] Da Art. 36 Abs. 2 JI-RL durch den Verweis auf Art. 47 JI-RL aber klarstellt, dass die Aufsichtsbehörde auch bei angestoßenem Anhörungsverfahren all ihre Befugnisse wahrnehmen kann, ist es Aufgabe der Aufsichtsbehörde die Informationsbei- 297

380 BT-Drs. 18/11325, 117.
381 So für DSGVO, *Paal*, in: Paal/Pauly 2017, Art. 36 Rn. 13.
382 Für DSGVO *Jandt*, in: Kühling/Buchner 2017, Art. 36 Rn. 7.
383 Diese können sich sowohl aus dem BDSG als auch aus sonstigem Fachrecht ergeben.
384 Dagegen sieht Art. 36 Abs. 2 Satz 1 DSGVO acht Wochen vor.
385 Dafür sprechen auch die im Vergleich zur DSGVO kürzeren Fristen.

bringungspflicht des Verarbeiters durchzusetzen. Der Aufsichtsbehörde obliegt es die Vorlage der notwendigen Informationen im Rahmen ihrer Befugnisse zu erzwingen, zum Beispiel indem sie droht bei Nichtvorlage eine Beschränkung der Verarbeitung oder sogar ein Verbot zu verhängen. Diese Intention wird aber vom deutschen Gesetzgeber unterlaufen, indem er der Bundesbeauftragten im Anwendungsbereich von § 45 BDSG keine wirksamen Abhilfebefugnisse zuschreibt (dazu → Rn. 116).

298 Das Anhörungsverfahren ist zwar **kein Genehmigungsverfahren,**[386] hat aber in der Ausgestaltung des neuen Bundesdatenschutzgesetzes eine **Sperrwirkung** für eine Inbetriebnahme des neuen Dateisystems. Der Verantwortliche darf dieses nicht vor Abschluss des Anhörungsverfahrens in Betrieb nehmen. Dies stellt der deutsche Gesetzgeber durch die Eilfallregelung des § 69 Abs. 4 BDSG klar.[387] Sie bräuchte es nicht, wenn das Anhörungsverfahrens keinen Einfluss auf die Möglichkeit der Inbetriebnahme hätte. Die Vorgaben des Art. 28 JI-RL sind dazu nicht eindeutig.[388] Geht man davon aus, dass Art. 28 JI-RL keine Sperrwirkung vorgibt, wäre die Regelung des § 28 Abs. 4 BDSG als strengere Garantie zum Schutz der Rechte der betroffenen Personen im Sinne von Art. 1 Abs. 1 JI-RL richtlinienkonform.

299 Richtig ist davon auszugehen, dass Art. 28 JI-RL ohnehin eine Sperrwirkung vorsieht. Dies ergibt sich im Anwendungsbereich der JI-Richtlinie aus dem Sinn- und Zweck der Regelung. Die hoheitliche Gewalt ausübenden Verarbeiter sind schon aus Gründen der Rechtsstaatlichkeit verpflichtet nur gesetzeskonforme Datenverarbeitungen durchzuführen. Um darüber zu entscheiden zu können müssen die Verarbeiter die Einschätzung der Aufsichtsbehörde abwarten. Anderes wäre grundsätzlich Pflichtverletzend. Dies stellt die **Richtlinienkonformität der Eilfallregelung** von § 69 Abs. 4 BDSG in Frage. Dies gilt umso mehr als das die Bundesbeauftragte als Aufsichtsbehörde im Anwendungsbereich des § 45 BDSG nicht mit ausreichenden Abhilfebefugnissen ausgestattet ist (→ Rn. 116). Die Eilfallregelung soll operativen und (polizei-)fachlichen Erfordernissen Rechnungen tragen, bei denen nicht auf den Abschluss der Anhörung nach § 69 Abs. 1 BDSG und der nach § 69 Abs. 3 Satz 1 BDSG genannten Fristen gewartet werden könne. Dies wird damit begründet, dass Art. 28 JI-RL an die Einleitung der Konsultation anknüpfe, aber nicht ausdrücklich voraussetze, dass diese zwingend abgeschlossen sein muss, bevor personenbezogene Daten entsprechend verarbeitet werden.[389] Zwar sei der Regelfall den Abschluss der Konsultation im Interesse der betroffenen Personen abzuwarten. Im Ausnahmefall sollen jedoch Abweichungen geboten sein. Dem ist nur zuzustimmen, soweit die Nutzung der Eilfallregelung den Verantwortlichen nicht davon entbindet, die Empfehlungen der oder des Bundesbeauftragten nach pflichtgemäßem Ermessen zu prüfen und die Verarbeitung gegebenenfalls daraufhin anzupassen. Auch schmälert die Eilfallrege-

386 Zum präventiven Beratungscharakter der entsprechenden DSGVO-Regel, *Jandt*, in: Kühling/Buchner 2017, Art. 36 Rn. 3.

387 Ob eine solche Sperrwirkung auch im Anwendungsbereich der DSGVO gilt, ist umstritten; dafür *Reimer*, in: Sydow 2017, Art. 36 Rn. 8; dagegen (aus überzeugenden systematischen Gründen) *von dem Busche*, in: Plath 2017, Art. 36 DSGVO, Rn. 1; im Ergebnis so auch *Jandt*, in: Kühling/Buchner 2017, Art. 36 Rn. 1 und *Laue/Nink/Kremer* 2016, § 7 Rn. 91.

388 BT-Drs. 18/11325, 118.

389 BT-Drs. 18/11325, 118.

lung nicht die der Bundesbeauftragten zur Verfügung stehenden Befugnisse als solche (diese entsprechen im neuen BDSG nicht den Vorgaben der Richtlinie → Rn. 114).

Allerdings wird durch die Eilfallregelung in dieser Art, der Sinn und Zweck des An- 300
hörungsverfahrens und der in Art. 28 Abs. 5 JI-RL festgelegten Fristen unterlaufen. Damit wird eine wichtige Garantie für den Schutz der Betroffenenrechte ohne Not aufgeweicht. Dies lässt sich nicht mit dem Sinn und Zweck von Art. 28 JI-RL vereinbaren. Legitime Anwendungsfälle für die Rückausnahme dürften ohnehin äußerst spärlich sein. Dagegen ist das Potenzial für Missbrauch sowie des Unwillens und die tatsächliche Schwierigkeit, einmal laufende Systeme technisch und organisatorisch ändern zu wollen oder zu können, dagegen ungleich höher (Inertia). Das Anhörungsverfahren könnte so wirkungslos bleiben. Die Konsultation ist ohnehin nicht für alle neu anzulegenden Dateisysteme vorgeschrieben, sondern nur in Fällen des hohen Risikos vorgesehen. Wenn schon hohes Risiko für die betroffenen Personen besteht, muss in deren Interesse auch auf die Einschätzung der Aufsichtsbehörde gewartet werden. Um Sorgen zur Eilbedürftigkeit auszuräumen, sind vielmehr zum Schutz der betroffenen Personen die Aufsichtsbehörden mit personellen und finanziellen Mitteln auszustatten, um Anhörungen sehr schnell, erforderlichenfalls taggleich, in Zusammenarbeit mit dem Verarbeiter abschließen zu können.[390]

h) Verarbeitungsverzeichnis

Zum Nachweis über ihre Verarbeitungstätigkeiten sind der Verantwortliche und der 301
Auftragsverarbeiter nach Art. 24 JI-RL verpflichtet ein **Verzeichnis aller Kategorien von Verarbeitungstätigkeiten** in ihrer Zuständigkeit zu führen. Die Vorschrift ähnelt in Aufbau, Wortlaut und Inhalt Art. 30 DSGVO, weist aber Unterschiede auf. So enthält zum Beispiel Art. 30 Abs. 5 DSGVO eine Bagatellgrenze, bei deren Unterschreiten der Verantwortliche von bestimmten Pflichten befreit wird. Eine solche Regelung sieht die JI-Richtlinie, die sich an staatliche Stellen richtet, naturgemäß nicht vor. Auch hinsichtlich des Inhalts des Verzeichnisses sind die Vorgaben der JI-Richtlinie teilweise strenger und umfangreicher als die der Grundverordnung.[391] § 70 BDSG dient der Umsetzung von Art. 24 JI-RL.

Verpflichtet wird nach § 70 Abs. 1 BDSG der Verantwortliche zur Führung eines Ver- 302
zeichnisses über Kategorien bei ihm durchgeführter Datenverarbeitungstätigkeiten. Aufgabe des Verzeichnisses ist die **Dokumentation** der zentralen Umstände einer Datenverarbeitung, wie zum Beispiel Zweck, Löschfristen, Empfänger. Die Pflicht betrifft alle Verarbeitungstätigkeiten in der Zuständigkeit des Verpflichteten und im Anwendungsbereich von § 45 BDSG. Abzustellen ist nicht auf einzelne Datenverarbeitungen, sondern nur auf sinnvoll abgrenzbare Tätigkeitskategorien.

Welche Angaben zu machen sind, wird in § 70 Abs. 1 Nr. 1 bis 9 BDSG sehr detail- 303
liert aufgelistet. Dabei wurde der Wortlaut von Art. 24 Abs. 1 lit. a bis lit. i JI-RL nahezu wortgleich umgesetzt. Strenger als die Vorgabe von Art. 24 Abs. 1 lit. h JI-RL ist aber § 70 Abs. 1 Nr. 8 BDSG. Demnach sind auch die Fristen für die Überprüfung der

390 Vgl. zum erhöhten Ausstattungsbedarf der Aufsichtsbehörden *Roßnagel* 2017, passim.
391 S. auch Orientierungshilfe für den nichtöffentlichen Bereich DSK, Kurzpapier Nr. 1, 2017.

Erforderlichkeit der Speicherung im Verzeichnis aufzuführen. Auch § 70 Abs. 1 Nr. 9 BDSG ist **strenger als die Vorgabe** von Art. 24 Abs. 1 lit.i JI-RL. Nach der Unionsregelung ist eine allgemeine Beschreibung der getroffenen technischen und organisatorischen Maßnahmen nur in das Verzeichnis aufzunehmen, wenn dies möglich ist. Art. 30 Abs. 1 lit. g DSGVO enthält ebenfalls eine solche Einschränkung. Dieser wird zum einen dahin gehend ausgelegt, dass der Verarbeiter keine allgemeine Beschreibung der Sicherungsmaßnahmen zu erstellen hat, wenn ihm dies subjektiv unmöglich ist.[392] Zum anderen soll das Merkmal als „soweit angemessen" zu verstehen sein, welches den Umfang und die Detailliertheit der Beschreibung begrenzen soll.[393] § 70 Abs. 1 Nr. 8 BDSG sieht kein solches Merkmal vor. Eine Beschreibung muss in jedem Fall aufgenommen werden und spezifisch genug sein, so dass eine vorläufige Überprüfung der getroffenen Sicherheitsmaßnahmen hinsichtlich eines angemessenen Schutzniveaus möglich ist. Die strengeren deutschen Regelungen sind nach Art. 1 Abs. 3 JI-RL möglich.

304 § 70 Abs. 2 BDSG verpflichtet den **Auftragsverarbeiter** dazu ein eigenes Verfahrensverzeichnis zu führen, auch wenn er Daten im Auftrag verarbeitet. Die Anforderungen an den Mindestinhalt sind im Vergleich zu § 70 Abs. 1 BDSG geringer. Sein Verzeichnis ist akzessorisch zu den in dem Auftrag genannten Kategorien der Verarbeitungstätigkeit. Die Vorschrift setzt Art. 24 Abs. 2 JI-RL nahezu wortgleich um. Die Vorgabe von Art. 24 Abs. 2 lit. b JI-RL, wonach das Verzeichnis die Kategorien von Verarbeitungen enthalten muss, die im Auftrag jedes Verantwortlichen durchgeführt werden, ist nicht umgesetzt worden. Diese Vorgabe der JI-Richtlinie entspricht der Regelung von Art. 30 Abs. 2 lit. b DSGVO. Auch danach muss der Auftragsverarbeiter die Kategorien seiner Verarbeitungstätigkeit vollständig abbilden. Das Verzeichnis darf diese nicht nur pauschal nennen. Eine klare Gruppierung der Verarbeitungsprozesse nach Verantwortlichen ist zu gewährleisten. Dadurch ist ein besserer Überblick über die Sensibilität der damit verbundenen Persönlichkeitsbeeinträchtigung beim Auftragsverarbeiter zu erhalten.[394] Auch wenn diese Vorgabe der JI-Richtlinie nicht direkt im neuen Bundesdatenschutzgesetz umgesetzt wurde, ist § 70 Abs. 2 BDSG richtlinienkonform dahin gehend auszulegen.

305 Das Verzeichnis des Verantwortlichen und das des Auftragsverarbeiters kann nach § 70 Abs. 3 BDSG sowohl **schriftlich** als auch **elektronisch** geführt werden. „Elektronisch" meint nicht die elektronische Form im Sinne von § 126 a BGB oder § 3 a Abs. 2 Satz 1 VwVfG. Vertrauensdienste wie qualifizierte Signaturen, Siegel und Zeitstempel können jedoch helfen die Integrität der Verzeichnisse zu schützen und das Erfüllen von Pflichten des Verarbeiters zu beweisen. Das Verzeichnis ist nach § 70 Abs. 4 BDSG auf **Anfrage der Aufsichtsbehörde** zur Verfügung zu stellen.

392 *Martini*, in: Paal/Pauly 2017, Art. 30 Rn. 19.
393 *Spoerr*, in: Wolff/Brink 2017, Art. 30 DSGVO, Rn. 10; *Plath*, in: ders. 2016, Art. 30 DSGVO, Rn. 2.
394 Für die DSGVO *Martini*, in: Paal/Pauly 2017, Art. 30 Rn. 20.

i) Datenschutz durch Technikgestaltung

Art. 20 JI-RL normiert Pflichten zum **Datenschutz durch Systemgestaltung**[395] und **datenschutzfreundlicher Voreinstellungen.** Die Verantwortlichen müssen den Stand der Technik, ebenso wie potenziellen Gefahren und Implementierungskosten berücksichtigen. Die Richtlinie orientiert sich an der Reglung in Art. 25 DSGVO.[396] Die Regelung verfolgt den gleichen Zweck wie § 3 a BDSG aF und ist mit diesem partiell vergleichbar.[397] Im Bereich des deutschen Gefahrenabwehr- und Strafverfolgungsrechts finden sich bisher nur vereinzelt vergleichbare Vorschriften,[398] allerdings waren bisher schon diesbezügliche Vorschriften des bisherigen Bundesdatenschutzgesetzes[399] und der Landesdatenschutzgesetze zu beachten. 306

§ 71 BDSG soll Art. 20 JI-RL umsetzen. Die Vorschrift stellt generische Anforderungen an die datenschutzfreundliche Gestaltung von Datenverarbeitungssystemen (**Privacy by Design**) und die Implementierung datenschutzfreundlicher Grundeinstellungen (**Privacy by Default**). Dem liegt der Gedanke zugrunde, dass der Aufwand zur Verfolgung der hier formulierten Ziele und Anforderungen im Sinne effizienten Mitteleinsatzes in einem angemessenen Verhältnis zum angestrebten Schutzzweck stehen sollte.[400] Zur Konkretisierung der Vorschriften wurden in § 71 Abs. 1 BDSG Elemente von § 3 a BDSG aF aufgegriffen. 307

§ 71 Abs. 2 BDSG setzt Art. 20 Abs. 2 JI-RL weitestgehend wortgleich um. Die in Absatz 2 angesprochene Anforderung, die automatisierte umfassende Zugänglichmachung personenbezogener Daten zu verhindern, bedeutet, dass eine Zugänglichmachung in der Regel eine Prüfung durch den Verantwortlichen vorausgehen muss. Dies hat Auswirkungen auf den Datenaustausch der Polizeibehörden untereinander, zum Beispiel über das Informationssystem des Bundeskriminalamtes. 308

§ 71 Abs. 1 Satz 4 BDSG ist eine von vier Regelungen des künftigen Bundesdatenschutzgesetzes, die auf die **Anonymisierung** von personenbezogen Daten als Pflicht des Verarbeiters und zur Verwirklichung der **Gebote der Zweckbindung, Datenminimierung** und **Speicherbegrenzung** abstellt.[401] Jedoch definieren weder das neue Bundesdatenschutzgesetz, die Datenschutz-Grundverordnung noch die JI-Richtlinie diesen Begriff.[402] Im bisherigen deutschen Datenschutzrecht ist der Begriff von besonderer Bedeutung, fallen doch anonyme oder anonymisierte Daten grundsätzlich aus dem Anwendungsbereich des Datenschutzrechts heraus.[403] Erwägungsgrund 21 JI-RL stellt in vergleichbarer Weise ausdrücklich klar, dass die Grundsätze des Datenschutzes nicht für anonyme Informationen gelten, also für Informationen, die sich nicht auf eine identifizierte oder identifizierbare natürliche Person beziehen, oder per- 309

395 Der Begriff der Technikgestaltung aus dem Gesetzeswortlaut greift zu eng und entspricht nicht den anderen Sprachfassungen, sodass der Begriff der Systemgestaltung verwendet wird.
396 Wobei eine mit der in Art. 25 Abs. 3 DSGVO vergleichbare Zertifizierung nicht vorgesehen ist; eine vergleichbare Regelung sah der Rahmenbeschluss 2008/977/JI in Art. 22 vor.
397 Für DSGVO *Barlag*, in: Roßnagel 2017, § 3 Rn. 234.
398 ZB §§ 494 Abs. 4 Nr. 5 StPO, § 33 Abs. 8 S. 4 BPolG und § 24 Abs. 2 HSOG, die auf § 9 BDSG bzw. § 10 HDSG verweisen.
399 Anlage zu § 9 BDSG.
400 So BT-Drs. 18/11325, 118.
401 Neben §§ 27 Abs. 3; 38 und 50 BDSG.
402 Definiert wird „Pseudonymisierung“, s. § 45 Nr. 5 BDSG, Art. 4 DSGVO, Art. 3 Nr. 5 JI-RL.
403 Vgl. § 3 Abs. 6 BDSG aF.

sonenbezogene Daten, die in einer Weise anonymisiert worden sind, dass die betroffene Person nicht mehr identifiziert werden kann. Folglich ist Anonymisierung der irgendwie geartete Entzug von Information aus einem Datensatz, so dass der Verantwortliche damit natürliche Personen nicht mehr identifizieren kann.[404]

310 Die JI-Richtlinie geht ebenso wie die Datenschutz-Grundverordnung von einem **relativen Personenbezug** aus.[405] Auch mit den rechtlichen Möglichkeiten und Ressourcen von Behörden im Anwendungsbereich der JI-Richtlinie, wird es Daten geben, die für diese anonym oder anonymisierbar sind.[406] Dies muss von Behörde zu Behörde unterschiedlich beurteilt werden, abhängig davon mit welchen rechtlichen und technischen Möglichkeiten die Behörde ausgestattet ist. Nach der europäischen Rechtsprechung[407] kommt es allerdings nicht darauf an, ob die Behörde tatsächlich plant Informationen zur Identifizierung einzuholen oder dafür die Einholung rechtliche Anforderungen, wie zum Beispiel ein richterlicher Beschluss notwendig ist. Es kommt alleine darauf, dass die Behörde rechtlich und tatsächlich die Möglichkeit zur Re-Identifizierung hat. Aufgrund der grundsätzlich weitreichenden Untersuchungs- und Vorlagebefugnisse der Strafverfolgungsbehörden, sind bei ihnen grundsätzlich hohe Anforderungen an den Grad der Anonymisierung zu stellen. Anonymität der Daten wird oft nicht bejaht werden können, weil die Re-Identifizierung möglich bleibt.[408] Bei den gemeinsam Verantwortlichen ist das Wissen aller Verantwortlicher voll zu berücksichtigen.

j) Unterscheidung zwischen Personenkategorien

311 Nach Art. 6 JI-RL müssen Verantwortlichen zwischen den personenbezogenen Daten verschiedener **Kategorien von betroffenen Personen** – Verdächtige, verurteilte Straftäter, Opfer, Zeugen und andere Parteien – unterscheiden können.[409] Auf organisatorischer und technischer Ebene sind zum Schutz der verschiedenen Kategorien betroffener Personen Schutzvorkehrungen zu treffen. Die von Polizeibehörden geführten Dateien und Datenbanken sind an dieser Vorgabe der Richtlinie zu messen.[410] Ob darüber hinaus die zahlreichen Ermächtigungsgrundlagen[411] zur Speicherung von personenbezogenen Daten in Dateien den Voraussetzungen der Richtlinie entsprechen, ist jeweils zu prüfen.[412]

312 § 72 BDSG dient der Umsetzung von Art. 6 JI-RL. Die Umsetzung erfolgt nahezu wortgleich. Die Unterscheidung betroffener Kategorien erscheint zunächst als Maßnahme zum Ehrschutz: Opfer und andere sollen nicht mit Tätern verwechselt werden können! Eigentlich dient die Unterscheidung aber als **verbindlicher Anknüpfungspunkt für technische und organisatorische Sicherheitsmaßnahmen**. Dies betrifft das

404 Vgl. *Johannes*, in: Roßnagel 2018, § 7 Rn. 288.
405 Zur DSGVO *Hofmann/Johannes*, ZD 2017, 221.
406 ZB Kriminalstatistiken und dynamische IP-Adressen, wenn niemand, auch nicht der TK-Anbieter die Zuordnung mehr vorhält.
407 EuGH Urt. v. 19.10.2016 – C-582/14, ECLI:EU:C:2016:779 – Breyer/Deutschland = NJW 2016, 3579.
408 Daten, die eine Strafverfolgungsbehörde pseudonymisiert, können für eine Strafverfolgungsbehörde oder Dritte aber anonym sein.
409 Art. 6 Abs. 1 JI-RL; Eg. 31 JI-RL.
410 Zu polizeilichen Datenbanken BT-Drs. 17/7307; BT-Drs. 16/13653.
411 ZB §§ 7, 8 BKAG, §§ 3, 4, 7, 8, 10, 11 ZFdG, 483 ff. StPO, §§ 29, 30, 31 BPolG.
412 S. zB § 486 StPO, welcher um die einzuhaltende Trennung ergänzt werden müsste.

Rollen- und Rechtemanagement genauso wie die Verwirklichung von Löschfristen und die Übermittlung von Daten an andere Stellen. Die konkreten Rechtsfolgen der vorgesehenen Unterscheidung bei der Verarbeitung, etwa der Unterscheidung entsprechende Aussonderungsprüffristen, Rechte- und Rollenkonzepte oder besondere Maßnahmen der Datensicherheit, sollen dem Fachrecht überlassen sein.[413] Die Anforderungen werden zum Teil bereits in **Metadatenmodellen** zum Datenaustausch für Fall- und Vorgangsbearbeitungssystemen wie **X-Polizei** umgesetzt.

k) Unterscheidung zwischen Tatsachen und Einschätzungen

Nach Art. 7 Abs. 1 JI-RL sollen bei personenbezogenen Daten so weit wie möglich zwischen **faktenbasierten Daten** und **auf persönlichen Einschätzungen beruhenden Daten** unterschieden werden. § 73 BDSG dient der Umsetzung. 313

Die Pflicht zur Unterscheidung konkretisiert den **Grundsatz der sachlichen Richtigkeit** gemäß § 47 Nr. 4 BDSG und Art. 4 Abs. 1 lit. d JI-RL. Erwägungsgrund 30 JI-RL stellt klar, dass sich jener nicht auf die Richtigkeit subjektiver Aussagen bezieht, sondern lediglich auf die Tatsache, dass eine bestimmte Aussage gemacht worden ist. Zum Schutz betroffener Personen gerade im Strafverfahren, ist daher die von § 73 Satz 1 BDSG geforderte Unterscheidung sehr wichtig. Dies gilt gerade im Hinblick auf die Übermittlung von Daten an andere Stellen und deren Verwendung in anderen Verfahren.[414] 314

Der Bundesgesetzgeber konkretisiert die Vorgaben nach Art. 7 Abs. 1 JI-RL in § 73 BDSG. Zunächst ist dem Verarbeiter nach § 73 Satz 1 BDSG die Pflicht auferlegt, bereits bei der Verarbeitung so weit wie möglich danach zu unterscheiden, ob personenbezogene Daten auf Tatsachen oder auf persönlichen Einschätzungen beruhen. Dies wird in Satz 2 zu einer **Pflicht** konkretisiert, Beurteilungen die auf persönlichen **Einschätzungen** beruhen nach Möglichkeit als solche **zu Kennzeichnen**. Dies schließt nach dem Sinn und Zweck der Vorschrift ein, kenntlich zu machen, welche Person die Einschätzung getroffen hat. Nach Satz 3 muss auch feststellbar sein, welche Stelle Unterlagen führt, auf die die persönliche Einschätzung beruht. 315

Als Tatsachen zu kennzeichnen wären zum Beispiel die Aussagen von Zeugen in dem Sinne, dass die Aussage mit entsprechendem Inhalt gemacht wurde. Dies sagt noch nichts über die Richtigkeit des Inhalts der Aussage aus. Einschätzungen sind zum Beispiel die Bewertungen von Ermittlungsbeamten, zur Glaubhaftigkeit der Aussagen oder Glaubwürdigkeit der Zeugen. 316

l) Berichtigung, Löschung oder Einschränkung

§ 75 BDSG dient der Umsetzung von Art. 16 Abs. 1 JI-RL. Dies ist die spiegelbildliche Entsprechung der **Rechte der betroffenen Personen** nach § 58 BDSG als Pflicht der Verantwortlichen.[415] Diese Pflichten bestehen jedoch unabhängig davon, ob eine betroffene Person danach ersucht. 317

413 So BT-Drs. 18/11325, 118.
414 Vgl. Sachzusammenhang mit Art. 7 Abs. 2 und 3 JI-RL.
415 So BT-Drs. 18/11325, 119.

318 Nach Absatz 1 hat der Verantwortliche personenbezogene Daten zu berichtigen, wenn sie unrichtig sind. Der **Berichtigung** geht die Überprüfung voraus. Die Pflicht die Daten zu überprüfen ist in § 47 Nr. 4 BDSG normiert.

319 Nach Absatz 2 ist der Verantwortliche verpflichtet die Daten **unverzüglich zu löschen**, wenn ihre Verarbeitung unzulässig ist, sie zur Erfüllung einer rechtlichen Verpflichtung gelöscht werden müssen, oder ihre Kenntnis für die Aufgabenerfüllung nicht mehr erforderlich ist.

320 Nach Absatz 3 Satz 1 ist § 58 Abs. 3 bis 5 BDSG entsprechend anzuwenden (→ Rn. 197). In der Verweisung sind die Einschränkung der Verarbeitung an Stelle der Löschung, die Erkennbarkeit der Einschränkung der Verarbeitung und Mitteilungspflichten des Verantwortlichen gegenüber Empfängern und übermittelnden Stellen geregelt. Die Verweisung auf § 58 Abs. 3 BDSG, wonach anstatt der Pflicht zur Löschung nach § 75 Abs. 2 BDSG durch die Einschränkung der Verarbeitung nachgekommen werden kann, ist mit der Richtlinie vereinbar, soweit §§ 58 Abs. 3 bis 5 BDSG selbst richtlinienkonform ist (s. zur Richtlinienkonformität von § 58 Abs. 3 BDSG → Rn. 197 ff.).

321 Laut Gesetzesbegründung dient § 75 Abs. 3 BDSG der Umsetzung von Art. 5 JI-RL. Dies scheint ein Versehen zu sein. Gemeint sein dürfte das § 75 Abs. 4 BDSG der Umsetzung von Art. 5 JI-RL dient. In Absatz 4 wird der Verantwortliche verpflichtet, unabhängig von bestehenden durch Rechtsvorschriften vorgesehene Höchstspeicherfristen und Löschfristen, **angemessene Fristen festzulegen** und Vorkehrungen zu treffen, damit diese Fristen eingehalten werden.

m) Protokollierung

322 Der Verantwortliche muss nach Art. 25 JI-RL in automatisierten Verarbeitungssystemen zahlreiche Verarbeitungsvorgänge protokollieren. Vergleichbar umfassende Dokumentations- und **Protokollierungspflichten** gab es nach bisheriger Rechtslage nur vereinzelt.[416] Die Datenschutz-Grundverordnung enthält keine direkt entsprechende Protokollierungspflicht. Allerdings kann sich eine solche Pflicht aus den Anforderungen zur angemessen technischen und organisatorischen Sicherheit nach Art. 32 DSGVO[417] iVm den Verarbeitungsgrundsätzen der Nachvollziehbarkeit gemäß Art. 5 Abs. 1 DSGVO und der Rechenschaftspflicht nach Art. 5 Abs. 2 DSGVO ergeben.

323 § 76 BDSG regelt die (automatisierte) **Protokollierung** der Verarbeitung personenbezogener Daten zu Zwecken nach § 45 BDSG. Die Regelung setzt Art. 25 JI-RL um. Protokollierung ist eine Verfahrenssicherung, die den Grundrechtseingriff der Datenverarbeitung abmildern soll. Sie darf deshalb nicht ihrerseits zu zusätzlichen Grundrechtseingriffen führen.[418] Eine Verwendung des Protokolls in anderen möglichen Strafverfahren ist daher auszuschließen und auf Strafverfahren der betroffenen Personen und der Verarbeiter zu beschränken. § 76 Abs. 3 BDSG ist daher entsprechend eng auszulegen.

416 §§ 38 Abs. 2, 4 d, 4 e BDSG.
417 Vgl. *Martini*, in: Paal/Pauly 2017, Art. 32 Rn. 29.
418 *Voßhoff*, BT-Ausschussdrucksache 18(4)788, 23.

Nach § 76 Abs. 4 BDSG sind die Protokolldaten am Ende des auf deren Generierung folgenden Jahres zu löschen. Eine solche **Frist** sieht die JI-Richtlinie nicht vor. Dies lässt darauf schließen, dass der europäische Gesetzgeber auf Art. 4 Abs. 1 lit. e JI-RL abstellen wollte und Protokolldaten solange vorzuhalten sind, wie sie zur Überprüfung und Nachkontrolle des Verarbeitungsvorgangs erforderlich sind. Gemessen am Sinn und Zweck der Vorschrift ist die starre Frist von § 76 Abs. 4 BDSG bedenklich und **nicht richtlinienkonform**. Weder die Verfahrensabsicherung noch der Betroffenenschutz können so in angemessener Weise berücksichtigt werden. Zum einen sollte die Vorschrift deswegen dahin gehend ergänzt werden, dass eine Löschung in der Regel nur Erfolgen darf, soweit das dem Verarbeitungsvorgang zugrundeliegende Verfahren abgeschlossen ist und die Protokolldaten nicht mehr erforderlich sind. Zum anderem sollte deswegen die starre Löschfrist in eine Überprüfungsfrist geändert werden, bei deren Eintreten der Verarbeiter überprüft, ob ein Vorhalten der Protokolldaten im Sinne von § 47 Nr. 5 BDSG noch erforderlich ist. Dies wird sich nur im Kontext des konkreten Verarbeitungsvorgangs und des zugrundliegenden Verfahrens abschließend beurteilen lassen. 324

n) Möglichkeit der vertraulichen Meldung

Nach § 77 BDSG hat jeder Verantwortliche zu ermöglichen, dass ihm vertrauliche Meldungen über Datenschutzverstöße in seinem Verantwortungsbereich zugeleitet werden können. Die Vorschrift setzt Art. 48 JI-RL um und begründet die Pflicht, organisatorische und technische Maßnahmen zu ergreifen. 325

Zum einen hat jeder Verantwortliche einen oder mehrere **Kommunikationskanäle** zu **eröffnen**, die es ermöglichen das Whistleblower Verstöße vertraulich melden können. Dies beinhaltet das Meldungen auch anonym gemacht werden können. 326

In Ansehung der breiteren Verpflichtung nach Art. 48 JI-RL geht es zum einen um die **Etablierung einer Organisationsstruktur**, in der Meldungen entgegengenommen und ernsthaft untersucht werden. Zum anderen geht es darum, den Meldenden zu schützen und die Rechte der betroffenen Personen zu wahren. Dies könnte dadurch erreicht werden, dass die Meldungen automatisiert an den behördlichen Datenschutzbeauftragten geleitet werden. 327

Ein Briefkasten ist zB dazu geeignet, einen vertraulichen Kommunikationszugang zu eröffnen, dürfte aber alleine nicht genügen. In Ansehung des modernen Kommunikationsverhaltens sind auch elektronische Kommunikationskanäle zu eröffnen, an die **verschlüsselte Nachrichten** geschickt werden können.[419] Schließlich ist über die Möglichkeit des vertraulichen Meldungszugangs auch aktiv zu informieren. Sie sollte in den **öffentlichen Informationsangeboten** der Verantwortlichen beworben werden, zum Beispiel auf deren Webseiten. 328

419 Transportverschlüsselung und Inhaltsverschlüsselung zB durch PGP oder s/mime; die Behörde muss zu Letzteren ihre öffentlichen Schlüssel verbreiten.

14. Datenübermittlungen und Offenlegungen

329 Die Übermittlung von personenbezogenen Daten ist eine Verarbeitung iSv § 46 Nr. 2 BDSG. Sie ist ein **Unterfall der Offenlegung.**[420] Nach allgemeinen Verständnis ist die Übermittlung die Bekanntgabe von personenbezogenen Daten an Dritte.[421] Die Tätigkeit der Übermittlung ist die Bekanntgabe durch Weitergaben, Einsicht oder Abruf. Beteiligt ist, als die übermittelnde Instanz, die verantwortliche Stelle und als Adressat ein Dritter. Gegenstand der Übermittlung sind gespeicherte oder durch Datenverarbeitung gewonnene Daten.[422]

330 Die Richtlinie verfolgt das Ziel auch im Rahmen von Übermittlungen das durch die Richtlinie gewährleiste **Schutzniveau** zu halten. Übermittlungen durch Verantwortliche, Auftragsverarbeiter oder andere Empfänger in Drittländer oder internationale Organisationen dürfen nicht dazu führen, dass dieses Schutzniveau untergraben wird.[423] Weder in der JI-Richtlinie noch in den neuen Vorschriften des Bundesdatenschutzgesetzes finden sich explizite Ermächtigungsgrundlagen, welche zur Übermittlung von personenbezogenen Daten innerhalb der Mitgliedstaaten oder unter den Mitgliedstaaten ermächtigen würden. Für die Übermittlung gelten die bestehenden unionsrechtlichen und innerstaatlichen Vorschriften. Die Richtlinie knüpft an die Übermittlung von personenbezogenen Daten zahlreiche weitere Bedingungen, die von dem Verantwortlichen und dem Empfänger zu gewährleisten sind.

331 Der **Begriff des Empfängers** wird in § 46 Nr. 9 BDSG in Umsetzung von Art. 3 Nr. 10 JI-RL definiert als eine natürliche oder juristische Person, Behörde, Einrichtung oder andere Stelle, der personenbezogene Daten offengelegt werden, unabhängig davon, ob es sich bei ihr um einen Dritten handelt oder nicht. In Umsetzung von Erwägungsgrund 22 soll es sich nach § 46 Nr. 9 BDSG bei Behörden, die im Rahmen eines bestimmten Untersuchungsauftrages nach dem Unionsrecht oder anderen Rechtsvorschriften personenbezogene Daten erhalten, nicht um Empfänger handeln. Die Verarbeitung dieser Daten erfolgt im Einklang mit den geltenden Datenschutzvorschriften gemäß den Zwecken der Verarbeitung. Die Richtlinie konkretisiert dies dahin gehend, dass es sich dabei um Behörden wie Steuer- und Zollbehörden, Finanzermittlungsstellen, unabhängige Verwaltungsbehörden oder Finanzmarktbehörden, die für die Regulierung und Aufsicht von Wertpapiermärkten zuständig sind, handelt.

332 Die Vorschriften der Richtlinie sollen nach Erwägungsgrund 34 auf solche Empfänger Anwendung finden, denen personenbezogene Daten zu Zwecken der Richtlinie übermittelt werden und die nicht der Richtlinie unterliegen. Die Richtlinie versteht unter einem solchen Empfänger jede natürliche oder juristische Person, Behörde, Einrichtung oder jede andere Stelle, gegenüber der personenbezogene Daten von der zuständigen Behörde rechtmäßig offengelegt werden. Wenn personenbezogene Daten durch einen Empfänger verarbeitet werden, der keine zuständige Behörde im Sinne der Richtlinie ist oder danach handelt, soll nach Erwägungsgrund 34, wen ihm Daten

420 Die anderen Untermodalitäten sind die Verbreitung und die Bereitstellung in anderer Form.
421 Vgl. für DSGVO *Schild*, in: Wolff/Brink 2017, Art. 4 DSGVO, Rn. 49.
422 Für das bisherige Recht *Dammann*, in: Simitis 2014, § 3 Rn. 143.
423 Eg. 64.

von einer zuständigen Behörde offengelegt werden, die Datenschutz-Grundverordnung gelten.

a) Übermittlung von Daten innerhalb Deutschlands und der Union

Im Rahmen der Übermittlung innerhalb Deutschlands und den Mitgliedstaaten ist zwischen der Übermittlung und dem Datenaustausch zwischen innerstaatlichen Polizei- und Strafverfolgungsbehörden, der Datenübermittlung an den Verfassungsschutz und Nachrichtendienste, der Datenübermittlung an sonstige öffentliche Stellen, der Datenübermittlung an nichtöffentliche Stellen, der Übermittlung durch automatisierte Abrufverfahren und Übermittlungen an Polizei- und Strafverfolgungsbehörden der Mitgliedstaaten zu differenzieren. 333

aa) Datenübermittlung und Datenaustausch zwischen innerstaatlichen Polizei- und Strafverfolgungsbehörden

Da weder die Richtlinie noch der dritte Teil des neuen Bundesdatenschutzgesetzes eigene Ermächtigungstatbestände für die Übermittlung vorsehen, finden die **Regelungen der Polizeigesetze** Anwendung. Zahlreiche Polizeigesetze ermächtigen Polizeibehörden zum Datenaustausch zwischen Behörden unterschiedlicher Bundesländer und zwischen den Behörden des Bundes und der Länder. Die Übermittlung muss zur Erfüllung von polizeilichen Aufgaben der übermittelnden Stelle oder des Empfängers erforderlich sein.[424] Eine Übermittlung zwischen den Polizeibehörden eines Landes, innerhalb der Länder oder mit den Polizeibehörden des Bundes wird überwiegend als sachgerecht angesehen, weil sie im Wesentlichen übereinstimmende Zwecke verfolgen. Dies ist nur dahin gehend einzuschränken, dass die Zwecke der Bundes- und der Landespolizeien unterschiedlich sein können.[425] Die Unterschiede resultieren aus den verschiedenen Zwecken, die die Landes- und Bundespolizeibehörden verfolgen können. 334

Die Übermittlung zwischen den Polizeibehörden wird einzig durch das **Erforderlichkeitsprinzip** begrenzt. Die übermittelnde Stelle muss prüfen, ob das Ziel der Übermittlung auch mit für die betroffene Person weniger eingriffsintensiven Mitteln erreicht werden kann. Gleichermaßen ist die Behörde, die die Daten anfordert, verpflichtet zu prüfen, ob die Übermittlung notwendig ist. Die Vorschriften des Bundes und der Länder sehen allgemeine Bestimmungen für die Übermittlung vor, aus denen sich Regelungen zur Verantwortlichkeit, Prüfpflichten, Dokumentationspflichten, Zweckbindung und Ausnahmetatbeständen von den speziellen Ermächtigungsgrundlagen ergeben.[426] 335

---

424 ZB §§ 10 Abs. 1 BKAG; 32 Abs. 1 BPolG, 42 Abs. 1 und 2 PolG BW, Art. 40 Abs. 1 PAG Bay, §§ 44 Abs. 1 ASOG Bln, 42 Abs. 1 BbGPolG, 36 Abs. 1 BremPolG, 22 Abs. 1 HSOG, 19 Abs. 1 PolEDVG Hmb, 40 Abs. 1 SOG M-V, 41 Nds. SOG, 27 Abs. 1 PolG NRW, 34 Abs. 1 POG RP, 33 SPolG, 44 Abs. 1 SächsPolG, 27 Abs. 1 SOG LSA, 192 Abs. 1 LVwG SH, 41 Abs. 1 und 2 ThürPAG.

425 *Petri*, in: Lisken/Denninger 2007, Kap. H, Rn. 442.

426 Vgl. § 33 BPolG.

bb) Datenübermittlung an Verfassungsschutz und Nachrichtendienste

336 Eine Übermittlung an den Verfassungsschutz und die Nachrichtendienste steht unter dem Vorbehalt des **Prinzips der Trennung von Polizei und Nachrichtendiensten.**[427] Das Trennungsgebot gebietet eine Trennung der Aufgaben, Befugnisse und Arbeitsweisen.[428] Während den Polizeibehörden die Aufgaben der Gefahrenabwehr und Strafverfolgung obliegen, übernehmen Nachrichtendienste Aufklärungsaufgaben im Vorfeld von polizeilichen Gefahren. Das Trennungsgebot wird angesichts aktueller Bedrohungslagen teilweise als nicht mehr zeitgemäß angesehen. Mit dem Gesetz zu einer gemeinsamen Anti-Terrordatei von Polizeibehörden und Nachrichtendienste wurde versucht, diese Trennung aufzuheben.[429] Nach der Entscheidung des Bundesverfassungsgerichts unterliegt der Austausch von Daten zwischen den Polizeibehörden und den Nachrichtendiensten aber gesteigerten verfassungsrechtlichen Anforderungen. Der aus der informationellen Selbstbestimmung folgende Grundsatz der informationellen Gewaltenteilung lässt einen Austausch von Daten nur ausnahmsweise zu.[430] In den Vorschriften des Bundes und der Länder finden sich entsprechende Vorschriften, die zur Übermittlungen von Daten zwischen Polizeibehörden und Nachrichtendiensten ermächtigen.[431]

cc) Datenübermittlung an sonstige öffentliche Stellen

337 Die Polizeibehörden werden auch ermächtigt an **sonstige öffentliche Stellen** personenbezogene Daten zu übermitteln.[432] Eine Übermittlung an eine sonstige öffentliche Stelle ist nur dann zulässig, wenn diese ebenfalls für die Gefahrenabwehr zuständig ist und die Übermittlung dem Zweck der Abwehr einer Gefahr dient. Die Ermächtigungen der Länder beschränken die Übermittlungsbefugnisse, indem eine solche nur dann zulässig ist, wenn sie der Aufgabenerfüllung der übermittelnden Stelle dient, für die Abwehr einer Gefahr oder schwerwiegenden Beeinträchtigungen Einzelner erforderlich ist oder der Verfolgung von Straftaten und Ordnungswidrigkeiten dient.

338 In zahlreichen Vorschriften finden sich Ermächtigungen für die Übermittlung von sonstigen öffentlichen Stellen zu den Polizeibehörden.[433] Eine solche Übermittlung steht unter dem Vorbehalt, dass sie nur zulässig ist, wenn die Übermittlung für die Erfüllung gefahrenabwehrbehördlicher oder polizeilicher Aufgaben erforderlich ist und keine von der übermittelnden Stelle zu beachtenden Rechtsvorschriften dem entgegenstehen. Ermächtigungen zum Austausch zwischen Polizei- und Ordnungsbehör-

---

427 Verfassungsrechtliche Begründung des Trennungsprinzips ist umstritten, dazu *Petri*, in: Lisken/Denninger 2007, Kap. H, Rn. 444, mwN; auf Landesebene verfassungsrechtlich verankert in Art. 83 Abs. 3 Sächs Verf.

428 *Bergemann*, In: Lisken/Denninger 2012, Kap. H, Rn. 6.

429 Dazu BVerfGE 133, 277, weiterführend *Hörauf*, NVwZ 2015, 181.

430 BVerfGE 133, 277, Ls. 2; weitere Anforderungen an die Übermittlung von Polizeibehörden an Nachrichtendienste BVerfGE 141, 220.

431 ZB § 42 Abs. 8 PolG BW, Art. 39 Abs. 4 PAG Bay, 34 Abs. 3 S. 3 POG RP, 41 Abs. 2 S. 2 ThürPAG; nach BVerfGE 141, 220, Rn. 320 f. verfassungswidrig § 20 v Abs. 5 S. 4 BKAG.

432 ZB §§ 32 Abs. 2 BPolG, 42 Abs. 2 PolG BW, Art. 40 Abs. 2 PAG Bay, §§ 44 Abs. 2 ASOG Bln, 43 BbGPolG, 36 f BremPolG, 22 Abs. 2 HSOG, 20 PolGEDVG Hmb, 41 Abs. 1 SOG M-V, 43 Nds. SOG, 28 PolG NRW, 34 Abs. 3 POG RP, 34 SPolG, 34 Abs. 1 S. 2 SPolG, 44 Abs. 1 SächsPolG, 27 Abs. 2 SOG LSA, 193 Abs. 1 S. 1 LVwG SH, 41 Abs. 3 ThürPAG.

433 ZB Art. 42 PAG Bay, §§ 45 BbGPolG, 22 Abs. 5 HSOG, 30 PolG NRW, 41 Abs. 7 ThürPAG.

den begegnen verfassungsrechtlichen Bedenken, wenn im Rahmen der Ermächtigung an ordnungsbehördliche Aufgabenstellungen angeknüpft wird.[434]

dd) Datenübermittlung an nichtöffentliche Stellen

Unter besonderen Voraussetzung ist eine Übermittlung an **nichtöffentliche Stellen** zulässig. Zahlreiche Polizeigesetze regeln die Übermittlung von Polizeibehörden an nichtöffentliche oder außerhalb des öffentlichen Bereichs stehende Stellen.[435] Eine Übermittlung muss dann regelmäßig für die Erfüllung einer der übermittelnden Stelle obliegenden Aufgabe unerlässlich sein, oder der Verhütung oder Beseitigung erheblicher Nachteile für das Gemeinwohl oder der Abwehr schwerwiegender Beeinträchtigungen Einzelner dienen. Die Polizeibehörden müssen die Erforderlichkeit der Übermittlung prüfen und es dürfen in einer Abwägung mit den polizeilichen Interessen der Polizeibehörden keine schutzwürdigen Interessen der betroffenen Personen entgegenstehen. 339

ee) Datenübermittlung durch automatische Abrufverfahren

Die Ermächtigungen zur Übermittlung von Daten in **automatischen Abrufsystemen** stellt eine besondere Form der Übermittlung dar.[436] Bei den Abrufsystemen handelt es sich um Verbundsysteme, wo die übermittelnde Stelle und der Empfänger sich ein automatisiertes Verfahren einrichten, in denen der Datenempfänger personenbezogene Daten „online“ abrufen kann. Die Regelungen zu automatisierten Abrufverfahren regeln die Errichtung der Abrufverfahren, sind aber keine Ermächtigungsgrundlage für die Übermittlung selbst.[437] 340

ff) Datenübermittlung an Polizeibehörden der Mitgliedstaaten

Die Übermittlung von personenbezogenen Daten durch Polizei- und Strafverfolgungsbehörden an Behörden der Mitgliedstaaten richtet sich ebenfalls nach den bestehenden Regelungen des Bundes und der Länder.[438] Diese sind geprägt durch bestehende Unionsrechtsakte, die teilweise mit Erleichterungen bei den zu erfüllenden Voraussetzungen einer Übermittlung einhergehen.[439] Mit Ausnahmen des Rahmenbeschlusses 2009/977/JI bleiben die übrigen unionsrechtlichen Regelungen im Bereich der justiziellen Zusammenarbeit bestehen. Dazu gehört der Rahmenbeschluss 2006/960/JI, der nach Artikel 1 den raschen und wirksamen Austausch bestehender Informationen 341

434 *Petri*, in: Lisken/Denninger 2007, Kap. H, Rn. 455.

435 ZB §§ 487 Abs. 2, 475 StPO 32 Abs. 4 BPolG, Art. 41 PAG Bay, §§ 45 ASOG Bln, 44 Abs. 1 BbGPolG, § 36 g BremPolG, 23 Abs. 1 HSOG, 21 PolEDVG Hmb, 41 Abs. 1 SOG M-V, 44 Nds. SOG, 29 PolG NRW, 34 Abs. 4 bis 6 POG RP, 34 Abs. 1 S. 2 SPolG, 44 Abs. 1, 45 SächsPolG, 28 SOG LSA, 193 Abs. 1 S. 2 LVwG SH, 41 Abs. 3 S. 2 ThürPAG.

436 ZB §§ 488 StPO, 10 Abs. 7, 11 Abs. 2 BKAG, 33 Abs. 7 und 8 BPolG, 22 AZRG, 30 a, 30 b StVG, 42 Abs. 3 PolG BW, 36 e BremPolG, Art. 46 BayPAG, §§ 24 HSOG, 42 SOG M-V, 42 Nds. SOG, 36 POG RP, 35 SPolG, 48 SächsPolG, 194 LVwG SH, 42 ThürPAG; *Petri*, in: Lisken/Denninger 2007, Kap. H, Rn. 466.

437 Dazu ausführlich *Petri*, in: Lisken/Denninger 2007, Kap. H, Rn. 466.

438 ZB §§ 32 Abs. 3, 32 a BPolG, 22 Abs. 2 Satz 2 HSOG, 44 Abs. 3 ASOG Bln, Art. 40 Abs. 5 PAG Bay.

439 ZB § 32 a Abs. 3 BPolG, Übermittlung auch ohne Ersuchen an Polizeibehörden der Mitgliedstaaten zulässig, wenn eine Straftat im Sinne des Art. 2 Abs. 2 des Rahmenbeschlusses 2002/584/JI des Rates vom 13. Juni 2002 über den europäischen Haftbefehl und die Übergabeverfahren zwischen den Mitgliedstaaten (ABl. L 190 vom 18. 7. 2002, 1), der zuletzt durch den Rahmenbeschluss 2009/299/JI (ABl. L 81 vom 27. 3. 2009, 24) geändert worden ist, besteht und Anhaltspunkte dafür vorliegen, dass die Übermittlung dieser personenbezogenen Daten dazu beitragen könnte, eine solche Straftat zu verhindern.

und Erkenntnisse von Strafverfolgungsbehörden, um strafrechtliche Ermittlungen oder polizeiliche Erkenntnisgewinnungsverfahren durchführen zu können, regelt und der Rahmenbeschluss 2002/584/JI über den europäischen Haftbefehl und die Übergabeverfahren zwischen den Mitgliedstaaten.

b) Folgepflichten von Übermittlungen

342 Sind Übermittlungen einmal rechtmäßig erfolgt, schließen sich weitere Pflichten an.

aa) Verfahren bei Übermittlung

343 In Umsetzung von Art. 7 Abs. 1 JI-RL besteht nach § 73 BDSG die Pflicht soweit wie möglich zwischen Daten die auf persönlichen Einschätzungen und Tatsachen beruhen zu unterscheiden. Daraus folgt die **stetige und anlasslose Pflicht zur Überprüfung** der Daten. Nach Art. 74 Abs. 1 BDSG muss der Verantwortliche Maßnahmen ergreifen, um zu verhindern, dass unrichtige oder nicht mehr aktuelle Daten nicht übermittelt oder sonst zur Verfügung gestellt werden. Der Verantwortliche hat die Pflicht die **Qualität der Daten** vor ihrer Übermittlung oder Bereitstellung, soweit dies mit angemessenen Aufwand möglich ist, zu überprüfen. Dem Empfänger muss er durch die **Bereitstellung von Informationen** ermöglichen, die Richtigkeit, Aktualität, Vollständigkeit und Zuverlässigkeit der Daten seinerseits prüfen zu können. Soweit für die Verarbeitung besondere Bedingungen gelten, muss der Verantwortliche den Empfänger nach § 74 Abs. 2 BDSG in Umsetzung von Art. 9 Abs. 3 JI-RL auf diese Bedingungen und die Pflicht, diese zu beachten, gegebenenfalls hinweisen. Dazu gehören beispielsweise Hinweise auf die Verbote, personenbezogene Daten an andere weiter zu übermitteln, oder sie für andere Zwecke, als die Zwecke zu denen sie an den Empfänger übermittelt wurden, zu verwenden, oder die betroffene Person im Falle der Einschränkung des Rechts auf Unterrichtung ohne vorheriger Genehmigung der übermittelnden zuständigen Behörde zu informieren.[440]

344 Nach § 74 Abs. 3 BDSG in Umsetzung von Art. 9 Abs. 4 JI-RL darf die übermittelnde Stelle an Empfänger anderer Mitgliedstaaten der Union und Einrichtungen und sonstige Stellen keine Bedingungen stellen, die nicht auch für innerstaatlichen Datenübermittlungen gelten würden. Die Regelung des § 32 a Abs. 2 BPolG könnte dazu in Widerspruch stehen. Diese knüpft an die Zulässigkeitsvoraussetzungen der Übermittlungen besondere Voraussetzungen. Danach muss das Ersuchen einer mitgliedstaatlichen Behörde mindestens die in Absatz 2 genannten Angaben enthalten. Vergleichbar explizite formelle Vorgaben für das Ersuchen einer Behörde auf Übermittlung von personenbezogenen Daten bestehen für innerstaatliche Polizeibehörden nicht.

345 Nach § 75 Abs. 3 BDSG in Umsetzung von Art. 7 Abs. 3 JI-RL muss der Verantwortliche bei der Feststellung, dass unrichtige personenbezogene Daten übermittelt worden sind oder die Daten unrechtmäßig übermittelt worden sind, dies unverzüglich dem Empfänger mitteilen. § 58 Abs. 3 bis 5 BDSG sind entsprechend anzuwenden, so dass die Pflicht des Empfängers nach § 58 Abs. 5 Satz 1 BDSG besteht, die übermittelnde Stelle darüber in Kenntnis zu setzen.

440 Vgl. Eg. 36.

bb) Informations- und Benachrichtigungspflichten bei Übermittlung

Der Verantwortliche muss nach § 56 Abs. 1 Nr. 4 BDSG in Umsetzung von Art. 13 Abs. 2 lit. c JI-RL den betroffenen Personen **Informationen über die Kategorien von Empfängern** der personenbezogenen Daten mitteilen. Weitergehend stellt die JI-Richtlinie klar, dass auch Informationen über den Empfänger in Drittländern oder in internationalen Organisationen zur Verfügung zu stellen sind. § 56 Abs. 1 Nr. 4 BDSG ist entsprechend richtlinienkonform auszulegen. Erfolgt eine Benachrichtigung wegen der Übermittlung an den Verfassungsschutz oder der Nachrichtendienste, und soweit dies die Sicherheit des Bundes berührt oder andere Behörden des Bundesministeriums der Verteidigung, erfolgt eine Benachrichtigung nach § 56 Abs. 3 BDSG nur mit Zustimmung der genannten Behörden. 346

cc) Auskunftspflichten bei Übermittlung

Der Verantwortliche muss den betroffenen Personen nach § 57 Abs. 1 Nr. 4 BDSG in Umsetzung von Art. 14 lit. c JI-RL **Auskunft über die Kategorien von Empfängern** personenbezogener Daten sowie den Empfängern in Drittländern oder in internationalen Organisationen erteilen.[441] Die zu erteilenden Informationen entsprechen denen der Pflicht über die Benachrichtigung und können in gleicherweise bei Übermittlungen an den Verfassungsschutz oder Nachrichtendienste nach § 57 Abs. 5 BDSG eingeschränkt werden. 347

dd) Meldepflichten bei Berichtigung, Löschung und Einschränkung der Verarbeitung übermittelter Daten

Das Recht der Berichtigung und Löschung personenbezogener Daten sowie der Einschränkung der Verarbeitung führt nach § 58 Abs. 5 BDSG in Umsetzung von Art. 16 Abs. 5 und 6 JI-RL zu **wechselseitigen Mitteilungspflichten** der übermittelnden Stelle und des Empfängers. Nach § 58 Abs. 5 Satz 1 BDSG muss der Empfänger, wenn er Daten berichtigt, die übermittelnde Stelle, die ihm die Daten zuvor übermittelt hat, über die Berichtigung unterrichten. Umgekehrt muss die übermittelnde Stelle nach § 58 Abs. 5 Satz 2 BDSG den Empfänger über die Berichtigung, Löschung oder Einschränkung der Verarbeitung in Kenntnis setzen und der Empfänger seinerseits die in seiner Verantwortung liegenden personenbezogenen Daten berichtigen, löschen oder die Verarbeitung einschränken. 348

Aus den Pflichten des Art. 7 Abs. 1 JI-RL auf Unterscheidung der personenbezogenen Daten und Nicht-Übermittlung oder -Bereitstellung folgt eine stetige und anlasslose Pflicht, alle Kategorien von personenbezogenen Daten zu aktualisieren und qualitativ bewerten zu können. Das Recht der Berichtigung und Löschung personenbezogener Daten und Einschränkung der Verarbeitung führt nach § 58 Abs. 5 BDSG in Umsetzung von Art. 16 Abs. 5 und 6 JI-RL zu wechselseitigen Mitteilungspflichten der übermittelnden Stelle und des Empfängers. Nach § 58 Abs. 5 Satz 1 BDSG muss der Empfänger, wenn er Daten berichtigt, die übermittelnde Stelle, die ihm die Daten zuvor übermittelt hat, über die Berichtigung unterrichten. Umgekehrt muss die übermittelnde Stelle nach § 58 Abs. 5 Satz 2 BDSG den Empfänger über die Berichtigung, Löschung oder Einschränkung der Verarbeitung in Kenntnis setzen und der Empfänger 349

441 Vgl. Eg. 43.

seinerseits die in seiner Verantwortung liegenden personenbezogenen Daten berichtigen, löschen oder die Verarbeitung einschränken.[442] Vergleichbare Pflichten sind auf Ebene der Polizeigesetzte des Bundes und der Länder normiert.[443] Diese enthalten jedoch regelmäßig keine Verpflichtung des Empfängers die übermittelnde Stelle über eine Berichtigung, Löschung oder Einschränkung der Verarbeitung zu informieren.

ee) Angaben der Empfänger im Verarbeitungsverzeichnis

350 In dem von dem Verantwortlichen nach § 70 BDSG, in Umsetzung von Art. 24 JI-RL, zu führenden **Verarbeitungsverzeichnis** müssen nach § 70 Abs. 1 Nr. 3 BDSG auch Angaben über die **Kategorien von Empfängern**, gegenüber denen die personenbezogenen Daten offengelegt worden sind oder offengelegt werden, einschließlich der Angaben über Empfänger in Drittländern und internationalen Organisationen enthalten sein. Auftragsverarbeiter sind nach § 70 Abs. 2 Nr. 2 BDSG in Umsetzung von Art. 24 Abs. 2 lit. c JI-RL verpflichtet in ihr Verfahrensverzeichnis gegebenenfalls Angaben von Übermittlungen personenbezogener Daten an ein Drittland oder eine internationale Organisation unter Angabe des konkreten Staates oder der Organisation aufzunehmen. Nicht ausreichend zur Umsetzung dieser Vorgaben sind die in den Gesetzten des Bundes und der Länder verankerten Pflichten, bei automatisiert geführten Dateien eine Errichtungsanordnung zu erlassen. Die Errichtungsanordnung ist auf automatisierte Daten begrenzt und damit wesentlich enger als die Pflicht zum Führen eines Verfahrensverzeichnisses, dass sich auf alle Verarbeitungstätigkeiten in der Zuständigkeit eines Verantwortlichen bezieht.

ff) Protokollierung der Offenlegung einschließlich der Übermittlung

351 Die Verantwortlichen und die Auftragsverarbeiter sind nach § 76 BDSG in Umsetzung von Art. 25 JI-RL verpflichtet ein **Protokoll über Verarbeitungsvorgänge** zu führen, dass nach Nummer 4 auch die Offenlegung einschließlich der Übermittlung umfasst. Nach § 76 Abs. 2 BDSG müssen die Protokolle ermöglichen, dass die Begründung, das Datum und die Uhrzeit dieser Vorgänge und soweit wie möglich die Identität der Person, die die personenbezogenen Daten abgefragt oder offengelegt hat, und die Identität des Empfängers der Daten, festzustellen ist. Teilweise werden vergleichbare Pflichten in den Polizeigesetzten des Bundes und der Länder normiert,[444] die sich aber in den Anforderungen über die zu protokollierenden Daten unterscheiden. So muss die Bundespolizei nach § 33 Abs. 2 Satz 1 BPolG zwar Anlass, Inhalt, Empfänger und Tag der Übermittlung festhalten, nicht aber die Person, die die Daten angefragt oder offengelegt hat. Gerade hier besteht jedoch eine erhebliche Herausforderung, da dies voraussetzt, dass die verwendeten technischen Systeme so gestaltet sind, dass sie Berechtigungen für einzelne Nutzer vorsehen und Eingaben der Nutzer nachvollzogen werden können.

442 Vgl. Eg. 47.
443 Vgl. §§ 35 Abs. 8 BPolG; 32 Abs. 6 BKAG; 27 Abs. 5 HSOG.
444 Vgl. §§ 33 Abs. 2 Satz 1 BPolG, 21 Abs. 1 HSOG.

c) Datenübermittlungen an Drittstaaten und an internationale Organisationen

In den Vorschriften der Art. 35 bis 40 JI-RL wird die **Übermittlung** personenbezogener Daten **an Drittländer oder internationale Organisationen** geregelt. Ziel der Richtlinie ist es die Übermittlung an Drittländer und internationale Organisationen[445] zu erleichtern und gleichzeitig ein hohes Schutzniveau zu gewährleisten.[446] Abzugrenzen davon ist die Übermittlung innerhalb der Mitgliedstaaten sowie an europäische Stellen.[447] Die Übermittlung zwischen den Mitgliedstaaten richtet sich nach den allgemeinen Verarbeitungsgrundsätzen der Richtlinie oder nach bereits bestehenden Unionsrechtsakten.[448] Die Datenschutz-Grundverordnung sieht für die Übermittlung personenbezogener Daten in ein Land außerhalb der Europäischen Union oder des europäischen Wirtschaftsraum (EWR) EWR besondere Regelungen in Art. 44 bis 49 DSGVO vor.[449] 352

In Art. 35 JI-RL sind die allgemeinen Grundsätze der Übermittlung personenbezogener Daten an ein Drittland oder eine internationale Organisation festgelegt. Die Übermittlung setzt nach Art. 35 Abs. 1 lit. d iVm Art. 36 JI-RL zwingend einen Beschluss der Kommission voraus, dass das betreffende Drittland, Gebiet oder internationale Organisation ein angemessenes Schutzniveau bietet. Liegt ein **Angemessenheitsbeschluss** im Sinne des Art. 36 Abs. 3 JI-RL nicht vor, kann eine Übermittlung vorbehaltlich geeigneter Garantien nach Art. 37 JI-RL erfolgen. Liegen auch keine geeigneten Garantien vor, kann eine Übermittlung nur bei den in Art. 38 JI-RL genannten Ausnahmen übermittelt werden. 353

Umgesetzt werden diese Vorgaben in §§ 78 bis 81 BDSG. § 78 BDSG dient der Umsetzung von Art. 35 JI-RL. Er regelt die allgemeinen Voraussetzungen, die bei jeder Datenübermittlung an Stellen in Drittstaaten oder an internationale Organisationen vorliegen müssen. Die Regelung enthält weitergehend zusätzliche Anforderungen an die Datenübermittlung an Stellen in Drittstaaten oder internationale Organisationen aufgrund der verfassungsrechtlichen Vorgaben, die sich unter anderem aus dem **BKA-Urteil**[450] des BVerfG ergeben.[451] Das Bundesverfassungsgericht forderte mit Blick auf datenschutzrechtlichen Garantien im Inland, dass diese nicht durch den Austausch von personenbezogenen Daten zwischen Sicherheitsbehörden in ihrer Substanz unterlaufen werden dürften. „Der Gesetzgeber hat daher dafür Sorge zu tragen, dass dieser Grundrechtsschutz durch eine Übermittlung der von deutschen Behörden erhobenen Daten ins Ausland und an internationale Organisationen ebenso wenig ausgehöhlt wird wie durch eine Entgegennahme und Verwertung von durch ausländische Behörden menschenrechtswidrig erlangten Daten.“[452] Zum anderen ergeben sich Grenzen der Übermittlung dort, wo mit Blick auf die Nutzung von Daten durch den Empfängerstaat Menschenrechtsverletzungen zu besorgen sind. Nach dem Bun- 354

445 Legaldefinition Art. 3 Nr. 16 JI-RL.
446 Eg. 4 JI-RL.
447 *Bäcker/Hornung*, ZD 2012, 148.
448 Art. 60 JI-RL lässt bestehende Vorschriften über die Verarbeitung personenbezogener Daten im Verkehr der Mitgliedstaaten untereinander unberührt.
449 S. dazu Orientierungshilfe für den nichtöffentlichen Bereich DSK, Kurzpapier Nr. 4, 2017.
450 BVerfGE 141, 220 = BVerfG NJW 2016, 1781 (1800 ff.).
451 BT-Drs. 18/11325, 120.
452 BVerfGE 141, 220 = BVerfG NJW 2016, 1781, 1806, Rn. 327.

desverfassungsgericht ist eine Übermittlung demnach zwingend auszuschließen, wenn zu befürchten ist, dass elementare rechtsstaatliche Grundsätze verletzt werden.[453] So fordert § 78 Abs. 2 BDSG, dass eine Datenübermittlung trotz eines bestehenden Angemessenheitsbeschlusses zu unterbleiben hat, wenn im Einzelfall die Besorgnis besteht, dass ein datenschutzrechtlich angemessener und die elementaren **Menschenrechte wahrender Umgang** mit den übermittelten Daten beim Empfänger nicht hinreichend gesichert ist oder sonst überwiegende schutzwürdige Interessen einer betroffenen Person entgegenstehen.

355 § 79 BDSG dient der Umsetzung von Art. 37 JI-RL. Er normiert zu § 78 BDSG ergänzende Voraussetzungen für die Datenübermittlung an Stellen in Drittstaaten, zu denen die Kommission keinen Angemessenheitsbeschluss gemäß Art. 36 JI-RL gefasst hat. Der Verantwortliche nach § 79 Abs. 1 Satz 2 BDSG muss danach unter anderem beurteilen, ob beim Empfänger geeignete Garantien für den Schutz personenbezogener Daten vorliegen. Die Praxis des Bundeskriminalamtes, nach einer solchen Beurteilung die Übermittlung an bestimmte Bedingungen, wie Löschverpflichtungen oder Zweckbindungen, zu knüpfen, ist dabei geeignet die vorgenommene Beurteilung durch den Verantwortlichen zu dokumentieren und das Ergebnis der Beurteilung zu sichern.[454]

356 Eine **Datenübermittlung ohne geeignete Garantien** ist bei Vorliegen der in § 80 Abs. 1 BDSG genannten Gründe möglich, die ihrerseits dem Schutz hochwertiger Rechtsgüter dienen. § 81 BDSG setzt Art. 39 JI-RL um. Er erweitert unter engen Voraussetzungen und einer verstärkten Zweckbindung nach § 81 Abs. 4 BDSG den möglichen Empfängerkreis bei Datenübermittlungen in Drittstaaten.

15. Haftung und Sanktionen

a) Haftung

357 Die JI-Richtlinie legt in Art. 56 fest, dass jeder Person, der durch die rechtswidrige Verarbeitung oder einer anderen Handlung, die gegen nach Maßgabe der JI-Richtlinie erlassene nationale Vorschriften verstößt, ein **materieller** oder **immaterieller Schaden** entstanden ist, ein **Anspruch auf Schadensersatz** gegen den Verantwortlichen oder jeder sonst nach dem Recht der Mitgliedstaaten zuständigen Stelle zukommt. Wird die Datenverarbeitung durch einen Auftragsverarbeiter vorgenommen, muss die betroffene Person ihr Recht auf Schadensersatz nach § 62 Abs. 1 Satz 2 BDSG gegenüber dem Verantwortlichen geltend machen.

358 Hier besteht ein wesentlicher Unterschied zur Datenschutz-Grundverordnung. Bei ihr haften Verantwortlicher und Auftragsverarbeiter nach Art. 82 Abs. 4 DSGVO als **Gesamtschuldner**. Warum die betroffene Person im Anwendungsbereich der Richtlinie ihre Ansprüche nicht gegenüber dem Auftragsverarbeiter geltend machen können, erschließt sich mit Blick auf die Datenschutz-Grundverordnung nicht. Sowohl die JI-Richtlinie, als auch die Datenschutz-Grundverordnung sind anwendbar bei Verantwortlichen, die öffentliche Stellen sind. Im Anwendungsbereich der Datenschutz-

453 BVerfGE 141, 220 = BVerfG NJW 2016, 1781, 1806, Rn. 328.
454 BT-Drs. 18/11325, 120.

Grundverordnung könnte die betroffene Person einen Anspruch auf Schadenersatz gegenüber dem Auftragsverarbeiter geltend machen, wenn der Verantwortliche öffentliche Stelle ist. Im Anwendungsbereich der Richtlinie wäre dies nicht möglich. Daraus ergeben sich Konstellationen, in denen derselbe Auftragsverarbeiter in Abhängigkeit davon, ob er personenbezogene Daten im Anwendungsbereich der JI-Richtlinie oder der Datenschutz-Grundverordnung verarbeitet, von der betroffenen Person in Anspruch genommen werden könnte oder eben nicht. Es kann auch nicht davon ausgegangen werden, dass sich die betroffenen Personen, wenn der Verantwortliche öffentliche Stelle ist, immer an ihn und nicht auch den Auftragsverarbeiter wenden. Für einen kohärenten Rechtsrahmen ist es erforderlich, dass die betroffenen Personen ihre Ersatzansprüche im Anwendungsbereich der JI-Richtlinie auch gegenüber dem Auftragsverarbeiter durchsetzen können.

Die Eingrenzung in § 62 BDSG ist für die Geltendmachung von Schadensersatz nicht 359
zwingend aus der JI-Richtlinie geboten. Der nationale Gesetzgeber hätte auch eine Schadensersatzpflicht des Auftragsverarbeiters gegenüber der betroffenen Person statuieren können, da Art. 56 in Verbindung mit Art. 1 Abs. 3 JI-RL dies jedenfalls zuließen.

§ 83 BDSG regelt den **Schadensersatz** und die **Entschädigung** in Umsetzung von 360
Art. 56 JI-RL. Eine Begrenzung der Ersatzansprüche der Höhe nach ist nicht vorgesehen.[455] Insoweit ist Erwägungsgrund 88 JI-RL zu berücksichtigen, der einen **vollständigen und wirksamen Schadensersatz** fordert. Der Begriff des Schadens ist im Lichte der Rechtsprechung des Europäischen Gerichtshofs weit auszulegen. Bei richtlinienkonformer Auslegung umfasst der Schadensbegriff materiellen und immateriellen Schaden und ist gemäß Erwägungsgrund 88 JI-RL weit zu fassen. Der materielle Schaden kann allen aktuellen und zukünftigen, mittelbaren und unmittelbaren Schaden umfassen, soweit er dem Haftungsgrund zurechenbar ist. Als Vermögensschäden kommt insbesondere die Kosten der Rechtsverfolgung und der Eindämmung immaterieller Schäden in Betracht. Als immaterielle Schäden kommen in Betracht soziale Diskriminierung, Hemmung in der freien Persönlichkeitsentfaltung und psychische Auswirkungen bei der betroffenen Person infolge des Datenschutzverstoßes. Ein angemessener immaterieller Schadensersatz ist in der Regel einzelfallabhängig nach Dauer, Art und Schwere der Beeinträchtigung zu bemessen.

Zu beachten ist, dass die Schadensersatzpflicht nach § 83 Abs. 1 Satz 1 BDSG bei au- 361
tomatisierter Verarbeitung als **verschuldensunabhängige Gefährdungshaftung** ausgestaltet wurde. Eine Exkulpationsmöglichkeit seitens des Verarbeiters, die die Ersatzpflicht entfallen ließe, ist nämlich nach Satz 2 nur bei nichtautomatisierter Verarbeitung vorgesehen. Für eine Gefährdungshaftung spricht auch der explizite Verweis in § 83 Abs. 4 BDSG auf die Vorschrift zum Mitverschulden des Geschädigten nach § 254 BGB. Die Regelung setzt die Bestimmungen des § 8 BDSG aF konsequent fort und erweitert sie.

455 *Piltz*, BT-Ausschussdrucksache 18(4)824 C, 34 f.

b) Sanktionen

362 Nach Art. 56 JI-RL müssen die Mitgliedstaaten festlegen, welche Sanktionen bei einem Verstoß gegen die Richtlinie zu verhängen sind. Die **Sanktion** muss **wirksam, verhältnismäßig** und **abschreckend** sein. Die Vorschrift entspricht inhaltlich Art. 84 DSGVO.[456]

363 In § 84 BDSG wird für Verarbeitungen im Anwendungsbereich von § 45 Satz 1, 3 und 4 BDSG auf die Sanktionsvorschriften des § 42 BDSG verwiesen. Nach § 42 Abs. 1 BDSG kann mit Freiheitsstrafe bestraft werden, wer wissentlich den Schutz nicht allgemein zugänglicher personenbezogener Daten verletzt und dabei gewerbsmäßig handelt. Die Tatbestandsvoraussetzung der **Wissentlichkeit** muss als Anforderung an den Vorsatz verstanden werden, wonach Eventualvorsatz zur Tatbestandsverwirklichung nicht ausreichend ist. Die Strafvorschrift des § 42 Abs. 2 StGB lässt auch Eventualvorsatz genügen und bezieht sich auf die Verletzung des Schutzes nicht allgemein zugänglicher personenbezogener Daten, um sich oder einen anderen zu bereichern oder einen anderen zu schädigen. In § 43 BDSG ist die Bußgeldvorschrift bei ordnungswidrigem Handeln normiert. Nach § 84 BDSG findet diese im Anwendungsbereich des § 45 BDSG keine Anwendung. Im Anwendungsbereich der Datenschutz-Grundverordnung soll nach § 43 Abs. 3 BDSG gegen Behörden und sonstigen öffentlichen Stellen ebenfalls keine Bußgelder verhängt werden.[457] Damit finden die Bußgeldvorschriften im öffentlichen Bereich keine Anwendung.

364 Bedenklich ist, dass die unrechtmäßige Verarbeitung **frei zugänglicher Daten** gänzlich straflos gestellt ist. Art. 57 JI-RL enthält den Regelungsauftrag alle Verstöße gegen die nach der JI-Richtlinie erlassenen Vorschriften zu sanktionieren. Sie eröffnet keinen Spielraum dahin gehend Verstöße gar nicht zu sanktionieren. Gerade im Hinblick auf das grundrechtliche Eingriffspotential hinsichtlich der Erfassung frei zugänglicher Informationen und deren Auswertung durch Polizei- und Strafverfolgungsbehörden, erscheint dies als nicht angemessene Strafbarkeitslücke und richtlinienwidrig.

16. Gerichtlicher Rechtschutz

365 Ebenfalls im Allgemeinem ersten Teil des neuen Bundesdatenschutzgesetzes werden mit § 20 BDSG die **gerichtlichen Rechtschutzmöglichkeiten** gegen Entscheidungen der Aufsichtsbehörde der Bundesbeauftragten für Datenschutz und Informationsfreiheit einheitlich geregelt. § 20 setzt Art. 53 Abs. 1 JI-RL um und erfüllt zugleich den Regelungsauftrag von Art. 78 Abs. 1 DSGVO. Sie eröffnet und verweist abschließend auf den Verwaltungsgerichtsweg.

366 Abweichende bereichsspezifische Rechtsvorschriften, die einen anderen Rechtsweg eröffnen sind möglich und etwa für den Bereich der Abgabenordnung geplant. Im Anwendungsbereich von § 45 BDSG ist für Rechtsbehelfe gegen Entscheidungen der Bundesbeauftragten für Datenschutz und Informationsfreiheit aber grundsätzlich der Verwaltungsgerichtsweg eröffnet.

---

456 Dazu *Braun/Hohmann*, in: Roßnagel 2018, § 6 Rn. 129 ff.
457 Dazu krit. *Neumann*, BT- Ausschussdrucksache 18(4)824 F, 10.

Ausgenommen davon sind nach Satz 2 Bußgeldverfahren, für die der Weg zur ordentlichen Gerichtsbarkeit eröffnet ist. Im Anwendungsbereich der JI-Richtlinie und § 45 BDSG könnten durch die Aufsichtsbehörde Bußgelder gegen Auftragsverarbeiter verhängt werden. 367

Nach Absatz 7 ist die Aufsichtsbehörde nicht befugt, durch Verwaltungsentscheidung die aufschiebende Wirkung der Anfechtungsklage einer anderen Behörde oder deren Rechtsträgers auszuschließen. Im Fall einer Verwaltungsstreitsache kann eine verbindliche Entscheidung allein durch das Verwaltungsgericht getroffen werden. 368

17. Umsetzungszeitpunkt

Gemäß Art. 8 DSAnpUG-EU wird das neue Bundesdatenschutzgesetz am 25. Mai 2018 in Kraft treten und gleichzeitig das alte Bundesdatenschutzgesetz außer Kraft treten. Die Mitgliedstaaten sind nach Art. 63 JI-RL verpflichtet bis zum 6. Mai 2018 die Rechts- und Verwaltungsvorschriften zu erlassen, die erforderlich sind, um dieser Richtlinie nachzukommen. Entgegen der bestehenden Umsetzungsverpflichtung wird in Deutschland in der Zeit vom 6. Mai 2018 bis 24. Mai 2018 die Richtlinie **nicht umgesetzt.** 369

Soweit die **Frist für die Umsetzung** der Richtlinie abgelaufen ist, besteht in ständiger Rechtsprechung des EuGH eine Pflicht zur richtlinienkonformen Interpretation des nationalen Umsetzungsrechts.[458] Die Pflicht des nationalen Rechtsanwenders zur richtlinienkonformen Interpretation kann jedoch überhaupt nur insoweit bestehen, wie die nationalen Vorschriften überhaupt Interpretationsspielräume eröffnen.[459] Wenn es an einer konkreten Umsetzung fehlt, hilft die richtlinienkonforme Interpretation dem Rechtsanwender nicht weiter. Es stellt sich die Frage, ob und wenn ja, unter welchen Voraussetzungen, die Richtlinie unmittelbar angewendet werden könnte. 370

Entgegen der nach dem Wortlaut des Art. 288 Abs. 3 AEUV naheliegenden Auslegung, ist in der Rechtsprechung des EuGH weitgehend anerkannt,[460] dass die Vorschriften einer Richtlinie unter bestimmten Voraussetzungen auch **unmittelbare Wirkungen** entfalten können. Begründet wird dies zum einen mit dem Prinzip der einheitlichen Wirksamkeit des Unionsrecht und zum anderen mit dem Grundsatz der Sicherung der Funktionsfähigkeit der Union. Die Wirksamkeit der Richtlinie zu si- 371

458 Vgl. zB EuGH Urt. v. 16.12.1993 – C-334/92, Slg 1993, I-6911 – Wagner Miret/Fondo de garantía salarial; EuGH Urt. v. 11.7.1996 – C-71/94, C-72/94 und C-73/94, Slg 1996, I-3603 – Eurim-Pharm Arzneimittel/Beiersdorf e. a.; EuGH Urt. v. 16.7.1998 – C-355/96, Slg 1998, I-4799 – Silhouette International Schmied/Hartlauer Handelsgesellschaft; EuGH Urt. v. 22.9.1998 – C-185/97, Slg 1998, I-5199 – Coote/Granada Hospitality.

459 *Nettesheim*, in: Grabitz/Hilf/Nettesheim 2016, Art. 288 AEUV, Rn. 134.

460 EuGH Urt. v. 6.10.1970 – 9/70, Slg 1970, 825 – Grad/Finanzamt Traustein = mAnm *Grabitz* EuR 1971, 1; EuGH Urt. v. 17.12.1970 – 33/70, Slg 1970, 1213 – SACE; EuGH Urt. v. 4.12.1974 – 41/74, Slg 1974, 1337 – Van Duyn; so auch EuGH Urt. v. 26.2.1975 – 67/74, Slg 1975, 297, insbes. Schlussanträge 311 – Bonsignore; EuGH Urt. v. 1.2.1977 – 51/76, Slg 1977, 113, 127 – Nederlandse Ondernemingen; EuGH Urt.v. 23.11.1977 – 38/77, Slg 1977, 2203, 221 – ENKA; EuGH Urt. v. 29.11.1978 – 21/78, Slg 1978, 2327, 2340 – Delkvist; EuGH Urt. v. 5.4.1979 – 148/78, Slg 1979, 1629, 1642 – Ratti; EuGH Urt. v. 22.5.1980 – 131/79, Slg 1980, 1585, 1608 f. – Regina; EuGH Urt. v. 2.12.1980 – 815/79, Slg 1980, 3585, 3621 – Cremonini u. Vrankowich; dagegen ablehnend Entscheidungen nationaler Gerichte, s. Conseil d'Etat EuR 1979, 292; BFHE 133, 470; Klarstellend daraufhin EuGH Urt. v. 19.1.1982 – 8/81, Slg 1982, 53, 70 f. – Becker; Entscheidung des BFH wurde im „Mittlerweile-Beschluss" des Bundesverfassungsgerichts aufgehoben, BVerfGE 75, 223, 245.

chern, soll vor allem die Rechtsposition des Einzelnen vor der Beliebigkeit der Mitgliedstaaten schützen, einen Umsetzungsbefehl der Richtlinie zu ignorieren.[461]

372 Eine Richtlinienbestimmung kann nur dann unmittelbare Wirkung entfalten, wenn die Umsetzungsfrist abgelaufen ist,[462] „der Staat die Richtlinie nicht fristgemäß in nationales Recht umsetzt oder eine unzutreffende Umsetzung der Richtlinie vornimmt“[463] und die Bestimmung einer Richtlinie hinreichend geeignet ist, unmittelbare Wirkung zu entfalten.[464] Letzteres ist der Fall, wenn die Regelung inhaltlich unbedingt und hinreichend genau ist.[465] Eine Pflicht zur Geltendmachung besteht nicht, vielmehr haben staatlichen Organe die Vorschriften einer Richtlinie unmittelbar anzuwenden, wenn die Voraussetzungen dafür vorliegen.[466]

373 Die Vorschriften der Richtlinie sind demnach in der Zeit, in der das neue Bundesdatenschutzgesetz noch nicht in Kraft getreten ist, soweit unmittelbar anwendbar, wie die Vorschriften der Richtlinie dafür geeignet sind. Für den Rechtsanwender ergibt sich daraus das praktische Problem, in einem relativ kurzen und überschaubaren Zeitraum die Richtlinie gegebenenfalls unmittelbar anwenden zu müssen.

374 Die Folgen der Nichtanwendung der Richtlinie sind in diesem Zeitraum in den Bereichen relevant, wo die Nichtanwendung möglicherweise zu Beweiserhebungs- oder Verwertungsverboten führt oder Rechte der betroffenen Personen negiert werden. In tatsächlicher Hinsicht mögen die Auswirkungen weniger dramatisch sein, da der Zeitraum dieses Rechtszustandes von vornherein absehbar und nur auf wenige Tage beschränkt ist. Dennoch darf ein solcher Zustand nicht zu einer Verkürzung der Rechtspositionen des Einzelnen führen. Die nach der Richtlinie Verantwortlichen, sollten daher das neue Bundesdatenschutzgesetz bereits vor dem In-Krafttreten berücksichtigen.

III. Weitere nationale Umsetzungsmaßnahmen

375 Im Interesse einer homogenen Entwicklung des allgemeinen Datenschutzrechts findet das neu gefasste Bundesdatenschutzgesetz, soweit es nicht selbst oder bereichsspezifische Gesetze abweichende Regelungen treffen, auch für die Verarbeitung personenbezogener Daten im Rahmen von Tätigkeiten öffentlicher Stellen Anwendung, die außerhalb des Anwendungsbereichs des Unionsrechts liegen, wie etwa die Datenverarbeitung durch das Bundesamt für Verfassungsschutz, den Bundesnachrichtendienst oder den Militärischen Abschirmdienst oder im Bereich des Sicherheitsüberprüfungsgesetzes. Dies geht einher mit zusätzlichem gesetzlichen Änderungsbedarf in den jeweiligen bereichsspezifischen Gesetzen. Für diejenigen Bereiche, die nicht unter die beiden EU-Rechtsakte fallen und die über kein bereichsspezifisches Recht verfügen, wird die Verordnung (EU) 2016/679 und Teil 2 des neu gefassten Bundesdatenschutz-

461 *Nettesheim*, in: Grabitz/Hilf/Nettesheim 2016, Art. 288 AEUV, Rn. 139 f.
462 *Nettesheim*, in: Grabitz/Hilf/Nettesheim 2016, Art. 288 AEUV, Rn. 142 f.; EuGH Urt. v. 5.4.1979 – 148/78, Slg 1979, 1629, 1642 – Ratti; EuGH Urt. v. 10.11.1992 – C-156/91, Slg 1992, I-5567 – Mundt.
463 *Nettesheim*, in: Grabitz/Hilf/Nettesheim 2016, Art. 288 AEUV, Rn. 143; EuGH Urt. v. 26.2.1986 – 152/84, Slg 1986, 723, Rn. 46 – Marshall = NJW 1986, 2178.
464 *Nettesheim*, in: Grabitz/Hilf/Nettesheim 2016, Art. 288 AEUV, Rn. 145.
465 *Nettesheim*, in: Grabitz/Hilf/Nettesheim 2016, Art. 288 AEUV, Rn. 146 f.
466 *Nettesheim*, in: Grabitz/Hilf/Nettesheim 2016, Art. 288 AEUV, Rn. 148, mwN.

gesetzes für anwendbar erklärt, um entsprechend der Regelungssystematik des bisherigen Bundesdatenschutzgesetzes ein datenschutzrechtliches Vollregime anzubieten.[467]

Mit Art. 2 DSAnpUG-EU werden auch die relevanten Vorschriften des Bundesverfas- 376
sungsschutzgesetzes (BVerfSchG) geändert oder Neuerung angefügt. Im Wesentlichen betreffen die Anpassung den geänderten Wortlaut oder die geänderte Nummerierung von Paragrafen. So werden die Wörter „sperren“ und „Erhebung, Verarbeitung und Nutzung“ durch die Wörter „die Verarbeitung einschränken“ beziehungsweise „Verarbeitung“ ersetzt. Die sich ändernden Begriffe finden sich in den Änderungen des Wortlautes zahlreicher weiterer Vorschriften, wie den §§ 12, 13, 22a Abs. 5, 25 Satz 3 BVerfSchG, wieder. In § 6 Abs. 3 Satz 1 BVerfSchG wird der bisherige Verweis auf die technischen und organisatorischen Maßnahmen des § 9 BDSG geändert und ersetzt durch einen Verweis auf die Vorschrift des § 64 BDSG.

Die Befugnisse des Bundesamtes für Verfassungsschutz nach § 8 BVerfSchG werden 377
insoweit gegenüber der bestehenden Regelung erweitert, als nunmehr nach § 8 Abs. 1 Satz 1 BVerfSchG die Verarbeitung auch zulässig ist, wenn die betroffene Person eingewilligt hat (vgl. → Rn. 154 ff.). Nach § 27 BVerfSchG sind die § 51 Abs. 1 bis 4 BDSG anwendbar. Dies schließt aus, dass eine betroffene Person in die Verarbeitung besonderer Kategorien von Daten gegenüber dem Bundesamt für Verfassungsschutz einwilligen kann, da die Regelung des § 51 Abs. 5 BDSG gerade nicht anwendbar ist.

Die Mitwirkungspflichten öffentlicher Stellen nach § 16 Abs. 4 BDSG gegenüber der 378
Bundesbeauftragten für Datenschutz werden durch die Änderungen im Geltungsbereich des Bundesdatenschutzgesetzes für das Bundesverfassungsschutzgesetz nach § 27 BVerfSchG für nicht anwendbar erklärt. An die Stelle der Regelungen des Bundesdatenschutzgesetzes tritt die Vorschrift des § 26a BVerfSchG. Die Vorschrift setzt Art. 47 Abs. 1 JI-RL in nationales Recht um. Eine Beschränkung der Befugnisse der Aufsichtsbehörde ist in Art. 47 JI-RL nicht vorgesehen. Es ist fraglich und umstritten, ob die vom Gesetzgeber in § 26a Abs. 3 Satz 3 BVerfSchG vorgenommene Beschränkung der Befugnisse der Aufsichtsbehörde den Vorgaben der Richtlinie entsprechen.

Im Übrigen regelt § 27 BVerfSchG, dass § 1 Abs. 8, die §§ 4, 16 Abs. 1 und 4 und die 379
§§ 17 bis 21 sowie 85 keine Anwendung finden und die §§ 46, 51 Abs. 1 bis 4 und die §§ 52 bis 54, 62, 64, 83 und 84 entsprechend anzuwenden sind.

In Art. 3 DSAnpG-EU wird das MAD-Gesetz geändert. Art. 3 DSAnpG-EU enthält 380
insgesamt 5 Änderungen. Dem § 4 Abs. 1 Satz 1 MAD-Gesetz wird ein zweiter Halbsatz angefügt, wonach die Einwilligung, ebenso wie in § 8 BVerfSchG, Grundlage für die Verarbeitung personenbezogener Daten sein kann. In § 6 Abs. 2 MAD-Gesetz werden die Wörter „zu sperren“ durch die Wörter „ihre Verarbeitung einzuschränken“ ersetz. Ohne erkennbaren Bezug zur Umsetzung der Richtlinie ist die Änderung in § 10 Abs. 2 Satz 2 MAD-Gesetz, wonach nunmehr auch das Geburtsdatum anzugeben ist. Die Regelungen über die Datenschutzkontrolle in § 12a MAD-Gesetz verweisen auf die

467 BT-Drs. 18/11325, 69.

Regelung des § 26 a BVerfSchG. Die Regelung zur Anwendbarkeit des Bundesdatenschutzgesetzes in § 13 MAD-Gesetz entspricht inhaltlich § 27 BVerfSchG.

381 In Art. 4 DSAnpUG-EU wird das BND-Gesetz geändert. Ebenso bei den Änderungen zum MAD-Gesetz und BVerfSchG beziehen sich zahlreiche Änderungen auf die geänderten Begriffe der Verarbeitung und Sperrung. Nach den Änderungen des § 2 Abs. 1 BND-Gesetz soll die Verarbeitung zulässig sein, wenn die betroffene Person eingewilligt hat. Die unabhängige Datenschutzkontrolle nach § 32 BND-Gesetz verweist auf die Regelung des künftigen § 26 a BVerfSchG. Die Regelungen zur Anwendbarkeit des Bundesdatenschutzgesetzes in § 32 a BND-Gesetz entsprechend weitgehend den Regelungen des MAD-Gesetzes und des Bundesverfassungsschutzgesetzes. Die in § 14 Abs. 2 BDSG der Bundesbeauftragten für Datenschutz eingeräumten Rechte schränkt das BND-Gesetz dahin gehend ein, dass sie sich nur an die Bundesregierung sowie an die für die Kontrolle des Bundesnachrichtendienstes zuständigen Gremien wenden darf. Von der Anwendung ebenfalls ausgeschlossen ist nach § 32 a Ziff. 3 BND-Gesetz die Vorschriften des Teil 4 des Bundesdatenschutzgesetzes, der bisher ausschließlich § 85 BDSG enthält·

382 In Art. 5 DSAnpUG-EU wird das Sicherheitsüberprüfungsgesetz geändert. Die wesentlichen Änderungen betreffen die Anwendung der Vorschriften des Bundesdatenschutzgesetzes, Bundesverfassungsschutzgesetzes, MAD-Gesetzes nach § 36 SÜG und BND-Gesetzes sowie die unabhängige Datenschutzkontrolle nach § 36 a SÜG. Nach § 36 a Abs. 2 SÜG soll die oder der Bundesbeauftragte dann keine Kontrollkompetenz haben, soweit die Kontrolle der G10-Kommission obliegt. Ebenso wie im Rahmen des Bundesverfassungsschutzgesetzes können die Rechte der oder des Bundesbeauftragten nach § 36 a Abs. 3 Satz 3 SÜG eingeschränkt werden, soweit dies aus Staatsschutzgründen erforderlich ist. Fraglich ist demnach auch hier, ob diese Einschränkung mit den Vorgaben der Richtlinie vereinbart werden kann.

383 In Art. 6 DSAnpUG-EU wird das Artikel-10-Gesetz geändert. Die Änderungen beschränken sich dabei im Wesentlichen auf die für erforderlich gehaltenen Änderungen des Wortlautes.

384 Die Umsetzung der JI-Richtlinie soll über die relevanten Regelungen im DSAnpUG-EU hinaus gesondert auch im Fachrecht erfolgen.[468]

IV. Weiterer nationaler Anpassungsbedarf

385 Nach der JI-Richtlinie soll die Datenverarbeitung von Sicherheitsbehörden durch Rechtsgrundlagen (also Ermächtigungsnormen) legitimiert werden. Diese müssen von der mitgliedstaatlichen Gesetzgebung etabliert bzw. zur Richtlinie und deren Umsetzungsgesetzen angepasst werden. Weder das künftige Bundesdatenschutzgesetz noch die übrigen Regelungen des Artikelgesetzes erfüllen diese Anforderungen. Die Umsetzung der JI-Richtlinie soll über die relevanten Regelungen im DSAnpUG-EU hinaus gesondert auch im Fachrecht erfolgen.[469]

468 BT-Drs. 18/11325, 69.
469 BT-Drs. 18/11325, 69.

Überprüft und gegebenenfalls an die JI-Richtlinie und das neue Bundesdatenschutzgesetz angepasst werden müssen unter anderem im Bundesrecht: 386

- Bundeskriminalamtgesetz (BKAG)[470]
- Bundespolizeigesetz (BPolG)
- Gesetz über den Bundesnachrichtendienst (BND-Gesetz – BNDG)
- Gesetz über den militärischen Abschirmdienst (MAD-Gesetz – MADG)
- Bundesverfassungsschutzgesetzes (BVerfSchG)
- Sicherheitsüberprüfungsgesetz (SÜG)
- Artikel 10-Gesetz (G 10)
- BSI-Gesetz (BSIG)
- Strafprozessordnung (StPO)
- Zollverwaltungsgesetz (ZollVG)
- Strafvollzugsgesetz (StVollzG)
- Abgabenordnung (AO)
- Außenwirtschaftsgesetz (AWG)
- Zehntes Buch Sozialgesetzbuch – Sozialverwaltungsverfahren und Sozialdatenschutz (SGB X)
- Anti-Doping-Gesetz (AntiDopG)
- Asylgesetz (AsylG)
- Aufenthaltsgesetz (AufenthG)
- Gesetz über das Ausländerzentralregister – AZR-Gesetz (AZRG)
- Antiterrordateigesetz (ATDG)
- Schwarzarbeitsbekämpfungsgesetz (SchwarzArbG)
- Zollfahndungsdienstgesetz (ZFdG)
- Einführungsgesetz zum Gerichtsverfassungsgesetz (GVGEG)
- Straßenverkehrsgesetz (StVG)
- Verordnung über die Art der Daten, die nach den §§ 8 und 9 des Bundeskriminalamtgesetzes gespeichert werden dürfen – BKA-Daten-Verordnung

Im Recht der Länder müssen die Landesdatenschutzgesetze sowie die Landessicherheits- und -polizeigesetze überprüft und gegebenenfalls angepasst werden. Zum Beispiel betrifft dies im Bundesland Hessen unter anderem folgende Vorschriften: 387

- Hessisches Datenschutzgesetz (HDSG)[471]
- Hessisches Gesetz über die öffentliche Sicherheit und Ordnung (HSOG)
- Verordnung zur Durchführung des Hessischen Gesetzes über die öffentliche Sicherheit und Ordnung und des Hessischen Freiwilligen-Polizeidienst-Gesetzes (HSOG-DVO)
- Hessisches Jugendstrafvollzugsgesetz (HessJStVollzG)
- Hessisches Strafvollzugsgesetz (HStVollzG)

470 Dazu Gesetz zur Neustrukturierung des Bundeskriminalamtgesetzes v. 1. Juli.2016 (BGBl. I S. 1354).

471 Der unter dem 5.12.2017 veröffentlichte Gesetzentwurf für ein Hessisches Gesetz zur Anpassung des Hessischen Datenschutzrechts an die Verordnung und zur Umsetzung der JI-Richtlinie (Hess.LT-Drs. 19/5728) orientiert sich in Artikel 1 in Aufbau und Inhalt des neugefassten HDSG stark an dem neuen BDSG.

- Gesetz über das Landesamt für Verfassungsschutz vom 19. Dezember 1990 (VerfSchutzG HE 1990)
- Hessisches Sicherheitsüberprüfungsgesetz (HSÜG)

Es ist daher **viel zu tun.**

§ 2 Synopse BDSG neue Fassung und JI-Richtlinie

In dieser Synopse werden die Paragrafen des neuen Bundesdatenschutzgesetzes – in der Fassung wie es im Bundesgesetzblatt[1] verkündet wurde – mit den korrespondierenden Artikeln der Richtlinie (EU) 2016/680 (JI-Richtlinie oder JI-RL) – in der Fassung wie sie im Amtsblatt der Europäischen Union, L 119 vom 4. Mai 2016, S. 89 verkündet wurde – gegenüberstellt. Die Zuordnung folgt aus dem Inhalt der Artikel und Paragrafen (Regelungsmaterie) und den Umsetzungszielen, wie sie in der Gesetzbegründung und den Erwägungsgründen zum Ausdruck kommen. Ergänzt wurden die offiziellen Fassungen jeweils um eine Nummerierung der Sätze und Hinweise auf offensichtliche Schreibfehler. 1

Zur besseren Nachvollziehbarkeit der Zuordnung und als Arbeitshilfe wurden sowohl die Erwägungsgründe der JI-Richtlinie zwischen deren Artikel, als auch die Gesetzesbegründung – wie sie den BT-Drs. 18/11325 und 18/12144 entnommen werden können – zwischen den Paragrafen des zukünftigen Bundesdatenschutzgesetzes eingereiht. 2

Bedeutung der Gesetzesbegründung für die Auslegung

Gesetzesbegründungen haben keine Bindungswirkung. Gesetzesbegründung sind Materialien zur Auslegung, die neben anderen bestehen. Ihr Gewicht kann nicht abstrakt bestimmt werden, sondern richtet sich nach der konkreten Auslegungssituation. Die Gesetzesbegründung kann bei der Auslegung eines Gesetzestextes herangezogen werden, insbesondere um den historischen Willen des Gesetzgebers zu ermitteln. 3

Bedeutung der Erwägungsgründe für die Auslegung

Jeder Rechtsakt der Union ist gemäß Art. 296 Abs. 2 AEUV von den Organen mit einer Begründung zu versehen. Er muss auf die seinem Erlass vorangegangenen Vorschläge und Stellungnahmen Bezug nehmen. Die Begründung wird üblicherweise in den Erwägungsgründen geliefert. Diese sind den einzelnen Artikeln des Rechtsakts vorangestellt. Durch die Bezugnahme auf die erwähnten Vorschläge und Stellungnahmen lässt sich die Genese des Rechtsakts nachvollziehen. Die Erwägungsgründe sind dadurch Teile des Rechtsakts und können Aufschlüsse über die Ziele und Hintergründe des Rechtssetzungsprozesses geben. Dadurch lassen sich auch Hinweise auf Sinn und Zweck sekundärrechtlicher Vorschriften aus den Erwägungsgründen entnehmen. 4

Leitgedanken bei Zuordnung und Gegenüberstellung

Erwägungsgründe europäischer Sekundärrechtsakte sind grundsätzlich auf den gesamten Text des jeweiligen Rechtsakts zu beziehen. Eine Zuordnung einzelner Erwägungsgründe zu einzelnen Artikeln kann nicht immer trennscharf erfolgen und ist 5

1 BGBl. 2017 Teil I Nr. 44, ausgegeben zu Bonn am 5. Juli 2017, 2097.

einschätzungsabhängig. Wie die Erwägungsgründe der JI-Richtlinie von uns den Artikeln der JI-Richtlinie zugeordnet wurden, ergibt sich aus nachfolgender Tabelle.[2]

6 In der Synopse wurde soweit vorhanden die Gesetzesbegründung zu den einzelnen Vorschriften des neuen Bundesdatenschutzgesetzes aus den Bundestagsdrucksachen zwischen die Paragrafen des Bundesdatenschutzgesetzes eingereiht. Dies dient als Arbeitshilfe zur Interpretation der Regelungen des neuen Bundesdatenschutzgesetzes. Die Gegenüberstellung der Begründung des neuen Bundesdatenschutzgesetzes und der Erwägungsgründe der JI-Richtlinie geschah so zwangsläufig und hat für sich genommen keinen interpretatorischen oder synoptischen Wert.

I. Zuordnung Erwägungsgründe zu Artikeln der JI-Richtlinie

7

(1) bis (9)	Art. 1
(10) bis (14)	Art. 2
(15)	Art. 1
(16) bis (20)	Art. 2
(21) bis (25)	Art. 3
(26)	Art. 4 und Art. 5
(27) bis (29)	Art. 4
(30)	Art. 4 und Art. 7
(31)	Art. 6
(32)	Art. 7
(33)	Art. 8
(34)	Art. 8 und 9
(35)	Art. 8
(36)	Art. 9
(37)	Art. 10
(38)	Art. 11
(39) bis (41)	Art. 12
(42)	Art. 13
(43)	Art. 14
(44) bis (46)	Art. 15
(47)	Art. 16
(48)	Art. 17
(49)	Art. 18
(50) bis (52)	Art. 19
(53)	Art. 19 und 20
(54)	Art. 21
(55)	Art. 22 und 23
(56)	Art. 24 und 26
(57)	Art. 25
(58)	Art. 27
(59)	Art. 28

2 Andere Zuordnung findet sich zB bei *Linder* 2016.

(60)	Art. 29
(61)	Art. 30
(62)	Art. 31
(63)	Art. 32 und 33
(64) und (65)	Art. 35
(66) bis (70)	Art. 36
(71)	Art. 37
(72)	Art. 38
(73)	Art. 39
(74)	Art. 40 und 41
(75) und (76)	Art. 41
(77)	Art. 41 und 42
(78)	Art. 42
(79)	Art. 42 und 43
(80)	Art. 45
(81)	Art. 46
(82)	Art. 47
(83)	Art. 46, 48 und 50
(84)	Art. 51
(85)	Art. 52
(86)	Art. 53
(87)	Art. 55
(88)	Art. 56
(89)	Art. 57
(90)	Art. 35, 36, 50, 51 und 58
(91) und (92)	Art. 58
(92)	Art. 36
(93)	Art. 58
(94)	Art. 60
(95)	Art. 61
(96)	Art. 63
(97) und (98)	Art. 59
(99) bis (104)	Art. 65
(105)	Art. 63
(106)	Art. 65
(107)	Art. 15, 16 und 63

II. Synopse Teil 3 Bundesdatenschutzgesetz zur JI-Richtlinie

8 **Bundesdatenschutzgesetz** | **Richtlinie (EU) 2016/680 (JI-RL)**

Teil 3 Bestimmungen für Verarbeitungen zu Zwecken gemäß Artikel 1 Absatz 1 der Richtlinie (EU) 2016 / 680

Kapitel 1 Anwendungsbereich, Begriffsbestimmungen und allgemeine Grundsätze für die Verarbeitung personenbezogener Daten

§ 45 BDSG Anwendungsbereich

[1]Die Vorschriften dieses Teils gelten für die Verarbeitung personenbezogener Daten durch die für die Verhütung, Ermittlung, Aufdeckung, Verfolgung oder Ahndung von Straftaten oder Ordnungswidrigkeiten zuständigen öffentlichen Stellen, soweit sie Daten zum Zweck der Erfüllung dieser Aufgaben verarbeiten. [2]Die öffentlichen Stellen gelten dabei als Verantwortliche. [3]Die Verhütung von Straftaten im Sinne des Satzes 1 umfasst den Schutz vor und die Abwehr von Gefahren für die öffentliche Sicherheit. [4]Die Sätze 1 und 2 finden zudem Anwendung auf diejenigen öffentlichen Stellen, die für die Vollstreckung von Strafen, von Maßnahmen im Sinne des § 11 Absatz 1 Nummer 8 des Strafgesetzbuchs, von Erziehungsmaßregeln oder Zuchtmitteln im Sinne des Jugendgerichtsgesetzes und von Geldbußen zuständig sind. [5]Soweit dieser Teil Vorschriften für Auftragsverarbeiter enthält, gilt er auch für diese.

Art. 1 JI-RL Gegenstand und Ziele

(1) Diese Richtlinie enthält Bestimmungen zum Schutz natürlicher Personen bei der Verarbeitung personenbezogener Daten durch die zuständigen Behörden zum Zwecke der Verhütung, Ermittlung, Aufdeckung oder Verfolgung von Straftaten oder der Strafvollstreckung, einschließlich des Schutzes vor und der Abwehr von Gefahren für die öffentliche Sicherheit.

(2) Gemäß dieser Richtlinie haben die Mitgliedstaaten

a) die Grundrechte und Grundfreiheiten natürlicher Personen, insbesondere deren Recht auf Schutz personenbezogener Daten, zu schützen und
b) sicherzustellen, dass der Austausch personenbezogener Daten zwischen den zuständigen Behörden in der Union sofern er nach dem Unionsrecht oder dem Recht der Mitgliedstaaten vorgesehen ist – nicht aus Gründen, die mit dem Schutz natürlicher Personen bei der Verarbeitung personenbezogener Daten verbunden sind, eingeschränkt oder verboten wird.

(3) Diese Richtlinie hindert die Mitgliedstaaten nicht daran, zum Schutz der Rechte und Freiheiten der betroffenen Person bei der Verarbeitung personenbezogener Daten durch die zuständigen Behörden Garantien festzulegen, die strenger sind als die Garantien dieser Richtlinie.

Gesetzbegründung

BT-Drs. 18/11325, S. 110 f.:

Der Dritte Teil dient im Wesentlichen der Umsetzung der Richtlinie (EU) 2016/680. § 45 regelt den Anwendungsbereich des Dritten Teils. Er gilt nur für Verarbeitungen durch öffentliche Stellen und, vgl. Artikel 3 Absatz 7 Buchstabe b der Richtlinie (EU) 2016/680 und § 2 Absatz 4 BDSG, insoweit, als öffentliche Stellen geltende Beliehene, die für die Verhütung, Ermittlung,

Erwägungsgründe

(1) Der Schutz natürlicher Personen bei der Verarbeitung personenbezogener Daten ist ein Grundrecht. Gemäß Artikel 8 Absatz 1 der Charta der Grundrechte der Europäischen Union (im Folgenden „Charta“) sowie Artikel 16 Absatz 1 des Vertrags über die Arbeitsweise der Europäischen Union (AEUV) hat jede Person

Bundesdatenschutzgesetz	Richtlinie (EU) 2016/680 (JI-RL)
Aufdeckung oder Verfolgung von Straftaten oder die Strafvollstreckung, einschließlich des Schutzes vor und der Abwehr von Gefahren für die öffentliche Sicherheit zuständig sind und auch nur, soweit sie zu diesen Zwecken Daten verarbeiten. Dies sind insbesondere die Polizeibehörden, die Staatsanwaltschaften sowie der Zoll und die Steuerfahndung, soweit sie die Daten zu den genannten Zwecken verarbeiten. Dies schließt Gefahrenabwehrzwecke ein. Für die Eröffnung des Anwendungsbereichs des Dritten Teils und damit auch der Richtlinie (EU) 2016/680 genügt also eine Verarbeitung zu den og Zwecken allein nicht; daneben muss auch eine grundsätzliche Befugnis- und Aufgabenzuweisung (Zuständigkeit) für die Verhütung, Ermittlung, Aufdeckung oder Verfolgung von Straftaten oder die Strafvollstreckung, einschließlich des Schutzes vor und der Abwehr von Gefahren für die öffentliche Sicherheit vorliegen. Die Ermittlung, Verfolgung, Ahndung und Vollstreckung von Ordnungswidrigkeiten ist vom Anwendungsbereich umfasst; dies wird durch Erwägungsgrund 13 der Richtlinie (EU) 2016/680 unterstützt. Hierdurch wird insbesondere erreicht, dass die polizeiliche Datenverarbeitung einheitlichen Regeln folgt, unabhängig davon, ob eine Straftat oder eine Ordnungswidrigkeit in Rede steht. Aus dem Ziel, dem Ordnungswidrigkeitenverfahren einheitliche datenschutzrechtliche Regeln gegenüberzustellen, folgt, dass somit auch in Bezug auf die Datenverarbeitung durch Behörden, die nicht Polizeibehörden sind, soweit sie aber Ordnungswidrigkeiten verfolgen, ahnden und vollstrecken, der Teil 3 des vorliegenden Gesetzes gilt und die Datenverarbeitung auch sonst Regeln folgen muss, welche die Richtlinie (EU) 2016/680 umsetzen. Daraus folgt, dass die Datenverarbeitung bei Verwaltungsbehörden wie zB Waffen-, Hygiene- oder Passbehörden, deren Aufgabenzuweisung nicht mit den in § 45 genannten Zwecken übereinstimmt, grundsätzlich solange und soweit nicht in den Anwendungsbereich der Richtlinie und damit des Dritten Teils dieses Gesetzes fällt, wie die von ihnen geführten Verfahren nicht in ein konkretes Ordnungswidrigkeitenverfahren übergehen. Auftragsverarbeiter – ob öffentliche oder nichtöffentliche Stellen –, deren Tätigkeit sich grundsätzlich dadurch auszeichnet, dass sie Daten zur Erfüllung einer Auftragsverarbeitungsvereinbarung und nicht aufgrund eigener Aufgabenzuschreibung verarbeiten, sind durch die Regelungen des Dritten Teils nur adressiert, sofern sie konkret angesprochen sind. Die von ihnen	das Recht auf Schutz der sie betreffenden personenbezogenen Daten. (2) Die Grundsätze und Vorschriften zum Schutz natürlicher Personen bei der Verarbeitung ihrer personenbezogenen Daten sollten gewährleisten, dass ihre Grundrechte und Grundfreiheiten und insbesondere ihr Recht auf Schutz personenbezogener Daten ungeachtet ihrer Staatsangehörigkeit oder ihres Aufenthaltsorts gewahrt bleiben. Diese Richtlinie soll zur Vollendung eines Raums der Freiheit, der Sicherheit und des Rechts beitragen. (3) Rasche technologische Entwicklungen und die Globalisierung haben den Datenschutz vor neue Herausforderungen gestellt. Das Ausmaß der Erhebung und des Austauschs personenbezogener Daten hat eindrucksvoll zugenommen. Die Technik macht es möglich, dass für die Ausübung von Tätigkeiten wie die Verhütung, Ermittlung, Aufdeckung oder Verfolgung von Straftaten oder die Strafvollstreckung in einem noch nie dagewesenen Umfang personenbezogene Daten verarbeitet werden können. (4) Der freie Verkehr personenbezogener Daten zwischen den zuständigen Behörden zum Zwecke der Verhütung, Ermittlung, Aufdeckung oder Verfolgung von Straftaten oder der Strafvollstreckung, einschließlich des Schutzes vor und der Abwehr von Gefahren für die öffentliche Sicherheit innerhalb der Union und die Übermittlung solcher personenbezogener Daten an Drittländer und internationale Organisationen, sollte erleichtert und dabei gleichzeitig ein hohes Schutzniveau für personenbezogene Daten gewährleistet werden. Angesichts dieser Entwicklungen bedarf es des Aufbaus eines soliden und kohärenteren Rechtsrahmens für den Schutz personenbezogener Daten in der Union, die konsequent durchgesetzt werden. (8) Artikel 16 Absatz 2 AEUV ermächtigt das Europäische Parlament und den Rat, Vorschriften über den Schutz natürlicher Personen bei der Verarbeitung personenbezogener Daten und zum freien Verkehr personenbezogener Daten zu erlassen. (9) Auf dieser Grundlage sind in der Verordnung (EU) 2016/679 des Europäischen Parlaments und des Rates (5) allgemeine Bestimmungen für den Schutz natürlicher Personen bei der Verarbeitung personenbezogener Daten und zum freien Verkehr personenbezogener Daten in der Union niedergelegt. (7) Für den Zweck der wirksamen justiziellen Zusammenarbeit in Strafsachen und der polizeilichen Zusammenarbeit ist es entscheidend, ein einheitliches und hohes Schutzniveau für die

Bundesdatenschutzgesetz	Richtlinie (EU) 2016/680 (JI-RL)
durchgeführten Verarbeitungen richten sich im Übrigen nach den Regelungen der Verordnung (EU) 2016/679 bzw. dem diese ausformenden Teilen 1 und 2 dieses Gesetzes. Das schließt nicht aus, dass durch den Dritten Teil angesprochene Verantwortliche auch als Auftragsverarbeiter tätig sein können. *BT-Drs. 18/12144, S. 6:* Es handelt sich um eine redaktionelle Korrektur.	personenbezogenen Daten natürlicher Personen zu gewährleisten und den Austausch personenbezogener Daten zwischen den zuständigen Behörden der Mitgliedstaaten zu erleichtern. Im Hinblick darauf sollte dafür gesorgt werden, dass die Rechte und Freiheiten natürlicher Personen bei der Verarbeitung personenbezogener Daten durch zuständige Behörden zum Zwecke der Verhütung, Ermittlung, Aufdeckung oder Verfolgung von Straftaten oder der Strafvollstreckung, einschließlich des Schutzes vor und der Abwehr von Gefahren für die öffentliche Sicherheit, in allen Mitgliedstaaten gleichwertig geschützt werden. Ein unionsweiter wirksamer Schutz personenbezogener Daten erfordert die Stärkung der Rechte der betroffenen Personen und eine Verschärfung der Verpflichtungen für diejenigen, die personenbezogene Daten verarbeiten, und auch gleichwertige Befugnisse der Mitgliedstaaten bei der Überwachung und Gewährleistung der Einhaltung der Vorschriften zum Schutz personenbezogener Daten. (8) Artikel 16 Absatz 2 AEUV ermächtigt das Europäische Parlament und den Rat, Vorschriften über den Schutz natürlicher Personen bei der Verarbeitung personenbezogener Daten und zum freien Verkehr personenbezogener Daten zu erlassen. (9) Auf dieser Grundlage sind in der Verordnung (EU) 2016/679 des Europäischen Parlaments und des Rates ([1]) allgemeine Bestimmungen für den Schutz natürlicher Personen bei der Verarbeitung personenbezogener Daten und zum freien Verkehr personenbezogener Daten in der Union niedergelegt. (10) In der Erklärung Nr. 21 zum Schutz personenbezogener Daten im Bereich der justiziellen Zusammenarbeit in Strafsachen und der polizeilichen Zusammenarbeit im Anhang zur Schlussakte der Regierungskonferenz, die den Vertrag von Lissabon annahm, erkannte die Regierungskonferenz an, dass es sich aufgrund der Besonderheiten dieser Bereiche als erforderlich erweisen könnte, auf Artikel 16 AEUV gestützte spezifische Vorschriften über den Schutz personenbezogener Daten und den freien Verkehr personenbezogener Daten im Bereich der justiziellen Zusammenarbeit in Strafsachen und der polizeilichen Zusammenarbeit zu erlassen. (15) Um zu gewährleisten, dass natürliche Personen in der Union auf der Grundlage unionsweit durchsetzbarer Rechte das gleiche Maß an Schutz genießen und Unterschiede, die den Austausch personenbezogener Daten zwischen den zuständigen Behörden behindern könnten, beseitigt werden, sollte diese Richtlinie harmonisierte Vorschriften für den Schutz und den freien

Bundesdatenschutzgesetz	Richtlinie (EU) 2016/680 (JI-RL)
	Verkehr personenbezogener Daten festlegen, die zum Zwecke der Verhütung, Ermittlung, Aufdeckung oder Verfolgung von Straftaten oder der Strafvollstreckung, einschließlich des Schutzes vor und der Abwehr von Gefahren für die öffentliche Sicherheit, verarbeitet werden. Die Angleichung der Rechtsvorschriften der Mitgliedstaaten sollte nicht zu einer Lockerung des Schutzes personenbezogener Daten in diesen Ländern führen, sondern vielmehr auf ein hohes Schutzniveau in der gesamten Union abstellen. Die Mitgliedstaaten sollten nicht daran gehindert werden, zum Schutz der Rechte und Freiheiten der betroffenen Person bei der Verarbeitung personenbezogener Daten durch die zuständigen Behörden Garantien festzulegen, die strenger sind als die Garantien dieser Richtlinie.
	[1] Amtl. Anm.: Verordnung (EU) 2016/679 des Europäischen Parlaments und des Rates vom 27. April 2016 zum Schutz natürlicher Personen bei der Verarbeitung personenbezogener Daten und zum freien Datenverkehr und zur Ersetzung von Richtlinie 95/46/EC (Datenschutz-Grundverordnung) (Siehe Seite 1 dieses Amtsblatts).
	Art. 2 JI-RL Anwendungsbereich
■ keine direkte Umsetzung, siehe aber § 45 BDSG § 1 Abs. 1 BDSG § 1 Abs. 2 BDSG § 1 Abs. 7 BDSG	(1) Diese Richtlinie gilt für die Verarbeitung personenbezogener Daten durch die zuständigen Behörden zu den in Artikel 1 Absatz 1 genannten Zwecken. (2) Diese Richtlinie gilt für die ganz oder teilweise automatisierte Verarbeitung personenbezogener Daten sowie für die nichtautomatisierte Verarbeitung personenbezogener Daten, die in einem Dateisystem gespeichert sind oder gespeichert werden sollen. (3) Diese Richtlinie findet keine Anwendung auf die Verarbeitung personenbezogener Daten a) im Rahmen einer Tätigkeit, die nicht in den Anwendungsbereich des Unionsrechts fällt, b) durch die Organe, Einrichtungen, Ämter und Agenturen der Europäischen Union.
	Erwägungsgründe
	(11) Daher sollte diesen Bereichen durch eine Richtlinie Rechnung getragen werden, die spezifische Vorschriften zum Schutz natürlicher Personen bei der Verarbeitung personenbezogener Daten durch die zuständigen Behörden zum Zwecke der Verhütung, Ermittlung, Aufdeckung oder Verfolgung von Straftaten oder der Strafvollstreckung, einschließlich des Schutzes vor und der Abwehr von Gefahren für die öffentliche Sicherheit, enthält, wobei den Besonderhei-

Bundesdatenschutzgesetz	Richtlinie (EU) 2016/680 (JI-RL)
	ten dieser Tätigkeiten Rechnung getragen wird. Diese zuständigen Behörden können nicht nur staatliche Stellen wie die Justizbehörden, die Polizei oder andere Strafverfolgungsbehörden einschließen, sondern auch alle anderen Stellen oder Einrichtungen, denen durch das Recht der Mitgliedstaaten die Ausübung öffentlicher Gewalt und hoheitlicher Befugnisse für die Zwecke dieser Richtlinie übertragen wurde. Wenn solche Stellen oder Einrichtungen jedoch personenbezogene Daten zu anderen Zwecken als denen dieser Richtlinie verarbeiten, gilt die Verordnung (EU) 2016/679. Daher gilt die Verordnung (EU) 2016/679 in Fällen, in denen eine Stelle oder Einrichtung personenbezogene Daten zu anderen Zwecken erhebt und diese personenbezogenen Daten zur Erfüllung einer rechtlichen Verpflichtung, der sie unterliegt, weiterverarbeitet. Zum Beispiel speichern Finanzinstitute zum Zwecke der Ermittlung, Aufdeckung oder Verfolgung von Straftaten bestimmte personenbezogene Daten, die sie verarbeiten, und stellen sie nur den zuständigen nationalen Behörden in bestimmten Fällen und in Einklang mit dem Recht der Mitgliedstaaten zur Verfügung. Eine Stelle oder Einrichtung, die personenbezogene Daten im Rahmen des Anwendungsbereichs dieser Richtlinie für solche Behörden verarbeitet, sollte auf Grundlage eines Vertrags oder eines anderen Rechtsinstruments und durch die für Auftragsverarbeiter nach dieser Richtlinie geltenden Bestimmungen gebunden sein, wobei die Anwendung der Verordnung (EU) 2016/679 in Bezug auf die Verarbeitung personenbezogener Daten, die der Auftragsverarbeiter außerhalb des Anwendungsbereichs dieser Richtlinie durchführt, unberührt bleibt.
	(12) Die Tätigkeiten der Polizei oder anderer Strafverfolgungsbehörden sind hauptsächlich auf die Verhütung, Ermittlung, Aufdeckung oder Verfolgung von Straftaten ausgerichtet, dazu zählen auch polizeiliche Tätigkeiten in Fällen, in denen nicht von vornherein bekannt ist, ob es sich um Straftaten handelt oder nicht. Solche Tätigkeiten können ferner die Ausübung hoheitlicher Gewalt durch Ergreifung von Zwangsmitteln umfassen, wie polizeiliche Tätigkeiten bei Demonstrationen, großen Sportveranstaltungen und Ausschreitungen. Sie umfassen auch die Aufrechterhaltung der öffentlichen Ordnung als Aufgabe, die der Polizei oder anderen Strafverfolgungsbehörden übertragen wurde, soweit dies zum Zweck des Schutzes vor und der Abwehr von Bedrohungen der öffentlichen Sicherheit und Bedrohungen für durch Rechtsvorschriften geschützte grundlegende Interessen der Gesellschaft, die zu einer Straftat führen können, erforderlich ist. Die Mitgliedstaaten

Bundesdatenschutzgesetz	Richtlinie (EU) 2016/680 (JI-RL)
	können die zuständigen Behörden mit anderen Aufgaben betrauen, die nicht zwangsläufig für die Zwecke der Verhütung, Ermittlung, Aufdeckung oder Verfolgung von Straftaten, einschließlich des Schutzes vor und der Abwehr von Gefahren für die öffentliche Sicherheit, ausgeführt werden, so dass die Verarbeitung von personenbezogenen Daten für diese anderen Zwecke insoweit in den Anwendungsbereich der Verordnung (EU) 2016/679 fällt, als sie in den Anwendungsbereich des Unionsrechts fällt.
	(14) Da diese Richtlinie nicht für die Verarbeitung personenbezogener Daten gelten sollte, die im Rahmen einer nicht unter das Unionsrecht fallenden Tätigkeit erfolgt, sollten die nationale Sicherheit betreffende Tätigkeiten, Tätigkeiten von Agenturen oder Stellen, die mit Fragen der nationalen Sicherheit befasst sind, und die Verarbeitung personenbezogener Daten, die von den Mitgliedstaaten bei Tätigkeiten vorgenommen wird, die in den Anwendungsbereich des Titels V Kapitel 2 des Vertrags über die Europäische Union (EUV) fallen, nicht als Tätigkeiten betrachtet werden, die in den Anwendungsbereich dieser Richtlinie fallen.
	(16) Diese Richtlinie berührt nicht den Grundsatz des Zugangs der Öffentlichkeit zu amtlichen Dokumenten. Gemäß der Verordnung (EU) 2016/679 können personenbezogene Daten in amtlichen Dokumenten, die sich im Besitz einer öffentlichen Behörde oder einer öffentlichen oder privaten Einrichtung zur Erfüllung einer im öffentlichen Interesse liegenden Aufgabe befinden, von der Behörde oder der Einrichtung gemäß dem Unionsrecht oder dem Recht des Mitgliedstaats, dem die öffentliche Behörde oder Einrichtung unterliegt, offengelegt werden, um den Zugang der Öffentlichkeit zu amtlichen Dokumenten mit dem Recht auf Schutz personenbezogener Daten in Einklang zu bringen.
	(17) Der durch diese Richtlinie gewährte Schutz sollte für die Verarbeitung der personenbezogenen Daten natürlicher Personen ungeachtet ihrer Staatsangehörigkeit oder ihres Aufenthaltsorts gelten.
	(18) Um ein ernsthaftes Risiko einer Umgehung der Vorschriften zu vermeiden, sollte der Schutz natürlicher Personen technologieneutral sein und nicht von den verwendeten Techniken abhängen. Er sollte für die automatisierte Verarbeitung personenbezogener Daten ebenso gelten wie für die manuelle Verarbeitung, wenn die personenbezogenen Daten in einem Dateisystem gespeichert sind oder gespeichert werden sollen. Akten oder Aktensammlungen sowie ihre Deckblätter, die nicht nach bestimmten Kriterien ge-

Bundesdatenschutzgesetz	Richtlinie (EU) 2016/680 (JI-RL)
	ordnet sind, sollten nicht in den Anwendungsbereich der Richtlinie fallen. (19) Die Verordnung (EG) Nr. 45/2001 des Europäischen Parlaments und des Rates (2) gilt für die Verarbeitung personenbezogener Daten durch die Organe, Einrichtungen, Ämter und Agenturen der Union. Die Verordnung (EG) Nr. 45/2001 und sonstige Rechtsakte der Union, die diese Verarbeitung personenbezogener Daten regeln, sollten an die Grundsätze und Vorschriften gemäß der Verordnung (EU) 2016/679 angepasst werden. (20) Diese Richtlinie hindert die Mitgliedstaaten nicht daran, in den nationalen Vorschriften für Strafverfahren Verarbeitungsvorgänge und Verarbeitungsverfahren bei der Verarbeitung personenbezogener Daten durch Gerichte und andere Justizbehörden festzulegen, insbesondere in Bezug auf personenbezogene Daten in einer gerichtlichen Entscheidung oder in Dokumenten betreffend Strafverfahren. (34) Die Verarbeitung personenbezogener Daten durch die zuständigen Behörden zum Zwecke der Verhütung, Ermittlung, Aufdeckung oder Verfolgung von Straftaten oder zur Strafvollstreckung, einschließlich des Schutzes vor und der Abwehr von Gefahren für die öffentliche Sicherheit, sollte jeden mit Hilfe automatisierter Verfahren oder auf anderem Wege ausgeführten Vorgang oder jede solche Vorgangsreihe im Zusammenhang mit personenbezogenen Daten wie das Erheben, das Erfassen, die Organisation, das Ordnen, die Speicherung, die Anpassung oder Veränderung, das Auslesen, das Abfragen, die Verwendung, den Abgleich oder die Verknüpfung, die Einschränkung der Verarbeitung, das Löschen oder die Vernichtung abdecken. Insbesondere sollte diese Richtlinie Anwendung finden, wenn personenbezogene Daten für die Zwecke dieser Richtlinie an einen Empfänger übermittelt werden, der nicht dieser Richtlinie unterliegt. Unter einem solchen Empfänger sollte eine natürliche oder juristische Person, Behörde, Einrichtung oder jede andere Stelle zu verstehen sein, gegenüber der personenbezogene Daten von der zuständigen Behörde rechtmäßig offengelegt werden. Wurden personenbezogene Daten ursprünglich von einer zuständigen Behörde für einen der Zwecke dieser Richtlinie erhoben, so sollte die Verordnung (EU) 2016/679 für die Verarbeitung dieser Daten für andere Zwecke als diejenigen dieser Richtlinie gelten, wenn eine solche Verarbeitung nach dem Unionsrecht oder dem Recht der Mitgliedstaaten zulässig ist. Insbesondere sollte die Verordnung (EU) 2016/679 für die Übermittlung personenbezogener Daten für Zwecke gelten, die außer-

Bundesdatenschutzgesetz	Richtlinie (EU) 2016/680 (JI-RL)
	halb des Anwendungsbereichs dieser Richtlinie liegen. Für die Verarbeitung personenbezogener Daten durch einen Empfänger, der keine zuständige Behörde im Sinne dieser Richtlinie ist oder nicht als solche handelt und gegenüber dem personenbezogene Daten von einer zuständigen Behörde rechtmäßig offengelegt werden, sollte die Verordnung (EU) 2016/679 gelten. Bei der Umsetzung dieser Richtlinie sollten die Mitgliedstaaten außerdem, die Anwendung der Vorschriften der Verordnung (EU) 2016/679 – vorbehaltlich der darin genannten Bedingungen – genauer regeln können. [2] Amtl. Anm.: Verordnung (EG) Nr. 45/2001 des Europäischen Parlaments und des Rates vom 18. Dezember 2000 zum Schutz natürlicher Personen bei der Verarbeitung personenbezogener Daten durch die Organe und Einrichtungen der Gemeinschaft und zum freien Datenverkehr (ABl. L 8 vom 12.1.2001, S. 1).
§ 46 BDSG Begriffsbestimmungen Es bezeichnen die Begriffe:	**Art. 3 JI-RL Begriffsbestimmungen** Im Sinne dieser Richtlinie bezeichnet der Ausdruck:
1. „personenbezogene Daten“ alle Informationen, die sich auf eine identifizierte oder identifizierbare natürliche Person (betroffene Person) beziehen; als identifizierbar wird eine natürliche Person angesehen, die direkt oder indirekt, insbesondere mittels Zuordnung zu einer Kennung wie einem Namen, zu einer Kennnummer, zu Standortdaten, zu einer Online-Kennung oder zu einem oder mehreren besonderen Merkmalen, die Ausdruck der physischen, physiologischen, genetischen, psychischen, wirtschaftlichen, kulturellen oder sozialen Identität dieser Person sind, identifiziert werden kann;	1. „personenbezogene Daten” alle Informationen, die sich auf eine identifizierte oder identifizierbare natürliche Person (im Folgenden „betroffene Person”) beziehen; als identifizierbar wird eine natürliche Person angesehen, die direkt oder indirekt, insbesondere mittels Zuordnung zu einer Kennung wie einem Namen, zu einer Kennnummer, zu Standortdaten, zu einer Online-Kennung oder zu einem oder mehreren besonderen Merkmalen, die Ausdruck der physischen, physiologischen, genetischen, psychischen, wirtschaftlichen, kulturellen oder sozialen Identität dieser natürlichen Person sind, identifiziert werden kann;
2. „Verarbeitung“ jeden mit oder ohne Hilfe automatisierter Verfahren ausgeführten Vorgang oder jede solche Vorgangsreihe im Zusammenhang mit personenbezogenen Daten wie das Erheben, das Erfassen, die Organisation, das Ordnen, die Speicherung, die Anpassung, die Veränderung, das Auslesen, das Abfragen, die Verwendung, die Offenlegung durch Übermittlung, Verbreitung oder eine andere Form der Bereitstellung, den Abgleich, die Verknüpfung, die Einschränkung, das Löschen oder die Vernichtung;	2. „Verarbeitung” jeden mit oder ohne Hilfe automatisierter Verfahren ausgeführten Vorgang oder jede solche Vorgangsreihe im Zusammenhang mit personenbezogenen Daten wie das Erheben, das Erfassen, die Organisation, das Ordnen, die Speicherung, die Anpassung oder Veränderung, das Auslesen, das Abfragen, die Verwendung, die Offenlegung durch Übermittlung, Verbreitung oder eine andere Form der Bereitstellung, den Abgleich oder die Verknüpfung, die Einschränkung, das Löschen oder die Vernichtung;
3. „Einschränkung der Verarbeitung“ die Markierung gespeicherter personenbezogener Daten mit dem Ziel, ihre künftige Verarbeitung einzuschränken;	3. „Einschränkung der Verarbeitung” die Markierung gespeicherter personenbezogener Daten mit dem Ziel, ihre künftige Verarbeitung einzuschränken;
4. „Profiling“ jede Art der automatisierten Verarbeitung personenbezogener Daten, bei der die-	4. „Profiling” jede Art der automatisierten Verarbeitung personenbezogener Daten, die darin

Bundesdatenschutzgesetz	Richtlinie (EU) 2016/680 (JI-RL)
se Daten verwendet werden, um bestimmte persönliche Aspekte, die sich auf eine natürliche Person beziehen, zu bewerten, insbesondere um Aspekte der Arbeitsleistung, der wirtschaftlichen Lage, der Gesundheit, der persönlichen Vorlieben, der Interessen, der Zuverlässigkeit, des Verhaltens, der Aufenthaltsorte oder der Ortswechsel dieser natürlichen Person zu analysieren oder vorherzusagen;	besteht, dass diese personenbezogenen Daten verwendet werden, um bestimmte persönliche Aspekte, die sich auf eine natürliche Person beziehen, zu bewerten, insbesondere um Aspekte bezüglich Arbeitsleistung, wirtschaftliche Lage, Gesundheit, persönliche Vorlieben, Interessen, Zuverlässigkeit, Verhalten, Aufenthaltsort oder Ortswechsel dieser natürlichen Person zu analysieren oder vorherzusagen;
5. „Pseudonymisierung“ die Verarbeitung personenbezogener Daten in einer Weise, in der die Daten ohne Hinzuziehung zusätzlicher Informationen nicht mehr einer spezifischen betroffenen Person zugeordnet werden können, sofern diese zusätzlichen Informationen gesondert aufbewahrt werden und technischen und organisatorischen Maßnahmen unterliegen, die gewährleisten, dass die Daten keiner betroffenen Person zugewiesen werden können;	5. „Pseudonymisierung” die Verarbeitung personenbezogener Daten in einer Weise, dass die personenbezogenen Daten ohne Hinzuziehung zusätzlicher Informationen nicht mehr einer spezifischen betroffenen Person zugeordnet werden können, sofern diese zusätzlichen Informationen gesondert aufbewahrt werden und technischen und organisatorischen Maßnahmen unterliegen, die gewährleisten, dass die personenbezogenen Daten nicht einer identifizierten oder identifizierbaren natürlichen Person zugewiesen werden;
6. „Dateisystem“ jede strukturierte Sammlung personenbezogener Daten, die nach bestimmten Kriterien zugänglich sind, unabhängig davon, ob diese Sammlung zentral, dezentral oder nach funktionalen oder geografischen Gesichtspunkten geordnet geführt wird;	6. „Dateisystem” jede strukturierte Sammlung personenbezogener Daten, die nach bestimmten Kriterien zugänglich sind, unabhängig davon, ob diese Sammlung zentral, dezentral oder nach funktionalen oder geografischen Gesichtspunkten geordnet geführt wird;
[Art. 3 Nr. 7 JI-RL wird umgesetzt in § 45 BDSG]	7. „zuständige Behörde” a) eine staatliche Stelle, die für die Verhütung, Ermittlung, Aufdeckung oder Verfolgung von Straftaten oder die Strafvollstreckung, einschließlich des Schutzes vor und der Abwehr von Gefahren für die öffentliche Sicherheit, zuständig ist, oder b) eine andere Stelle oder Einrichtung, der durch das Recht der Mitgliedstaaten die Ausübung öffentlicher Gewalt und hoheitlicher Befugnisse zur Verhütung, Ermittlung, Aufdeckung oder Verfolgung von Straftaten oder zur Strafvollstreckung, einschließlich des Schutzes vor und der Abwehr von Gefahren für die öffentliche Sicherheit, übertragen wurde;
7. „Verantwortlicher“ die natürliche oder juristische Person, Behörde, Einrichtung oder andere Stelle, die allein oder gemeinsam mit anderen über die Zwecke und Mittel der Verarbeitung von personenbezogenen Daten entscheidet;	8. „Verantwortlicher” die zuständige Behörde, die allein oder gemeinsam mit anderen über die Zwecke und Mittel der Verarbeitung von personenbezogenen Daten entscheidet; sind die Zwecke und Mittel dieser Verarbeitung durch das Unionsrecht oder das Recht der Mitgliedstaaten vorgegeben, so kann der Verantwortliche beziehungsweise können die bestimmten Kriterien seiner Benennung nach dem Unionsrecht oder dem Recht der Mitgliedstaaten vorgesehen werden;
8. „Auftragsverarbeiter“ eine natürliche oder juristische Person, Behörde, Einrichtung oder an-	9. „Auftragsverarbeiter” eine natürliche oder juristische Person, Behörde, Einrichtung oder an-

Bundesdatenschutzgesetz	Richtlinie (EU) 2016/680 (JI-RL)
dere Stelle, die personenbezogene Daten im Auftrag des Verantwortlichen verarbeitet;	dere Stelle, die personenbezogene Daten im Auftrag des Verantwortlichen verarbeitet;
9. „Empfänger“ eine natürliche oder juristische Person, Behörde, Einrichtung oder andere Stelle, der personenbezogene Daten offengelegt werden, unabhängig davon, ob es sich bei ihr um einen Dritten handelt oder nicht; Behörden, die im Rahmen eines bestimmten Untersuchungsauftrags nach dem Unionsrecht oder anderen Rechtsvorschriften personenbezogene Daten erhalten, gelten jedoch nicht als Empfänger; die Verarbeitung dieser Daten durch die genannten Behörden erfolgt im Einklang mit den geltenden Datenschutzvorschriften gemäß den Zwecken der Verarbeitung;	10. „Empfänger” eine natürliche oder juristische Person, Behörde, Einrichtung oder andere Stelle, denen personenbezogene Daten offengelegt werden, unabhängig davon, ob es sich bei ihr um einen Dritten handelt oder nicht. Behörden, die im Rahmen eines bestimmten Untersuchungsauftrags nach dem Recht der Mitgliedstaaten möglicherweise personenbezogene Daten erhalten, gelten jedoch nicht als Empfänger; die Verarbeitung dieser Daten durch die genannten Behörden erfolgt im Einklang mit den geltenden Datenschutzvorschriften gemäß den Zwecken der Verarbeitung;
10. „Verletzung des Schutzes personenbezogener Daten“ eine Verletzung der Sicherheit, die zur unbeabsichtigten oder unrechtmäßigen Vernichtung, zum Verlust, zur Veränderung oder zur unbefugten Offenlegung von oder zum unbefugten Zugang zu personenbezogenen Daten geführt hat, die verarbeitet wurden;	11. „Verletzung des Schutzes personenbezogener Daten” eine Verletzung der Sicherheit, die zur Vernichtung, zum Verlust oder zur Veränderung, ob unbeabsichtigt oder unrechtmäßig, oder zur unbefugten Offenlegung von beziehungsweise zum unbefugten Zugang zu personenbezogenen Daten führt, die übermittelt, gespeichert oder auf sonstige Weise verarbeitet wurden;
11. „genetische Daten“ personenbezogene Daten zu den ererbten oder erworbenen genetischen Eigenschaften einer natürlichen Person, die eindeutige Informationen über die Physiologie oder die Gesundheit dieser Person liefern, insbesondere solche, die aus der Analyse einer biologischen Probe der Person gewonnen wurden;	12. „genetische Daten” personenbezogene Daten zu den ererbten oder erworbenen genetischen Eigenschaften einer natürlichen Person, die eindeutige Informationen über die Physiologie oder die Gesundheit dieser natürlichen Person liefern und insbesondere aus der Analyse einer biologischen Probe der betreffenden natürlichen Person gewonnen wurden;
12. „biometrische Daten“ mit speziellen technischen Verfahren gewonnene personenbezogene Daten zu den physischen, physiologischen oder verhaltenstypischen Merkmalen einer natürlichen Person, die die eindeutige Identifizierung dieser natürlichen Person ermöglichen oder bestätigen, insbesondere Gesichtsbilder oder daktyloskopische Daten;	13. „biometrische Daten” mit speziellen technischen Verfahren gewonnene personenbezogene Daten zu den physischen, physiologischen oder verhaltenstypischen Merkmalen einer natürlichen Person, die die eindeutige Identifizierung dieser natürlichen Person ermöglichen oder bestätigen, wie Gesichtsbilder oder daktyloskopische Daten;
13. „Gesundheitsdaten“ personenbezogene Daten, die sich auf die körperliche oder geistige Gesundheit einer natürlichen Person, einschließlich der Erbringung von Gesundheitsdienstleistungen, beziehen und aus denen Informationen über deren Gesundheitszustand hervorgehen;	14. „Gesundheitsdaten” personenbezogene Daten, die sich auf die körperliche oder geistige Gesundheit einer natürlichen Person, einschließlich der Erbringung von Gesundheitsdienstleistungen, beziehen und aus denen Informationen über deren Gesundheitszustand hervorgehen;
14. „besondere Kategorien personenbezogener Daten“ a) Daten, aus denen die rassische oder ethnische Herkunft, politische Meinungen, religiöse oder weltanschauliche Überzeugungen oder die Gewerkschaftszugehörigkeit hervorgehen, b) genetische Daten, c) biometrische Daten zur eindeutigen Identifizierung einer natürlichen Person,	*[Art. 10 JI-RL* *Die Verarbeitung personenbezogener Daten, aus denen die rassische oder ethnische Herkunft, politische Meinungen, religiöse oder weltanschauliche Überzeugungen oder die Gewerkschaftszugehörigkeit hervorgehen, sowie die Verarbeitung von genetischen Daten, biometrischen Daten zur eindeutigen Identifizierung einer natürlichen Person, Gesundheitsdaten oder Daten zum Se-*

Bundesdatenschutzgesetz	Richtlinie (EU) 2016/680 (JI-RL)
d) Gesundheitsdaten und e) Daten zum Sexualleben oder zur sexuellen Orientierung;	*xualleben oder der sexuellen Orientierung ist nur dann erlaubt, wenn […]]*
15. „Aufsichtsbehörde“ eine von einem Mitgliedstaat gemäß Artikel 41 der Richtlinie (EU) 2016/680 eingerichtete unabhängige staatliche Stelle;	15. „Aufsichtsbehörde” eine von einem Mitgliedstaat gemäß Artikel 41 eingerichtete unabhängige staatliche Stelle;
16. „internationale Organisation“ eine völkerrechtliche Organisation und ihre nachgeordneten Stellen sowie jede sonstige Einrichtung, die durch eine von zwei oder mehr Staaten geschlossene Übereinkunft oder auf der Grundlage einer solchen Übereinkunft geschaffen wurde;	16. „internationale Organisation” eine völkerrechtliche Organisation und ihre nachgeordneten Stellen oder jede sonstige Einrichtung, die durch eine zwischen zwei oder mehr Ländern geschlossene Übereinkunft oder auf der Grundlage einer solchen Übereinkunft geschaffen wurde.
	[Art. 4 Nr. 11 DSGVO
17. „Einwilligung“ jede freiwillig für den bestimmten Fall, in informierter Weise und unmissverständlich abgegebene Willensbekundung in Form einer Erklärung oder einer sonstigen eindeutigen bestätigenden Handlung, mit der die betroffene Person zu verstehen gibt, dass sie mit der Verarbeitung der sie betreffenden personenbezogenen Daten einverstanden ist.	*„Einwilligung“ der betroffenen Person jede freiwillig für den bestimmten Fall, in informierter Weise und unmissverständlich abgegebene Willensbekundung in Form einer Erklärung oder einer sonstigen eindeutigen bestätigenden Handlung, mit der die betroffene Person zu verstehen gibt, dass sie mit der Verarbeitung der sie betreffenden personenbezogenen Daten einverstanden ist;]*
Gesetzbegründung	**Erwägungsgründe**
BT-Drs. 18/11325, S. 111: Die Begriffsbestimmungen in den Nummern 1 bis 15 sind zum Zweck der Umsetzung der Richtlinie (EU) 2016/680 aufgenommen worden. Sie schließen an die Begriffsbestimmungen in Artikel 3 der Richtlinie (EU) 2016/680 an. Zum Zweck der Übersichtlichkeit wurde die in Artikel 10 der Richtlinie (EU) 2016/680 enthaltene Definition besonderer personenbezogener Daten als Nummer 14 aufgenommen. Zudem wurde die in § 51 angesprochene Einwilligung unter Übernahme der Definition aus der Verordnung (EU) 2016/679 in Nummer 17 aufgenommen.	(21) Die Grundsätze des Datenschutzes sollten für alle Informationen gelten, die sich auf eine identifizierte oder identifizierbare natürliche Person beziehen. Um festzustellen, ob eine natürliche Person identifizierbar ist, sollten alle Mittel berücksichtigt werden, die von dem Verantwortlichen oder einer anderen Person nach allgemeinem Ermessen wahrscheinlich genutzt werden, um die natürliche Person direkt oder indirekt zu identifizieren, wie beispielsweise das Aussondern. Bei der Feststellung, ob Mittel nach allgemeinem Ermessen wahrscheinlich zur Identifizierung der natürlichen Person genutzt werden, sollten alle objektiven Faktoren, wie die Kosten der Identifizierung und der dafür erforderliche Zeitaufwand, herangezogen werden, wobei die zum Zeitpunkt der Verarbeitung verfügbare Technologie und technologischen Entwicklungen zu berücksichtigen sind. Die Grundsätze des Datenschutzes sollten daher nicht für anonyme Informationen gelten, dh für Informationen, die sich nicht auf eine identifizierte oder identifizierbare natürliche Person beziehen, oder personenbezogene Daten, die in einer Weise anonymisiert worden sind, dass die betroffene Person nicht mehr identifiziert werden kann. (22) Behörden, gegenüber denen personenbezogene Daten aufgrund einer rechtlichen Ver-

Bundesdatenschutzgesetz	Richtlinie (EU) 2016/680 (JI-RL)
	pflichtung für die Ausübung ihres offiziellen Auftrags offengelegt werden, wie Steuer- und Zollbehörden, Finanzermittlungsstellen, unabhängige Verwaltungsbehörden oder Finanzmarktbehörden, die für die Regulierung und Aufsicht von Wertpapiermärkten zuständig sind, sollten nicht als Empfänger gelten, wenn sie personenbezogene Daten erhalten, die für die Durchführung – gemäß dem Unionsrecht oder dem Recht der Mitgliedstaaten – eines einzelnen Untersuchungsauftrags im Interesse der Allgemeinheit erforderlich sind. Anträge auf Offenlegung, die von Behörden ausgehen, sollten immer schriftlich erfolgen, mit Gründen versehen sein und gelegentlichen Charakter haben, und sie sollten nicht vollständige Dateisysteme betreffen oder zur Verknüpfung von Dateisystemen führen. Die Verarbeitung personenbezogener Daten durch die genannten Behörden sollte für die Zwecke der Verarbeitung geltenden Datenschutzvorschriften entsprechen.
	(23) Genetische Daten sollten als personenbezogene Daten über die ererbten oder erworbenen genetischen Eigenschaften einer natürlichen Person definiert werden, die eindeutige Informationen über die Physiologie oder die Gesundheit dieser natürlichen Person liefern und die aus der Analyse einer biologischen Probe der betreffenden natürlichen Person, insbesondere durch eine Chromosomen-, Desoxyribonukleinsäure (DNS)- oder Ribonukleinsäure (RNS)-Analyse oder der Analyse eines anderen Elements, durch die gleichwertige Informationen erlangt werden können, gewonnen werden. Angesichts der Komplexität und Sensibilität genetischer Informationen besteht ein hohes Missbrauchs- und Wiederverwendungsrisiko für unterschiedliche Zwecke durch den Verantwortlichen. Jede Diskriminierung aufgrund genetischer Merkmale sollte grundsätzlich verboten sein.
	(24) Zu den personenbezogenen Gesundheitsdaten sollten alle Daten zählen, die sich auf den Gesundheitszustand einer betroffenen Person beziehen und aus denen Informationen über den früheren, gegenwärtigen und künftigen körperlichen oder geistigen Gesundheitszustand der betroffenen Person hervorgehen. Dazu gehören auch Informationen über die natürliche Person, die im Zuge der Vormerkung zur Erbringung und der Erbringung von Gesundheitsdienstleistungen im Sinne der Richtlinie 2011/24/EU des Europäischen Parlaments und des Rates ([3]) erhoben werden, Nummern, Symbole oder Kennzeichen, die einer natürlichen Person zugeteilt wurden, um diese für gesundheitliche Zwecke eindeutig zu identifizieren, Informationen, die von der Prüfung oder Untersuchung eines Kör-

Bundesdatenschutzgesetz	Richtlinie (EU) 2016/680 (JI-RL)
	perteils oder einer körpereigenen Substanz, einschließlich genetischer Daten und biologischer Proben, abgeleitet wurden, sowie Informationen etwa über Krankheiten, Behinderungen, Krankheitsrisiken, Vorerkrankungen, klinische Behandlungen oder den physiologischen oder biomedizinischen Zustand der betroffenen Person unabhängig von der Herkunft der Daten, ob sie nun von einem Arzt oder sonstigem Angehörigen eines Gesundheitsberufes, einem Krankenhaus, einem Medizinprodukt oder einem In-Vitro-Diagnostikum stammen.
	(25) Alle Mitgliedstaaten sind Mitglied der Internationalen Kriminalpolizeilichen Organisation (Interpol). Interpol erhält, speichert und übermittelt für die Erfüllung ihres Auftrags personenbezogene Daten, um die zuständigen Behörden dabei zu unterstützen, internationale Kriminalität zu verhüten und zu bekämpfen. Daher sollte die Zusammenarbeit zwischen der Union und Interpol gestärkt werden, indem ein effizienter Austausch personenbezogener Daten gefördert und zugleich die Achtung der Grundrechte und Grundfreiheiten hinsichtlich der automatischen Verarbeitung personenbezogener Daten gewährleistet wird. Wenn personenbezogene Daten aus der Union an Interpol und die Staaten, die Mitglieder zu Interpol abgestellt haben, übermittelt werden, sollte diese Richtlinie, insbesondere die Bestimmungen über grenzüberschreitende Datenübermittlungen, zur Anwendung kommen. Diese Richtlinie sollte die spezifischen Vorschriften unberührt lassen, die im Gemeinsamen Standpunkt 2005/69/JI des Rates ([4]) und im Beschluss 2007/533/JI des Rates ([5]) festgelegt sind.
	[3] Amtl. Anm.: Richtlinie 2011/24/EU des Europäischen Parlaments und des Rates vom 9. März 2011 über die Ausübung der Patientenrechte in der grenzüberschreitenden Gesundheitsversorgung (ABl. L 88 vom 4.4.2011, S. 45).
	[4] Amtl. Anm.: Gemeinsamer Standpunkt 2005/69/JI des Rates vom 24. Januar 2005 zum Austausch bestimmter Daten mit Interpol (ABl. L 27 vom 29.1.2005, S. 61).
	[5] Amtl. Anm.: Beschluss 2007/533/JI des Rates vom 12. Juni 2007 über die Einrichtung, den Betrieb und die Nutzung des Schengener Informationssystems der zweiten Generation (SIS II) (ABl. L 205 vom 7.8.2007, S. 63).

Bundesdatenschutzgesetz	Richtlinie (EU) 2016/680 (JI-RL)
§ 47 BDSG Allgemeine Grundsätze für die Verarbeitung personenbezogener Daten	**Art. 4 JI-RL Grundsätze in Bezug auf die Verarbeitung personenbezogener Daten**
Personenbezogene Daten müssen	(1) Die Mitgliedstaaten sehen vor dass personenbezogene Daten
1. auf rechtmäßige Weise und nach Treu und Glauben verarbeitet werden,	*a)* auf rechtmäßige Weise und nach Treu und Glauben verarbeitet werden,
2. für festgelegte, eindeutige und rechtmäßige Zwecke erhoben und nicht in einer mit diesen Zwecken nicht zu vereinbarenden Weise verarbeitet werden,	*b)* für festgelegte, eindeutige und rechtmäßige Zwecke erhoben und nicht in einer mit diesen Zwecken nicht zu vereinbarenden Weise verarbeitet werden,
3. dem Verarbeitungszweck entsprechen, für das Erreichen des Verarbeitungszwecks erforderlich sein und ihre Verarbeitung nicht außer Verhältnis zu diesem Zweck stehen,	*c)* dem Verarbeitungszweck entsprechen, maßgeblich und in Bezug auf die Zwecke, für die sie verarbeitet werden, nicht übermäßig sind,
4. sachlich richtig und erforderlichenfalls auf dem neuesten Stand sein; dabei sind alle angemessenen Maßnahmen zu treffen, damit personenbezogene Daten, die im Hinblick auf die Zwecke ihrer Verarbeitung unrichtig sind, unverzüglich gelöscht oder berichtigt werden,	*d)* sachlich richtig und erforderlichenfalls auf dem neuesten Stand sind; dabei sind alle angemessenen Maßnahmen zu treffen, damit personenbezogene Daten, die im Hinblick auf die Zwecke ihrer Verarbeitung unrichtig sind, unverzüglich gelöscht oder berichtigt werden,
5. nicht länger als es für die Zwecke, für die sie verarbeitet werden, erforderlich ist, in einer Form gespeichert werden, die die Identifizierung der betroffenen Personen ermöglicht, und	*e)* nicht länger, als es für die Zwecke, für die sie verarbeitet werden, erforderlich ist, in einer Form gespeichert werden, die die Identifizierung der betroffenen Personen ermöglicht,
6. in einer Weise verarbeitet werden, die eine angemessene Sicherheit der personenbezogenen Daten gewährleistet; hierzu gehört auch ein durch geeignete technische und organisatorische Maßnahmen zu gewährleistender Schutz vor unbefugter oder unrechtmäßiger Verarbeitung, unbeabsichtigtem Verlust, unbeabsichtigter Zerstörung oder unbeabsichtigter Schädigung.	*f)* in einer Weise verarbeitet werden, die eine angemessene Sicherheit der personenbezogenen Daten gewährleistet, einschließlich des Schutzes vor unbefugter oder unrechtmäßiger Verarbeitung und vor unbeabsichtigtem Verlust, unbeabsichtigter Zerstörung oder unbeabsichtigter Schädigung durch geeignete technische und organisatorische Maßnahmen.
	[...Art. 4 Abs. 2 JI-RL wird umgesetzt in § 49 BDSG...]
	[...Art. 4 Abs. 3 JI-RL wird umgesetzt in § 50 BDSG...]
	(4) Der Verantwortliche ist für die Einhaltung der Absätze 1, 2 und 3 verantwortlich und muss deren Einhaltung nachweisen können.
Gesetzbegründung	**Erwägungsgründe**
BT-Drs. 18/11325, S. 111:	
§ 47 dient der Umsetzung von Artikel 4 Absatz 1 der Richtlinie (EU) 2016/680 und führt einige allgemeine Verarbeitungsgrundsätze, die in Teilen an späterer Stelle noch einmal aufgenommen werden, an zentraler Stelle zusammen.	(26) Jede Verarbeitung personenbezogener Daten muss auf rechtmäßige Weise, nach dem Grundsatz von Treu und Glauben und in einer für die betroffenen natürlichen Personen nachvollziehbaren Weise erfolgen, und die Daten dürfen nur für bestimmte, durch Rechtsvorschriften geregelte Zwecke verarbeitet werden. Dies steht an sich der Durchführung von Maß-

Bundesdatenschutzgesetz	Richtlinie (EU) 2016/680 (JI-RL)
	nahmen wie verdeckten Ermittlungen oder Videoüberwachung durch die Strafverfolgungsbehörden nicht entgegen. Diese Maßnahmen können zwecks Verhütung, Ermittlung, Aufdeckung oder Verfolgung von Straftaten oder zur Strafvollstreckung, einschließlich des Schutzes vor und der Abwehr von Gefahren für die öffentliche Sicherheit, getroffen werden, sofern sie durch Rechtsvorschriften geregelt sind und eine erforderliche und verhältnismäßige Maßnahme in einer demokratischen Gesellschaft darstellen, bei der die berechtigten Interessen der betroffenen natürlichen Person gebührend berücksichtigt werden. Der Datenschutzgrundsatz der Verarbeitung nach Treu und Glauben ist ein anderes Konzept als das Recht auf ein faires Verfahren im Sinne des Artikels 47 der Charta und des Artikels 6 der Europäischen Konvention zum Schutze der Menschenrechte und Grundfreiheiten (EMRK). Natürliche Personen sollten über die Risiken, Vorschriften, Garantien und Rechte im Zusammenhang mit der Verarbeitung ihrer personenbezogenen Daten informiert und darüber aufgeklärt werden, wie sie ihre diesbezüglichen Rechte geltend machen können. Insbesondere sollten die bestimmten Zwecke, zu denen die personenbezogene Daten verarbeitet werden, eindeutig und rechtmäßig sein und zum Zeitpunkt deren Erhebung feststehen. Die personenbezogenen Daten sollten für die Zwecke, zu denen sie verarbeitet werden, angemessen und erheblich sein. Es sollte insbesondere sichergestellt werden, dass nicht übermäßige personenbezogene Daten erhoben werden und sie nicht länger aufbewahrt werden, als dies für den Zweck, zu dem sie verarbeitet werden, erforderlich ist. Personenbezogene Daten sollten nur verarbeitet werden dürfen, wenn der Zweck der Verarbeitung nicht in zumutbarer Weise durch andere Mittel erreicht werden kann. Um sicherzustellen, dass die Daten nicht länger als nötig gespeichert werden, sollte der Verantwortliche Fristen für ihre Löschung oder regelmäßige Überprüfung vorsehen. Die Mitgliedstaaten sollten geeignete Garantien für den Fall festlegen, dass personenbezogene Daten für die Archivierung im öffentlichen Interesse und die wissenschaftliche, statistische oder historische Verwendung für längere Zeiträume gespeichert werden. […] (28) Um stets eine sichere Verarbeitung zu gewährleisten und Verarbeitungen, die gegen diese Richtlinie verstoßen, zu verhindern, sollten personenbezogene Daten so verarbeitet werden, dass ein Maß an Sicherheit und Vertraulichkeit gegeben ist, wozu auch gehört, dass Unbefugte keinen Zugang zu den Daten haben und weder

Bundesdatenschutzgesetz	Richtlinie (EU) 2016/680 (JI-RL)
	die Daten noch die Geräte, mit denen diese verarbeitet werden, benutzen können, und dass die Verarbeitung den Stand der verfügbaren Technik, die Kosten für ihre Einführung im Verhältnis zu den von der Verarbeitung ausgehenden Risiken und die Art der zu schützenden personenbezogenen Daten berücksichtigt.
	(29) Personenbezogene Daten sollten für festgelegte, eindeutige und rechtmäßige Zwecke innerhalb des Anwendungsbereichs dieser Richtlinie erhoben und nicht zu Zwecken verarbeitet werden, die nicht mit den Zwecken der Verhütung, Ermittlung, Aufdeckung oder Verfolgung von Straftaten oder der Strafvollstreckung, einschließlich des Schutzes vor und der Abwehr von Gefahren für die öffentliche Sicherheit, zu vereinbaren sind. Werden personenbezogene Daten von demselben oder einem anderen Verantwortlichen für einen anderen in den Anwendungsbereich dieser Richtlinie fallenden Zweck als den, für den sie erhoben wurden, verarbeitet, so sollte diese Verarbeitung erlaubt sein, unter der Bedingung, dass diese Verarbeitung nach den geltenden Rechtsvorschriften zulässig ist und dass sie für diesen anderen Zweck erforderlich und verhältnismäßig ist.
	(30) Der Grundsatz der sachlichen Richtigkeit der Daten sollte unter Berücksichtigung von Art und Zweck der jeweiligen Verarbeitung angewandt werden. Aussagen, die personenbezogene Daten enthalten, basieren gerade in Gerichtsverfahren auf der subjektiven Wahrnehmung von natürlichen Personen und sind nicht immer nachprüfbar. Infolgedessen sollte sich der Grundsatz der sachlichen Richtigkeit nicht auf die Richtigkeit einer Aussage beziehen, sondern lediglich auf die Tatsache, dass eine bestimmte Aussage gemacht worden ist.
Kapitel 2 Rechtsgrundlagen der Verarbeitung personenbezogener Daten	
§ 48 BDSG Verarbeitung besonderer Kategorien personenbezogener Daten	**Art. 10 JI-RL Verarbeitung besonderer Kategorien personenbezogener Daten**
(1) Die Verarbeitung besonderer Kategorien personenbezogener Daten ist nur zulässig, wenn sie zur Aufgabenerfüllung unbedingt erforderlich ist. (2) [1]Werden besondere Kategorien personenbezogener Daten verarbeitet, sind geeignete Garantien für die Rechtsgüter der betroffenen Personen vorzusehen. [2]Geeignete Garantien können insbesondere sein 1. spezifische Anforderungen an die Datensicherheit oder die Datenschutzkontrolle,	Die Verarbeitung personenbezogener Daten, aus denen die rassische oder ethnische Herkunft, politische Meinungen, religiöse oder weltanschauliche Überzeugungen oder die Gewerkschaftszugehörigkeit hervorgehen, sowie die Verarbeitung von genetischen Daten, biometrischen Daten zur eindeutigen Identifizierung einer natürlichen Person, Gesundheitsdaten oder Daten zum Sexualleben oder der sexuellen Orientierung ist nur dann erlaubt, wenn sie unbedingt erforderlich ist und vorbehaltlich geeigne-

Bundesdatenschutzgesetz	Richtlinie (EU) 2016/680 (JI-RL)
2. die Festlegung von besonderen Aussonderungsprüffristen, 3. die Sensibilisierung der an Verarbeitungsvorgängen Beteiligten, 4. die Beschränkung des Zugangs zu den personenbezogenen Daten innerhalb der verantwortlichen Stelle, 5. die von anderen Daten getrennte Verarbeitung, 6. die Pseudonymisierung personenbezogener Daten, 7. die Verschlüsselung personenbezogener Daten oder 8. spezifische Verfahrensregelungen, die im Fall einer Übermittlung oder Verarbeitung für andere Zwecke die Rechtmäßigkeit der Verarbeitung sicherstellen.	ter Garantien für die Rechte und Freiheiten der betroffenen Person erfolgt und *a)* wenn sie nach dem Unionsrecht oder dem Recht der Mitgliedstaaten zulässig ist *b)* der Wahrung lebenswichtiger Interessen der betroffenen oder einer anderen natürlichen Person dient oder *c)* wenn sie sich auf Daten bezieht, die die betroffene Person offensichtlich öffentlich gemacht hat.

Gesetzbegründung

BT-Drs. 18/11325, S. 111:

§ 48 dient der Umsetzung von Artikel 10 der Richtlinie (EU) 2016/680. Absatz 1 legt fest, dass die Verarbeitung besonderer Kategorien personenbezogener Daten zulässig ist, wenn sie zur Aufgabenerfüllung unbedingt erforderlich ist und schafft damit eine eigene Rechtsgrundlage für diese Verarbeitungen. Das kann auch die Verarbeitung in den in Artikel 10 Buchstaben b) und c) genannten Zusammenhängen, dh zur Wahrung lebenswichtiger Interessen der betroffenen oder eines Dritten oder wenn Daten verarbeitet werden sollen, die die betroffene Person offensichtlich öffentlich gemacht hat, umfassen. In Absatz 2 wird in Satz 1 klargestellt, dass bei der Verarbeitung geeignete Garantien für die Rechtsgüter der betroffenen Personen beachtet werden müssen. In Satz 2 werden Aussagen zu möglichen Maßnahmen zur Umsetzung dieser Vorgabe getroffen. Die Aufzählung gibt unverbindliche Beispielsfälle wieder, wie geeignete Garantien aussehen können. Die konkrete Ausgestaltung der Maßnahmen kann also von Einzelfall zu Einzelfall variieren.

Erwägungsgründe

(37) Personenbezogene Daten, die ihrem Wesen nach hinsichtlich der Grundrechte und Grundfreiheiten besonders sensibel sind, verdienen einen besonderen Schutz, da im Zusammenhang mit ihrer Verarbeitung erhebliche Risiken für die Grundrechte und Grundfreiheiten auftreten können. Diese personenbezogenen Daten sollten personenbezogene Daten umfassen, aus denen die rassische oder ethnische Herkunft hervorgeht, wobei die Verwendung des Begriffs „rassische Herkunft" in dieser Richtlinie nicht bedeutet, dass die Union Theorien, mit denen versucht wird, die Existenz verschiedener menschlicher Rassen zu belegen, gutheißt. Solche personenbezogenen Daten sollten nur dann verarbeitet werden, wenn die Verarbeitung vorbehaltlich geeigneter Garantien für die durch Rechtsvorschriften festgelegten Rechte und Freiheiten der betroffenen Person erfolgt und in durch Rechtsvorschriften geregelten Fällen erlaubt ist oder anderenfalls zur Wahrung lebenswichtiger Interessen der betroffenen Person oder einer anderen Person erforderlich ist oder aber sich auf Daten bezieht, die die betroffene Person offensichtlich öffentlich gemacht hat. Zu den geeigneten Garantien für die Rechte und Freiheiten der betroffenen Person kann beispielsweise zählen, dass diese Daten nur in Verbindung mit anderen Daten über die betroffene natürliche Person erhoben werden dürfen, die erhobenen Daten hinreichend gesichert werden müssen, der Zugang der Mitarbeiter der zuständigen Behörde zu den Daten strenger geregelt und die Übermittlung dieser Daten verboten wird. Die Verarbeitung solcher Daten sollte ebenfalls durch Rechtsvorschriften erlaubt sein, wenn die betroffene Person der Datenverarbeitung, die besonders stark in ihre Privatsphäre eingreift, ausdrücklich zuge-

Bundesdatenschutzgesetz	Richtlinie (EU) 2016/680 (JI-RL)
	stimmt hat. Die Einwilligung der betroffenen Person allein sollte jedoch noch keine rechtliche Grundlage für die Verarbeitung solch sensibler personenbezogener Daten durch die zuständigen Behörden liefern.
§ 49 BDSG Verarbeitung zu anderen Zwecken	**Art. 4 JI-RL Grundsätze in Bezug auf die Verarbeitung personenbezogener Daten** *[... Art. 4 Abs. 1 JI-RL wird in § 47 BDSG umgesetzt ...]*
[1]Eine Verarbeitung personenbezogener Daten zu einem anderen Zweck als zu demjenigen, zu dem sie erhoben wurden, ist zulässig, wenn es sich bei dem anderen Zweck um einen der in § 45 genannten Zwecke handelt, der Verantwortliche befugt ist, Daten zu diesem Zweck zu verarbeiten, und die Verarbeitung zu diesem Zweck erforderlich und verhältnismäßig ist. [2]Die Verarbeitung personenbezogener Daten zu einem anderen, in § 45 nicht genannten Zweck ist zulässig, wenn sie in einer Rechtsvorschrift vorgesehen ist.	(2) Eine Verarbeitung durch denselben oder einen anderen Verantwortlichen für einen anderen der in Artikel 1 Absatz 1 genannten Zwecke als den, für den die personenbezogenen Daten erhoben werden, ist erlaubt, sofern a) der Verantwortliche nach dem Unionsrecht oder dem Recht der Mitgliedstaaten befugt ist, solche personenbezogenen Daten für diesen anderen Zweck zu verarbeiten, und b) die Verarbeitung für diesen anderen Zweck nach dem Unionsrecht oder dem Recht der Mitgliedstaaten erforderlich und verhältnismäßig ist. *[...Art. 4 Abs. 3 JI-RL wird umgesetzt in § 50 BDSG...]* (4) Der Verantwortliche ist für die Einhaltung der Absätze 1, 2 und 3 verantwortlich und muss deren Einhaltung nachweisen können.
Gesetzesbegründung	**Erwägungsgründe**
BT-Drs. 18/11325, S. 111: Satz 1 setzt Artikel 4 Absatz 2 der Richtlinie (EU) 2016/680 um. Somit wird klargestellt, dass Verantwortliche Daten so lange und so weit zu anderen Zwecken, als zu denen sie ursprünglich erhoben wurden, verarbeiten dürfen, so lange es sich bei diesen anderen Zwecken um einen der in § 45 genannten Zwecke handelt und diese Verarbeitung erforderlich und verhältnismäßig ist. Grundsätzlich eröffnet Artikel 4 Absatz 2 der Richtlinie (EU) 2016/680 stets die Möglichkeit, die Daten für einen der in § 45 genannten Zwecke zu verarbeiten und innerhalb der Palette der genannten Zwecke auch Zweckänderungen vorzunehmen, wobei der EU-Gesetzgeber offen lässt, ob in diesen Fällen überhaupt eine Zweckänderung vorliegt. Zusätzliche Anforderungen an die Zweckänderung innerhalb der in § 45 genannten Zwecke aufgrund nationalen Verfassungsrechts (so etwa der Grundsatz der hypothetischen Datenneuerhebung, vgl. BVerfG, Urteil vom 20. April 2016 – 1 BvR 966/09 und 1 BvR 1140/06) werden in den Fachgesetzen umgesetzt.	(27) Zur Verhütung, Ermittlung und Verfolgung von Straftaten müssen die zuständigen Behörden personenbezogene Daten, die im Zusammenhang mit der Verhütung, Ermittlung, Aufdeckung oder Verfolgung einer bestimmten Straftat erhoben wurden, auch in einem anderen Kontext verarbeiten können, um sich ein Bild von den kriminellen Handlungen machen und Verbindungen zwischen verschiedenen aufgedeckten Straftaten herstellen zu können.

Bundesdatenschutzgesetz	Richtlinie (EU) 2016/680 (JI-RL)
Satz 2 betrifft die Weiterverarbeitung von zu Zwecken des § 45 erhobenen Daten zu anderen als in § 45 genannten Zwecken. Eine solche ist zulässig, wenn dies in einer Rechtsvorschrift vorgesehen ist. Eine solche findet sich beispielsweise für einen typischen Fall einer solchen Weiterverarbeitung durch Datenübermittlung an nicht für Zwecke der Richtlinie zuständige Behörden in § 25.	
§ 50 BDSG Verarbeitung zu archivarischen, wissenschaftlichen und statistischen Zwecken	**Art. 4 JI-RL Grundsätze in Bezug auf die Verarbeitung personenbezogener Daten** *[...Art. 4 Abs. 1 JI-RL wird umgesetzt in § 47 BDSG...]* *[...Art. 4 Abs. 2 JI-RL wird umgesetzt in § 49 BDSG ...]*
[1]Personenbezogene Daten dürfen im Rahmen der in § 45 genannten Zwecke in archivarischer, wissenschaftlicher oder statistischer Form verarbeitet werden, wenn hieran ein öffentliches Interesse besteht und geeignete Garantien für die Rechtsgüter der betroffenen Personen vorgesehen werden. [2]Solche Garantien können in einer so zeitnah wie möglich erfolgenden Anonymisierung der personenbezogenen Daten, in Vorkehrungen gegen ihre unbefugte Kenntnisnahme durch Dritte oder in ihrer räumlich und organisatorisch von den sonstigen Fachaufgaben getrennten Verarbeitung bestehen.	(3) Die Verarbeitung durch denselben oder einen anderen Verantwortlichen kann die Archivierung im öffentlichen Interesse und die wissenschaftliche, statistische oder historische Verwendung für die in Artikel 1 Absatz 1 genannten Zwecke umfassen, sofern geeignete Garantien für die Rechte und Freiheiten der betroffenen Personen vorhanden sind. (4) Der Verantwortliche ist für die Einhaltung der Absätze 1, 2 und 3 verantwortlich und muss deren Einhaltung nachweisen können.
Gesetzesbegründung	**Erwägungsgründe**
BT-Drs. 18/11325, S. 111 f.: § 50 greift Artikel 4 Absatz 3 der Richtlinie (EU) 2016/680 auf, wonach Verantwortliche Daten auch zu wissenschaftlichen, statistischen und historischen Zwecken verarbeiten dürfen, solange diese Verarbeitung unter die in § 45 genannten Zwecke gefasst werden kann. Als Beispiel kann hier die im Bundeskriminalamt durchgeführte kriminologische oder kriminaltechnische Forschung angeführt werden. Voraussetzung hierfür ist das Vorliegen geeigneter Vorkehrungen zugunsten der Rechtsgüter der betroffenen Person; hierzu können insbesondere die gemessen am konkreten Forschungszweck so zeitnah wie möglich erfolgende Anonymisierung von Daten oder die räumliche und organisatorische Abtrennung der Forschung betreibenden Stellen gehören. Diese Vorkehrungen werden im einschlägigen Fachrecht, etwa in § 21 Bundeskriminalamtgesetz, weiter ausdifferenziert.	(26) Jede Verarbeitung personenbezogener Daten muss auf rechtmäßige Weise, nach dem Grundsatz von Treu und Glauben und in einer für die betroffenen natürlichen Personen nachvollziehbaren Weise erfolgen, und die Daten dürfen nur für bestimmte, durch Rechtsvorschriften geregelte Zwecke verarbeitet werden. Dies steht an sich der Durchführung von Maßnahmen wie verdeckten Ermittlungen oder Videoüberwachung durch die Strafverfolgungsbehörden nicht entgegen. Diese Maßnahmen können zwecks Verhütung, Ermittlung, Aufdeckung oder Verfolgung von Straftaten oder zur Strafvollstreckung, einschließlich des Schutzes vor und der Abwehr von Gefahren für die öffentliche Sicherheit, getroffen werden, sofern sie durch Rechtsvorschriften geregelt sind und eine erforderliche und verhältnismäßige Maßnahme in einer demokratischen Gesellschaft darstellen, bei der die berechtigten Interessen der betroffenen natürlichen Person gebührend berücksichtigt werden. Der Datenschutzgrundsatz der Verarbeitung nach Treu und Glauben ist ein anderes Konzept als das Recht auf ein faires Verfah-

Bundesdatenschutzgesetz	**Richtlinie (EU) 2016/680 (JI-RL)**
	ren im Sinne des Artikels 47 der Charta und des Artikels 6 der Europäischen Konvention zum Schutze der Menschenrechte und Grundfreiheiten (EMRK). Natürliche Personen sollten über die Risiken, Vorschriften, Garantien und Rechte im Zusammenhang mit der Verarbeitung ihrer personenbezogenen Daten informiert und darüber aufgeklärt werden, wie sie ihre diesbezüglichen Rechte geltend machen können. Insbesondere sollten die bestimmten Zwecke, zu denen die personenbezogene Daten verarbeitet werden, eindeutig und rechtmäßig sein und zum Zeitpunkt deren Erhebung feststehen. Die personenbezogenen Daten sollten für die Zwecke, zu denen sie verarbeitet werden, angemessen und erheblich sein. Es sollte insbesondere sichergestellt werden, dass nicht übermäßige personenbezogene Daten erhoben werden und sie nicht länger aufbewahrt werden, als dies für den Zweck, zu dem sie verarbeitet werden, erforderlich ist. Personenbezogene Daten sollten nur verarbeitet werden dürfen, wenn der Zweck der Verarbeitung nicht in zumutbarer Weise durch andere Mittel erreicht werden kann. Um sicherzustellen, dass die Daten nicht länger als nötig gespeichert werden, sollte der Verantwortliche Fristen für ihre Löschung oder regelmäßige Überprüfung vorsehen. Die Mitgliedstaaten sollten geeignete Garantien für den Fall festlegen, dass personenbezogene Daten für die Archivierung im öffentlichen Interesse und die wissenschaftliche, statistische oder historische Verwendung für längere Zeiträume gespeichert werden.
§ 51 BDSG Einwilligung	***[Art. 7 DSGVO Bedingungen für die Einwilligung]***
(1) Soweit die Verarbeitung personenbezogener Daten nach einer Rechtsvorschrift auf der Grundlage einer Einwilligung erfolgen kann, muss der Verantwortliche die Einwilligung der betroffenen Person nachweisen können.	(1) Beruht die Verarbeitung auf einer Einwilligung, muss der Verantwortliche nachweisen können, dass die betroffene Person in die Verarbeitung ihrer personenbezogenen Daten eingewilligt hat.
(2) Erfolgt die Einwilligung der betroffenen Person durch eine schriftliche Erklärung, die noch andere Sachverhalte betrifft, muss das Ersuchen um Einwilligung in verständlicher und leicht zugänglicher Form in einer klaren und einfachen Sprache so erfolgen, dass es von den anderen Sachverhalten klar zu unterscheiden ist.	*(2) [1]Erfolgt die Einwilligung der betroffenen Person durch eine schriftliche Erklärung, die noch andere Sachverhalte betrifft, so muss das Ersuchen um Einwilligung in verständlicher und leicht zugänglicher Form in einer klaren und einfachen Sprache so erfolgen, dass es von den anderen Sachverhalten klar zu unterscheiden ist. [2]Teile der Erklärung sind dann nicht verbindlich, wenn sie einen Verstoß gegen diese Verordnung darstellen.*
(3) [1]Die betroffene Person hat das Recht, ihre Einwilligung jederzeit zu widerrufen. Durch den Widerruf der Einwilligung wird die Rechtmäßigkeit der aufgrund der Einwilligung bis zum Widerruf erfolgten Verarbeitung nicht berührt. [2]Die betroffene Person ist vor Abgabe der Einwilligung hiervon in Kenntnis zu setzen.	*(3) [1]Die betroffene Person hat das Recht, ihre Einwilligung jederzeit zu widerrufen. [2]Durch den Widerruf der Einwilligung wird die Rechtmäßigkeit der aufgrund der Einwilligung bis zum Widerruf erfolgten Verarbeitung nicht berührt. [3]Die betroffene Person wird vor Abgabe der Einwilligung hiervon in Kenntnis gesetzt.*

Bundesdatenschutzgesetz	Richtlinie (EU) 2016/680 (JI-RL)
	[4]Der Widerruf der Einwilligung muss so einfach wie die Erteilung der Einwilligung sein.
(4) [1]Die Einwilligung ist nur wirksam, wenn sie auf der freien Entscheidung der betroffenen Person beruht. [2]Bei der Beurteilung, ob die Einwilligung freiwillig erteilt wurde, müssen die Umstände der Erteilung berücksichtigt werden. [3]Die betroffene Person ist auf den vorgesehenen Zweck der Verarbeitung hinzuweisen. [4]Ist dies nach den Umständen des Einzelfalles erforderlich oder verlangt die betroffene Person dies, ist sie auch über die Folgen der Verweigerung der Einwilligung zu belehren.	*(4) Bei der Beurteilung, ob die Einwilligung freiwillig erteilt wurde, muss dem Umstand in größtmöglichem Umfang Rechnung getragen werden, ob unter anderem die Erfüllung eines Vertrags, einschließlich der Erbringung einer Dienstleistung, von der Einwilligung zu einer Verarbeitung von personenbezogenen Daten abhängig ist, die für die Erfüllung des Vertrags nicht erforderlich sind.]*
	[§ 4 a BDSG aF]
(5) Soweit besondere Kategorien personenbezogener Daten verarbeitet werden, muss sich die Einwilligung ausdrücklich auf diese Daten beziehen.	(3) Soweit besondere Arten personenbezogener Daten (§ 3 Abs. 9) erhoben, verarbeitet oder genutzt werden, muss sich die Einwilligung darüber hinaus ausdrücklich auf diese Daten beziehen.
Gesetzesbegründung	**Erwägungsgründe**
BT-Drs. 18/11325, S. 112: In § 51 finden sich die Voraussetzungen für eine wirksame Einwilligung. Hierbei wurden Elemente aus Artikel 7 der Verordnung (EU) 2016/679 mit dort nicht enthaltenen Elementen des § 4 a BDSG aF kombiniert. Absatz 1 entspricht Artikel 7 Absatz 1, Absatz 2 Artikel 7 Absatz 2 und Absatz 3 Artikel 7 Absatz 3 der Verordnung (EU) 2016/679. In Absatz 4 wurde der Ansatz aus § 4 a Absatz 1 BDSG aF mit dem Gedanken aus Artikel 7 Absatz 4 der Verordnung (EU) 2016/679 angereichert, wonach für die Beurteilung der Frage, ob die Freiwilligkeit der Einwilligung vorliegt, wesentlich auf die Umstände der Erteilung abzustellen ist. Absatz 5 entspricht § 4 a Absatz 3 BDSG aF	(37) […] Die Verarbeitung solcher Daten sollte ebenfalls durch Rechtsvorschriften erlaubt sein, wenn die betroffene Person der Datenverarbeitung, die besonders stark in ihre Privatsphäre eingreift, ausdrücklich zugestimmt hat. Die Einwilligung der betroffenen Person allein sollte jedoch noch keine rechtliche Grundlage für die Verarbeitung solch sensibler personenbezogener Daten durch die zuständigen Behörden liefern.
§ 52 BDSG Verarbeitung auf Weisung des Verantwortlichen	**Art. 23 JI-RL Verarbeitung unter der Aufsicht des Verantwortlichen oder des Auftragsverarbeiters**
Jede einem Verantwortlichen oder einem Auftragsverarbeiter unterstellte Person, die Zugang zu personenbezogenen Daten hat, darf diese Daten ausschließlich auf Weisung des Verantwortlichen verarbeiten, es sei denn, dass sie nach einer Rechtsvorschrift zur Verarbeitung verpflichtet ist.	(1) Die Mitgliedstaaten sehen vor, dass in dem Fall, dass eine Verarbeitung im Auftrag eines Verantwortlichen erfolgt, dieser nur mit Auftragsverarbeitern arbeitet, die hinreichende Garantien dafür bieten, dass geeignete technische und organisatorische Maßnahmen so durchgeführt werden, dass die Verarbeitung im Einklang mit den Anforderungen dieser Richtlinie erfolgt und den Schutz der Rechte der betroffenen Person gewährleistet. (2) [1]Die Mitgliedstaaten sehen vor, dass der Auftragsverarbeiter keinen weiteren Auftragsverarbeiter ohne vorherige gesonderte oder all-

Bundesdatenschutzgesetz	Richtlinie (EU) 2016/680 (JI-RL)
	gemeine schriftliche Genehmigung des Verantwortlichen in Anspruch nimmt. [2]Im Fall einer allgemeinen schriftlichen Genehmigung unterrichtet der Auftragsverarbeiter den Verantwortlichen über jede beabsichtigte Änderung in Bezug auf die Hinzuziehung oder die Ersetzung anderer Auftragsverarbeiter, wodurch der Verantwortliche die Möglichkeit erhält, gegen derartige Änderungen Einspruch zu erheben.
	(3) [1]Die Mitgliedstaaten sehen vor, dass die Verarbeitung durch einen Auftragsverarbeiter auf der Grundlage eines Vertrags oder eines anderen Rechtsinstruments nach dem Unionsrecht oder dem Recht der Mitgliedstaaten erfolgt, der bzw. das den Auftragsverarbeiter an den Verantwortlichen bindet und der den Gegenstand und Dauer der Verarbeitung, Art und Zweck der Verarbeitung, die Art der personenbezogenen Daten, die Kategorien betroffener Personen und die Pflichten und Rechte des Verantwortlichen festlegt. [2]Der Vertrag oder das andere Rechtsinstrument sieht insbesondere vor, dass der Auftragsverarbeiter *a)* nur auf Weisung des Verantwortlichen handelt, *b)* gewährleistet, dass sich die zur Verarbeitung der personenbezogenen Daten befugten Personen zur Vertraulichkeit verpflichtet haben oder einer angemessenen gesetzlichen Verschwiegenheitspflicht unterliegen, *c)* den Verantwortlichen mit geeigneten Mitteln dabei unterstützt, die Einhaltung der Bestimmungen über die Rechte der betroffenen Person zu gewährleisten, *d)* alle personenbezogenen Daten nach Abschluss der Erbringung der Verarbeitungsleistungen – nach Wahl des Verantwortlichen – zurückgibt bzw. löscht und bestehende Kopien vernichtet, sofern nicht nach dem Unionsrecht oder dem Recht der Mitgliedstaaten eine Verpflichtung zur Speicherung der personenbezogenen Daten besteht, *e)* dem Verantwortlichen alle erforderlichen Informationen zum Nachweis der Einhaltung der in diesem Artikel niedergelegten Pflichten zur Verfügung stellt, *f)* die in den Absätzen 2 und 3 aufgeführten Bedingungen für die Inanspruchnahme der Dienste eines weiteren Auftragsverarbeiters einhält.
	(4) Der Vertrag oder das andere Rechtsinstrument im Sinne von Absatz 3 ist schriftlich abzufassen, was auch in einem elektronischen Format erfolgen kann.
	(5) Ein Auftragsverarbeiter, der unter Verstoß gegen diese Richtlinie die Zwecke und Mittel

Bundesdatenschutzgesetz	Richtlinie (EU) 2016/680 (JI-RL)
	der Verarbeitung bestimmt, gilt in Bezug auf diese Verarbeitung als Verantwortlicher.
Gesetzesbegründung	**Erwägungsgründe**
BT-Drs. 18/11325, S. 112: § 52 setzt Artikel 23 der Richtlinie (EU) 2016/680 um.	(55) Die Durchführung einer Verarbeitung durch einen Auftragsverarbeiter sollte auf der Grundlage eines Rechtsinstruments einschließlich eines Vertrags erfolgen, der den Auftragsverarbeiter an den Verantwortlichen bindet und in dem insbesondere vorgesehen ist, dass der Auftragsverarbeiter nur auf Weisung des Verantwortlichen handeln sollte. Der Auftragsverarbeiter sollte den Grundsatz des Datenschutzes durch Technikgestaltung und durch datenschutzfreundliche Voreinstellungen berücksichtigen.
§ 53 BDSG Datengeheimnis	*[§ 5 BDSG aF*
[1]Mit Datenverarbeitung befasste Personen dürfen personenbezogene Daten nicht unbefugt verarbeiten (Datengeheimnis). [2]Sie sind bei der Aufnahme ihrer Tätigkeit auf das Datengeheimnis zu verpflichten. [3]Das Datengeheimnis besteht auch nach der Beendigung ihrer Tätigkeit fort.	Den bei der Datenverarbeitung beschäftigten Personen ist untersagt, personenbezogene Daten unbefugt zu erheben, zu verarbeiten oder zu nutzen (Datengeheimnis). Diese Personen sind, soweit sie bei nicht-öffentlichen Stellen beschäftigt werden, bei der Aufnahme ihrer Tätigkeit auf das Datengeheimnis zu verpflichten. Das Datengeheimnis besteht auch nach Beendigung ihrer Tätigkeit fort.]
Gesetzesbegründung	
BT-Drs. 18/11325, S. 112: § 53 greift die Regelung des § 5 BDSG aF auf.	
§ 54 BDSG Automatisierte Einzelentscheidung	**Art. 11 JI-RL Automatisierte Entscheidungsfindung im Einzelfall**
(1) Eine ausschließlich auf einer automatischen Verarbeitung beruhende Entscheidung, die mit einer nachteiligen Rechtsfolge für die betroffene Person verbunden ist oder sie erheblich beeinträchtigt, ist nur zulässig, wenn sie in einer Rechtsvorschrift vorgesehen ist.	(1) Die Mitgliedstaaten sehen vor, dass eine ausschließlich auf einer automatischen Verarbeitung beruhende Entscheidung – einschließlich Profiling –, die eine nachteilige Rechtsfolge für die betroffene Person hat oder sie erheblich beeinträchtigt, verboten ist, es sei denn, sie ist nach dem Unionsrecht oder dem Recht der Mitgliedstaaten, dem der Verantwortliche unterliegt und das geeignete Garantien für die Rechte und Freiheiten der betroffenen Person bietet, zumindest aber das Recht auf persönliches Eingreifen seitens des Verantwortlichen, erlaubt.
(2) Entscheidungen nach Absatz 1 dürfen nicht auf besonderen Kategorien personenbezogener Daten beruhen, sofern nicht geeignete Maßnahmen zum Schutz der Rechtsgüter sowie der berechtigten Interessen der betroffenen Personen getroffen wurden.	(2) Entscheidungen nach Absatz 1 dieses Artikels dürfen nicht auf besonderen Kategorien personenbezogener Daten nach Artikel 10 beruhen, sofern nicht geeignete Maßnahmen zum Schutz der Rechte und Freiheiten sowie der berechtigten Interessen der betroffenen Person getroffen wurden.
(3) Profiling, das zur Folge hat, dass betroffene Personen auf der Grundlage von besonderen	(3) Profiling, das zur Folge hat, dass natürliche Personen auf Grundlage von besonderen Daten-

Bundesdatenschutzgesetz	Richtlinie (EU) 2016/680 (JI-RL)
Kategorien personenbezogener Daten diskriminiert werden, ist verboten.	kategorien nach Artikel 10 diskriminiert werden, ist nach dem Unionsrecht verboten.
Gesetzesbegründung	**Erwägungsgründe**
BT-Drs. 18/11325, S. 112: § 54 setzt Artikel 11 der Richtlinie (EU) 2016/680 um und regelt das Verbot automatisierter, insbesondere auf Profiling basierender Einzelentscheidungen. Um eine in Absatz 1 genannte, nur unter bestimmten Umständen zulässige, „Entscheidung, die eine nachteilige Rechtsfolge für die betroffene Person hat", zu sein, muss es sich bei einer solchen Entscheidung um einen Rechtsakt mit Außenwirkung gegenüber der betroffenen Person – regelmäßig einen Verwaltungsakt – handeln. Interne Zwischenfestlegungen oder -auswertungen, die Ausfluss automatisierter Prozesse sind, fallen nicht hierunter.	(38) Die betroffene Person sollte das Recht haben, keiner Entscheidung zur Bewertung von sie betreffenden persönlichen Aspekten unterworfen zu werden, die ausschließlich auf einer automatisierten Verarbeitung beruht und die nachteilige rechtliche Wirkung für sie entfaltet oder sie in erheblichem Maße beeinträchtigt. In jedem Fall sollte eine solche Verarbeitung mit geeigneten Garantien verbunden sein, einschließlich der spezifischen Unterrichtung der betroffenen Person und des Rechts, das Eingreifen einer Person zu erwirken, insbesondere auf Darlegung des eigenen Standpunkts, auf Erläuterung der nach einer entsprechenden Bewertung getroffenen Entscheidung oder auf Anfechtung der Entscheidung. Ein Profiling, das zur Folge hat, dass natürliche Personen aufgrund von personenbezogenen Daten diskriminiert werden, die ihrem Wesen nach hinsichtlich der Grundrechte und Grundfreiheiten besonders sensibel sind, sollte gemäß den Bestimmungen der Artikel 21 und 52 der Charta verboten werden.
Kapitel 3 Rechte der betroffenen Person	
§ 55 BDSG Allgemeine Informationen zu Datenverarbeitungen	**Art. 13 JI-RL Der betroffenen Person zur Verfügung zu stellende oder zu erteilende Informationen**
Der Verantwortliche hat in allgemeiner Form und für jedermann zugänglich Informationen zur Verfügung zu stellen über	(1) Die Mitgliedstaaten sehen vor, dass der Verantwortliche der betroffenen Person zumindest die folgenden Informationen zur Verfügung stellt:
1. die Zwecke der von ihm vorgenommenen Verarbeitungen,	c) die Zwecke, für die die personenbezogenen Daten verarbeitet werden,
2. die im Hinblick auf die Verarbeitung ihrer personenbezogenen Daten bestehenden Rechte der betroffenen Personen auf Auskunft, Berichtigung, Löschung und Einschränkung der Verarbeitung,	e) das Bestehen eines Rechts auf Auskunft und Berichtigung oder Löschung personenbezogener Daten und Einschränkung der Verarbeitung der personenbezogenen Daten der betroffenen Person durch den Verantwortlichen.
3. den Namen und die Kontaktdaten des Verantwortlichen und der oder des Datenschutzbeauftragten,	a) den Namen und die Kontaktdaten des Verantwortlichen, b) gegebenenfalls die Kontaktdaten des Datenschutzbeauftragten,
4. das Recht, die Bundesbeauftragte oder den Bundesbeauftragten anzurufen, und	d) das Bestehen eines Beschwerderechts bei der Aufsichtsbehörde sowie deren Kontaktdaten,
5. die Erreichbarkeit der oder des Bundesbeauftragten.	*[... Art. 13 Abs. 2 und 3 JI-RL wird umgesetzt in § 56 BDSG]*

Bundesdatenschutzgesetz	Richtlinie (EU) 2016/680 (JI-RL)
Gesetzesbegründung	**Erwägungsgründe**
BT-Drs. 18/11325, S. 112:	
§ 55 dient der Umsetzung von Artikel 13 Absatz 1 der Richtlinie (EU) 2016/680. Es geht hier um aktive Informationspflichten des Verantwortlichen gegenüberbetroffenen Personen unabhängig von der Geltendmachung von Betroffenenrechten. Dieser Informationspflicht sollen Verantwortliche in allgemeiner Form nachkommen können. Durch die explizit in Erwägungsgrund 42 der Richtlinie (EU) 2016/680 aufgenommene Möglichkeit der Information über die Internetseite des Verantwortlichen wird im Zusammenhang der Sinn und Zweck der Regelung klargestellt: Betroffene Personen sollen sich unabhängig von der Datenverarbeitung im konkreten Fall in leicht zugänglicher Form einen Überblick über die Zwecke der beim Verantwortlichen durchgeführten Verarbeitungen verschaffen können und eine Übersicht über die ihnen zu Gebote stehenden Betroffenenrechte bekommen.	(42) Der betroffenen Person sollten zumindest folgende Informationen zur Verfügung gestellt werden: die Identität des Verantwortlichen, die Existenz des Verarbeitungsvorgangs, die Zwecke der Verarbeitung, das Beschwerderecht und das Bestehen eines Rechts auf Auskunft und Berichtigung oder Löschung personenbezogener Daten und auf Einschränkung der Verarbeitung durch den Verantwortlichen. Dies könnte auf der Website der zuständigen Behörde erfolgen. Außerdem sollte die betroffene Person in bestimmten Fällen und zur Ermöglichung der Ausübung ihrer Rechte über die Rechtsgrundlage der Verarbeitung und die Speicherfrist informiert werden, soweit diese zusätzlichen Informationen unter Berücksichtigung der spezifischen Umstände, unter denen die Daten verarbeitet werden, notwendig sind, um gegenüber der betroffenen Person eine Verarbeitung nach Treu und Glauben zu gewährleisten.
§ 56 BDSG Benachrichtigung betroffener Personen	**Art. 13 JI-RL Der betroffenen Person zur Verfügung zu stellende oder zu erteilende Informationen** *[Art. 13 Abs. 1 JI-RL wird in § 55 BDSG umgesetzt]*
(1) Ist die Benachrichtigung betroffener Personen über die Verarbeitung sie betreffender personenbezogener Daten in speziellen Rechtsvorschriften, insbesondere bei verdeckten Maßnahmen, vorgesehen oder angeordnet, so hat diese Benachrichtigung zumindest die folgenden Angaben zu enthalten: 1. die in § 55 genannten Angaben, 2. die Rechtsgrundlage der Verarbeitung, 3. die für die Daten geltende Speicherdauer oder, falls dies nicht möglich ist, die Kriterien für die Festlegung dieser Dauer, 4. gegebenenfalls die Kategorien von Empfängern der personenbezogenen Daten sowie 5. erforderlichenfalls weitere Informationen, insbesondere, wenn die personenbezogenen Daten ohne Wissen der betroffenen Person erhoben wurden.	(2) Zusätzlich zu den in Absatz 1 genannten Informationen sehen die Mitgliedstaaten durch Rechtsvorschriften vor, dass der Verantwortliche der betroffenen Person in besonderen Fällen die folgenden zusätzlichen Informationen erteilt, um die Ausübung der Rechte der betroffenen Person zu ermöglichen: a) die Rechtsgrundlage der Verarbeitung, b) die Dauer, für die die personenbezogenen Daten gespeichert werden oder, falls dies nicht möglich ist, die Kriterien für die Festlegung dieser Dauer, c) gegebenenfalls die Kategorien von Empfängern der personenbezogenen Daten, auch der Empfänger in Drittländern oder in internationalen Organisationen, d) erforderlichenfalls weitere Informationen, insbesondere wenn die personenbezogenen Daten ohne Wissen der betroffenen Person erhoben werden.
(2) In den Fällen des Absatzes 1 kann der Verantwortliche die Benachrichtigung insoweit und solange aufschieben, einschränken oder unterlassen, wie andernfalls 1. die Erfüllung der in § 45 genannten Aufgaben, 2. die öffentliche Sicherheit oder	(3) Die Mitgliedstaaten können Gesetzgebungsmaßnahmen erlassen, nach denen die Unterrichtung der betroffenen Person gemäß Absatz 2 soweit und so lange aufgeschoben, eingeschränkt oder unterlassen werden kann, wie diese Maßnahme in einer demokratischen Gesellschaft erforderlich und verhältnismäßig ist und sofern

Bundesdatenschutzgesetz	Richtlinie (EU) 2016/680 (JI-RL)
3. Rechtsgüter Dritter gefährdet würden, wenn das Interesse an der Vermeidung dieser Gefahren das Informationsinteresse der betroffenen Person überwiegt.	den Grundrechten und den berechtigten Interessen der betroffenen natürlichen Person Rechnung getragen wird: a) zur Gewährleistung, dass behördliche oder gerichtliche Untersuchungen, Ermittlungen oder Verfahren nicht behindert werden, b) zur Gewährleistung, dass die Verhütung, Aufdeckung, Ermittlung oder Verfolgung von Straftaten oder die Strafvollstreckung nicht beeinträchtigt werden, c) zum Schutz der öffentlichen Sicherheit, d) zum Schutz der nationalen Sicherheit, e) zum Schutz der Rechte und Freiheiten anderer.
(3) Bezieht sich die Benachrichtigung auf die Übermittlung personenbezogener Daten an Verfassungsschutzbehörden, den Bundesnachrichtendienst, den Militärischen Abschirmdienst und, soweit die Sicherheit des Bundes berührt wird, andere Behörden des Bundesministeriums der Verteidigung, ist sie nur mit Zustimmung dieser Stellen zulässig.	(4) Die Mitgliedstaaten können Gesetzgebungsmaßnahmen zur Festlegung der Verarbeitungskategorien erlassen, für die einer der Buchstaben des Absatz 3 vollständig oder teilweise zur Anwendung kommt.
(4) Im Fall der Einschränkung nach Absatz 2 gilt § 57 Absatz 7 entsprechend.	*[§ 56 BDSG setzt auch Art. 13 Abs. 3; Art. 17 Abs. 1; 15 Abs. 3 S. 2, 52 JI-RL um]*
Gesetzesbegründung	**Erwägungsgründe**
BT-Drs. 18/11325, S. 112 f.: § 56 betrifft Fälle, in denen in fachgesetzlichen Regelungen eine aktive Benachrichtigung betroffener Personen vorgesehen ist. Eine Festlegung dieser in Artikel 13 Absatz 2 der Richtlinie (EU) 2016/680 so bezeichneten „besonderen Fälle" ist nicht verallgemeinernd auf Ebene des Bundesdatenschutzgesetzes möglich und muss somit im Fachrecht geleistet werden. Leitend für die Entscheidung, ob eine Benachrichtigung unabhängig von der Geltendmachung eines Betroffenenrechts angezeigt ist, dürfte zB sein, ob die Verarbeitung mit oder ohne Wissen der betroffenen Person, ggf. in Verbindung mit einer erhöhten Eingriffstiefe, erfolgt. In letztgenannten Fällen ist eine aktive, ggf. nachträgliche Benachrichtigung die einzige Möglichkeit für die betroffene Person, von der Verarbeitung Kenntnis zu erlangen und ggf. deren Rechtmäßigkeit mithilfe der Geltendmachung von Betroffenenrechten zu prüfen. Absatz 1 stellt klar, welche Informationen betroffenen Personen von dem Verantwortlichen in diesen Fällen aktiv übermittelt werden müssen und dient dabei der Umsetzung von Artikel 13 Absatz 2 der Richtlinie (EU) 2016/680. Absatz 2 ermöglicht es in Umsetzung von Artikel 13 Absatz 3 der Richtlinie (EU) 2016/680, zu den dort genannten Zwecken von der Bereit-	(42) Der betroffenen Person sollten zumindest folgende Informationen zur Verfügung gestellt werden: die Identität des Verantwortlichen, die Existenz des Verarbeitungsvorgangs, die Zwecke der Verarbeitung, das Beschwerderecht und das Bestehen eines Rechts auf Auskunft und Berichtigung oder Löschung personenbezogener Daten und auf Einschränkung der Verarbeitung durch den Verantwortlichen. Dies könnte auf der Website der zuständigen Behörde erfolgen. Außerdem sollte die betroffene Person in bestimmten Fällen und zur Ermöglichung der Ausübung ihrer Rechte über die Rechtsgrundlage der Verarbeitung und die Speicherfrist informiert werden, soweit diese zusätzlichen Informationen unter Berücksichtigung der spezifischen Umstände, unter denen die Daten verarbeitet werden, notwendig sind, um gegenüber der betroffenen Person eine Verarbeitung nach Treu und Glauben zu gewährleisten.

Bundesdatenschutzgesetz	Richtlinie (EU) 2016/680 (JI-RL)
stellung der in Absatz 1 genannten Informationen abzusehen, sie einzuschränken oder sie aufzuschieben. Die Vorschrift geht zum Schutz der betroffenen Person über das durch die Richtlinie (EU) 2016/680 Gebotene hinaus, indem tatbestandlich jeweils eine Gefährdung – gegenüber einer in der Richtlinie angesprochenen Beeinträchtigung – der genannten Rechtsgüter oder Zwecke vorausgesetzt wird. Den Ausnahmen ist der Gedanke gemein, dass die Auskunftserteilung nicht zur Gefährdung der ordnungsgemäßen Erfüllung der Aufgaben des Verantwortlichen führen soll.	
Absatz 3 statuiert ein § 19 Absatz 3 BDSG aF entnommenes Zustimmungserfordernis der dort genannten Stellen, wenn sich die Benachrichtigung auf die Übermittlung an diese Stellen (nach Absatz 1 Satz 1 Nummer 4) bezieht. Insofern besteht ein der Situation der aktiven Geltendmachung von Betroffenenrechten vergleichbarer Sachverhalt, weshalb die Übernahme geboten ist. Die Nutzung der Möglichkeit, von der Bereitstellung der in Absatz 1 genannten Informationen abzusehen, sie einzuschränken oder aufzuschieben, muss Verhältnismäßigkeitsgrundsätzen genügen, mithin in ein angemessenes Verhältnis zur Bedeutung der Betroffeneninformation für die spätere Geltendmachung von Betroffenenrechten gebracht werden. So hat der Verantwortliche im Einzelfall zu prüfen, ob die Bereitstellung etwa nur teil- oder zeitweise eingeschränkt werden kann („solange und soweit").	
§ 57 BDSG Auskunftsrecht	**Art. 14 JI-RL Auskunftsrecht der betroffenen Person**
(1) Der Verantwortliche hat betroffenen Personen auf Antrag Auskunft darüber zu erteilen, ob er sie betreffende Daten verarbeitet. Betroffene Personen haben darüber hinaus das Recht, Informationen zu erhalten über	Vorbehaltlich des Artikels 15 sehen die Mitgliedstaaten vor, dass die betroffene Person das Recht hat, von dem Verantwortlichen eine Bestätigung darüber zu erhalten, ob sie betreffende personenbezogene Daten verarbeitet werden; ist dies der Fall, so hat sie das Recht, Auskunft über personenbezogene Daten und zu folgenden Informationen zu erhalten:
1. die personenbezogenen Daten, die Gegenstand der Verarbeitung sind, und die Kategorie, zu der sie gehören,	b) die Kategorien personenbezogener Daten, die verarbeitet werden
2. die verfügbaren Informationen über die Herkunft der Daten,	g) Mitteilung zu den personenbezogenen Daten, die Gegenstand der Verarbeitung sind, sowie alle verfügbaren Informationen über die Herkunft der Daten.
3. die Zwecke der Verarbeitung und deren Rechtsgrundlage,	a) die Zwecke der Verarbeitung und deren Rechtsgrundlage,
4. die Empfänger oder die Kategorien von Empfängern, gegenüber denen die Daten offengelegt worden sind, insbesondere bei	c) die Empfänger oder Kategorien von Empfängern, gegenüber denen die personenbezogenen Daten offengelegt worden sind, insbesondere bei Empfängern in Drittlän-

Bundesdatenschutzgesetz	**Richtlinie (EU) 2016/680 (JI-RL)**
Empfängern in Drittstaaten oder bei internationalen Organisationen,	dern oder bei internationalen Organisationen,
5. die für die Daten geltende Speicherdauer oder, falls dies nicht möglich ist, die Kriterien für die Festlegung dieser Dauer,	d) falls möglich die geplante Dauer, für die die personenbezogenen Daten gespeichert werden oder, falls dies nicht möglich ist, die Kriterien für die Festlegung dieser Dauer,
6. das Bestehen eines Rechts auf Berichtigung, Löschung oder Einschränkung der Verarbeitung der Daten durch den Verantwortlichen,	e) das Bestehen eines Rechts auf Berichtigung oder Löschung personenbezogener Daten oder Einschränkung der Verarbeitung personenbezogener Daten der betroffenen Person durch den Verantwortlichen,
7. das Recht nach § 60, die Bundesbeauftragte oder den Bundesbeauftragten anzurufen, sowie	f) das Bestehen eines Beschwerderechts bei der Aufsichtsbehörde sowie deren Kontaktdaten,
8. Angaben zur Erreichbarkeit der oder des Bundesbeauftragten	
	Art. 15 JI-RL Einschränkung des Auskunftsrechts
(2) Absatz 1 gilt nicht für personenbezogene Daten, die nur deshalb verarbeitet werden, weil sie aufgrund gesetzlicher Aufbewahrungsvorschriften nicht gelöscht werden dürfen, oder die ausschließlich Zwecken der Datensicherung oder der Datenschutzkontrolle dienen, wenn die Auskunftserteilung einen unverhältnismäßigen Aufwand erfordern würde und eine Verarbeitung zu anderen Zwecken durch geeignete technische und organisatorische Maßnahmen ausgeschlossen ist.	(1) Die Mitgliedstaaten können Gesetzgebungsmaßnahmen erlassen, die zu nachstehenden Zwecken das Recht der betroffenen Person auf Auskunft teilweise oder vollständig einschränken, soweit und so lange wie diese teilweise oder vollständige Einschränkung in einer demokratischen Gesellschaft erforderlich und verhältnismäßig ist und den Grundrechten und den berechtigten Interessen der betroffenen natürlichen Person Rechnung getragen wird: a) Gewährleistung, dass behördliche oder gerichtliche Untersuchungen, Ermittlungen oder Verfahren nicht behindert werden, b) Gewährleistung, dass die Verhütung, Aufdeckung, Ermittlung oder Verfolgung von Straftaten oder die Strafvollstreckung nicht beeinträchtigt werden, c) Schutz der öffentlichen Sicherheit, d) Schutz der nationalen Sicherheit, e) Schutz der Rechte und Freiheiten anderer.
(3) Von der Auskunftserteilung ist abzusehen, wenn die betroffene Person keine Angaben macht, die das Auffinden der Daten ermöglichen, und deshalb der für die Erteilung der Auskunft erforderliche Aufwand außer Verhältnis zu dem von der betroffenen Person geltend gemachten Informationsinteresse steht.	
(4) Der Verantwortliche kann unter den Voraussetzungen des § 56 Absatz 2 von der Auskunft nach Absatz 1 Satz 1 absehen oder die Auskunftserteilung nach Absatz 1 Satz 2 teilweise oder vollständig einschränken.	
(5) Bezieht sich die Auskunftserteilung auf die Übermittlung personenbezogener Daten an Verfassungsschutzbehörden, den Bundesnachrichtendienst, den Militärischen Abschirmdienst und, soweit die Sicherheit des Bundes berührt	(2) Die Mitgliedstaaten können Gesetzgebungsmaßnahmen zur Festlegung der Verarbeitungskategorien erlassen, für die Absatz 1 Buchstaben a bis e vollständig oder teilweise zur Anwendung kommen.

Bundesdatenschutzgesetz	Richtlinie (EU) 2016/680 (JI-RL)
wird, andere Behörden des Bundesministeriums der Verteidigung, ist sie nur mit Zustimmung dieser Stellen zulässig.	
(6) [1]Der Verantwortliche hat die betroffene Person über das Absehen von oder die Einschränkung einer Auskunft unverzüglich schriftlich zu unterrichten. [2]Dies gilt nicht, wenn bereits die Erteilung dieser Informationen eine Gefährdung im Sinne des § 56 Absatz 2 mit sich bringen würde. [3]Die Unterrichtung nach Satz 1 ist zu begründen, es sei denn, dass die Mitteilung der Gründe den mit dem Absehen von oder der Einschränkung der Auskunft verfolgten Zweck gefährden würde.	(3) [1]Für die in den Absätzen 1 und 2 genannten Fälle sehen die Mitgliedstaaten vor, dass der Verantwortliche die betroffene Person unverzüglich schriftlich über die Verweigerung oder die Einschränkung der Auskunft und die Gründe hierfür unterrichtet. [2]Dies gilt nicht, wenn die Erteilung dieser Informationen einem der in Absatz 1 genannten Zwecke zuwiderliefe. [3]Die Mitgliedstaaten sehen vor, dass der Verantwortliche die betroffene Person über die Möglichkeit unterrichtet, bei der Aufsichtsbehörde Beschwerde einzulegen oder einen gerichtlichen Rechtsbehelf einzulegen.
(7) [1]Wird die betroffene Person nach Absatz 6 über das Absehen von oder die Einschränkung der Auskunft unterrichtet, kann sie ihr Auskunftsrecht auch über die Bundesbeauftragte oder den Bundesbeauftragten ausüben. [2]Der Verantwortliche hat die betroffene Person über diese Möglichkeit sowie darüber zu unterrichten, dass sie gemäß § 60 die Bundesbeauftragte oder den Bundesbeauftragten anrufen oder gerichtlichen Rechtsschutz suchen kann. [3]Macht die betroffene Person von ihrem Recht nach Satz 1 Gebrauch, ist die Auskunft auf ihr Verlangen der oder dem Bundesbeauftragten zu erteilen, soweit nicht die zuständige oberste Bundesbehörde im Einzelfall feststellt, dass dadurch die Sicherheit des Bundes oder eines Landes gefährdet würde. [4]Die oder der Bundesbeauftragte hat die betroffene Person zumindest darüber zu unterrichten, dass alle erforderlichen Prüfungen erfolgt sind oder eine Überprüfung durch sie stattgefunden hat. [5]Diese Mitteilung kann die Information enthalten, ob datenschutzrechtliche Verstöße festgestellt wurden. [6]Die Mitteilung der oder des Bundesbeauftragten an die betroffene Person darf keine Rückschlüsse auf den Erkenntnisstand des Verantwortlichen zulassen, sofern dieser keiner weitergehenden Auskunft zustimmt. [7]Der Verantwortliche darf die Zustimmung nur insoweit und solange verweigern, wie er nach Absatz 4 von einer Auskunft absehen oder sie einschränken könnte. [8]Die oder der Bundesbeauftragte hat zudem die betroffene Person über ihr Recht auf gerichtlichen Rechtsschutz zu unterrichten.	*[§ 57 Abs. 7 BDSG setzt auch Art. 17 Abs. 1; 52 JI-RL um]*
(8) Der Verantwortliche hat die sachlichen oder rechtlichen Gründe für die Entscheidung zu dokumentieren.	(4) [1]Die Mitgliedstaaten sehen vor, dass der Verantwortliche die sachlichen oder rechtlichen Gründe für die Entscheidung dokumentiert. [2]Diese Angaben sind der Aufsichtsbehörde zur Verfügung zu stellen.

Bundesdatenschutzgesetz	Richtlinie (EU) 2016/680 (JI-RL)
Gesetzesbegründung	**Erwägungsgründe**
BT-Drs. 18/11325, S. 113 f.:	
§ 57 thematisiert das Auskunftsrecht als zentrales Betroffenenrecht und normiert gleichzeitig dessen Einschränkungen. Die Vorschrift dient mithin der Umsetzung der Artikel 14 (Bestehen des Auskunftsrechts) und 15 (Ausnahmen) der Richtlinie (EU) 2016/680. Das Auskunftsrecht setzt – im Gegensatz zu in § 56 angesprochenen aktiven Benachrichtigungspflichten – einen entsprechenden Antrag der betroffenen Person voraus. Absatz 1 legt den Umfang des der betroffenen Person zustehenden Auskunftsrechts fest. Der in den Nummern 1 und 4 genannte Begriff „Kategorie“ ermöglicht dem Verantwortlichen eine angemessene Generalisierung der Angaben zu den verarbeiteten personenbezogenen Daten sowie zu den Übermittlungsempfängern. Die Angaben nach Nummer 1 zu den verarbeiteten personenbezogenen Daten können im Sinne einer zusammenfassenden Übersicht in verständlicher Form gemacht werden. Die Angaben müssen also nicht in einer Form gemacht werden, welche Aufschluss über die Art und Weise der Speicherung oder Sichtbarkeit der Daten beim Verantwortlichen (im Sinne einer Kopie) zulässt. Ebenso bedeutet die Pflicht zur Angabe der verfügbaren Informationen zur Datenquelle nicht, dass die Identität natürlicher Personen oder gar vertrauliche Informationen preisgegeben werden müssen. Der Verantwortliche muss sich bei der Angabe zu den personenbezogenen Daten, die Gegenstand der Verarbeitung sind, letztlich von dem gesetzgeberischen Ziel leiten lassen, bei der betroffenen Person ein Bewusstsein über Umfang und Art der verarbeiteten Daten zu erzeugen und es ihr zu ermöglichen, aufgrund dieser Informationen zu ermessen, ob die Verarbeitung rechtmäßig ist und – wenn Zweifel hieran bestehen – ggf. die Geltendmachung weitere Betroffenenrechte auf diese Informationen stützen zu können. Absatz 2 überführt den Rechtsgedanken des § 19 Absatz 2 BDSG aF in das BDSG und sorgt darüber hinaus für einen Gleichlauf mit § 33 Absatz 1 Nummer 2. Absatz 3 überführt die Regelung des § 19 Absatz 1 Satz 3 BDSG aF Absatz 4 normiert, zu welchen Zwecken das Auskunftsrecht durch den Verantwortlichen vollständig oder teilweise eingeschränkt werden darf. Die Vorschrift geht zum Schutz der betroffenen Person über das	(44) Die Mitgliedstaaten sollten Gesetzgebungsmaßnahmen erlassen können, mit denen die Unterrichtung der betroffenen Person aufgeschoben, eingeschränkt oder unterlassen oder die Auskunft über ihre personenbezogenen Daten ganz oder teilweise in dem Umfang und so lange eingeschränkt wird, wie dies in einer demokratischen Gesellschaft unter gebührender Berücksichtigung der Grundrechte und der berechtigten Interessen der betroffenen natürlichen Person eine erforderliche und verhältnismäßige Maßnahme darstellt, um behördliche oder gerichtliche Untersuchungen, Ermittlungen und Verfahren nicht zu behindern, die Verhütung, Ermittlung, Aufdeckung oder Verfolgung von Straftaten oder die Strafvollstreckung nicht zu gefährden und um die öffentliche und die nationale Sicherheit oder die Rechte und Freiheiten anderer zu schützen. Der Verantwortliche sollte im Wege einer konkreten Einzelfallprüfung feststellen, ob das Auskunftsrecht teilweise oder vollständig eingeschränkt werden sollte. (45) Eine Verweigerung oder Einschränkung der Auskunft sollte der betroffenen Person grundsätzlich unter Angabe der sachlichen oder rechtlichen Gründe hierfür schriftlich mitgeteilt werden. (46) Jede Einschränkung der Rechte der betroffenen Person muss mit der Charta und mit der EMRK in der Auslegung durch die Rechtsprechung des Gerichtshofs bzw. des Europäischen Gerichtshofs für Menschenrechte vereinbar sein und insbesondere den Wesensgehalt dieser Rechte und Freiheiten achten. (107) Diese Richtlinie sollte die Mitgliedstaaten nicht daran hindern, die Bestimmungen über die Ausübung der Rechte der betroffenen Personen auf Unterrichtung, Auskunft und Berichtigung oder Löschung personenbezogener Daten und Beschränkung der Verarbeitung im Rahmen eines Strafverfahrens sowie mögliche Beschränkungen dieser Rechte in ihr einzelstaatliches Strafverfahrensrecht umzusetzen

Bundesdatenschutzgesetz	Richtlinie (EU) 2016/680 (JI-RL)
durch die Richtlinie (EU) 2016/680 Gebotene hinaus, indem tatbestandlich jeweils eine Gefährdung – gegenüber einer in der Richtlinie angesprochenen Beeinträchtigung – der genannten Rechtsgüter oder Zwecke vorausgesetzt wird. Den Ausnahmen ist der Gedanke gemein, dass die Auskunftserteilung nicht zur Gefährdung der ordnungsgemäßen Erfüllung der Aufgaben des Verantwortlichen führen soll. Die Nutzung der Möglichkeit, von der Auskunftserteilung vollständig oder teilweise abzusehen, muss Verhältnismäßigkeitsgrundsätzen genügen und ihr muss eine nachvollziehbare Interessenabwägung vorausgehen. Die durch das teilweise oder vollständige Absehen von der Auskunftserteilung geschützten Rechtsgüter müssen mithin in ein angemessenes Verhältnis zur Bedeutung der Auskunftserteilung für die spätere Geltendmachung weiterer Betroffenenrechte gebracht werden. So hat der Verantwortliche im Einzelfall zu prüfen, ob die Auskunft etwa nur teilweise eingeschränkt oder zu einem späteren Zeitpunkt erteilt werden kann. Absatz 5 nimmt § 19 Absatz 3 BDSG aF auf. Absatz 6 Sätze 1 und 2 dient der Umsetzung von Artikel 15 Absatz 3 Sätze 1 und 2 der Richtlinie (EU) 2016/680. Hierdurch wird dem Verantwortlichen – auch gemeinsam mit der sich aus Absatz 4 ergebenden Variante, die Frage nach dem „Ob“ der Verarbeitung nicht zu beantworten, die Möglichkeit gegeben, das Auskunftsverlangen unbeantwortet zu lassen („neither confirm nor deny“). Satz 3 nimmt in Bezug auf das Absehen von einer Begründung der Auskunftsverweigerung zusätzlich einen aus § 19 Absatz 5 Satz 1 BDSG aF entnommenen Gedanken auf. Absatz 7 thematisiert die Möglichkeiten, die der betroffenen Person im Fall des Absehens von einer Begründung für die vollständige oder teilweise Einschränkung des Auskunftsrechts oder im Fall der überhaupt ausbleibenden Beantwortung des Auskunftsverlangens bleiben. Nach Satz 1 kann die betroffene Person ihr Auskunftsrecht nach Auskunftsverweigerung durch den Verantwortlichen über die oder den Bundesbeauftragten ausüben. Dies dient der Umsetzung von Artikel 17 Absatz 1 der Richtlinie (EU) 2016/680 und kommt einer deklaratorischen Wiederholung des im BDSG aF und nun auch in § 60 enthaltenen Grundsatzes gleich, wonach betroffene Personen jederzeit die Bundesbeauftragte oder den Bundesbeauftragten anrufen können. Satz 2 sieht in Umsetzung von Artikel 17 Absatz 2 der Richtlinie (EU) 2016/680 eine entsprechende Unterrichtung durch den Verantwortlichen vor, die allerdings nicht auf Fälle An-	

Bundesdatenschutzgesetz	Richtlinie (EU) 2016/680 (JI-RL)
wendung findet, in denen der Verantwortliche nach Absatz 6 berechtigt ist, von einer Information des Antragstellers ganz abzusehen. Satz 3 nimmt § 19 Absatz 6 Satz 1 BDSG aF auf. Sätze 4 und 5 betreffen den Inhalt der betroffenen Person seitens der oder dem Bundesbeauftragten zur Verfügung gestellten Informationen im Ergebnis der dort durchgeführten Prüfung; hier wird Artikel 17 Absatz 3 Satz 1 der Richtlinie (EU) 2016/680 umgesetzt und zur Stärkung der Betroffenenrechte in Satz 5 über das von der Richtlinie Geforderte hinausgegangen, indem die Mitteilung die Information enthalten darf, ob datenschutzrechtliche Verstöße festgestellt wurden, mithin die Auskunftsverweigerung oder teilweise Einschränkung der Auskunft rechtmäßig war. Satz 6 und 7 nimmt § 19 Absatz 6 Satz 2 BDSG aF auf. Satz 8 setzt Artikel 17 Absatz 3 Satz 2 der Richtlinie (EU) 2016/680 um.	
Absatz 8 setzt Artikel 15 Absatz 4 der Richtlinie (EU) 2016/680 um.	
§ 58 BDSG Rechte auf Berichtigung und Löschung sowie Einschränkung der Verarbeitung	**Art 16 JI-RL Recht auf Berichtigung oder Löschung personenbezogener Daten und Einschränkung der Verarbeitung**
(1) [1]Die betroffene Person hat das Recht, von dem Verantwortlichen unverzüglich die Berichtigung sie betreffender unrichtiger Daten zu verlangen. [2]Insbesondere im Fall von Aussagen oder Beurteilungen betrifft die Frage der Richtigkeit nicht den Inhalt der Aussage oder Beurteilung. [3]Wenn die Richtigkeit oder Unrichtigkeit der Daten nicht festgestellt werden kann, tritt an die Stelle der Berichtigung eine Einschränkung der Verarbeitung. [4]In diesem Fall hat der Verantwortliche die betroffene Person zu unterrichten, bevor er die Einschränkung wieder aufhebt. [5]Die betroffene Person kann zudem die Vervollständigung unvollständiger personenbezogener Daten verlangen, wenn dies unter Berücksichtigung der Verarbeitungszwecke angemessen ist.	(1) [1]Die Mitgliedstaaten sehen vor, dass die betroffene Person das Recht hat, von dem Verantwortlichen unverzüglich die Berichtigung sie betreffender unrichtiger Daten zu verlangen. [2]Unter Berücksichtigung der Zwecke der Verarbeitung sehen die Mitgliedstaaten vor, dass die betroffene Person das Recht hat, die Vervollständigung unvollständiger personenbezogener Daten – auch mittels einer ergänzenden Erklärung – zu verlangen.
(2) Die betroffene Person hat das Recht, von dem Verantwortlichen unverzüglich die Löschung sie betreffender Daten zu verlangen, wenn deren Verarbeitung unzulässig ist, deren Kenntnis für die Aufgabenerfüllung nicht mehr erforderlich ist oder diese zur Erfüllung einer rechtlichen Verpflichtung gelöscht werden müssen.	(2) Die Mitgliedstaaten verlangen vom Verantwortlichen, personenbezogene Daten unverzüglich zu löschen, und sehen vor, dass die betroffene Person das Recht hat, von dem Verantwortlichen die Löschung von sie betreffenden personenbezogenen Daten unverzüglich zu verlangen, wenn die Verarbeitung gegen die nach den Artikeln 4, 8 und 10 erlassenen Vorschriften verstößt oder wenn die personenbezogenen Daten zur Erfüllung einer rechtlichen Verpflichtung gelöscht werden müssen, der der Verantwortliche unterliegt.
(3) [1]Anstatt die personenbezogenen Daten zu löschen, kann der Verantwortliche deren Verarbeitung einschränken, wenn	(3) Anstatt die personenbezogenen Daten zu löschen, kann der Verantwortliche deren Verarbeitung einschränken, wenn

Bundesdatenschutzgesetz	Richtlinie (EU) 2016/680 (JI-RL)
1. Grund zu der Annahme besteht, dass eine Löschung schutzwürdige Interessen einer betroffenen Person beeinträchtigen würde, 2. die Daten zu Beweiszwecken in Verfahren, die Zwecken des § 45 dienen, weiter aufbewahrt werden müssen oder 3. eine Löschung wegen der besonderen Art der Speicherung nicht oder nur mit unverhältnismäßigem Aufwand möglich ist. [2]In ihrer Verarbeitung nach Satz 1 eingeschränkte Daten dürfen nur zu dem Zweck verarbeitet werden, der ihrer Löschung entgegenstand.	a) die betroffene Person die Richtigkeit der personenbezogenen Daten bestreitet und die Richtigkeit oder Unrichtigkeit nicht festgestellt werden kann, oder b) die personenbezogenen Daten für Beweiszwecke weiter aufbewahrt werden müssen. Unterliegt die Verarbeitung einer Beschränkung gemäß Unterabsatz 1 Buchstabe a, unterrichtet der Verantwortliche die betroffene Person, bevor er die Beschränkung aufhebt.
(4) Bei automatisierten Dateisystemen ist technisch sicherzustellen, dass eine Einschränkung der Verarbeitung eindeutig erkennbar ist und eine Verarbeitung für andere Zwecke nicht ohne weitere Prüfung möglich ist.	*[setzt EG 47 JI-RL um]*
(5) [1]Hat der Verantwortliche eine Berichtigung vorgenommen, hat er einer Stelle, die ihm die personenbezogenen Daten zuvor übermittelt hat, die Berichtigung mitzuteilen. [2]In Fällen der Berichtigung, Löschung oder Einschränkung der Verarbeitung nach den Absätzen 1 bis 3 hat der Verantwortliche Empfängern, denen die Daten übermittelt wurden, diese Maßnahmen mitzuteilen. [3]Der Empfänger hat die Daten zu berichtigen, zu löschen oder ihre Verarbeitung einzuschränken.	(5) Die Mitgliedstaaten sehen vor, dass der Verantwortliche die Berichtigung von unrichtigen personenbezogenen Daten der zuständigen Behörde, von der die unrichtigen Daten stammen, mitteilt. (6) Die Mitgliedstaaten sehen vor, dass in Fällen der Berichtigung, Löschung oder Einschränkung der Verarbeitung nach den Absätzen 1, 2 und 3 der Verantwortliche die Empfänger in Kenntnis setzt und dass die Empfänger die ihrer Verantwortung unterliegenden personenbezogenen Daten berichtigen, löschen oder deren Verarbeitung einschränken.
(6) [1]Der Verantwortliche hat die betroffene Person über ein Absehen von der Berichtigung oder Löschung personenbezogener Daten oder über die an deren Stelle tretende Einschränkung der Verarbeitung schriftlich zu unterrichten. [2]Dies gilt nicht, wenn bereits die Erteilung dieser Informationen eine Gefährdung im Sinne des § 56 Absatz 2 mit sich bringen würde. [3]Die Unterrichtung nach Satz 1 ist zu begründen, es sei denn, dass die Mitteilung der Gründe den mit dem Absehen von der Unterrichtung verfolgten Zweck gefährden würde. (7) § 57 Absatz 7 und 8 findet entsprechende Anwendung.	(4) [1]Die Mitgliedstaaten sehen vor, dass der Verantwortliche die betroffene Person schriftlich über eine Verweigerung der Berichtigung oder Löschung personenbezogener Daten oder Einschränkung der Verarbeitung und über die Gründe für die Verweigerung unterrichtet. [2]Die Mitgliedstaaten können Gesetzgebungsmaßnahmen erlassen, die zu nachstehenden Zwecken die Pflicht, diese Informationen zur Verfügung zu stellen, teilweise oder vollständig einschränken, soweit diese Einschränkung in einer demokratischen Gesellschaft erforderlich und verhältnismäßig ist und den Grundrechten und den berechtigten Interessen der betroffenen natürlichen Person Rechnung getragen wird: a) Gewährleistung, dass behördliche oder gerichtliche Untersuchungen, Ermittlungen oder Verfahren nicht behindert werden, b) Gewährleistung, dass die Verhütung, Aufdeckung, Ermittlungen oder Verfolgung von Straftaten oder die Strafvollstreckung nicht beeinträchtigt werden, c) Schutz der öffentlichen Sicherheit, d) Schutz der nationalen Sicherheit, e) Schutz der Rechte und Freiheiten anderer.

Bundesdatenschutzgesetz	Richtlinie (EU) 2016/680 (JI-RL)
	Die Mitgliedstaaten sehen vor, dass der Verantwortliche die betroffene Person über die Möglichkeit unterrichtet, bei der Aufsichtsbehörde Beschwerde einzulegen oder einen gerichtlichen Rechtsbehelf einzulegen.
Gesetzesbegründung	**Erwägungsgründe**
BT-Drs. 18/11325, S. 114 f.: In § 58 werden die Betroffenenrechte auf Berichtigung, Löschung und Einschränkung der Verarbeitung und deren Ausnahmen zusammengeführt. § 58 dient der Umsetzung von Artikel 16 der Richtlinie (EU) 2016/680 in seiner Ausformung als Betroffenenrecht. Absatz 1 betrifft das Recht auf Berichtigung unrichtiger bzw. auf Vervollständigung unvollständiger Daten. Hier wird Artikel 16 Absatz 1 der Richtlinie (EU) 2016/680 umgesetzt. In Satz 2 wird ein in Erwägungsgrund 47 der Richtlinie (EU) 2016/680 enthaltener Gedanke aufgenommen, wonach zur Vorbeugung massenhafter und nicht erfolgversprechender Anträge klargestellt wird, dass sich die Berichtigung auf die betroffene Person betreffende Tatsachen bezieht und nicht etwa auf den Inhalt von Zeugenaussagen; Gleiches gilt etwa für polizeifachliche Bewertungen. In Satz 3 wird Artikel 16 Absatz 3 Satz 1 Buchstabe a der Richtlinie (EU) 2016/680 umgesetzt. Zwar sieht der Richtlinientext im beschriebenen Fall die Verarbeitungseinschränkung als Alternative zur Löschung vor. Da die Richtlinie allerdings im Fall der Verarbeitung unrichtiger Daten deren Berichtigung, aber nicht deren Löschung vorsieht, wird der in der Richtlinie beschriebene Sachverhalt systematisch korrekt in Absatz 1 verortet, indem für Fälle, in denen nach Bestreiten der Richtigkeit der Daten deren Richtigkeit oder Unrichtigkeit nicht festgestellt werden kann, an die Stelle der Berichtigung eine Verarbeitungseinschränkung tritt. Für das Bestreiten der Richtigkeit der beim Verantwortlichen verarbeiteten Daten durch die betroffene Person reicht die reine Behauptung der Unrichtigkeit nicht aus; vielmehr müssen die Zweifel an der Unrichtigkeit durch Beibringung geeigneter Tatsachen substantiiert werden. Dies dient dem Schutz der polizeifachlichen Arbeit und der Vermeidung unverhältnismäßigen Prüfaufwands. Absatz 2 statuiert das Betroffenenrecht auf Löschung und dient der Umsetzung von Artikel 16 Absatz 2 der Richtlinie (EU) 2016/680, in dem sowohl die unabhängig von der Geltendmachung des Betroffenenrechts durch die betroffene Person bestehende Löschungspflicht des Ver-	(47) Eine natürliche Person sollte das Recht auf Berichtigung sie betreffender unrichtiger personenbezogener Daten, insbesondere bei Bezug auf Tatsachen, sowie das Recht auf Löschung besitzen, wenn die Datenverarbeitung gegen diese Richtlinie verstößt. Das Recht auf Berichtigung sollte allerdings beispielsweise nicht den Inhalt einer Zeugenaussage berühren. Eine natürliche Person sollte auch das Recht auf Einschränkung der Verarbeitung besitzen, wenn sie die Richtigkeit personenbezogener Daten bestreitet und deren Richtigkeit oder Unrichtigkeit nicht festgestellt werden kann oder wenn die personenbezogenen Daten für Beweiszwecke weiter aufbewahrt werden müssen. Insbesondere sollte statt der Löschung personenbezogener Daten die Verarbeitung eingeschränkt werden, wenn in einem konkreten Fall berechtigter Grund zu der Annahme besteht, dass eine Löschung die berechtigten Interessen der betroffenen Person beeinträchtigen könnte. In einem solchen Fall sollten Daten mit Einschränkungsmarkierung nur zu dem Zweck verarbeitet werden, der ihrer Löschung entgegenstand. Methoden zur Einschränkung der Verarbeitung personenbezogener Daten könnten unter anderem darin bestehen, dass ausgewählte Daten, beispielsweise zu Archivierungszwecken, auf ein anderes Verarbeitungssystem übertragen oder gesperrt werden. In automatisierten Dateisystemen sollte die Einschränkung der Verarbeitung grundsätzlich durch technische Mittel erfolgen. Auf die Tatsache, dass die Verarbeitung der personenbezogenen Daten beschränkt wurde, sollte in dem System unmissverständlich hingewiesen werden. Entsprechende Berichtigungen oder Löschungen personenbezogener Daten oder Einschränkungen der Verarbeitung sollten den Empfängern, gegenüber dem die personenbezogenen Daten offengelegt wurden, und den zuständigen Behörden, von denen die unrichtigen Daten stammen, mitgeteilt werden. Der Verantwortliche sollte auch von jeglicher Weiterverbreitung dieser Daten Abstand nehmen. (107) Diese Richtlinie sollte die Mitgliedstaaten nicht daran hindern, die Bestimmungen über die Ausübung der Rechte der betroffenen Personen auf Unterrichtung, Auskunft und Berichtigung

Bundesdatenschutzgesetz	Richtlinie (EU) 2016/680 (JI-RL)
antwortlichen als auch das entsprechende Betroffenenrecht angesprochen sind. Absatz 3 betrifft die Voraussetzungen, unter denen an die Stelle einer Löschung nach Absatz 2 eine Verarbeitungseinschränkung treten kann. Es werden Elemente aus dem bisherigen § 20 Absatz 3 BDSG aF (Absatz 3 Satz 1 Nummern 1 und 3), ergänzt um Artikel 16 Absatz 3 Satz 1 Buchstabe b der Richtlinie (EU) 2016/680 (Absatz 3 Satz 1 Nummer 2) aufgenommen. Absatz 3 Satz 1 Nummer 1 übernimmt zudem einen in Erwägungsgrund 47 Satz 4 der Richtlinie (EU) 2016/680 enthaltenen Gedanken. Die Möglichkeit, von der Löschung wegen unverhältnismäßigen Aufwands abzusehen, ist als restriktiv auszulegende Ausnahmeregelung anzusehen. Im Grundsatz sollte die bei Verantwortlichen zum Einsatz kommende IT-Infrastruktur darauf ausgelegt sein, eine Löschungsverpflichtung auch technisch nachvollziehen zu können. Satz 2 nimmt einen in § 32 Absatz 2 Satz 3 BKAG enthaltenen Gedanken zur Möglichkeit der Verarbeitung in ihrer Verarbeitung eingeschränkter Daten auf. Absatz 4 fordert, dass die Verarbeitungseinschränkung im Kontext automatisierter Verarbeitung erkennbar sein muss. Die in Absatz 5 enthaltene Verpflichtung zur Meldung der Berichtigung an Stellen, von denen die unrichtigen Daten stammen, setzt Artikel 16 Absatz 5 der Richtlinie (EU) 2016/680 um. Eine spiegelbildliche Verpflichtung ist in § 75 Absatz 1 für Fälle enthalten, in denen der Verantwortliche von sich aus, also unabhängig von der Geltendmachung eines Betroffenenrechts, eine Berichtigung durchführt. Darüber hinausverweist Absatz 5 Satz 3 im Hinblick auf die Benachrichtigung von Stellen, an die Daten übermittelt wurden, über die Berichtigung, Löschung oder Verarbeitungseinschränkung auf § 72 Absatz 4. Absatz 6 dient der Umsetzung von Artikel 16 Absatz 4 der Richtlinie (EU) 2016/680 und betrifft das zur Anwendung kommende Verfahren, wenn der Verantwortliche einem Antrag auf Berichtigung oder Löschung nicht oder nur eingeschränkt nachkommt. Die Vorschrift ist § 57 Absatz 6 nachgebildet; folgerichtig wird – so auch in Absatz 7 – weitgehend auf die entsprechenden Vorschriften in § 57 zur vollständigen oder teilweisen Einschränkung des Auskunftsrechts verwiesen.	oder Löschung personenbezogener Daten und Beschränkung der Verarbeitung im Rahmen eines Strafverfahrens sowie mögliche Beschränkungen dieser Rechte in ihr einzelstaatliches Strafverfahrensrecht umzusetzen
§ 59 BDSG Verfahren für die Ausübung der Rechte der betroffenen Person (1) [1]Der Verantwortliche hat mit betroffenen Personen unter Verwendung einer klaren und einfachen Sprache in präziser, verständlicher	**Art. 12 JI-RL Mitteilungen und Modalitäten für die Ausübung der Rechte der betroffenen Person** (1) [1]Die Mitgliedstaaten sehen vor, dass der Verantwortliche alle angemessenen Maßnahmen trifft, um der betroffenen Person alle Informa-

Bundesdatenschutzgesetz	**Richtlinie (EU) 2016/680 (JI-RL)**
und leicht zugänglicher Form zu kommunizieren. 2Unbeschadet besonderer Formvorschriften soll er bei der Beantwortung von Anträgen grundsätzlich die für den Antrag gewählte Form verwenden.	tionen gemäß Artikel 13 sowie alle Mitteilungen gemäß den Artikeln 11, 14 bis 18 und 31, die sich auf die Verarbeitung beziehen, in präziser, verständlicher und leicht zugänglicher Form in einer klaren und einfachen Sprache zu übermitteln. 2Die Übermittlung der Informationen erfolgt in einer beliebigen geeigneten Form, wozu auch die elektronische Übermittlung zählt. 3Grundsätzlich übermittelt der Verantwortliche die Informationen in derselben Form, in der er den Antrag erhalten hat.
	(2) Die Mitgliedstaaten sehen vor, dass der Verantwortliche die Ausübung der den betroffenen Personen gemäß den Artikeln 11 und 14 bis 18 zustehenden Rechte erleichtert.
(2) Bei Anträgen hat der Verantwortliche die betroffene Person unbeschadet des § 57 Absatz 6 und des § 58 Absatz 6 unverzüglich schriftlich darüber in Kenntnis zu setzen, wie verfahren wurde.	(3) Die Mitgliedstaaten sehen vor, dass der Verantwortliche die betroffene Person unverzüglich schriftlich darüber in Kenntnis setzt, wie mit ihrem Antrag verfahren wurde
(3) 1Die Erteilung von Informationen nach § 55, die Benachrichtigungen nach den §§ 56 und 66 und die Bearbeitung von Anträgen nach den §§ 57 und 58 erfolgen unentgeltlich. 2Bei offenkundig unbegründeten oder exzessiven Anträgen nach den §§ 57 und 58 kann der Verantwortliche entweder eine angemessene Gebühr auf der Grundlage der Verwaltungskosten verlangen oder sich weigern, aufgrund des Antrags tätig zu werden. 3In diesem Fall muss der Verantwortliche den offenkundig unbegründeten oder exzessiven Charakter des Antrags belegen können.	(4) 1Die Mitgliedstaaten sehen vor, dass die Informationen gemäß Artikel 13 und alle gemachten Mitteilungen und getroffenen Maßnahmen gemäß den Artikeln 11, 14 bis 18 und 31 unentgeltlich zur Verfügung gestellt werden. 2Bei offenkundig unbegründeten oder – insbesondere im Fall von häufiger Wiederholung – exzessiven Anträgen einer betroffenen Person kann der Verantwortliche entweder a) eine angemessene Gebühr verlangen, bei dem die Verwaltungskosten für die Unterrichtung oder die Mitteilung oder die Durchführung der beantragten Maßnahme berücksichtigt werden, oder b) er kann sich weigern, aufgrund des Antrags tätig zu werden. 3Der Verantwortliche hat den Nachweis für den offenkundig unbegründeten oder exzessiven Charakter des Antrags zu erbringen.
(4) Hat der Verantwortliche begründete Zweifel an der Identität einer betroffenen Person, die einen Antrag nach den §§ 57 oder 58 gestellt hat, kann er von ihr zusätzliche Informationen anfordern, die zur Bestätigung ihrer Identität erforderlich sind.	(5) Hat der Verantwortliche begründete Zweifel an der Identität der natürlichen Person, die den Antrag gemäß den Artikeln 14 oder 16 stellt, so kann er zusätzliche Informationen anfordern, die zur Bestätigung der Identität der betroffenen Person erforderlich sind.
Gesetzesbegründung	**Erwägungsgründe**
BT-Drs. 18/11325, S. 115:	
In § 59 werden Elemente des Artikels 12 der Richtlinie (EU) 2016/680 umgesetzt. Absatz 1 setzt Artikel 12 Absatz 1, Absatz 2 setzt Artikel 12 Absatz 3, Absatz 3 setzt Artikel 12 Absatz 4 und Absatz 4 setzt Artikel 12 Absatz 5 der Richtlinie (EU) 2016/680 um.	(39) Damit die betroffene Person ihre Rechte wahrnehmen kann, sollten alle Informationen für sie leicht zugänglich auch auf der Website des Verantwortlichen – und verständlich, also in klarer und einfacher Sprache abgefasst sein. Diese Informationen sollten an die Bedürfnisse

Bundesdatenschutzgesetz	**Richtlinie (EU) 2016/680 (JI-RL)**
Wenngleich es Absatz 5 der Richtlinie (EU) 2016/680 dem Verantwortlichen in begründeten Zweifelsfällen ermöglicht, zusätzliche Informationen zur Identitätsklärung anzufordern, ist hierdurch keine Änderung der bisherigen verbreiteten Praxis angezeigt, den Nachweis der Identität auch weiterhin als Grundvoraussetzung für die Antragsstellung anzusehen.	von schutzbedürftigen Personen, wie etwa Kindern, angepasst werden. (40) Es sollten Modalitäten festgelegt werden, die einer betroffenen Person die Ausübung ihrer Rechte aufgrund der nach dieser Richtlinie erlassenen Vorschriften erleichtern, darunter auch Mechanismen, die dafür sorgen, dass sie unentgeltlich insbesondere Zugang zu personenbezogenen Daten und deren Berichtigung oder Löschung beantragen und gegebenenfalls erhalten oder von ihrem Widerspruchsrecht Gebrauch machen kann. Der Verantwortliche sollte verpflichtet werden, den Antrag der betroffenen Person unverzüglich zu beantworten, es sei denn, er wendet Einschränkungen in Bezug auf die Rechte der betroffenen Person gemäß dieser Richtlinie an. Bei offenkundig unbegründeten oder exzessiven Anträgen, zum Beispiel wenn die betroffene Person ungebührlich und wiederholt Informationen verlangt oder wenn die betroffene Person ihr Recht auf Unterrichtung missbraucht, beispielsweise indem sie in ihrem Antrag falsche oder irreführende Angaben macht, sollte der Verantwortliche, eine angemessene Gebühr erheben können oder sich weigern können, aufgrund des Antrags tätig zu werden. (41) Fordert der Verantwortliche zusätzliche Informationen an, die zur Bestätigung der Identität der betroffenen Person erforderlich sind, so sollten diese Informationen nur für diesen konkreten Zweck verarbeitet werden und nicht länger gespeichert werden, als es für diesen Zweck notwendig ist.
§ 60 BDSG Anrufung der oder des Bundesbeauftragten	**Art. 52 JI-RL Recht auf Beschwerde bei einer Aufsichtsbehörde**
(1) [1]Jede betroffene Person kann sich unbeschadet anderweitiger Rechtsbehelfe mit einer Beschwerde an die Bundesbeauftragte oder den Bundesbeauftragten wenden, wenn sie der Auffassung ist, bei der Verarbeitung ihrer personenbezogenen Daten durch öffentliche Stellen zu den in § 45 genannten Zwecken in ihren Rechten verletzt worden zu sein. [2]Dies gilt nicht für die Verarbeitung von personenbezogenen Daten durch Gerichte, soweit diese die Daten im Rahmen ihrer justiziellen Tätigkeit verarbeitet haben. [3]Die oder der Bundesbeauftragte hat die betroffene Person über den Stand und das Ergebnis der Beschwerde zu unterrichten und sie hierbei auf die Möglichkeit gerichtlichen Rechtsschutzes nach § 61 hinzuweisen.	(1) Die Mitgliedstaaten sehen vor, dass jede betroffene Person unbeschadet eines anderweitigen verwaltungsrechtlichen oder gerichtlichen Rechtsbehelfs das Recht auf Beschwerde bei einer Aufsichtsbehörde hat, wenn sie der Ansicht ist, dass die Verarbeitung der sie betreffenden personenbezogenen Daten gegen die nach dieser Richtlinie erlassenen Vorschriften verstößt. (4) Die betroffene Person wird von der zuständigen Aufsichtsbehörde über den Stand und das Ergebnis der Beschwerde einschließlich der Möglichkeit eines gerichtlichen Rechtsbehelfs nach Artikel 53 unterrichtet. *[§ 60 Abs. 1 setzt auch Erwägungsgrund 80 JI-RL um]*
(2) [1]Die oder der Bundesbeauftragte hat eine bei ihr oder ihm eingelegte Beschwerde über eine Verarbeitung, die in die Zuständigkeit einer Aufsichtsbehörde in einem anderen Mitglied-	(2) [1]Die Mitgliedstaaten sehen vor, dass eine Beschwerde, die nicht bei der gemäß Artikel 45 Absatz 1 zuständigen Aufsichtsbehörde eingereicht wird, von der Aufsichtsbehörde, bei der

Bundesdatenschutzgesetz	Richtlinie (EU) 2016/680 (JI-RL)
staat der Europäischen Union fällt, unverzüglich an die zuständige Aufsichtsbehörde des anderen Staates weiterzuleiten. [2]Sie oder er hat in diesem Fall die betroffene Person über die Weiterleitung zu unterrichten und ihr auf deren Ersuchen weitere Unterstützung zu leisten.	die Beschwerde eingelegt wird, ohne unverzüglich an die zuständige Aufsichtsbehörde übermittelt wird. [2]Die betroffene Person wird über die Übermittlung unterrichtet. (3) Die Mitgliedstaaten sehen vor, dass die Aufsichtsbehörde, bei der die Beschwerde eingelegt wurde, auf Ersuchen der betroffenen Person weitere Unterstützung leistet.
Gesetzesbegründung	**Erwägungsgründe**
BT-Drs. 18/11325, S. 115:	
§ 60 stellt auch für den Bereich der Verarbeitung durch Verantwortliche zu den in § 45 genannten Zwecken klar, dass sich Betroffene mit Beschwerden über die bei Verantwortlichen durchgeführte Verarbeitung an die oder den Bundesbeauftragten wenden können. Insbesondere mit Absatz 1 dieser Vorschrift werden gleichzeitig Artikel 52 der Richtlinie (EU) 2016/680 umgesetzt als auch § 21 BDSG aF in das BDSG überführt. Absatz 2 setzt Artikel 52 Absatz 2 der Richtlinie (EU) 2016/680 um.	(85) Jede betroffene Person sollte das Recht haben, bei einer einzigen Aufsichtsbehörde eine Beschwerde einzureichen und gemäß Artikel 47 der Charta einen wirksamen gerichtlichen Rechtsbehelf einzulegen, wenn sie sich in ihren Rechten aufgrund von nach dieser Richtlinie erlassenen Vorschriften verletzt sieht oder wenn die Aufsichtsbehörde auf eine Beschwerde hin nicht tätig wird, eine Beschwerde teilweise oder ganz abweist oder ablehnt oder nicht tätig wird, obwohl dies zum Schutz der Rechte der betroffenen Person notwendig ist. Die auf eine Beschwerde folgende Untersuchung sollte vorbehaltlich gerichtlicher Überprüfung so weit gehen, wie dies im Einzelfall angemessen ist. Die zuständige Aufsichtsbehörde sollte die betroffene Person innerhalb eines angemessenen Zeitraums über den Stand und die Ergebnisse der Beschwerde unterrichten. Sollten weitere Untersuchungen oder die Abstimmung mit einer anderen Aufsichtsbehörde erforderlich sein, so sollte die betroffene Person über den Zwischenstand informiert werden. Jede Aufsichtsbehörde sollte Maßnahmen zur Erleichterung der Einreichung von Beschwerden treffen, wie etwa die Bereitstellung eines Beschwerdeformulars, das auch elektronisch ausgefüllt werden kann, ohne dass andere Kommunikationsmittel ausgeschlossen werden.
§ 61 BDSG Rechtsschutz gegen Entscheidungen der oder des Bundesbeauftragten oder bei deren oder dessen Untätigkeit	**Art 53 JI-RL Recht auf wirksamen gerichtlichen Rechtsbehelf gegen eine Aufsichtsbehörde**
(1) Jede natürliche oder juristische Person kann unbeschadet anderer Rechtsbehelfe gerichtlich gegen eine verbindliche Entscheidung der oder des Bundesbeauftragten vorgehen.	(1) Die Mitgliedstaaten sehen vor, dass jede natürliche oder juristische Person unbeschadet eines anderweitigen verwaltungsrechtlichen oder außergerichtlichen Rechtsbehelfs das Recht auf einen wirksamen gerichtlichen Rechtsbehelf gegen einen sie betreffenden rechtsverbindlichen Beschluss einer Aufsichtsbehörde hat.
(2) Absatz 1 gilt entsprechend zugunsten betroffener Personen, wenn sich die oder der Bundesbeauftragte mit einer Beschwerde nach § 60 nicht befasst oder die betroffene Person nicht innerhalb von drei Monaten nach Einlegung der	(2) Jede betroffene Person hat unbeschadet eines anderweitigen verwaltungsrechtlichen oder außergerichtlichen Rechtbehelfs das Recht auf einen wirksamen gerichtlichen Rechtsbehelf, wenn die gemäß Artikel 45 Absatz 1 zuständige

Bundesdatenschutzgesetz	Richtlinie (EU) 2016/680 (JI-RL)
Beschwerde über den Stand oder das Ergebnis der Beschwerde in Kenntnis gesetzt hat.	Aufsichtsbehörde sich nicht mit der Beschwerde befasst oder die betroffene Person nicht innerhalb von drei Monaten über den Stand oder das Ergebnis der gemäß Artikel 52 erhobenen Beschwerde in Kenntnis gesetzt hat.
Gesetzesbegründung	**Erwägungsgründe**
BT-Drs. 18/11325, S. 115 f.:	
§ 61 setzt Artikel 53 Absatz 1 der Richtlinie (EU) 2016/680 um und bestimmt, dass Adressaten von verbindlichen Entscheidungen der oder des Bundesbeauftragten Rechtsschutz gegen diese suchen können. In Erwägungsgrund 86 der Richtlinie (EU) 2016/680 wird betont, dass sich der Rechtsschutz insbesondere auf die Ausübung von Untersuchungs-, Abhilfe und Genehmigungsbefugnissen oder die Ablehnung oder Abweisung von Beschwerden bezieht durch die oder den Bundesbeauftragten bezieht; für reine Stellungnahmen oder Empfehlungen hingegen soll der Anwendungsbereich nicht eröffnet sein. Auf die sich aus seiner systematischen Stellung ergebene Anwendbarkeit von § 20 in Bezug auf das Rechtsschutzverfahren wird hingewiesen. In Absatz 2 wird – im Umsetzung von Artikel 53 Absatz 2 der Richtlinie (EU) 2016/680 – der Rechtsschutz auf Fälle der Untätigkeit der oder des Bundesbeauftragten ausgedehnt.	(86) Jede natürliche oder juristische Person sollte das Recht auf einen wirksamen gerichtlichen Rechtsbehelf bei dem zuständigen einzelstaatlichen Gericht gegen einen Beschluss einer Aufsichtsbehörde haben, der gegenüber dieser Person Rechtswirkungen entfaltet. Ein derartiger Beschluss betrifft insbesondere die Ausübung von Untersuchungs-, Abhilfe- und Genehmigungsbefugnissen durch die Aufsichtsbehörde oder die Ablehnung oder Abweisung von Beschwerden. Dieses Recht umfasst jedoch nicht andere – rechtlich nicht bindende – Maßnahmen der Aufsichtsbehörden wie von ihr abgegebene Stellungnahmen oder Empfehlungen. Verfahren gegen eine Aufsichtsbehörde sollten bei den Gerichten des Mitgliedstaats angestrengt werden, in dem die Aufsichtsbehörde ihren Sitz hat, und sollten im Einklang mit dem Recht dieses Mitgliedstaats durchgeführt werden. Diese Gerichte sollten eine uneingeschränkte Zuständigkeit besitzen, was die Zuständigkeit, sämtliche für den anhängigen Rechtsstreit maßgeblichen Sach- und Rechtsfragen zu prüfen, einschließt.

Kapitel 4 Pflichten der Verantwortlichen und Auftragsverarbeiter

§ 62 BDSG Auftragsverarbeitung	**Art. 22 JI-RL Auftragsverarbeiter**
	[§ 11 BDSG aF
(1) [1]Werden personenbezogene Daten im Auftrag eines Verantwortlichen durch andere Personen oder Stellen verarbeitet, hat der Verantwortliche für die Einhaltung der Vorschriften dieses Gesetzes und anderer Vorschriften über den Datenschutz zu sorgen. [2]Die Rechte der betroffenen Personen auf Auskunft, Berichtigung, Löschung, Einschränkung der Verarbeitung und Schadensersatz sind in diesem Fall gegenüber dem Verantwortlichen geltend zu machen.	*(1) [1]Werden personenbezogene Daten im Auftrag durch andere Stellen erhoben, verarbeitet oder genutzt, ist der Auftraggeber für die Einhaltung der Vorschriften dieses Gesetzes und anderer Vorschriften über den Datenschutz verantwortlich. [2]Die in den §§ 6, 7 und 8 genannten Rechte sind ihm gegenüber geltend zu machen.]*
(2) Ein Verantwortlicher darf nur solche Auftragsverarbeiter mit der Verarbeitung personenbezogener Daten beauftragen, die mit geeigneten technischen und organisatorischen Maßnahmen sicherstellen, dass die Verarbeitung im Einklang mit den gesetzlichen Anforderungen erfolgt und der Schutz der Rechte der betroffenen Personen gewährleistet wird.	(1) Die Mitgliedstaaten sehen vor, dass in dem Fall, dass eine Verarbeitung im Auftrag eines Verantwortlichen erfolgt, dieser nur mit Auftragsverarbeitern arbeitet, die hinreichende Garantien dafür bieten, dass geeignete technische und organisatorische Maßnahmen so durchgeführt werden, dass die Verarbeitung im Einklang mit den Anforderungen dieser Richtlinie

Bundesdatenschutzgesetz	Richtlinie (EU) 2016/680 (JI-RL)
	erfolgt und den Schutz der Rechte der betroffenen Person gewährleistet.
(3) [1]Auftragsverarbeiter dürfen ohne vorherige schriftliche Genehmigung des Verantwortlichen keine weiteren Auftragsverarbeiter hinzuziehen. [2]Hat der Verantwortliche dem Auftragsverarbeiter eine allgemeine Genehmigung zur Hinzuziehung weiterer Auftragsverarbeiter erteilt, hat der Auftragsverarbeiter den Verantwortlichen über jede beabsichtigte Hinzuziehung oder Ersetzung zu informieren. [3]Der Verantwortliche kann in diesem Fall die Hinzuziehung oder Ersetzung untersagen.	(2) [1]Die Mitgliedstaaten sehen vor, dass der Auftragsverarbeiter keinen weiteren Auftragsverarbeiter ohne vorherige gesonderte oder allgemeine schriftliche Genehmigung des Verantwortlichen in Anspruch nimmt. [2]Im Fall einer allgemeinen schriftlichen Genehmigung unterrichtet der Auftragsverarbeiter den Verantwortlichen über jede beabsichtigte Änderung in Bezug auf die Hinzuziehung oder die Ersetzung anderer Auftragsverarbeiter, wodurch der Verantwortliche die Möglichkeit erhält, gegen derartige Änderungen Einspruch zu erheben.
	[Art. 28 Abs. 4 DSGVO
(4) [1]Zieht ein Auftragsverarbeiter einen weiteren Auftragsverarbeiter hinzu, so hat er diesem dieselben Verpflichtungen aus seinem Vertrag mit dem Verantwortlichen nach Absatz 5 aufzuerlegen, die auch für ihn gelten, soweit diese Pflichten für den weiteren Auftragsverarbeiter nicht schon aufgrund anderer Vorschriften verbindlich sind. [2]Erfüllt ein weiterer Auftragsverarbeiter diese Verpflichtungen nicht, so haftet der ihn beauftragende Auftragsverarbeiter gegenüber dem Verantwortlichen für die Einhaltung der Pflichten des weiteren Auftragsverarbeiters.	*(4) [1]Nimmt der Auftragsverarbeiter die Dienste eines weiteren Auftragsverarbeiters in Anspruch, um bestimmte Verarbeitungstätigkeiten im Namen des Verantwortlichen auszuführen, so werden diesem weiteren Auftragsverarbeiter im Wege eines Vertrags oder eines anderen Rechtsinstruments nach dem Unionsrecht oder dem Recht des betreffenden Mitgliedstaats dieselben Datenschutzpflichten auferlegt, die in dem Vertrag oder anderen Rechtsinstrument zwischen dem Verantwortlichen und dem Auftragsverarbeiter gemäß Absatz 3 festgelegt sind, wobei insbesondere hinreichende Garantien dafür geboten werden muss, dass die geeigneten technischen und organisatorischen Maßnahmen so durchgeführt werden, dass die Verarbeitung entsprechend den Anforderungen dieser Verordnung erfolgt. [2]Kommt der weitere Auftragsverarbeiter seinen Datenschutzpflichten nicht nach, so haftet der erste Auftragsverarbeiter gegenüber dem Verantwortlichen für die Einhaltung der Pflichten jenes anderen Auftragsverarbeiters.]*
(5) [1]Die Verarbeitung durch einen Auftragsverarbeiter hat auf der Grundlage eines Vertrags oder eines anderen Rechtsinstruments zu erfolgen, der oder das den Auftragsverarbeiter an den Verantwortlichen bindet und der oder das den Gegenstand, die Dauer, die Art und den Zweck der Verarbeitung, die Art der personenbezogenen Daten, die Kategorien betroffener Personen und die Rechte und Pflichten des Verantwortlichen festlegt. [2]Der Vertrag oder das andere Rechtsinstrument haben insbesondere vorzusehen, dass der Auftragsverarbeiter	(3) [1]Die Mitgliedstaaten sehen vor, dass die Verarbeitung durch einen Auftragsverarbeiter auf der Grundlage eines Vertrags oder eines anderen Rechtsinstruments nach dem Unionsrecht oder dem Recht der Mitgliedstaaten erfolgt, der bzw. das den Auftragsverarbeiter an den Verantwortlichen bindet und der den Gegenstand und Dauer der Verarbeitung, Art und Zweck der Verarbeitung, die Art der personenbezogenen Daten, die Kategorien betroffener Personen und die Pflichten und Rechte des Verantwortlichen festlegt. [2]Der Vertrag oder das andere Rechtsinstrument sieht insbesondere vor, dass der Auftragsverarbeiter
1. nur auf dokumentierte Weisung des Verantwortlichen handelt; ist der Auftragsverarbeiter der Auffassung, dass eine Weisung rechtswidrig ist, hat er den Verantwortlichen unverzüglich zu informieren;	a) nur auf Weisung des Verantwortlichen handelt,

Bundesdatenschutzgesetz	Richtlinie (EU) 2016/680 (JI-RL)
2. gewährleistet, dass die zur Verarbeitung der personenbezogenen Daten befugten Personen zur Vertraulichkeit verpflichtet werden, soweit sie keiner angemessenen gesetzlichen Verschwiegenheitspflicht unterliegen;	b) gewährleistet, dass sich die zur Verarbeitung der personenbezogenen Daten befugten Personen zur Vertraulichkeit verpflichtet haben oder einer angemessenen gesetzlichen Verschwiegenheitspflicht unterliegen,
3. den Verantwortlichen mit geeigneten Mitteln dabei unterstützt, die Einhaltung der Bestimmungen über die Rechte der betroffenen Person zu gewährleisten;	c) den Verantwortlichen mit geeigneten Mitteln dabei unterstützt, die Einhaltung der Bestimmungen über die Rechte der betroffenen Person zu gewährleisten,
4. alle personenbezogenen Daten nach Abschluss der Erbringung der Verarbeitungsleistungen nach Wahl des Verantwortlichen zurückgibt oder löscht und bestehende Kopien vernichtet, wenn nicht nach einer Rechtsvorschrift eine Verpflichtung zur Speicherung der Daten besteht;	d) alle personenbezogenen Daten nach Abschluss der Erbringung der Verarbeitungsleistungen – nach Wahl des Verantwortlichen – zurückgibt bzw. löscht und bestehende Kopien vernichtet, sofern nicht nach dem Unionsrecht oder dem Recht der Mitgliedstaaten eine Verpflichtung zur Speicherung der personenbezogenen Daten besteht,
5. dem Verantwortlichen alle erforderlichen Informationen, insbesondere die gemäß § 76 erstellten Protokolle, zum Nachweis der Einhaltung seiner Pflichten zur Verfügung stellt;	e) dem Verantwortlichen alle erforderlichen Informationen zum Nachweis der Einhaltung der in diesem Artikel niedergelegten Pflichten zur Verfügung stellt,
6. Überprüfungen, die von dem Verantwortlichen oder einem von diesem beauftragten Prüfer durchgeführt werden, ermöglicht und dazu beiträgt;	f) die in den Absätzen 2 und 3 aufgeführten Bedingungen für die Inanspruchnahme der Dienste eines weiteren Auftragsverarbeiters einhält.
7. die in den Absätzen 3 und 4 aufgeführten Bedingungen für die Inanspruchnahme der Dienste eines weiteren Auftragsverarbeiters einhält;	
8. alle gemäß § 64 erforderlichen Maßnahmen ergreift und	
9. unter Berücksichtigung der Art der Verarbeitung und der ihm zur Verfügung stehenden Informationen den Verantwortlichen bei der Einhaltung der in den §§ 64 bis 67 und 69 genannten Pflichten unterstützt.	
(6) Der Vertrag im Sinne des Absatzes 5 ist schriftlich oder elektronisch abzufassen.	(4) Der Vertrag oder das andere Rechtsinstrument im Sinne von Absatz 3 ist schriftlich abzufassen, was auch in einem elektronischen Format erfolgen kann.
(7) Ein Auftragsverarbeiter, der die Zwecke und Mittel der Verarbeitung unter Verstoß gegen diese Vorschrift bestimmt, gilt in Bezug auf diese Verarbeitung als Verantwortlicher.	(5) Ein Auftragsverarbeiter, der unter Verstoß gegen diese Richtlinie die Zwecke und Mittel der Verarbeitung bestimmt, gilt in Bezug auf diese Verarbeitung als Verantwortlicher.
Gesetzesbegründung	**Erwägungsgründe**
BT-Drs. 18/11325, S. 115 f.:	
§ 62 dient der Umsetzung von Artikel 22 der Richtlinie (EU) 2016/680 und stellt Anforderungen auf, wenn der Verantwortliche Auftragsverarbeitungsverhältnisse eingehen will. Gleichzeitig werden Elemente des § 11 BDSG aF überführt. Am bisherigen Regelungsansatz, wonach der Verantwortliche für die Datenübermittlung	(55) Die Durchführung einer Verarbeitung durch einen Auftragsverarbeiter sollte auf der Grundlage eines Rechtsinstruments einschließlich eines Vertrags erfolgen, der den Auftragsverarbeiter an den Verantwortlichen bindet und in dem insbesondere vorgesehen ist, dass der Auftragsverarbeiter nur auf Weisung des Verant-

Bundesdatenschutzgesetz	**Richtlinie (EU) 2016/680 (JI-RL)**
an den Auftragsverarbeiter keiner gesonderten Rechtsgrundlage bedarf, ändert sich durch die Richtlinienumsetzung nichts. Absatz 1 greift die Regelung des § 11 Absatz 1 BDSG aF auf. Absatz 2 beschreibt an den Auftragsverarbeiter zu stellende Anforderungen und setzt Artikel 22 Absatz 1 der Richtlinie (EU) 2016/680 um. In Absatz 3 werden Voraussetzungen für die Eingehung von Unterauftragsverarbeitungsverhältnissen normiert und dadurch Artikel 22 Absatz 2 der Richtlinie (EU) 2016/680 umgesetzt. In Absatz 4 wird in Übernahme von Elementen aus Artikel 28 Absatz 4 der Verordnung (EU) 2016/679 die Überführung von den Auftragsverarbeiter treffenden Pflichten auf einen Unterauftragnehmer thematisiert. In Absatz 5 werden die erforderlichen Inhalte einer der Auftragsverarbeitung zugrundeliegenden Vereinbarung niedergelegt. Diese Inhalte sind sowohl Artikel 22 Absatz 3 der Richtlinie (EU) 2016/680, Artikel 28 Absatz 3 der Verordnung (EU) 2016/679 als auch § 11 Absatz 2 und 3 BDSG aF entnommen; so werden in Satz 2 Nummer 1 Elemente aus Artikel 28 Absatz 3 Buchstabe a der Verordnung (EU) 2016/679 und § 11 Absatz 3 Satz 2 BDSG aF, in Nummer 5 Elemente aus Artikel 28 Absatz 3 Buchstabe h, in Nummer 7 Elemente aus Artikel 28 Absatz 3 Buchstabe c und in Nummer 8 Elemente aus Artikel 28 Absatz 3 Buchstabe f. der Verordnung (EU) 2016/679 aufgenommen. Absatz 6 trifft in Umsetzung von Artikel 22 Absatz 4 der Richtlinie (EU) 2016/680 Aussagen zur Form der Vereinbarung. Absatz 7 dient der Umsetzung von Artikel 22 Absatz 5 der Richtlinie (EU) 2016/680.	wortlichen handeln sollte. Der Auftragsverarbeiter sollte den Grundsatz des Datenschutzes durch Technikgestaltung und durch datenschutzfreundliche Voreinstellungen berücksichtigen.
§ 63 BDSG Gemeinsam Verantwortliche	**Art. 21 JI-RL Gemeinsam Verantwortliche**
[1]Legen zwei oder mehr Verantwortliche gemeinsam die Zwecke und die Mittel der Verarbeitung fest, gelten sie als gemeinsam Verantwortliche. [2]Gemeinsam Verantwortliche haben ihre jeweiligen Aufgaben und datenschutzrechtlichen Verantwortlichkeiten in transparenter Form in einer Vereinbarung festzulegen, soweit diese nicht bereits in Rechtsvorschriften festgelegt sind. [3]Aus der Vereinbarung muss insbesondere hervorgehen, wer welchen Informationspflichten nachzukommen hat und wie und gegenüber wem betroffene Personen ihre Rechte wahrnehmen können.	(1) [1]Die Mitgliedstaaten sehen vor, dass in dem Fall, dass zwei oder mehr Verantwortliche gemeinsam die Zwecke und die Mittel zur Verarbeitung festlegen, sie gemeinsam Verantwortliche sind. [2]Sie legen in einer Vereinbarung in transparenter Form ihre jeweiligen Aufgaben gemäß dieser Richtlinie fest insbesondere was die Wahrnehmung der Rechte der betroffenen Person angeht, und wer welchen Informationspflichten gemäß Artikel 13 nachkommt, sofern und soweit die jeweiligen Aufgaben der Verantwortlichen nicht durch das Unionsrecht oder das Recht der Mitgliedstaaten, denen die Verantwortlichen unterliegen, festgelegt sind. [3]In der Vereinbarung wird eine Anlaufstelle für die betroffenen Personen angegeben. [4]Die Mitgliedstaaten können angeben, welcher der gemeinsam Verantwortlichen als zentrale Anlaufstelle

Bundesdatenschutzgesetz	Richtlinie (EU) 2016/680 (JI-RL)
	für die betroffenen Personen handeln kann, wenn es um die Ausübung ihrer Rechte geht.
[4]Eine entsprechende Vereinbarung hindert die betroffene Person nicht, ihre Rechte gegenüber jedem der gemeinsam Verantwortlichen geltend zu machen.	(2) Ungeachtet der Einzelheiten der Vereinbarung gemäß Absatz 1 können die Mitgliedstaaten vorsehen, dass die betroffene Person ihre Rechte im Rahmen der nach dieser Richtlinie erlassenen Vorschriften bei und gegenüber jedem einzelnen der Verantwortlichen geltend machen kann.
Gesetzesbegründung	**Erwägungsgründe**
BT-Drs. 18/11325, S. 116:	
§ 63 dient der Umsetzung von Artikel 21 der Richtlinie (EU) 2016/680. Zur beispielhaften Konkretisierung der infrage kommenden Fälle wird zudem eine Formulierung aus § 6 Absatz 2 BDSG aF übernommen.	(54) Zum Schutz der Rechte und Freiheiten der betroffenen Personen sowie bezüglich der Verantwortung und Haftung der Verantwortlichen und der Auftragsverarbeiter bedarf es – auch mit Blick auf die Überwachungs- und sonstigen Maßnahmen von Aufsichtsbehörden – einer klaren Zuteilung der Verantwortlichkeiten gemäß dieser Richtlinie, einschließlich der Fälle, in denen ein Verantwortlicher die Verarbeitungszwecke und -mittel gemeinsam mit anderen Verantwortlichen festlegt oder ein Verarbeitungsvorgang im Auftrag eines Verantwortlichen durchgeführt wird.
§ 64 BDSG Anforderungen an die Sicherheit der Datenverarbeitung	**Art. 29 JI-RL Sicherheit der Verarbeitung**
(1) [1]Der Verantwortliche und der Auftragsverarbeiter haben unter Berücksichtigung des Stands der Technik, der Implementierungskosten, der Art, des Umfangs, der Umstände und der Zwecke der Verarbeitung sowie der Eintrittswahrscheinlichkeit und der Schwere der mit der Verarbeitung verbundenen Gefahren für die Rechtsgüter der betroffenen Personen die erforderlichen technischen und organisatorischen Maßnahmen zu treffen, um bei der Verarbeitung personenbezogener Daten ein dem Risiko angemessenes Schutzniveau zu gewährleisten, insbesondere im Hinblick auf die Verarbeitung besonderer Kategorien personenbezogener Daten. [2]Der Verantwortliche hat hierbei die einschlägigen Technischen Richtlinien und Empfehlungen des Bundesamtes für Sicherheit in der Informationstechnik zu berücksichtigen.	(1) Die Mitgliedstaaten sehen vor, dass der Verantwortliche und der Auftragsverarbeiter unter Berücksichtigung des Stands der Technik, der Implementierungskosten und der Art, des Umfangs, der Umstände und der Zwecke der Verarbeitung sowie der unterschiedlichen Eintrittswahrscheinlichkeit und Schwere des Risikos für die Rechte und Freiheiten natürlicher Personen geeignete technische und organisatorische Maßnahmen treffen, um ein dem Risiko angemessenes Schutzniveau zu gewährleisten, insbesondere im Hinblick auf die Verarbeitung besonderer Kategorien personenbezogener Daten im Sinne von Artikel 10.
	[Art. 32 Abs. 1 lit. a bis c DSGVO
(2) [1]Die in Absatz 1 genannten Maßnahmen können unter anderem die Pseudonymisierung und Verschlüsselung personenbezogener Daten umfassen, soweit solche Mittel in Anbetracht der Verarbeitungszwecke möglich sind. [2]Die Maßnahmen nach Absatz 1 sollen dazu führen, dass 1. die Vertraulichkeit, Integrität, Verfügbarkeit und Belastbarkeit der Systeme und Dienste	*(1) Unter Berücksichtigung des Stands der Technik, der Implementierungskosten und der Art, des Umfangs, der Umstände und der Zwecke der Verarbeitung sowie der unterschiedlichen Eintrittswahrscheinlichkeit und Schwere des Risikos für die Rechte und Freiheiten natürlicher Personen treffen der Verantwortliche und der Auftragsverarbeiter geeignete technische und organisatorische Maßnahmen, um ein dem Risiko*

Bundesdatenschutzgesetz	Richtlinie (EU) 2016/680 (JI-RL)
im Zusammenhang mit der Verarbeitung auf Dauer sichergestellt werden und 2. die Verfügbarkeit der personenbezogenen Daten und der Zugang zu ihnen bei einem physischen oder technischen Zwischenfall rasch wiederhergestellt werden können. Verarbeitung personenbezogener Daten ein dem Risiko angemessenes Schutzniveau zu gewährleisten, insbesondere	*angemessenes Schutzniveau zu gewährleisten; diese Maßnahmen schließen unter anderem Folgendes ein:* *a) die Pseudonymisierung und Verschlüsselung personenbezogener Daten;* *b) die Fähigkeit, die Vertraulichkeit, Integrität, Verfügbarkeit und Belastbarkeit der Systeme und Dienste im Zusammenhang mit der Verarbeitung auf Dauer sicherzustellen;* *c) die Fähigkeit, die Verfügbarkeit der personenbezogenen Daten und den Zugang zu ihnen bei einem physischen oder technischen Zwischenfall rasch wiederherzustellen;]*
(3) Im Fall einer automatisierten Verarbeitung haben der Verantwortliche und der Auftragsverarbeiter nach einer Risikobewertung Maßnahmen zu ergreifen, die Folgendes bezwecken:	(2) Die Mitgliedstaaten sehen im Hinblick auf die automatisierte Verarbeitung vor, dass der Verantwortliche oder der Auftragsverarbeiter nach einer Risikobewertung Maßnahmen ergreift, die Folgendes bezwecken:
1. Verwehrung des Zugangs zu Verarbeitungsanlagen, mit denen die Verarbeitung durchgeführt wird, für Unbefugte (Zugangskontrolle),	a) Verwehrung des Zugangs zu Verarbeitungsanlagen, mit denen die Verarbeitung durchgeführt wird, für Unbefugte (Zugangskontrolle),
2. Verhinderung des unbefugten Lesens, Kopierens, Veränderns oder Löschens von Datenträgern (Datenträgerkontrolle),	b) Verhinderung des unbefugten Lesens, Kopierens, Veränderns oder Entfernens von Datenträgern (Datenträgerkontrolle),
3. Verhinderung der unbefugten Eingabe von personenbezogenen Daten sowie der unbefugten Kenntnisnahme, Veränderung und Löschung von gespeicherten personenbezogenen Daten (Speicherkontrolle),	c) Verhinderung der unbefugten Eingabe von personenbezogenen Daten sowie der unbefugten Kenntnisnahme, Veränderung und Löschung von gespeicherten personenbezogenen Daten (Speicherkontrolle),
4. Verhinderung der Nutzung automatisierter Verarbeitungssysteme mit Hilfe von Einrichtungen zur Datenübertragung durch Unbefugte (Benutzerkontrolle),	d) Verhinderung der Nutzung automatisierter Verarbeitungssysteme mit Hilfe von Einrichtungen zur Datenübertragung durch Unbefugte (Benutzerkontrolle),
5. Gewährleistung, dass die zur Benutzung eines automatisierten Verarbeitungssystems Berechtigten ausschließlich zu den von ihrer Zugangsberechtigung umfassten personenbezogenen Daten Zugang haben (Zugriffskontrolle),	e) Gewährleistung, dass die zur Benutzung eines automatisierten Verarbeitungssystems Berechtigten ausschließlich zu den ihrer Zugangsberechtigung unterliegenden personenbezogenen Daten Zugang haben (Zugangskontrolle),
6. Gewährleistung, dass überprüft und festgestellt werden kann, an welche Stellen personenbezogene Daten mit Hilfe von Einrichtungen zur Datenübertragung übermittelt oder zur Verfügung gestellt wurden oder werden können (Übertragungskontrolle),	f) Gewährleistung, dass überprüft und festgestellt werden kann, an welche Stellen personenbezogene Daten mit Hilfe von Einrichtungen zur Datenübertragung übermittelt oder zur Verfügung gestellt wurden oder werden können (Übertragungskontrolle),
7. Gewährleistung, dass nachträglich überprüft und festgestellt werden kann, welche personenbezogenen Daten zu welcher Zeit und von wem in automatisierte Verarbeitungssysteme eingegeben oder verändert worden sind (Eingabekontrolle),	g) Gewährleistung, dass nachträglich überprüft und festgestellt werden kann, welche personenbezogenen Daten zu welcher Zeit und von wem in automatisierte Verarbeitungssysteme eingegeben worden sind (Eingabekontrolle),
8. Gewährleistung, dass bei der Übermittlung personenbezogener Daten sowie beim	h) Verhinderung, dass bei der Übermittlung personenbezogener Daten sowie beim

Bundesdatenschutzgesetz	Richtlinie (EU) 2016/680 (JI-RL)
Transport von Datenträgern die Vertraulichkeit und Integrität der Daten geschützt werden (Transportkontrolle),	Transport von Datenträgern die Daten unbefugt gelesen, kopiert, verändert oder gelöscht werden können (Transportkontrolle),
9. Gewährleistung, dass eingesetzte Systeme im Störungsfall wiederhergestellt werden können (Wiederherstellbarkeit),	i) Gewährleistung, dass eingesetzte Systeme im Störungsfall wiederhergestellt werden können (Wiederherstellung),
10. Gewährleistung, dass alle Funktionen des Systems zur Verfügung stehen und auftretende Fehlfunktionen gemeldet werden (Zuverlässigkeit),	j) Gewährleistung, dass alle Funktionen des Systems zur Verfügung stehen, auftretende Fehlfunktionen gemeldet werden (Zuverlässigkeit) und
11. Gewährleistung, dass gespeicherte personenbezogene Daten nicht durch Fehlfunktionen des Systems beschädigt werden können (Datenintegrität),	gespeicherte personenbezogene Daten nicht durch Fehlfunktionen des Systems beschädigt werden können (Datenintegrität).
	[Satz 2 Anlage zu § 9 Satz 1 BDSG aF
12. Gewährleistung, dass personenbezogene Daten, die im Auftrag verarbeitet werden, nur entsprechend den Weisungen des Auftraggebers verarbeitet werden können (Auftragskontrolle),	*6. zu gewährleisten, dass personenbezogene Daten, die im Auftrag verarbeitet werden, nur entsprechend den Weisungen des Auftraggebers verarbeitet werden können (Auftragskontrolle),*
13. Gewährleistung, dass personenbezogene Daten gegen Zerstörung oder Verlust geschützt sind (Verfügbarkeitskontrolle),	*7. zu gewährleisten, dass personenbezogene Daten gegen zufällige Zerstörung oder Verlust geschützt sind (Verfügbarkeitskontrolle),*
14. Gewährleistung, dass zu unterschiedlichen Zwecken erhobene personenbezogene Daten getrennt verarbeitet werden können (Trennbarkeit).	*8. zu gewährleisten, dass zu unterschiedlichen Zwecken erhobene Daten getrennt verarbeitet werden können.]*
	[Satz 3 Anlage zu § 9 Satz 1 BDSG aF
[2]Ein Zweck nach Satz 1 Nummer 2 bis 5 kann insbesondere durch die Verwendung von dem Stand der Technik entsprechenden Verschlüsselungsverfahren erreicht werden	*Eine Maßnahme nach Satz 2 Nummer 2 bis 4 ist insbesondere die Verwendung von dem Stand der Technik entsprechenden Verschlüsselungsverfahren.]*
Gesetzesbegründung	**Erwägungsgründe**
BT-Drs. 18/11325, S. 116:	
§ 64 dient der Umsetzung von Artikel 29 der Richtlinie (EU) 2016/680. Er verpflichtet den Verantwortlichen dazu, erforderliche technisch-organisatorische Maßnahmen zu treffen. Gleichzeitig wird klargestellt, dass die Ausgestaltung der Maßnahmen Ergebnis eines Abwägungsprozesses sein soll, in den insbesondere der Stand der verfügbaren Technik, die entstehenden Kosten, die näheren Umstände der Verarbeitung und die in Aussicht zu nehmende Gefährdung für die Rechtsgüter der betroffenen Person einzustellen sind. Weiterhin wird klarstellend geregelt, dass bei der Festlegung der technisch-organisatorischen Maßnahmen die einschlägigen Standards und Empfehlungen, insbesondere Technische Richtlinien, des Bundesamts für Sicherheit in der Informationstechnik zu berücksichtigen sind.	(60) Zur Aufrechterhaltung der Sicherheit und zur Vorbeugung gegen eine gegen diese Richtlinie verstoßende Verarbeitung sollte der Verantwortliche oder der Auftragsverarbeiter die mit der Verarbeitung verbundenen Risiken ermitteln und Maßnahmen zu ihrer Eindämmung, wie etwa eine Verschlüsselung, treffen. Solche Maßnahmen sollten unter Berücksichtigung des Stands der Technik und der Implementierungskosten ein Schutzniveau – auch hinsichtlich der Vertraulichkeit – gewährleisten, das dem von der Verarbeitung ausgehenden Risiko und der Art der zu schützenden personenbezogenen Daten angemessen ist. Bei der Bewertung der Datensicherheitsrisiken sollten die mit der Datenverarbeitung verbundenen Risiken berücksichtigt werden, wie etwa Vernichtung, Verlust oder Veränderung, ob unbeabsichtigt oder unrecht-

Bundesdatenschutzgesetz	Richtlinie (EU) 2016/680 (JI-RL)
Absatz 1 liegt der schon in § 9 Satz 2 BDSG aF enthaltene Gedanke zugrunde, wonach die Erforderlichkeit der Maßnahmen daran zu bemessen ist, ob ihr Aufwand in einem angemessenen Verhältnis zum angestrebten Schutzzweck steht, aufgenommen. In Absatz 2 werden Inhalte aus Artikel 32 Absatz 1 Buchstaben a bis c Verordnung (EU) 2016/679 übernommen. Absatz 3 nimmt den wesentlichen Inhalt von § 9 BDSG aF und dem Anhang zu § 9 Satz 1 BDSG aF auf und überführt ihn in das BDSG. Er benennt die Ziele, die im Hinblick auf automatisierte Verarbeitungen durch die Etablierung geeigneter technisch-organisatorischer Maßnahmen verfolgt und erreicht werden sollen. Satz 2 nimmt den in Satz 3 der Anlage zu § 9 Satz 1 BDSG aF enthaltenen Gedanken auf.	mäßig, oder unbefugte Offenlegung von oder unbefugter Zugang zu personenbezogenen Daten, die übermittelt, gespeichert oder auf sonstige Weise verarbeitet wurden, insbesondere wenn dies zu einem physischen, materiellen oder immateriellen Schaden führen könnte. Der Verantwortliche und der Auftragsverarbeiter sollten sicherstellen, dass personenbezogene Daten nicht durch Unbefugte verarbeitet werden.
§ 65 BDSG Meldung von Verletzungen des Schutzes personenbezogener Daten an die oder den Bundesbeauftragten	**Art. 30 JI-RL Meldung von Verletzungen des Schutzes personenbezogener Daten an die Aufsichtsbehörde**
(1) [1]Der Verantwortliche hat eine Verletzung des Schutzes personenbezogener Daten unverzüglich und möglichst innerhalb von 72 Stunden, nachdem sie ihm bekannt geworden ist, der oder dem Bundesbeauftragten zu melden, es sei denn, dass die Verletzung voraussichtlich keine Gefahr für die Rechtsgüter natürlicher Personen mit sich gebracht hat. [2]Erfolgt die Meldung an die Bundesbeauftragte oder den Bundesbeauftragten nicht innerhalb von 72 Stunden, so ist die Verzögerung zu begründen.	(1) [1]Die Mitgliedstaaten sehen vor, dass im Falle einer Verletzung des Schutzes personenbezogener Daten der Verantwortliche diese unverzüglich und möglichst binnen 72 Stunden, nachdem ihm die Verletzung bekannt wurde, diese der Aufsichtsbehörde meldet, es sei denn, dass die Verletzung des Schutzes personenbezogener Daten voraussichtlich nicht zu einem Risiko für die Rechte und Freiheiten natürlicher Personen führt. [2]Erfolgt die Meldung an die Aufsichtsbehörde nicht binnen 72 Stunden, so ist ihr eine Begründung für die Verzögerung beizufügen.
(2) Ein Auftragsverarbeiter hat eine Verletzung des Schutzes personenbezogener Daten unverzüglich dem Verantwortlichen zu melden.	(2) Wenn dem Auftragsverarbeiter eine Verletzung des Schutzes personenbezogener Daten bekannt wird, meldet er diese dem Verantwortlichen unverzüglich.
(3) Die Meldung nach Absatz 1 hat zumindest folgende Informationen zu enthalten:	(3) Die Meldung gemäß Absatz 1 enthält zumindest folgende Informationen:
1. eine Beschreibung der Art der Verletzung des Schutzes personenbezogener Daten, die, soweit möglich, Angaben zu den Kategorien und der ungefähren Anzahl der betroffenen Personen, zu den betroffenen Kategorien personenbezogener Daten und zu der ungefähren Anzahl der betroffenen personenbezogenen Datensätze zu enthalten hat,	a) eine Beschreibung der Art der Verletzung des Schutzes personenbezogener Daten, soweit möglich mit Angabe der Kategorien und der ungefähren Zahl der betroffenen Personen, der betroffenen Kategorien personenbezogener Daten und der ungefähren Zahl der betroffenen personenbezogenen Datensätze,
2. den Namen und die Kontaktdaten der oder des Datenschutzbeauftragten oder einer sonstigen Person oder Stelle, die weitere Informationen erteilen kann,	b) Name und Kontaktdaten des Datenschutzbeauftragten oder einer sonstigen Anlaufstelle für weitere Informationen,
3. eine Beschreibung der wahrscheinlichen Folgen der Verletzung und	c) eine Beschreibung der wahrscheinlichen Folgen der Verletzung des Schutzes personenbezogener Daten,

Bundesdatenschutzgesetz	Richtlinie (EU) 2016/680 (JI-RL)
4. eine Beschreibung der von dem Verantwortlichen ergriffenen oder vorgeschlagenen Maßnahmen zur Behandlung der Verletzung und der getroffenen Maßnahmen zur Abmilderung ihrer möglichen nachteiligen Auswirkungen.	d) eine Beschreibung der von dem Verantwortlichen ergriffenen oder vorgeschlagenen Maßnahmen zur Behandlung der Verletzung des Schutzes personenbezogener Daten und gegebenenfalls der Maßnahmen zur Abmilderung ihrer möglichen nachteiligen Auswirkungen.
(4) Wenn die Informationen nach Absatz 3 nicht zusammen mit der Meldung übermittelt werden können, hat der Verantwortliche sie unverzüglich nachzureichen, sobald sie ihm vorliegen.	(4) Wenn und soweit die Informationen nicht zur gleichen Zeit bereitgestellt werden können, kann der Verantwortliche diese Informationen ohne unangemessene weitere Verzögerung schrittweise zur Verfügung stellen.
(5) Der Verantwortliche hat Verletzungen des Schutzes personenbezogener Daten zu dokumentieren. Die Dokumentation hat alle mit den Vorfällen zusammenhängenden Tatsachen, deren Auswirkungen und die ergriffenen Abhilfemaßnahmen zu umfassen.	(5) [1]Die Mitgliedstaaten sehen vor, dass der Verantwortliche Verletzungen des Schutzes personenbezogener Daten nach Absatz 1 einschließlich aller im Zusammenhang mit der Verletzung des Schutzes personenbezogener Daten stehenden Fakten, von deren Auswirkungen und der ergriffenen Abhilfemaßnahmen dokumentiert. [2]Diese Dokumentation ermöglicht der Aufsichtsbehörde die Überprüfung der Einhaltung der Bestimmungen dieses Artikels.
(6) Soweit von einer Verletzung des Schutzes personenbezogener Daten personenbezogene Daten betroffen sind, die von einem oder an einen Verantwortlichen in einem anderen Mitgliedstaat der Europäischen Union übermittelt wurden, sind die in Absatz 3 genannten Informationen dem dortigen Verantwortlichen unverzüglich zu übermitteln.	(6) Die Mitgliedstaaten sehen vor, dass, soweit von der Verletzung des Schutzes personenbezogener Daten personenbezogene Daten betroffen sind, die von dem oder an den Verantwortlichen eines anderen Mitgliedstaats übermittelt wurden, die in Absatz 3 genannten Informationen dem Verantwortlichen jenes Mitgliedstaats unverzüglich übermittelt werden.
(7) § 42 Absatz 4 findet entsprechende Anwendung.	*[§ 42 a S. 6 BDSG aF* *Eine Benachrichtigung, die der Benachrichtigungspflichtige erteilt hat, darf in einem Strafverfahren oder in einem Verfahren nach dem Gesetz über Ordnungswidrigkeiten gegen ihn oder einen in § 52 Absatz 1 der Strafprozessordnung bezeichneten Angehörigen des Benachrichtigungspflichtigen nur mit Zustimmung des Benachrichtigungspflichtigen verwendet werden.]*
(8) Weitere Pflichten des Verantwortlichen zu Benachrichtigungen über Verletzungen des Schutzes personenbezogener Daten bleiben unberührt.	
Gesetzesbegründung	**Erwägungsgründe**
BT-Drs. 18/11325, S. 116 f.:	
§ 65 dient der Umsetzung von Artikel 30 der Richtlinie (EU) 2016/680 und legt den Umfang und die Modalitäten der Meldung von „Verletzungen des Schutzes personenbezogener Daten" nach § 46 Nummer 10 an die oder den Bundesbeauftragten fest. Ansatzpunkt der Meldung sind, wie sich auch aus der systematischen Stellung der Vorschrift im Bereich Sicherheit der	(61) Eine Verletzung des Schutzes personenbezogener Daten kann – wenn nicht rechtzeitig und angemessen reagiert wird – einen physischen, materiellen oder immateriellen Schaden für natürliche Personen nach sich ziehen, wie etwa Verlust der Kontrolle über ihre personenbezogenen Daten oder Einschränkung ihrer Rechte, Diskriminierung, Identitätsdiebstahl oder -betrug, finanzielle Verluste, unbefugte Aufhe-

Bundesdatenschutzgesetz	Richtlinie (EU) 2016/680 (JI-RL)
Verarbeitung ergibt, Vorfälle wie etwa Datenabflüsse. Die in Absatz 5 geforderte Dokumentation muss in Qualität und Quantität so beschaffen sein, dass sie der oder dem Bundesbeauftragten die Überprüfung der Einhaltung der gesetzlichen Vorgaben ermöglicht. In Absatz 7 wird durch einen Verweis auf § 43 Absatz 2 der in § 42 a Satz 6 BDSG aF enthaltene Gedanke überführt, wonach die Motivation zur Meldung einer Verletzung des Schutzes personenbezogener Daten nicht dadurch verringert werden soll, dass die durch die Meldung verfügbar werdenden Informationen zur Verarbeitung zur Einleitung eines Strafverfahrens führen können. Absatz 8 stellt klar, dass die in § 61 enthaltene Meldepflicht an die oder den Bundesbeauftragten andere Meldepflichten, etwa solche an das Bundesamt für Sicherheit in der Informationstechnik als Meldestelle des Bundes für IT-Sicherheitsvorfälle (vgl. § 4 des Gesetzes über das Bundesamt für Sicherheit in der Informationstechnik), nicht ausschließt bzw. diesen nicht vorgeht.	bung der Pseudonymisierung, Rufschädigung, Verlust der Vertraulichkeit von dem Berufsgeheimnis unterliegenden personenbezogenen Daten oder andere erhebliche wirtschaftliche oder gesellschaftliche Nachteile für die betroffene natürliche Person. Deshalb sollte der Verantwortliche, sobald ihm eine Verletzung des Schutzes personenbezogener Daten bekannt wird, die Aufsichtsbehörde von der Verletzung des Schutzes personenbezogener Daten unverzüglich und, falls möglich, binnen höchstens 72 Stunden nachdem ihm die Verletzung bekannt wurde, unterrichten, es sei denn der Verantwortliche kann im Einklang mit dem Grundsatz der Rechenschaftspflicht nachweisen, dass die Verletzung des Schutzes personenbezogener Daten voraussichtlich nicht zu einem Risiko für die persönlichen Rechte und Freiheiten natürlicher Personen führt. Falls diese Benachrichtigung nicht binnen 72 Stunden erfolgen kann, sollten in ihr die Gründe für die Verzögerung angegeben werden müssen, und die Informationen können schrittweise ohne unangemessene weitere Verzögerung bereitgestellt werden.
§ 66 BDSG Benachrichtigung betroffener Personen bei Verletzungen des Schutzes personenbezogener Daten	**Art. 31 JI-RL Benachrichtigung der von einer Verletzung des Schutzes personenbezogener Daten betroffenen Person**
(1) Hat eine Verletzung des Schutzes personenbezogener Daten voraussichtlich eine erhebliche Gefahr für Rechtsgüter betroffener Personen zur Folge, so hat der Verantwortliche die betroffenen Personen unverzüglich über den Vorfall zu benachrichtigen.	(1) Die Mitgliedstaaten sehen vor, dass, wenn die Verletzung des Schutzes personenbezogener voraussichtlich ein hohes Risiko für die Rechte und Freiheiten natürlicher Personen zur Folge hat, der Verantwortliche die betroffene Person unverzüglich von der Verletzung benachrichtigt.
(2) Die Benachrichtigung nach Absatz 1 hat in klarer und einfacher Sprache die Art der Verletzung des Schutzes personenbezogener Daten zu beschreiben und zumindest die in § 65 Absatz 3 Nummer 2 bis 4 genannten Informationen und Maßnahmen zu enthalten.	(2) Die in Absatz 1 dieses Artikels genannte Benachrichtigung der betroffenen Person beschreibt in klarer und einfacher Sprache die Art der Verletzung des Schutzes personenbezogener Daten und enthält zumindest die in Artikel 30 Absatz 3 Buchstaben b, c und d genannten Informationen und Maßnahmen.
(3) Von der Benachrichtigung nach Absatz 1 kann abgesehen werden, wenn	(3) [1]Die Benachrichtigung der betroffenen Person gemäß Absatz 1 ist nicht erforderlich, wenn eine der folgenden Bedingungen erfüllt ist:
1. der Verantwortliche geeignete technische und organisatorische Sicherheitsvorkehrungen getroffen hat und diese Vorkehrungen auf die von der Verletzung des Schutzes personenbezogener Daten betroffenen Daten angewandt wurden; dies gilt insbesondere für Vorkehrungen wie Verschlüsselungen, durch die die Daten für unbefugte Personen unzugänglich gemacht wurden;	a) der Verantwortliche geeignete technische und organisatorische Sicherheitsvorkehrungen getroffen hat und diese Vorkehrungen auf die von der Verletzung betroffenen personenbezogenen Daten angewandt wurden, insbesondere solche, durch die die personenbezogenen Daten für alle Personen, die nicht zum Zugang zu den personenbezogenen Daten befugt sind, unzugänglich gemacht werden, etwa durch Verschlüsselung,

Bundesdatenschutzgesetz	Richtlinie (EU) 2016/680 (JI-RL)
2. der Verantwortliche durch im Anschluss an die Verletzung getroffene Maßnahmen sichergestellt hat, dass aller Wahrscheinlichkeit nach keine erhebliche Gefahr im Sinne des Absatzes 1 mehr besteht, oder	b) der Verantwortliche durch nachfolgende Maßnahmen sichergestellt hat, dass das hohe Risiko für die Rechte und Freiheiten der betroffenen Personen gemäß Absatz 1 aller Wahrscheinlichkeit nach nicht mehr besteht,
3. dies mit einem unverhältnismäßigen Aufwand verbunden wäre; in diesem Fall hat stattdessen eine öffentliche Bekanntmachung oder eine ähnliche Maßnahme zu erfolgen, durch die die betroffenen Personen vergleichbar wirksam informiert werden.	c) dies mit einem unverhältnismäßigen Aufwand verbunden wäre. [2]In diesem Fall hat stattdessen eine öffentliche Bekanntmachung oder eine ähnliche Maßnahme zu erfolgen, durch die die betroffenen Personen vergleichbar wirksam informiert werden.
(4) [1]Wenn der Verantwortliche die betroffenen Personen über eine Verletzung des Schutzes personenbezogener Daten nicht benachrichtigt hat, kann die oder der Bundesbeauftragte förmlich feststellen, dass ihrer oder seiner Auffassung nach die in Absatz 3 genannten Voraussetzungen nicht erfüllt sind. [2]Hierbei hat sie oder er die Wahrscheinlichkeit zu berücksichtigen, dass die Verletzung eine erhebliche Gefahr im Sinne des Absatzes 1 zur Folge hat.	(4) Wenn der Verantwortliche die betroffene Person nicht bereits über die Verletzung des Schutzes personenbezogener Daten benachrichtigt hat, kann die Aufsichtsbehörde unter Berücksichtigung der Wahrscheinlichkeit, mit der die Verletzung des Schutzes personenbezogener Daten zu einem hohen Risiko führt, von dem Verantwortlichen verlangen, dies nachzuholen oder sie kann mit einem Beschluss feststellen, dass bestimmte der in Absatz 3 genannten Voraussetzungen erfüllt sind.
(5) Die Benachrichtigung der betroffenen Personen nach Absatz 1 kann unter den in § 56 Absatz 2 genannten Voraussetzungen aufgeschoben, eingeschränkt oder unterlassen werden, soweit nicht die Interessen der betroffenen Person aufgrund der von der Verletzung ausgehenden erheblichen Gefahr im Sinne des Absatzes 1 überwiegen.	(5) Die Benachrichtigung der betroffenen Person gemäß Absatz 1 dieses Artikels kann unter zu den in Artikel 13 Absatz 3 genannten Voraussetzungen und aus den dort genannten Gründen aufgeschoben, eingeschränkt oder unterlassen werden.
(6) § 42 Absatz 4 findet entsprechende Anwendung.	*[§ 42 a S. 6 BDSG aF* *Eine Benachrichtigung, die der Benachrichtigungspflichtige erteilt hat, darf in einem Strafverfahren oder in einem Verfahren nach dem Gesetz über Ordnungswidrigkeiten gegen ihn oder einen in § 52 Absatz 1 der Strafprozessordnung bezeichneten Angehörigen des Benachrichtigungspflichtigen nur mit Zustimmung des Benachrichtigungspflichtigen verwendet werden.]*
Gesetzesbegründung	**Erwägungsgründe**
BT-Drs. 18/11325, S. 117: § 66 setzt Artikel 31 der Richtlinie (EU) 2016/680 um. In Absatz 6 wird – parallel zu § 65 Absatz 7 – durch einen Verweis auf § 43 Absatz 2 der in § 42 a Satz 6 BDSG aF enthaltene Gedanke überführt, wonach auch bei einer Benachrichtigung der betroffenen Person die Motivation zu dieser Benachrichtigung über eine Verletzung des Schutzes personenbezogener Daten nicht dadurch verringert werden soll, dass die durch die Meldung verfügbar werdenden Informationen zur Verarbeitung zur Einleitung eines Strafverfahrens führen können.	(62) Natürliche Personen, sollten unverzüglich benachrichtigt werden, wenn die Verletzung des Schutzes personenbezogener Daten voraussichtlich zu einem hohen Risiko für die Rechte und Freiheiten natürlicher Personen führt, damit sie die erforderlichen Vorkehrungen treffen können. Die Benachrichtigung sollte eine Beschreibung der Art der Verletzung des Schutzes personenbezogener Daten sowie an die betroffene natürliche Person gerichtete Empfehlungen zur Minderung etwaiger nachteiliger Auswirkungen dieser Verletzung enthalten. Die Benachrichtigung der betroffenen Person sollte stets so rasch

Bundesdatenschutzgesetz	Richtlinie (EU) 2016/680 (JI-RL)
	wie nach allgemeinem Ermessen möglich, in enger Absprache mit der Aufsichtsbehörde und nach Maßgabe der von dieser oder von anderen zuständigen Behörden erteilten Weisungen erfolgen. Um beispielsweise das Risiko eines unmittelbaren Schadens mindern zu können, müsste die betroffene Person sofort benachrichtigt werden, wohingegen eine längere Benachrichtigungsfrist gerechtfertigt sein kann, wenn es darum geht, geeignete Maßnahmen gegen fortlaufende oder ähnliche Verletzungen des Schutzes von Daten zu treffen. In Ausnahmefällen könnte die Benachrichtigung der von einer Verletzung des Schutzes personenbezogener Daten betroffenen natürlichen Person unterbleiben, wenn ein Aufschub oder eine Einschränkung dieser Benachrichtigung nicht ausreicht, um behördliche oder gerichtliche Untersuchungen, Ermittlungen und Verfahren nicht zu behindern, die Verhütung, Aufdeckung, Ermittlung oder Verfolgung von Straftaten oder die Strafvollstreckung nicht zu gefährden und um die öffentliche und die nationale Sicherheit oder die Rechte und Freiheiten anderer zu schützen.
§ 67 BDSG Durchführung einer Datenschutz-Folgenabschätzung	**Art. 27 JI-RL Datenschutz-Folgenabschätzung**
(1) Hat eine Form der Verarbeitung, insbesondere bei Verwendung neuer Technologien, aufgrund der Art, des Umfangs, der Umstände und der Zwecke der Verarbeitung voraussichtlich eine erhebliche Gefahr für die Rechtsgüter betroffener Personen zur Folge, so hat der Verantwortliche vorab eine Abschätzung der Folgen der vorgesehenen Verarbeitungsvorgänge für die betroffenen Personen durchzuführen.	(1) Hat eine Form der Verarbeitung, insbesondere bei Verwendung neuer Technologien, aufgrund der Art, des Umfangs, der Umstände und der Zwecke der Verarbeitung voraussichtlich ein hohes Risiko für die Rechte und Freiheiten natürlicher Personen zur Folge, so sehen die Mitgliedstaaten vor, dass der Verantwortliche vorab eine Abschätzung der Folgen der vorgesehenen Verarbeitungsvorgänge für den Schutz personenbezogener Daten durchführt. *[Art. 35 Abs. 1 S. 2 DSGVO*
(2) Für die Untersuchung mehrerer ähnlicher Verarbeitungsvorgänge mit ähnlich hohem Gefahrenpotential kann eine gemeinsame Datenschutz-Folgenabschätzung vorgenommen werden.	*Für die Untersuchung mehrerer ähnlicher Verarbeitungsvorgänge mit ähnlich hohen Risiken kann eine einzige Abschätzung vorgenommen werden.]* *[Art. 35 Abs. 2 DSGVO*
(3) Der Verantwortliche hat die Datenschutzbeauftragte oder den Datenschutzbeauftragten an der Durchführung der Folgenabschätzung zu beteiligen.	*Der Verantwortliche holt bei der Durchführung einer Datenschutz-Folgenabschätzung den Rat des Datenschutzbeauftragten, sofern ein solcher benannt wurde, ein.]*
(4) Die Folgenabschätzung hat den Rechten der von der Verarbeitung betroffenen Personen Rechnung zu tragen und zumindest Folgendes zu enthalten: 1. eine systematische Beschreibung der geplanten Verarbeitungsvorgänge und der Zwecke der Verarbeitung,	(2) Die Folgenabschätzung gemäß Absatz 1 trägt den Rechten und den berechtigten Interessen der von der Datenverarbeitung betroffenen Personen und sonstiger Betroffener Rechnung und enthält zumindest eine allgemeine Beschreibung der geplanten Verarbeitungsvorgänge und eine Bewertung der in Bezug auf die Rechte und Freiheiten der betroffenen Personen bestehenden Risiken sowie der geplanten Abhilfemaßnah-

Bundesdatenschutzgesetz	Richtlinie (EU) 2016/680 (JI-RL)
2. eine Bewertung der Notwendigkeit und Verhältnismäßigkeit der Verarbeitungsvorgänge in Bezug auf den Zweck, 3. eine Bewertung der Gefahren für die Rechtsgüter der betroffenen Personen und 4. die Maßnahmen, mit denen bestehenden Gefahren abgeholfen werden soll, einschließlich der Garantien, der Sicherheitsvorkehrungen und der Verfahren, durch die der Schutz personenbezogener Daten sichergestellt und die Einhaltung der gesetzlichen Vorgaben nachgewiesen werden sollen.	men, Garantien, Sicherheitsvorkehrungen und Verfahren, durch die der Schutz personenbezogener Daten sichergestellt und der Nachweis dafür erbracht wird, dass diese Richtlinie eingehalten wird. *[Art. 35 Abs. 7 DSGVO* *(7) Die Folgenabschätzung enthält zumindest Folgendes:* *a) eine systematische Beschreibung der geplanten Verarbeitungsvorgänge und der Zwecke der Verarbeitung, gegebenenfalls einschließlich der von dem Verantwortlichen verfolgten berechtigten Interessen;* *b) eine Bewertung der Notwendigkeit und Verhältnismäßigkeit der Verarbeitungsvorgänge in Bezug auf den Zweck;* *c) eine Bewertung der Risiken für die Rechte und Freiheiten der betroffenen Personen gemäß Absatz 1 und* *d) die zur Bewältigung der Risiken geplanten Abhilfemaßnahmen, einschließlich Garantien, Sicherheitsvorkehrungen und Verfahren, durch die der Schutz personenbezogener Daten sichergestellt und der Nachweis dafür erbracht wird, dass diese Verordnung eingehalten wird, wobei den Rechten und berechtigten Interessen der betroffenen Personen und sonstiger Betroffener Rechnung getragen wird.]*
(5) Soweit erforderlich, hat der Verantwortliche eine Überprüfung durchzuführen, ob die Verarbeitung den Maßgaben folgt, die sich aus der Folgenabschätzung ergeben haben.	*[Art. 35 Abs. 11 DSGVO* *Erforderlichenfalls führt der Verantwortliche eine Überprüfung durch, um zu bewerten, ob die Verarbeitung gemäß der Datenschutz-Folgenabschätzung durchgeführt wird; dies gilt zumindest, wenn hinsichtlich des mit den Verarbeitungsvorgängen verbundenen Risikos Änderungen eingetreten sind.]*
Gesetzesbegründung	**Erwägungsgründe**
BT-Drs. 18/11325, S. 117: § 67 dient der Umsetzung von Artikel 27 der Richtlinie (EU) 2016/680. Die Datenschutz-Folgenabschätzung ist ein zentrales Element der strukturellen Stärkung des Datenschutzes. Die Voraussetzungen zur Durchführung einer Datenschutz-Folgenabschätzung können nur unvollkommen gesetzlich konkret ausgestaltet werden. So lässt sich dennoch feststellen, dass hinsichtlich des Umfangs der Verarbeitung nicht eine Einzelverarbeitung, sondern lediglich die Verwendung maßgeblicher Systeme und Verfahren zur Verarbeitung personenbezogener Daten mithilfe einer Datenschutz-Folgenabschätzung vorab in den Blick genommen werden müssen. Insoweit lässt sich – abseits der prozeduralen	(58) Eine Datenschutz-Folgenabschätzung, die sich insbesondere mit den Maßnahmen, Garantien und Verfahren befasst, die geplant sind den Schutz personenbezogener Daten zu gewährleisten und die die Einhaltung der Bestimmungen dieser Richtlinie nachweisen sollen, sollte durch den Verantwortlichen durchgeführt werden, wenn die Verarbeitungsvorgänge aufgrund ihres Wesens, ihres Umfangs oder ihrer Zwecke voraussichtlich ein hohes Risiko für die Rechte und Freiheiten der betroffenen Personen zur Folge haben. Datenschutz-Folgenabschätzungen sollten auf maßgebliche Systeme und Verfahren im Rahmen von Verarbeitungsvorgängen abstellen, nicht jedoch auf Einzelfälle.

Bundesdatenschutzgesetz	Richtlinie (EU) 2016/680 (JI-RL)
Verbindung – eine Vergleichbarkeit mit den Voraussetzungen der Durchführung einer Anhörung der oder des Bundesbeauftragten begründen. Kriterien für die Entscheidung, ob die vorgesehene Verarbeitung qualitativ erhöhte Gefahren für die Rechtsgüter der betroffenen Person in sich birgt, können beispielsweise der Kreis der betroffenen Personen, die Art der zur Datenerhebung eingesetzten Mittel oder der Kreis der zugriffsberechtigten Personen, mithin die Eingriffsintensität der mit der Verarbeitung verbundenen Maßnahmen im Sinne einer Gesamtwürdigung sein. Die Konkretisierung der in Absatz 1 genannten Voraussetzungen obliegt letztlich der Praxis. Bei diesem Konkretisierungsvorgang wird allerdings zu beachten sein, dass die entstehenden Aufwände angemessen und beherrschbar bleiben müssen. Ferner ist festzuhalten, dass das Erfordernis einer Datenschutz-Folgenabschätzung nur für neue Verarbeitungssysteme oder wesentliche Veränderungen an bestehenden gilt. Absatz 2 nimmt Artikel 35 Absatz 1 Nummer 2, Absatz 3 Artikel 35 Absatz 2 der Verordnung (EU) 2016/679 auf. Absatz 4 legt den Inhalt der Folgenabschätzung fest und konkretisiert die in Artikel 27 Absatz 2 enthaltenen allgemeinen Angaben unter Übernahme der Angaben aus Artikel 35 Absatz 7 der Verordnung (EU) 2016/679 enthaltenen Punkte. Absatz 5 nimmt Artikel 35 Absatz 11 der Verordnung (EU) 2016/679 auf	
§ 68 BDSG Zusammenarbeit mit der oder dem Bundesbeauftragten Der Verantwortliche hat mit der oder dem Bundesbeauftragten bei der Erfüllung ihrer oder seiner Aufgaben zusammenzuarbeiten.	**Art. 26 JI-RL Zusammenarbeit mit der Aufsichtsbehörde** Die Mitgliedstaaten sehen vor, dass der Verantwortliche und der Auftragsverarbeiter auf Anfrage mit der Aufsichtsbehörde bei der Erfüllung ihrer Aufgaben zusammenarbeiten.
Gesetzesbegründung	**Erwägungsgründe**
BT-Drs. 18/11325, S. 117: § 68 setzt Artikel 26 der Richtlinie (EU) 2016/680 um. Die hier angesprochene Pflicht des Verantwortlichen zur Zusammenarbeit mit der oder dem Bundesbeauftragten fasst die ohnehin sich aus anderen Vorschriften ergebenden Kooperationsverpflichtungen und Kooperationsbeziehungen zwischen Verantwortlichem und der oder dem Bundesbeauftragten zusammen.	(56) Zum Nachweis der Einhaltung dieser Richtlinie sollte der Verantwortliche oder der Auftragsverarbeiter ein Verzeichnis aller Kategorien von Tätigkeiten, die seiner Zuständigkeit unterliegen, führen. Jeder Verantwortliche und jeder Auftragsverarbeiter sollte verpflichtet sein, mit der Aufsichtsbehörde zusammenzuarbeiten und dieser auf Anfrage dieses Verzeichnis vorzulegen, damit die betreffenden Verarbeitungsvorgänge anhand dieses Verzeichnisses kontrolliert werden können. Der Verantwortliche oder der Auftragsverarbeiter, der personenbezogene Daten in nicht automatisierten Verarbeitungssystemen verarbeitet, sollte über wirksame Metho-

Bundesdatenschutzgesetz	Richtlinie (EU) 2016/680 (JI-RL)
	den zum Nachweis der Rechtmäßigkeit der Verarbeitung, zur Ermöglichung der Eigenüberwachung und zur Sicherstellung der Integrität und Sicherheit der Daten, wie etwa Protokolle oder andere Formen von Verzeichnissen, verfügen.
§ 69 BDSG Anhörung der oder des Bundesbeauftragten	**Art. 28 JI-RL Vorherige Konsultation der Aufsichtsbehörde**
(1) Der Verantwortliche hat vor der Inbetriebnahme von neu anzulegenden Dateisystemen die Bundesbeauftragte oder den Bundesbeauftragten anzuhören, wenn	(1) Die Mitgliedstaaten sehen vor, dass der Verantwortliche oder der Auftragsverarbeiter vor der Verarbeitung personenbezogener Daten in neu anzulegenden Dateisystemen die Aufsichtsbehörde konsultiert, wenn
1. aus einer Datenschutz-Folgenabschätzung nach § 67 hervorgeht, dass die Verarbeitung eine erhebliche Gefahr für die Rechtsgüter der betroffenen Personen zur Folge hätte, wenn der Verantwortliche keine Abhilfemaßnahmen treffen würde, oder	a) aus einer Datenschutz-Folgenabschätzung gemäß Artikel 27 hervorgeht, dass die Verarbeitung ein hohes Risiko zur Folge hätte, sofern der Verantwortliche keine Maßnahmen zur Eindämmung des Risikos trifft, oder
2. die Form der Verarbeitung, insbesondere bei der Verwendung neuer Technologien, Mechanismen oder Verfahren, eine erhebliche Gefahr für die Rechtsgüter der betroffenen Personen zur Folge hat.	b) die Form der Verarbeitung, insbesondere bei Verwendung neuer Technologien, Mechanismen oder Verfahren, ein hohes Risiko für die Rechte und Freiheiten der betroffenen Personen zur Folge hat.
Die oder der Bundesbeauftragte kann eine Liste der Verarbeitungsvorgänge erstellen, die der Pflicht zur Anhörung nach Satz 1 unterliegen.	
(2) Der oder dem Bundesbeauftragten sind im Fall des Absatzes 1 vorzulegen:	(4) Die Mitgliedstaaten sehen vor, dass der Verantwortliche der Aufsichtsbehörde die Datenschutz-Folgenabschätzung gemäß Artikel 27 vorlegt und ihr auf Anfrage alle sonstigen Informationen übermittelt, die sie benötigt, um die Ordnungsgemäßheit der Verarbeitung sowie insbesondere die in Bezug auf den Schutz der personenbezogenen Daten der betroffenen Person bestehenden Gefahren und die diesbezüglichen Garantien bewerten zu können.
1. die nach § 67 durchgeführte Datenschutz-Folgenabschätzung,	*[Art. 36 Abs. 3 DSGVO*
	(3) Der Verantwortliche stellt der Aufsichtsbehörde bei einer Konsultation gemäß Absatz 1 folgende Informationen zur Verfügung:
2. gegebenenfalls Angaben zu den jeweiligen Zuständigkeiten des Verantwortlichen, der gemeinsam Verantwortlichen und der an der Verarbeitung beteiligten Auftragsverarbeiter,	*a) gegebenenfalls Angaben zu den jeweiligen Zuständigkeiten des Verantwortlichen, der gemeinsam Verantwortlichen und der an der Verarbeitung beteiligten Auftragsverarbeiter, insbesondere bei einer Verarbeitung innerhalb einer Gruppe von Unternehmen;*
3. Angaben zu den Zwecken und Mitteln der beabsichtigten Verarbeitung,	*b) die Zwecke und die Mittel der beabsichtigten Verarbeitung;*
4. Angaben zu den zum Schutz der Rechtsgüter der betroffenen Personen vorgesehenen Maßnahmen und Garantien und	*c) die zum Schutz der Rechte und Freiheiten der betroffenen Personen gemäß dieser Verordnung vorgesehenen Maßnahmen und Garantien;*
5. Name und Kontaktdaten der oder des Datenschutzbeauftragten. Auf Anforderung sind ihr oder ihm zudem alle sonstigen Informationen zu übermitteln, die sie oder er	*d) gegebenenfalls die Kontaktdaten des Datenschutzbeauftragten;*

Bundesdatenschutzgesetz	Richtlinie (EU) 2016/680 (JI-RL)
benötigt, um die Rechtmäßigkeit der Verarbeitung sowie insbesondere die in Bezug auf den Schutz der personenbezogenen Daten der betroffenen Personen bestehenden Gefahren und die diesbezüglichen Garantien bewerten zu können.	*e) die Datenschutz-Folgenabschätzung gemäß Artikel 35 und* *f) alle sonstigen von der Aufsichtsbehörde angeforderten Informationen.]*
(3) [1]Falls die oder der Bundesbeauftragte der Auffassung ist, dass die geplante Verarbeitung gegen gesetzliche Vorgaben verstoßen würde, insbesondere weil der Verantwortliche das Risiko nicht ausreichend ermittelt oder keine ausreichenden Abhilfemaßnahmen getroffen hat, kann sie oder er dem Verantwortlichen und gegebenenfalls dem Auftragsverarbeiter innerhalb eines Zeitraums von sechs Wochen nach Einleitung der Anhörung schriftliche Empfehlungen unterbreiten, welche Maßnahmen noch ergriffen werden sollten. [2]Die oder der Bundesbeauftragte kann diese Frist um einen Monat verlängern, wenn die geplante Verarbeitung besonders komplex ist. [3]Sie oder er hat in diesem Fall innerhalb eines Monats nach Einleitung der Anhörung den Verantwortlichen und gegebenenfalls den Auftragsverarbeiter über die Fristverlängerung zu informieren.	(5) [1]Die Mitgliedstaaten sehen vor, dass die Aufsichtsbehörde, wenn sie der Auffassung ist, dass die geplante Verarbeitung gemäß Absatz 1 dieses Artikels gegen die nach dieser Richtlinie erlassenen Vorschriften verstoßen würde, insbesondere weil der Verantwortliche das Risiko nicht ausreichend ermittelt oder nicht ausreichend eingedämmt hat, dem Verantwortlichen und gegebenenfalls dem Auftragsverarbeiter innerhalb eines Zeitraums von bis zu sechs Wochen nach Erhalt des Ersuchens um Konsultation entsprechende schriftliche Empfehlungen unterbreitet und ihre in Artikel 47 genannten Befugnisse ausüben kann. [2]Diese Frist kann unter Berücksichtigung der Komplexität der geplanten Verarbeitung um einen weiteren Monat verlängert werden. [3]Die Aufsichtsbehörde unterrichtet den Verantwortliche oder gegebenenfalls den Auftragsverarbeiter über eine solche Fristverlängerung innerhalb eines Monats nach Eingang des Antrags auf Konsultation zusammen mit den Gründen für die Verzögerung.
(4) [1]Hat die beabsichtigte Verarbeitung erhebliche Bedeutung für die Aufgabenerfüllung des Verantwortlichen und ist sie daher besonders dringlich, kann er mit der Verarbeitung nach Beginn der Anhörung, aber vor Ablauf der in Absatz 3 Satz 1 genannten Frist beginnen. [2]In diesem Fall sind die Empfehlungen der oder des Bundesbeauftragten im Nachhinein zu berücksichtigen und sind die Art und Weise der Verarbeitung daraufhin gegebenenfalls anzupassen.	
Gesetzesbegründung	**Erwägungsgründe**
BT-Drs. 18/11325, S. 117 f.:	
§ 69 dient der Umsetzung von Artikel 28 der Richtlinie (EU) 2016/680. Die Vorkonsultation – hier als Anhörung bezeichnet – der oder des Bundesbeauftragten dient der datenschutzrechtlichen Absicherung in Bezug auf beabsichtigte Verarbeitungen in neu anzulegenden Dateisystemen, die ein erhöhtes Gefährdungspotential für Rechtsgüter der betroffenen Personen in sich bergen. Insofern besteht eine enge inhaltliche Verbindung zum Instrument der Datenschutz-Folgenabschätzung (§ 67). Prozedural wird diese Verbindung dadurch hergestellt, dass nach Absatz 1 Nummer 1 eine Anhörung durchzuführen ist, wenn im Ergebnis einer Datenschutz-Folgenabschätzung eine erhöhte Gefährdung an-	(59) Um einen wirksamen Schutz der Rechte und Freiheiten der betroffenen Personen zu gewährleisten, sollte der Verantwortliche oder der Auftragsverarbeiter in bestimmten Fällen vor der Verarbeitung die Aufsichtsbehörde konsultieren.

Bundesdatenschutzgesetz	Richtlinie (EU) 2016/680 (JI-RL)
genommen wird und der Verantwortliche hierauf nicht mit Maßnahmen zur Gefährdungsminimierung reagiert.	
Der Umfang der der oder dem Bundesbeauftragten vorzulegenden Unterlagen wird in Absatz 2 durch Zusammenführung der Vorgaben aus Artikel 28 Absatz 4 der Richtlinie (EU) 2016/680 und Artikel 36 Absatz 3 der Verordnung (EU) 2016/679 angeglichen.	
Artikel 28 der Richtlinie (EU) 2016/680 knüpft an die Einleitung der Konsultation an, setzt aber nicht voraus, dass diese zwingend abgeschlossen sein muss, bevor personenbezogene Daten entsprechend verarbeitet werden. Zwar wird man im Regelfall den Abschluss der Konsultation im Interesse der Betroffenen abwarten. Im Ausnahmefall können jedoch Abweichungen geboten sein. Die in Absatz 4 vorgesehene Eilfallregelung trägt solchen operativen und (polizei-)fachlichen Erfordernissen in Abweichung von Absatz 3 Satz 1 Rechnung. Die Nutzung der Eilfallregelung entbindet den Verantwortlichen gleichwohl nicht davon, die Empfehlungen der oder des Bundesbeauftragten nach pflichtgemäßem Ermessen zu prüfen und die Verarbeitung gegebenenfalls daraufhin anzupassen. Weiterhin schmälert die Eilfallregelung nicht die der oder dem Bundesbeauftragten zur Verfügung stehenden Befugnisse.	
§ 70 BDSG Verzeichnis von Verarbeitungstätigkeiten	**Art. 24 JI-RL Verzeichnis von Verarbeitungstätigkeiten**
(1) Der Verantwortliche hat ein Verzeichnis aller Kategorien von Verarbeitungstätigkeiten zu führen, die in seine Zuständigkeit fallen. Dieses Verzeichnis hat die folgenden Angaben zu enthalten:	(1) [1]Die Mitgliedstaaten sehen vor, dass jeder Verantwortliche ein Verzeichnis aller Kategorien von Tätigkeiten der Verarbeitung, die seiner Zuständigkeit unterliegen, führt. [2]Dieses Verzeichnis enthält alle der folgenden Angaben:
1. den Namen und die Kontaktdaten des Verantwortlichen und gegebenenfalls des gemeinsam mit ihm Verantwortlichen sowie den Namen und die Kontaktdaten der oder des Datenschutzbeauftragten,	a) den Namen und die Kontaktdaten des Verantwortlichen, gegebenenfalls des gemeinsam mit ihm Verantwortlichen und eines etwaigen Datenschutzbeauftragten,
2. die Zwecke der Verarbeitung,	b) die Zwecke der Verarbeitung,
3. die Kategorien von Empfängern, gegenüber denen die personenbezogenen Daten offengelegt worden sind oder noch offengelegt werden sollen,	c) die Kategorien von Empfängern, gegenüber denen die personenbezogenen Daten offengelegt worden sind oder noch offengelegt werden, einschließlich Empfängern in Drittländern oder internationalen Organisationen,
4. eine Beschreibung der Kategorien betroffener Personen und der Kategorien personenbezogener Daten,	d) eine Beschreibung der Kategorien betroffener Personen und der Kategorien personenbezogener Daten,
5. gegebenenfalls die Verwendung von Profiling,	e) gegebenenfalls die Verwendung von Profiling,
6. gegebenenfalls die Kategorien von Übermittlungen personenbezogener Daten an	f) gegebenenfalls die Kategorien von Übermittlungen personenbezogener Daten an ein

Bundesdatenschutzgesetz	Richtlinie (EU) 2016/680 (JI-RL)
Stellen in einem Drittstaat oder an eine internationale Organisation,	Drittland oder an eine internationale Organisation,
7. Angaben über die Rechtsgrundlage der Verarbeitung,	g) Angaben über die Rechtsgrundlage der Verarbeitung, einschließlich der Übermittlungen, für die die personenbezogenen Daten bestimmt sind,
8. die vorgesehenen Fristen für die Löschung oder die Überprüfung der Erforderlichkeit der Speicherung der verschiedenen Kategorien personenbezogener Daten und	h) wenn möglich, die vorgesehenen Fristen für die Löschung der verschiedenen Kategorien personenbezogener Daten,
9. eine allgemeine Beschreibung der technischen und organisatorischen Maßnahmen gemäß § 64.	i) wenn möglich, eine allgemeine Beschreibung der technischen und organisatorischen Maßnahmen gemäß Artikel 29 Absatz 1.
(2) Der Auftragsverarbeiter hat ein Verzeichnis aller Kategorien von Verarbeitungen zu führen, die er im Auftrag eines Verantwortlichen durchführt, das Folgendes zu enthalten hat:	(2) Die Mitgliedstaaten sehen vor, dass jeder Auftragsverarbeiter ein Verzeichnis zu allen Kategorien von im Auftrag eines Verantwortlichen durchgeführten Tätigkeiten der Verarbeitung führt, die Folgendes enthält:
1. den Namen und die Kontaktdaten des Auftragsverarbeiters, jedes Verantwortlichen, in dessen Auftrag der Auftragsverarbeiter tätig ist, sowie gegebenenfalls der oder des Datenschutzbeauftragten,	a) Name und Kontaktdaten des Auftragsverarbeiters oder der Auftragsverarbeiter, jedes Verantwortlichen, in dessen Auftrag der Auftragsverarbeiter tätig ist, sowie eines etwaigen Datenschutzbeauftragten, b) die Kategorien von Verarbeitungen, die im Auftrag jedes Verantwortlichen durchgeführt werden,
2. gegebenenfalls Übermittlungen von personenbezogenen Daten an Stellen in einem Drittstaat oder an eine internationale Organisation unter Angabe des Staates oder der Organisation und	c) gegebenenfalls Übermittlungen von personenbezogenen Daten an ein Drittland oder an eine internationale Organisation, wenn vom Verantwortlichen entsprechend angewiesen, einschließlich der Identifizierung des Drittlandes oder der internationalen Organisation,
3. eine allgemeine Beschreibung der technischen und organisatorischen Maßnahmen gemäß § 64.	d) wenn möglich, eine allgemeine Beschreibung der technischen und organisatorischen Maßnahmen gemäß Artikel 29 Absatz 1.
(3) Die in den Absätzen 1 und 2 genannten Verzeichnisse sind schriftlich oder elektronisch zu führen.	(3) UAbs. 1) Das in den Absätzen 1 und 2 genannte Verzeichnis ist schriftlich zu führen, was auch in einem elektronischen Format erfolgen kann.
(4) Verantwortliche und Auftragsverarbeiter haben auf Anforderung ihre Verzeichnisse der oder dem Bundesbeauftragten zur Verfügung zu stellen.	(3) UAbs. 2) Der Verantwortliche und der Auftragsverarbeiter stellen der Aufsichtsbehörde das Verzeichnis auf Anfrage zur Verfügung.
Gesetzesbegründung	**Erwägungsgründe**
BT-Drs. 18/11325, S. 118: § 70 dient der Umsetzung von Artikel 24 der Richtlinie (EU) 2016/680 und verpflichtet den Verantwortlichen zur Führung eines Verzeichnisses über bei ihm durchgeführte Kategorien von Datenverarbeitungstätigkeiten. Dieses Verzeichnis dient vor allem der oder dem Bundesbeauftragten dazu, einen Überblick über die beim	(56) Zum Nachweis der Einhaltung dieser Richtlinie sollte der Verantwortliche oder der Auftragsverarbeiter ein Verzeichnis aller Kategorien von Tätigkeiten, die seiner Zuständigkeit unterliegen, führen. Jeder Verantwortliche und jeder Auftragsverarbeiter sollte verpflichtet sein, mit der Aufsichtsbehörde zusammenzuarbeiten und dieser auf Anfrage dieses Verzeichnis vorzu-

Bundesdatenschutzgesetz	Richtlinie (EU) 2016/680 (JI-RL)
Verantwortlichen durchgeführten Datenverarbeitungen zu erhalten. Das Zusammenspiel von Anhörung der Datenschutzaufsicht (§ 69), Einsicht in das Verzeichnis (§ 70 Absatz 3) und Zurverfügungstellung von Protokolldaten (§ 76 Absatz 5) gewährt der oder dem Bundesbeauftragten ein umfassendes Bild über die beim Verantwortlichen durchgeführten Datenverarbeitungen. Dies ermöglicht es ihr oder ihm, ihre oder seine Aufgaben und Befugnisse im Hinblick auf den jeweiligen Verantwortlichen zielgerichtet, effizient und verhältnismäßig auszurichten und zu nutzen. Die Beteiligung der oder des Bundesbeauftragten wird arrondiert und ergänzt durch die interne Beratungs- und Kontrolltätigkeit des oder der Beauftragten für den Datenschutz gemäß § 7 und die in § 16 Absatz 4 enthaltene Regelung zum umfassenden Zugang zu personenbezogenen Daten und Verarbeitungsvorgängen. Das durch § 70 eingeführte Verzeichnis ist von dem System der Errichtungsanordnungen für Dateien zu unterscheiden und muss diese fachgesetzlich in einigen Bereichen vorgesehene Möglichkeit der Vorbereitung, Planung und Vorprüfung vorgesehener Verarbeitungen nicht. In Absatz 1 werden die in das Verzeichnis aufzunehmenden Angaben benannt. Die Begrifflichkeit „Kategorien von Datenverarbeitungstätigkeiten“ stellt hierbei klar, dass sich das Verzeichnis nicht auf einzelne Datenverarbeitungsvorgänge, sondern auf sinnvoll abgrenz- und kategorisierbare Teile der beim Verantwortlichen durchgeführten Datenverarbeitungen bezieht. Es kann sich anbieten, die nach Satz 1 Nummer 2 aufzunehmenden Angaben zu den Zwecken der Verarbeitung an den gesetzlichen Aufgabenzuschreibungen der betreffenden öffentlichen Stelle auszurichten. Absatz 2 verpflichtet den Verantwortlichen, ein Verzeichnis, wenngleich in geringerem Umfang, auch für Verarbeitungen zu führen, wenn er personenbezogene Daten im Auftrag verarbeitet. In Absatz 3 werden Aussagen zur Form des Verzeichnisses getroffen. Nach Absatz 4 wird das Verzeichnis und seine Aktualisierungen der oder dem Bundesbeauftragten auf Anfrage zur Verfügung gestellt.	legen, damit die betreffenden Verarbeitungsvorgänge anhand dieses Verzeichnisses kontrolliert werden können. Der Verantwortliche oder der Auftragsverarbeiter, der personenbezogene Daten in nicht automatisierten Verarbeitungssystemen verarbeitet, sollte über wirksame Methoden zum Nachweis der Rechtmäßigkeit der Verarbeitung, zur Ermöglichung der Eigenüberwachung und zur Sicherstellung der Integrität und Sicherheit der Daten, wie etwa Protokolle oder andere Formen von Verzeichnissen, verfügen.
§ 71 BDSG Datenschutz durch Technikgestaltung und datenschutzfreundliche Voreinstellungen	**Art. 20 JI-RL Datenschutz durch Technikgestaltung und datenschutzfreundliche Voreinstellungen**
(1) [1]Der Verantwortliche hat sowohl zum Zeitpunkt der Festlegung der Mittel für die Verarbeitung als auch zum Zeitpunkt der Verarbeitung selbst angemessene Vorkehrungen zu treffen, die geeignet sind, die Datenschutzgrundsät-	(1) Die Mitgliedstaaten sehen vor, dass der Verantwortliche unter Berücksichtigung des Stands der Technik, der Implementierungskosten und der Art, des Umfangs, der Umstände und der Zwecke der Verarbeitung sowie der unterschied-

Bundesdatenschutzgesetz	Richtlinie (EU) 2016/680 (JI-RL)
ze wie etwa die Datensparsamkeit wirksam umzusetzen, und die sicherstellen, dass die gesetzlichen Anforderungen eingehalten und die Rechte der betroffenen Personen geschützt werden. [2]Er hat hierbei den Stand der Technik, die Implementierungskosten und die Art, den Umfang, die Umstände und die Zwecke der Verarbeitung sowie die unterschiedliche Eintrittswahrscheinlichkeit und Schwere der mit der Verarbeitung verbundenen Gefahren für die Rechtsgüter der betroffenen Personen zu berücksichtigen. [3]Insbesondere sind die Verarbeitung personenbezogener Daten und die Auswahl und Gestaltung von Datenverarbeitungssystemen an dem Ziel auszurichten, so wenig personenbezogene Daten wie möglich zu verarbeiten. [4]Personenbezogene Daten sind zum frühestmöglichen Zeitpunkt zu anonymisieren oder zu pseudonymisieren, soweit dies nach dem Verarbeitungszweck möglich ist.	lichen Eintrittswahrscheinlichkeit und Schwere der mit der Verarbeitung verbundenen Risiken für die Rechte und Freiheiten natürlicher Personen sowohl zum Zeitpunkt der Festlegung der Mittel für die Verarbeitung als auch zum Zeitpunkt der eigentlichen Verarbeitung angemessene technische und organisatorische Maßnahmen – wie zB Pseudonymisierung – trifft, die dafür ausgelegt sind, Datenschutzgrundsätze wie etwa Datenminimierung wirksam umzusetzen und die notwendigen Garantien in die Verarbeitung aufzunehmen, um den Anforderungen dieser Richtlinie zu genügen und die Rechte der betroffenen Personen zu schützen. *[§ 71 Abs. 1 BDSG greift auch § 3 a BDSG aF auf* *[1]Die Erhebung, Verarbeitung und Nutzung personenbezogener Daten und die Auswahl und Gestaltung von Datenverarbeitungssystemen sind an dem Ziel auszurichten, so wenig personenbezogene Daten wie möglich zu erheben, zu verarbeiten oder zu nutzen. [2]Insbesondere sind personenbezogene Daten zu anonymisieren oder zu pseudonymisieren, soweit dies nach dem Verwendungszweck möglich ist und keinen im Verhältnis zu dem angestrebten Schutzzweck unverhältnismäßigen Aufwand erfordert.]*
(2) [1]Der Verantwortliche hat geeignete technische und organisatorische Maßnahmen zu treffen, die sicherstellen, dass durch Voreinstellungen grundsätzlich nur solche personenbezogenen Daten verarbeitet werden können, deren Verarbeitung für den jeweiligen bestimmten Verarbeitungszweck erforderlich ist. [2]Dies betrifft die Menge der erhobenen Daten, den Umfang ihrer Verarbeitung, ihre Speicherfrist und ihre Zugänglichkeit. [3]Die Maßnahmen müssen insbesondere gewährleisten, dass die Daten durch Voreinstellungen nicht automatisiert einer unbestimmten Anzahl von Personen zugänglich gemacht werden können	(2) [1]Die Mitgliedstaaten sehen vor, dass der Verantwortliche geeignete technische und organisatorische Maßnahmen trifft, die sicherstellen, dass durch Voreinstellung grundsätzlich nur personenbezogene Daten, deren Verarbeitung für den jeweiligen bestimmten Verarbeitungszweck erforderlich ist, verarbeitet werden. [2]Diese Verpflichtung gilt für die Menge der erhobenen personenbezogenen Daten, den Umfang ihrer Verarbeitung, ihre Speicherfrist und ihre Zugänglichkeit. [3]Solche Maßnahmen müssen insbesondere sicherstellen, dass personenbezogene Daten durch Voreinstellungen nicht ohne Eingreifen der Person einer unbestimmten Zahl von natürlichen Personen zugänglich gemacht werden.
Gesetzesbegründung	**Erwägungsgründe**
BT-Drs. 18/11325, S. 118: Durch § 71 soll Artikel 20 der Richtlinie (EU) 2016/680 umgesetzt werden, der generische Anforderungen an die datenschutzfreundliche Gestaltung von Datenverarbeitungssystemen (Privacy by Design) und die Implementierung datenschutzfreundlicher Grundeinstellungen (Privacy by Default) formuliert. Der Norm liegt der Gedanke zugrunde, dass der Aufwand zur Verfolgung der hier formulierten Ziele und Anfor-	(53) Zum Schutz der in Bezug auf die Verarbeitung personenbezogener Daten bestehenden Rechte und Freiheiten natürlicher Personen ist es erforderlich, dass geeignete technische und organisatorische Maßnahmen getroffen werden, damit die Anforderungen dieser Richtlinie erfüllt werden. Die Umsetzung dieser Maßnahmen sollte nicht ausschließlich von wirtschaftlichen Erwägungen abhängig gemacht werden. Um die

Bundesdatenschutzgesetz	Richtlinie (EU) 2016/680 (JI-RL)
derungen im Sinne effizienten Mitteleinsatzes in einem angemessenen Verhältnis zum angestrebten Schutzzweck stehen sollte. Zur Konkretisierung und Handhabbarmachung der Vorgaben wurden in Absatz 1 Elemente des § 3 a BDSG aF aufgenommen. Die in Absatz 2 angesprochene Anforderung, die automatisierte umfassende Zugänglichmachung personenbezogener Daten zu verhindern, mündet letztlich in die Anforderung, eine solche Zugänglichmachung stets durchmenschliches Zutun einer Prüfung zu unterziehen.	Einhaltung dieser Richtlinie nachweisen zu können, sollte der Verantwortliche interne Strategien festlegen und Maßnahmen ergreifen, die insbesondere den Grundsätzen des Datenschutzes durch Technikgestaltung und durch datenschutzfreundliche Voreinstellungen Genüge tun. Hat der Verantwortliche eine Datenschutz-Folgenabschätzung gemäß dieser Richtlinie vorgenommen, sollten die entsprechenden Ergebnisse bei der Entwicklung dieser Maßnahmen und Verfahren berücksichtigt werden. Die Maßnahmen könnten ua aus einer möglichst frühen Pseudonymisierung bestehen. Gerade durch die Pseudonymisierung für die Zwecke dieser Richtlinie könnte der freie Verkehr personenbezogener Daten im Raum der Freiheit, der Sicherheit und des Rechts erleichtert werden.
§ 72 BDSG Unterscheidung zwischen verschiedenen Kategorien betroffener Personen	**Art. 6 JI-RL Unterscheidung verschiedener Kategorien betroffener Personen**
[1]Der Verantwortliche hat bei der Verarbeitung personenbezogener Daten so weit wie möglich zwischen den verschiedenen Kategorien betroffener Personen zu unterscheiden. [2]Dies betrifft insbesondere folgende Kategorien:	Die Mitgliedstaaten sehen vor, dass der Verantwortliche gegebenenfalls und so weit wie möglich zwischen den personenbezogenen Daten verschiedener Kategorien betroffener Personen klar unterscheidet, darunter:
1. Personen, gegen die ein begründeter Verdacht besteht, dass sie eine Straftat begangen haben, 2. Personen, gegen die ein begründeter Verdacht besteht, dass sie in naher Zukunft eine Straftat begehen werden,	a) Personen, gegen die ein begründeter Verdacht besteht, dass sie eine Straftat begangen haben oder in naher Zukunft begehen werden,
3. verurteilte Straftäter,	b) verurteilte Straftäter,
4. Opfer einer Straftat oder Personen, bei denen bestimmte Tatsachen darauf hindeuten, dass sie Opfer einer Straftat sein könnten, und	c) Opfer einer Straftat oder Personen, bei denen bestimmte Fakten darauf hindeuten, dass sie Opfer einer Straftat sein könnten, und
5. andere Personen wie insbesondere Zeugen, Hinweisgeber oder Personen, die mit den in den Nummern 1 bis 4 genannten Personen in Kontakt oder Verbindung stehen.	d) andere Parteien im Zusammenhang mit einer Straftat, wie Personen, die bei Ermittlungen in Verbindung mit der betreffenden Straftat oder beim anschließenden Strafverfahren als Zeugen in Betracht kommen, Personen, die Hinweise zur Straftat geben können, oder Personen, die mit den unter den Buchstaben a und b genannten Personen in Kontakt oder in Verbindung stehen.
Gesetzesbegründung	**Erwägungsgründe**
BT-Drs. 18/11325, S. 118:	
§ 72 dient der Umsetzung von Artikel 6, bei Absatz 2 der Umsetzung von Artikel 7 Absatz 1 der Richtlinie (EU) 2016/680. Die konkreten Rechtsfolgen der vorgesehenen Unterscheidung bei der Verarbeitung, etwa der Unterscheidung entsprechende Aussonderungsprüffristen, Rechte- und Rollenkonzepte oder besondere Maß-	(31) Bei der Verarbeitung personenbezogener Daten im Rahmen der justiziellen Zusammenarbeit in Strafsachen und der polizeilichen Zusammenarbeit geht es naturgemäß um betroffene Personen verschiedener Kategorien. Daher sollte gegebenenfalls und so weit wie möglich klar zwischen den personenbezogenen Daten der einzelnen Kategorien betroffener Personen unter-

Bundesdatenschutzgesetz	Richtlinie (EU) 2016/680 (JI-RL)
nahmen der Datensicherheit werden dem Fachrecht überlassen.	schieden werden wie Verdächtige, verurteilte Straftäter, Opfer und andere Parteien, beispielsweise Zeugen, Personen, die über einschlägige Informationen verfügen, oder Personen, die mit Verdächtigen oder verurteilten Straftätern in Kontakt oder in Verbindung stehen. Dies sollte nicht der Anwendung des Rechts auf die Unschuldsvermutung, wie es in der Charta und in der EMRK gewährleistet ist, in der Auslegung durch die Rechtsprechung des Gerichtshofs bzw. des Europäischen Gerichtshofs für Menschenrechte entgegenstehen.
§ 73 BDSG Unterscheidung zwischen Tatsachen und persönlichen Einschätzungen	**Art. 7 JI-RL Unterscheidung zwischen personenbezogenen Daten und Überprüfung der Qualität der personenbezogenen Daten**
[1]Der Verantwortliche hat bei der Verarbeitung so weit wie möglich danach zu unterscheiden, ob personenbezogene Daten auf Tatsachen oder auf persönlichen Einschätzungen beruhen. [2]Zu diesem Zweck soll er, soweit dies im Rahmen der jeweiligen Verarbeitung möglich und angemessen ist, Beurteilungen, die auf persönlichen Einschätzungen beruhen, als solche kenntlich machen. [3]Es muss außerdem feststellbar sein, welche Stelle die Unterlagen führt, die der auf einer persönlichen Einschätzung beruhenden Beurteilung zugrunde liegen.	(1) Die Mitgliedstaaten sehen vor, dass bei personenbezogenen Daten so weit wie möglich zwischen faktenbasierten Daten und auf persönlichen Einschätzungen beruhenden Daten unterschieden wird. *[... Art. 7 Abs. 2 JI-RL wird § 74 BDSG umgesetzt ...]*
Gesetzesbegründung	**Erwägungsgründe**
	(30) Der Grundsatz der sachlichen Richtigkeit der Daten sollte unter Berücksichtigung von Art und Zweck der jeweiligen Verarbeitung angewandt werden. Aussagen, die personenbezogene Daten enthalten, basieren gerade in Gerichtsverfahren auf der subjektiven Wahrnehmung von natürlichen Personen und sind nicht immer nachprüfbar. Infolgedessen sollte sich der Grundsatz der sachlichen Richtigkeit nicht auf die Richtigkeit einer Aussage beziehen, sondern lediglich auf die Tatsache, dass eine bestimmte Aussage gemacht worden ist.
§ 74 BDSG Verfahren bei Übermittlungen	**Art. 7 JI-RL Unterscheidung zwischen personenbezogenen Daten und Überprüfung der Qualität der personenbezogenen Daten** *[... Art. 7 Abs. 1 JI-RL wird in § 73 BDSG umgesetzt ...]*
(1) [1]Der Verantwortliche hat angemessene Maßnahmen zu ergreifen, um zu gewährleisten, dass personenbezogene Daten, die unrichtig oder nicht mehr aktuell sind, nicht übermittelt oder sonst zur Verfügung gestellt werden. [2]Zu diesem Zweck hat er, soweit dies mit angemessenem Aufwand möglich ist, die Qualität der Daten vor ihrer Übermittlung oder Bereitstellung zu überprüfen. [3]Bei jeder Übermittlung personen-	(2) [1]Die Mitgliedstaaten sehen vor, dass die zuständigen Behörden alle angemessenen Maßnahmen ergreifen, um zu gewährleisten, dass personenbezogene Daten, die unrichtig, unvollständig oder nicht mehr aktuell sind, nicht übermittelt oder bereitgestellt werden. [2]Zu diesem Zweck überprüft jede zuständige Behörde, soweit durchführbar, die Qualität der personenbezogenen Daten vor ihrer Übermittlung oder Bereit-

Bundesdatenschutzgesetz	Richtlinie (EU) 2016/680 (JI-RL)
bezogener Daten hat er zudem, soweit dies möglich und angemessen ist, Informationen beizufügen, die es dem Empfänger gestatten, die Richtigkeit, die Vollständigkeit und die Zuverlässigkeit der Daten sowie deren Aktualität zu beurteilen.	stellung. [3]Bei jeder Übermittlung personenbezogener Daten werden nach Möglichkeit die erforderlichen Informationen beigefügt, die es der empfangenden zuständigen Behörde gestatten, die Richtigkeit, die Vollständigkeit und die Zuverlässigkeit der personenbezogenen Daten sowie deren Aktualitätsgrad zu beurteilen.
	[§ 74 Abs. 2 und 3 BDSG setzen Art. 9 Abs. 3 und 4 JI-RL um]
(2) [1]Gelten für die Verarbeitung von personenbezogenen Daten besondere Bedingungen, so hat bei Datenübermittlungen die übermittelnde Stelle den Empfänger auf diese Bedingungen und die Pflicht zu ihrer Beachtung hinzuweisen. [2]Die Hinweispflicht kann dadurch erfüllt werden, dass die Daten entsprechend markiert werden.	(3) Die Mitgliedstaaten sehen vor, dass immer dann, wenn nach dem Unionsrecht oder dem Recht der Mitgliedstaaten, dem die übermittelnde zuständige Behörde unterliegt, für die Verarbeitung besondere Bedingungen gelten, die übermittelnde zuständige Behörde den Empfänger der Daten darauf hinweist, dass diese Bedingungen gelten und einzuhalten sind.
(3) Die übermittelnde Stelle darf auf Empfänger in anderen Mitgliedstaaten der Europäischen Union und auf Einrichtungen und sonstige Stellen, die nach den Kapiteln 4 und 5 des Titels V des Dritten Teils des Vertrags über die Arbeitsweise der Europäischen Union errichtet wurden, keine Bedingungen anwenden, die nicht auch für entsprechende innerstaatliche Datenübermittlungen gelten.	(4) Die Mitgliedstaaten sehen vor, dass die übermittelnde zuständige Behörde auf Empfänger in anderen Mitgliedstaaten oder nach Titel V Kapitel 4 und 5 AEUV errichtete Einrichtungen und sonstige Stellen keine Bedingungen nach Absatz 3 anwendet, die nicht auch für entsprechende Datenübermittlungen innerhalb ihres eigenen Mitgliedstaats gelten.
Gesetzesbegründung	**Erwägungsgründe**
Absatz 1 dient der Umsetzung von Artikel 7 Absatz 2 der Richtlinie (EU) 2016/680. Im Hinblick auf die Vervollständigung unvollständiger Daten als möglichem Sinn und Zweck einer Datenübermittlung wurden die in der Richtlinie (EU) 2016/680 enthaltene Vermeidung der Übermittlung „unvollständiger“ Daten nicht übernommen. Ferner ist bei der Anwendung und Auslegung der Anforderungen des § 74 zu beachten, dass die Frage nach der „Aktualität“ von Daten und der damit verbundenen Vorgabe, keine „nicht mehr aktuellen“ Daten zu übermitteln bzw. bereitzustellen, stets nur im konkreten Ermittlungszusammenhang und unter Beachtung des konkreten Verarbeitungszwecks beantworten lässt. In bestimmten Ermittlungszusammenhängen kann auch die Übermittlung nicht (mehr) aktuelle Daten wie alte Meldeadressen, alte (Geburts-)namen etc bedeutsam und für die Aufgabenerfüllung erforderlich sein. Absatz 2 wiederum setzt Artikel 9 Absatz 3 der Richtlinie (EU) 2016/680 um. Beispiele für die im Fachrecht vorgesehene Mitgabe besonderer Bedingungen können Zweckbindungsregelungen bei der Weiterverarbeitung durch den Empfänger, das Verbot der Weiterübermittlung ohne	(32) Die zuständigen Behörden sollten dafür sorgen, dass personenbezogene Daten, die unrichtig, unvollständig oder nicht mehr aktuell sind, nicht übermittelt oder bereitgestellt werden. Um den Schutz natürlicher Personen, die Richtigkeit, die Vollständigkeit oder den Aktualitätsgrad sowie die Zuverlässigkeit der übermittelten oder bereitgestellten personenbezogenen Daten zu gewährleisten, sollten die zuständigen Behörden möglichst bei allen Übermittlungen personenbezogener Daten die erforderlichen Informationen beifügen.

Bundesdatenschutzgesetz	**Richtlinie (EU) 2016/680 (JI-RL)**
Genehmigung oder Konsultationserfordernisse vor der Beauskunftung betroffener Personen durch den Empfänger sein. Absatz 3 Setzt Artikel 9 Absatz 4 der Richtlinie (EU) 2016/680 um.	
§ 75 BDSG Berichtigung und Löschung personenbezogener Daten sowie Einschränkung der Verarbeitung	**Art. 16 JI-RL Recht auf Berichtigung oder Löschung personenbezogener Daten und Einschränkung der Verarbeitung**
(1) [1]Der Verantwortliche hat personenbezogene Daten zu berichtigen, wenn sie unrichtig sind.	(1) [1]Die Mitgliedstaaten sehen vor, dass die betroffene Person das Recht hat, von dem Verantwortlichen unverzüglich die Berichtigung sie betreffender unrichtiger Daten zu verlangen. [2]Unter Berücksichtigung der Zwecke der Verarbeitung sehen die Mitgliedstaaten vor, dass die betroffene Person das Recht hat, die Vervollständigung unvollständiger personenbezogener Daten – auch mittels einer ergänzenden Erklärung – zu verlangen. *[... Art. 16 Abs. 2 bis 5 JI-RL werden in§ 58 BDSG umgesetzt]*
[2]Eine Berichtigung hat er einer Stelle, die die Daten zuvor an ihn übermittelt hat, mitzuteilen.	(5) Die Mitgliedstaaten sehen vor, dass der Verantwortliche die Berichtigung von unrichtigen personenbezogenen Daten der zuständigen Behörde, von der die unrichtigen Daten stammen, mitteilt. *[§ 75 Abs. 1 BDSG setzt auch Art. 7 Abs. 3 Satz 2 JI-RL um* *In diesem Fall ist gemäß Artikel 16 eine Berichtigung oder Löschung oder die Einschränkung der Verarbeitung der personenbezogenen Daten vorzunehmen.]*
(2) Der Verantwortliche hat personenbezogene Daten unverzüglich zu löschen, wenn ihre Verarbeitung unzulässig ist, sie zur Erfüllung einer rechtlichen Verpflichtung gelöscht werden müssen oder ihre Kenntnis für seine Aufgabenerfüllung nicht mehr erforderlich ist.	(2) Die Mitgliedstaaten verlangen vom Verantwortlichen, personenbezogene Daten unverzüglich zu löschen, und sehen vor, dass die betroffene Person das Recht hat, von dem Verantwortlichen die Löschung von sie betreffenden personenbezogenen Daten unverzüglich zu verlangen, wenn die Verarbeitung gegen die nach den Artikeln 4, 8 und 10 erlassenen Vorschriften verstößt oder wenn die personenbezogenen Daten zur Erfüllung einer rechtlichen Verpflichtung gelöscht werden müssen, der der Verantwortliche unterliegt. *[Art. 75 Abs. 3 BDSG setzt Art. 5 JI-RL um:*
(3) [1]§ 58 Absatz 3 bis 5 ist entsprechend anzuwenden. [2]Sind unrichtige personenbezogene Daten oder personenbezogene Daten unrechtmäßig übermittelt worden, ist auch dies dem Empfänger mitzuteilen.	*[1]Die Mitgliedstaaten sehen vor, dass für die Löschung von personenbezogenen Daten oder eine regelmäßige Überprüfung der Notwendigkeit ihrer Speicherung angemessene Fristen vorzusehen sind. [2]Durch verfahrensrechtliche Vorkehrungen ist sicherzustellen, dass diese Fristen eingehalten werden.]*
(4) Unbeschadet in Rechtsvorschriften festgesetzter Höchstspeicher- oder Löschfristen hat der Verantwortliche für die Löschung von per-	(6) Die Mitgliedstaaten sehen vor, dass in Fällen der Berichtigung, Löschung oder Einschränkung der Verarbeitung nach den Absätzen 1, 2 und 3

Bundesdatenschutzgesetz

sonenbezogenen Daten oder eine regelmäßige Überprüfung der Notwendigkeit ihrer Speicherung angemessene Fristen vorzusehen und durch verfahrensrechtliche Vorkehrungen sicherzustellen, dass diese Fristen eingehalten werden.

Richtlinie (EU) 2016/680 (JI-RL)

der Verantwortliche die Empfänger in Kenntnis setzt und dass die Empfänger die ihrer Verantwortung unterliegenden personenbezogenen Daten berichtigen, löschen oder deren Verarbeitung einschränken.

[§ 75 Abs. 4 BDSG setzt Art. 7 Abs. 3 JI-RL um:

(3) [1]Wird festgestellt, dass unrichtige personenbezogene Daten übermittelt worden sind oder die personenbezogenen Daten unrechtmäßig übermittelt worden sind, so ist dies dem Empfänger unverzüglich mitzuteilen. [2]In diesem Fall ist gemäß Artikel 16 eine Berichtigung oder Löschung oder die Einschränkung der Verarbeitung der personenbezogenen Daten vorzunehmen.]

Gesetzesbegründung

BT-Drs. 18/11325, S. 119:

§ 75 dient der Umsetzung von Artikel 16 der Richtlinie (EU) 2016/680 in seiner Ausformung als Pflicht des Verantwortlichen. Systematisch werden in § 75 Pflichten des Verantwortlichen zur Berichtigung und Löschung personenbezogener Daten sowie zur Einschränkung ihrer Verarbeitung thematisiert, die unabhängig davon bestehen, ob eine betroffene Person darum nachsucht. Die spiegelbildlich bestehenden Rechte der betroffenen Person auf Berichtigung, Löschung personenbezogener Daten sowie auf Einschränkung der Verarbeitung durch den Verantwortlichen finden sich in § 58.

In Absatz 1 wird neben der Pflicht des Verantwortlichen zur Berichtigung Artikel 16 Absatz 5 der Richtlinie (EU) 2016/680 umgesetzt.

Absatz 2 dient der Umsetzung von Artikel 16 Absatz 2 der Richtlinie (EU) 2016/680, in dem gleichzeitig das Betroffenenrecht auf Löschung als auch die unabhängig davon bestehende Pflicht des Verantwortlichen zur Löschung erwähnt wird. Die Erweiterung des Katalogs der Tatbestände, bei deren Vorliegen eine Verarbeitungseinschränkung an die Stelle einer Löschung treten kann, um Satz 2 Nummer 2 nimmt ein entsprechendes Element aus Artikel 16 Absatz 3 Buchstabe b der Richtlinie (EU) 2016/680 auf und versteht den dort verwendeten Begriff „Beweiszwecke" im Sinne von „Zwecke eines gerichtlichen Verfahrens". Im Übrigen wird auf die Ausführungen zu § 58 Absatz 3 verwiesen.

Absatz 3 dient der Umsetzung von Artikel 5 der Richtlinie (EU) 2016/680.

Erwägungsgründe

(26) [...] Um sicherzustellen, dass die Daten nicht länger als nötig gespeichert werden, sollte der Verantwortliche Fristen für ihre Löschung oder regelmäßige Überprüfung vorsehen. [...]

(32) Die zuständigen Behörden sollten dafür sorgen, dass personenbezogene Daten, die unrichtig, unvollständig oder nicht mehr aktuell sind, nicht übermittelt oder bereitgestellt werden. Um den Schutz natürlicher Personen, die Richtigkeit, die Vollständigkeit oder den Aktualitätsgrad sowie die Zuverlässigkeit der übermittelten oder bereitgestellten personenbezogenen Daten zu gewährleisten, sollten die zuständigen Behörden möglichst bei allen Übermittlungen personenbezogener Daten die erforderlichen Informationen beifügen.

(47) Eine natürliche Person sollte das Recht auf Berichtigung sie betreffender unrichtiger personenbezogener Daten, insbesondere bei Bezug auf Tatsachen, sowie das Recht auf Löschung besitzen, wenn die Datenverarbeitung gegen diese Richtlinie verstößt. [...] Entsprechende Berichtigungen oder Löschungen personenbezogener Daten oder Einschränkungen der Verarbeitung sollten den Empfängern, gegenüber dem die personenbezogenen Daten offengelegt wurden, und den zuständigen Behörden, von denen die unrichtigen Daten stammen, mitgeteilt werden. Der Verantwortliche sollte auch von jeglicher Weiterverbreitung dieser Daten Abstand nehmen.

Bundesdatenschutzgesetz	**Richtlinie (EU) 2016/680 (JI-RL)**
Absatz 4 dient der Umsetzung von Artikel 16 Absatz 6 und Artikel 7 Absatz 3 der Richtlinie (EU) 2016/680. BT-Drs. 18/12144, S. 7: Satz 2 kann gestrichen werden, da der Regelungsgehalt bereits durch den Verweis auf § 58 Absatz 3 bis 5 BDSG in § 75 Absatz 3 Satz 1 BDSG abgedeckt ist und eine doppelte Regelung zu Missverständnissen führen kann. Die Ergänzung dient der vollständigen Umsetzung von Artikel 7 Absatz 3 der Richtlinie (EU) 2016/680.	
§ 76 BDSG Protokollierung	**Art. 25 JI-RL Protokollierung**
(1) In automatisierten Verarbeitungssystemen haben Verantwortliche und Auftragsverarbeiter mindestens die folgenden Verarbeitungsvorgänge zu protokollieren: 1. Erhebung, 2. Veränderung, 3. Abfrage, 4. Offenlegung einschließlich Übermittlung, 5. Kombination und 6. Löschung.	(1) [1]Die Mitgliedstaaten sehen vor, dass in automatisierten Verarbeitungssystemen zumindest die folgenden Verarbeitungsvorgänge protokolliert werden: Erhebung, Veränderung, Abfrage, Offenlegung einschließlich Übermittlung, Kombination und Löschung.
(2) Die Protokolle über Abfragen und Offenlegungen müssen es ermöglichen, die Begründung, das Datum und die Uhrzeit dieser Vorgänge und so weit wie möglich die Identität der Person, die die personenbezogenen Daten abgefragt oder offengelegt hat, und die Identität des Empfängers der Daten festzustellen.	[2]Die Protokolle über Abfragen und Offenlegungen müssen es ermöglichen, die Begründung, das Datum und die Uhrzeit dieser Vorgänge und so weit wie möglich die Identifizierung der Person, die die personenbezogenen Daten abgefragt oder offengelegt hat, und die Identität des Empfängers solcher personenbezogenen Daten festzustellen.
(3) Die Protokolle dürfen ausschließlich für die Überprüfung der Rechtmäßigkeit der Datenverarbeitung durch die Datenschutzbeauftragte oder den Datenschutzbeauftragten, die Bundesbeauftragte oder den Bundesbeauftragten und die betroffene Person sowie für die Eigenüberwachung, für die Gewährleistung der Integrität und Sicherheit der personenbezogenen Daten und für Strafverfahren verwendet werden.	(2) Die Protokolle werden ausschließlich zur Überprüfung der Rechtmäßigkeit der Datenverarbeitung, der Eigenüberwachung, der Sicherstellung der Integrität und Sicherheit der personenbezogenen Daten sowie für Strafverfahren verwendet.
(4) Die Protokolldaten sind am Ende des auf deren Generierung folgenden Jahres zu löschen.	[§ 76 Abs. 4 BDSG setzt Art. 5 JI-RL um]
(5) Der Verantwortliche und der Auftragsverarbeiter haben die Protokolle der oder dem Bundesbeauftragten auf Anforderung zur Verfügung zu stellen.	(3) Der Verantwortliche sowie der Auftragsverarbeiter stellen die Protokolle der Aufsichtsbehörde auf Anforderung zur Verfügung.
Gesetzesbegründung	**Erwägungsgründe**
§ 76 dient der Umsetzung von Artikel 25 der Richtlinie (EU) 2016/680 und statuiert in Absatz 1 eine umfassende Pflicht des Verantwortlichen zur Protokollierung der unter seiner Verantwortung durchgeführten Datenverarbeitungen.	(57) In automatisierten Verarbeitungssystemen werden zumindest über folgende Verarbeitungsvorgänge Protokolle geführt: Erhebung, Veränderung, Abfrage, Offenlegung einschließlich Übermittlungen, Kombination oder Löschung. Die Identifizierung der Person, die personenbe-

Bundesdatenschutzgesetz	Richtlinie (EU) 2016/680 (JI-RL)
Absatz 2 enthält konkrete Vorgaben an den Inhalt der Protokolle, Absatz 3 Verwendungsbeschränkungen, wobei von der durch die Richtlinie (EU) 2016/680 eröffneten Möglichkeit, die Protokolldaten über die Datenschutzkontrolle, Eigenüberwachung und Aufrechterhaltung der Datensicherheit hinaus auch im Zusammenhang mit der Verhütung oder Verfolgung von Straftaten Gebrauch gemacht. In Absatz 4 wird eine Löschfrist für die Protokolldaten generiert. In Absatz 5 wird festgelegt, dass die Protokolle dem Datenschutzbeauftragten und der oder dem Bundesbeauftragten zum Zweck der Datenschutzkontrolle zur Verfügung stehen müssen.	zogene Daten abgefragt oder offengelegt hat, sollte protokolliert werden und aus dieser Identifizierung sollt [sic!] sich die Begründung für die Verarbeitungsvorgänge ableiten lassen. Die Protokolle sollten ausschließlich zum Zwecke der Überprüfung der Rechtmäßigkeit der Datenverarbeitung, der Eigenüberwachung, der Sicherstellung der Integrität und Sicherheit der Daten sowie für Strafverfahren verwendet werden. Die Eigenüberwachung umfasst auch interne Disziplinarverfahren der zuständigen Behörden
§ 77 BDSG Vertrauliche Meldung von Verstößen	**Art. 48 JI-RL Meldung von Verstößen**
Der Verantwortliche hat zu ermöglichen, dass ihm vertrauliche Meldungen über in seinem Verantwortungsbereich erfolgende Verstöße gegen Datenschutzvorschriften zugeleitet werden können.	Die Mitgliedstaaten sehen vor, dass die zuständigen Behörden wirksame Vorkehrungen treffen, um vertrauliche Meldungen über Verstöße gegen diese Richtlinie zu fördern.
Gesetzesbegründung	**Erwägungsgründe**
§ 77 dient der Umsetzung von Artikel 48 der Richtlinie (EU) 2016/680. Der Verantwortliche hat im Zusammenhangmit der Meldung von Verstößen sowohl verantwortlichen interne Meldungen als auch Hinweise von betroffenen Personen oder sonstigen Dritten in den Blick zu nehmen. Für beide Stränge bietet sich als Kontakt- und Beratungsstelle der Datenschutzbeauftragte an.	(83) Die Aufsichtsbehörden sollten sich gegenseitig bei der Erfüllung ihrer Aufgaben unterstützen und einander Amtshilfe leisten, damit eine einheitliche Anwendung und Durchsetzung der nach dieser Richtlinie erlassenen Vorschriften gewährleistet ist.
Kapitel 5 Datenübermittlungen an Drittstaaten und an internationale Organisationen	
§ 78 BDSG Allgemeine Voraussetzungen	**Art. 35 JI-RL Allgemeine Grundsätze für die Übermittlung personenbezogener Daten**
(1) Die Übermittlung personenbezogener Daten an Stellen in Drittstaaten oder an internationale Organisationen ist bei Vorliegen der übrigen für Datenübermittlungen geltenden Voraussetzungen zulässig, wenn 1. die Stelle oder internationale Organisation für die in § 45 genannten Zwecke zuständig ist und 2. die Europäische Kommission gemäß Artikel 36 Absatz 3 der Richtlinie (EU) 2016/680 einen Angemessenheitsbeschluss gefasst hat.	(1) Die Mitgliedstaaten sehen vor, dass jedwede von einer zuständigen Behörde vorgenommene Übermittlung von personenbezogenen Daten, die bereits verarbeitet werden oder nach ihrer Übermittlung an ein Drittland oder eine internationale Organisation verarbeitet werden sollen, einschließlich der Weiterübermittlung an ein anderes Drittland oder eine andere internationale Organisation, nur unter Einhaltung der nach Maßgabe anderer Bestimmungen dieser Richtlinie erlassenen nationalen Bestimmungen, zulässig ist, wenn die in diesem Kapitel festgelegten Bedingungen eingehalten werden, nämlich

Bundesdatenschutzgesetz	Richtlinie (EU) 2016/680 (JI-RL)
	a) die Übermittlung für die in Artikel 1 Absatz 1 genannten Zwecke erforderlich ist; b) die personenbezogenen Daten an einen Verantwortlichen in einem Drittland oder einer internationalen Organisation, die eine für die in Artikel 1 Absatz 1 genannten Zwecke zuständige Behörde ist, übermittelt werden;
	[… Art. 35 Abs. 1 lit. c JI-RL wird in § 78 Abs. 3 BDSG umgesetzt …]
	d) die Kommission gemäß Artikel 36 einen Angemessenheitsbeschluss gefasst hat oder, wenn kein solcher Beschluss vorliegt, geeignete Garantien im Sinne des Artikels 37 erbracht wurden oder bestehen oder, wenn kein Angemessenheitsbeschluss gemäß Artikel 36 vorliegt und keine geeigneten Garantien im Sinne des Artikels 37 vorhanden sind, Ausnahmen für bestimmte Fälle gemäß Artikel 38 anwendbar sind und
	[… Art. 35 Abs. 1 lit. e JI-RL wird in § 78 Abs. 4 BDSG umgesetzt …]
(2) Die Übermittlung personenbezogener Daten hat trotz des Vorliegens eines Angemessenheitsbeschlusses im Sinne des Absatzes 1 Nummer 2 und des zu berücksichtigenden öffentlichen Interesses an der Datenübermittlung zu unterbleiben, wenn im Einzelfall ein datenschutzrechtlich angemessener und die elementaren Menschenrechte wahrender Umgang mit den Daten beim Empfänger nicht hinreichend gesichert ist oder sonst überwiegende schutzwürdige Interessen einer betroffenen Person entgegenstehen. Bei seiner Beurteilung hat der Verantwortliche maßgeblich zu berücksichtigen, ob der Empfänger im Einzelfall einen angemessenen Schutz der übermittelten Daten garantiert.	(3) Sämtliche Bestimmungen dieses Kapitels werden angewendet, um sicherzustellen, dass das durch diese Richtlinie gewährleistete Schutzniveau für natürliche Personen nicht untergraben wird.
(3) Wenn personenbezogene Daten, die aus einem anderen Mitgliedstaat der Europäischen Union übermittelt oder zur Verfügung gestellt wurden, nach Absatz 1 übermittelt werden sollen, muss diese Übermittlung zuvor von der zuständigen Stelle des anderen Mitgliedstaats genehmigt werden. Übermittlungen ohne vorherige Genehmigung sind nur dann zulässig, wenn die Übermittlung erforderlich ist, um eine unmittelbare und ernsthafte Gefahr für die öffentliche Sicherheit eines Staates oder für die wesentlichen Interessen eines Mitgliedstaats abzuwehren, und die vorherige Genehmigung nicht rechtzeitig eingeholt werden kann. Im Fall des Satzes 2 ist die Stelle des anderen Mitgliedstaats, die für die Erteilung der Genehmigung zustän-	(2) [1]Die Mitgliedstaaten sehen vor, dass Übermittlungen ohne vorherige Genehmigung durch einen anderen Mitgliedstaat gemäß Absatz 1 Buchstabe c nur d4ann zulässig sind, wenn die Übermittlung der personenbezogenen Daten erforderlich ist, um eine unmittelbare und ernsthafte Gefahr für die öffentliche Sicherheit eines Mitgliedstaats oder eines Drittlandes oder für die wesentlichen Interessen eines Mitgliedstaats abzuwehren, und die vorherige Genehmigung nicht rechtzeitig eingeholt werden kann. [2]Die Behörde, die für die Erteilung der vorherigen Genehmigung zuständig ist, wird unverzüglich unterrichtet. […]

Bundesdatenschutzgesetz	Richtlinie (EU) 2016/680 (JI-RL)
dig gewesen wäre, unverzüglich über die Übermittlung zu unterrichten.	(1) c) in Fällen, in denen personenbezogene Daten aus einem anderen Mitgliedstaat übermittelt oder zur Verfügung gestellt werden, dieser Mitgliedstaat die Übermittlung zuvor in Einklang mit seinem nationalen Recht genehmigt hat; [...]
(4) [1]Der Verantwortliche, der Daten nach Absatz 1 übermittelt, hat durch geeignete Maßnahmen sicherzustellen, dass der Empfänger die übermittelten Daten nur dann an andere Drittstaaten oder andere internationale Organisationen weiterübermittelt, wenn der Verantwortliche diese Übermittlung zuvor genehmigt hat. [2]Bei der Entscheidung über die Erteilung der Genehmigung hat der Verantwortliche alle maßgeblichen Faktoren zu berücksichtigen, insbesondere die Schwere der Straftat, den Zweck der ursprünglichen Übermittlung und das in dem Drittstaat oder der internationalen Organisation, an das oder an die die Daten weiterübermittelt werden sollen, bestehende Schutzniveau für personenbezogene Daten. [3]Eine Genehmigung darf nur dann erfolgen, wenn auch eine direkte Übermittlung an den anderen Drittstaat oder die andere internationale Organisation zulässig wäre. [4]Die Zuständigkeit für die Erteilung der Genehmigung kann auch abweichend geregelt werden.	(1) e) im Fall der Weiterübermittlung an ein anderes Drittland oder eine andere internationale Organisation die zuständige Behörde, die die ursprüngliche Übermittlung durchgeführt hat, oder eine andere zuständige Behörde des gleichen Mitgliedstaats die Weiterübermittlung genehmigt nach gebührender Berücksichtigung sämtlicher maßgeblicher Faktoren, einschließlich der Schwere der Straftat, des Zwecks der ursprünglichen Übermittlung personenbezogener Daten und des Schutzniveaus für personenbezogene Daten in dem Drittland oder der internationalen Organisation, an das bzw. die personenbezogene Daten weiterübermittelt werden.
Gesetzesbegründung	**Erwägungsgründe**
BT-Drs. 18/11325, S. 120: § 78 dient der Umsetzung von Artikel 35 der Richtlinie (EU) 2016/680 und statuiert Voraussetzungen, die bei jeder Datenübermittlung an Stellen in Drittstaaten oder an internationale Organisationen vorliegen müssen. Darüber hinaus enthält die Vorschrift zusätzliche Anforderungen an die Datenübermittlung an Stellen in Drittstaaten oder an internationale Organisationen – auch an die insbesondere nach den §§ 79 bis 81 erforderliche Abwägungsentscheidung – aufgrund der Rechtsprechung des Bundesverfassungsgerichts (so etwa in BVerfG, Urteil vom 20. April 2016 – 1 BvR 966/09 u. 1 BvR 1140/06). In besonderer Ausprägung dessen fordert Absatz 2 ein Unterbleiben der Übermittlung, wenn im Einzelfall Anlass zur Besorgnis besteht und diese Besorgnis auch nach einer Prüfung durch den Verantwortlichen weiter besteht, dass ein elementaren rechtsstaatlichen Grundsätzen genügender Umgang mit den übermittelten Daten nicht gesichert ist; hierbei ist – unter Übernahme eines Gedanken aus § 14 Absatz 7 BKAG aF – besonders zu berücksichtigen, wenn der Empfänger einen angemessenen Schutz der Daten garantiert.	(64) Die Mitgliedstaaten sollten dafür sorgen, dass Daten nur dann an ein Drittland oder eine internationale Organisation übermittelt werden, wenn dies für die Verhütung, Ermittlung, Aufdeckung oder Verfolgung von Straftaten oder für die Strafvollstreckung, einschließlich des Schutzes vor und der Abwehr von Gefahren für die öffentliche Sicherheit, notwendig ist und es sich bei dem Verantwortlichen in dem Drittland oder in der internationalen Organisation um eine zuständige Behörde im Sinne dieser Richtlinie handelt. Eine Übermittlung sollte nur durch zuständige Behörden vorgenommen werden, die als Verantwortliche agieren, es sei denn, Auftragsverarbeiter werden ausdrücklich beauftragt, im Namen der Verantwortlichen Übermittlungen vorzunehmen. Derartige Übermittlungen können erfolgen, wenn die Kommission beschlossen hat, dass das betreffende Drittland oder die betreffende internationale Organisation ein angemessenes Schutzniveau gewährleistet, oder wenn geeignete Garantien bestehen oder wenn Ausnahmen für bestimmte Fälle gelten. Das durch diese Richtlinie unionsweit gewährleistete Schutzniveau für natürliche Personen sollte bei der Übermittlung personenbezogener

Bundesdatenschutzgesetz	Richtlinie (EU) 2016/680 (JI-RL)
BT-Drs. 18/12144: Es handelt sich um Korrekturen der Rechtschreibung.	Daten aus der Union an Verantwortliche, Auftragsverarbeiter oder andere Empfänger in Drittländern oder an internationale Organisationen nicht untergraben werden, und zwar auch dann nicht, wenn aus dem Drittland oder von der internationalen Organisation personenbezogene Daten an Verantwortliche oder Auftragsverarbeiter in demselben oder einem anderen Drittland oder an dieselbe oder eine andere internationale Organisation weiterübermittelt werden. (65) Werden personenbezogene Daten von einem Mitgliedstaat an Drittländer oder internationale Organisationen übermittelt, so sollte die Übermittlung grundsätzlich erst dann erfolgen, wenn der Mitgliedstaat, von dem die Daten stammen, die Übermittlung genehmigt hat. Im Interesse einer wirksamen Zusammenarbeit bei der Verhütung, Ermittlung und Aufdeckung von Straftaten ist es erforderlich, dass im Falle einer Gefahr für die öffentliche Sicherheit eines Mitgliedstaats oder eines Drittlandes oder für die wesentlichen Interessen eines Mitgliedstaats, die so unvermittelt eintritt, dass es unmöglich ist, rechtzeitig eine vorherige Genehmigung einzuholen, die zuständige Behörde die maßgeblichen personenbezogenen Daten ohne vorherige Genehmigung an das betreffende Drittland oder die betreffende internationale Organisation übermitteln können sollte. Die Mitgliedstaaten sollten vorsehen, dass Drittländern oder internationalen Organisationen etwaige besondere Bedingungen für die Übermittlung mitgeteilt werden. Die Weiterübermittlung personenbezogener Daten sollte der vorherigen Genehmigung durch die zuständige Behörde bedürfen, die die ursprüngliche Übermittlung durchgeführt hat. Bei der Entscheidung über einen Antrag auf die Genehmigung einer Weiterübermittlung sollte die zuständige Behörde, die die ursprüngliche Übermittlung durchgeführt hat, alle maßgeblichen Faktoren gebührend berücksichtigen, einschließlich der Schwere der Straftat, der spezifischen Auflagen und des Zwecks der ursprünglichen Datenübermittlung, der Art und der Bedingungen der Strafvollstreckung sowie des Schutzniveaus für personenbezogene Daten in dem Drittland oder der internationalen Organisation, an das bzw. die personenbezogene Daten weiterübermittelt werden sollen. Die zuständige Behörde, die die ursprüngliche Übermittlung durchgeführt hat, sollte die Weiterübermittlung auch an besondere Bedingungen knüpfen können. Diese besonderen Bedingungen können zum Beispiel in Bearbeitungscodes dargelegt werden.

Bundesdatenschutzgesetz	Richtlinie (EU) 2016/680 (JI-RL)
§ 79 BDSG nF Datenübermittlung bei geeigneten Garantien	**Art. 37 JI-RL Datenübermittlung vorbehaltlich geeigneter Garantien**
(1) Liegt entgegen § 78 Absatz 1 Nummer 2 kein Beschluss nach Artikel 36 Absatz 3 der Richtlinie (EU) 2016/680 vor, ist eine Übermittlung bei Vorliegen der übrigen Voraussetzungen des § 78 auch dann zulässig, wenn 1. in einem rechtsverbindlichen Instrument geeignete Garantien für den Schutz personenbezogener Daten vorgesehen sind oder 2. der Verantwortliche nach Beurteilung aller Umstände, die bei der Übermittlung eine Rolle spielen, zu der Auffassung gelangt ist, dass geeignete Garantien für den Schutz personenbezogener Daten bestehen.	(1) Liegt kein Beschluss nach Artikel 36 Absatz 3 vor, so sehen die Mitgliedstaaten vor, dass eine Übermittlung personenbezogener Daten an ein Drittland oder eine internationale Organisation erfolgen darf, wenn a) in einem rechtsverbindlichen Instrument geeignete Garantien für den Schutz personenbezogener Daten vorgesehen sind oder b) der Verantwortliche alle Umstände beurteilt hat, die bei der Übermittlung personenbezogener Daten eine Rolle spielen, und zu der Auffassung gelangt ist, dass geeignete Garantien zum Schutz personenbezogener Daten bestehen.
(2) Der Verantwortliche hat Übermittlungen nach Absatz 1 Nummer 2 zu dokumentieren. Die Dokumentation hat den Zeitpunkt der Übermittlung, die Identität des Empfängers, den Grund der Übermittlung und die übermittelten personenbezogenen Daten zu enthalten. Sie ist der oder dem Bundesbeauftragten auf Anforderung zur Verfügung zu stellen.	(3) Übermittlungen gemäß Absatz 1 Buchstabe b werden dokumentiert und die Dokumentation einschließlich Datum und Zeitpunkt der Übermittlung, Informationen über die empfangende zuständige Behörde, Begründung der Übermittlung und übermittelte personenbezogene Daten, der Aufsichtsbehörde auf Anforderung zur Verfügung gestellt.
(3) Der Verantwortliche hat die Bundesbeauftragte oder den Bundesbeauftragten zumindest jährlich über Übermittlungen zu unterrichten, die aufgrund einer Beurteilung nach Absatz 1 Nummer 2 erfolgt sind. In der Unterrichtung kann er die Empfänger und die Übermittlungszwecke angemessen kategorisieren.	(2) Der Verantwortliche unterrichtet die Aufsichtsbehörde über Kategorien von Übermittlungen gemäß Absatz 1 Buchstabe b.
Gesetzesbegründung	**Erwägungsgründe**
§ 79 dient der Umsetzung von Artikel 37 der Richtlinie (EU) 2016/680. In § 79 werden § 78 ergänzende Voraussetzungen für Datenübermittlungen an Stellen in Drittstaaten, zu denen die Europäische Kommission keinen Angemessenheitsbeschluss gemäß Artikel 36 gefasst hat, formuliert. Bei solchen Konstellationen kommt dem Verantwortlichen – insbesondere nach § 79 Absatz 1 Absatz 1 Nummer 2 – die Aufgabe zu, das Vorliegen geeigneter Garantien für den Schutz personenbezogener Daten beim Empfänger zu beurteilen. Die etwa beim Bundeskriminalamt bestehende Praxis, nach einer solchen Beurteilung die Datenübermittlung mit der Mitgabe von Verarbeitungsbedingungen – etwa Löschverpflichtungen nach Zweckerreichung, Weiterübermittlungsverbote, Zweckbindungen – zu verbinden, ist dazu geeignet, diese Beurteilung zu dokumentieren und ihr Ergebnis zu sichern. Im Zusammenhang mit dem	(71) Datenübermittlungen, die nicht auf der Grundlage eines Angemessenheitsbeschlusses erfolgen, sollten nur dann zulässig sein, wenn in einem rechtsverbindlichen Instrument geeignete Garantien festgelegt sind, die den Schutz personenbezogener Daten gewährleisten, oder wenn der Verantwortliche alle Umstände beurteilt hat, die bei der Datenübermittlung eine Rolle spielen, und auf der Grundlage dieser Beurteilung zu der Auffassung gelangt ist, dass geeignete Garantien zum Schutz personenbezogener Daten bestehen. Solche rechtsverbindlichen Instrumente könnten beispielsweise rechtsverbindliche bilaterale Abkommen sein, die von den Mitgliedstaaten geschlossen und in ihre Rechtsordnung übernommen wurden und von ihren betroffenen Personen durchgesetzt werden können und die sicherstellen, dass die Datenschutzvorschriften und die Rechte der betroffenen Personen einschließlich ihres Rechts auf wirksame verwaltungsrechtliche und gerichtliche Rechtsbehelfe beachtet werden. Der Verantwortliche sollte Kooperationsvereinbarungen zwischen

Bundesdatenschutzgesetz	Richtlinie (EU) 2016/680 (JI-RL)
auch hier anwendbaren § 78 Absatz 2 entfaltet der dort erwähnte Gesichtspunkt der Einzelfallgarantie des Empfängerstaats bei der Prüfung des Vorhandenseins geeigneter Garantien besondere Bedeutung. Absatz 2 dient der Umsetzung von Artikel 37 Absatz 3 der Richtlinie (EU) 2016/680 zur Dokumentation der Übermittlungen nach § 79. Absatz 3 dient der Umsetzung von Artikel 37 Absatz 2 der Richtlinie (EU) 2016/680, der die Unterrichtung der oder des Bundesbeauftragten über Kategorien von Übermittlungen vorsieht, die ohne Vorliegen eines Angemessenheitsbeschlusses der Kommission, aber wegen Bestehens geeigneter Garantien für den Schutz personenbezogener Daten im Drittstaat nach entsprechender Beurteilung durch den übermittelnden Verantwortlichen erfolgen.	Europol oder Eurojust und Drittländern berücksichtigen können, die den Austausch personenbezogener Daten ermöglichen, wenn er alle Umstände im Zusammenhang mit der Datenübermittlung beurteilt. Der Verantwortliche sollte außerdem berücksichtigen können, dass die Übermittlung personenbezogener Daten Geheimhaltungspflichten und dem Grundsatz der Spezialität unterliegt, damit gewährleistet wird, dass die Daten nicht zu anderen Zwecken als zu den Zwecken, zu denen sie übermittelt wurden, verarbeitet werden. Darüber hinaus sollte der Verantwortliche berücksichtigen, dass die personenbezogenen Daten nicht verwendet werden, um die Todesstrafe oder eine Form der grausamen und unmenschlichen Behandlung zu beantragen, zu verhängen oder zu vollstrecken. Diese Bedingungen könnten zwar als geeignete Garantien angesehen werden, die die Datenübermittlung zulassen, jedoch sollte der Verantwortliche zusätzliche Garantien verlangen können.
§ 80 BDSG Datenübermittlung ohne geeignete Garantien	**Art. 38 JI-RL Ausnahmen für bestimmte Fälle**
(1) Liegt entgegen § 78 Absatz 1 Nummer 2 kein Beschluss nach Artikel 36 Absatz 3 der Richtlinie (EU) 2016/680 vor und liegen auch keine geeigneten Garantien im Sinne des § 79 Absatz 1 vor, ist eine Übermittlung bei Vorliegen der übrigen Voraussetzungen des § 78 auch dann zulässig, wenn die Übermittlung erforderlich ist	(1) Falls weder ein Angemessenheitsbeschluss nach Artikel 36 vorliegt noch geeignete Garantien nach Artikel 37 bestehen, sehen die Mitgliedstaaten vor, dass eine Übermittlung oder eine Kategorie von Übermittlungen personenbezogener Daten an ein Drittland oder an eine internationale Organisation nur zulässig ist, wenn die Übermittlung aus einem der folgenden Gründe erforderlich ist
1. zum Schutz lebenswichtiger Interessen einer natürlichen Person,	a) zum Schutz lebenswichtiger Interessen der betroffenen Person oder einer anderen Person,
2. zur Wahrung berechtigter Interessen der betroffenen Person,	b) zur Wahrung berechtigter Interessen der betroffenen Person, wenn dies im Recht des Mitgliedstaats, aus dem die personenbezogenen Daten übermittelt werden, vorgesehen ist,
3. zur Abwehr einer gegenwärtigen und erheblichen Gefahr für die öffentliche Sicherheit eines Staates,	c) zur Abwehr einer unmittelbaren und ernsthaften Gefahr für die öffentliche Sicherheit eines Mitgliedstaats oder eines Drittlandes,
4. im Einzelfall für die in § 45 genannten Zwecke oder	d) im Einzelfall für die in Artikel 1 Absatz 1 genannten Zwecke, oder
5. im Einzelfall zur Geltendmachung, Ausübung oder Verteidigung von Rechtsansprüchen im Zusammenhang mit den in § 45 genannten Zwecken.	e) im Einzelfall zur Geltendmachung, Ausübung oder Verteidigung von Rechtsansprüchen im Zusammenhang mit den in Artikel 1 Absatz 1 genannten Zwecken.
(2) Der Verantwortliche hat von einer Übermittlung nach Absatz 1 abzusehen, wenn die Grundrechte der betroffenen Person das öffentliche Interesse an der Übermittlung überwiegen.	(2) Personenbezogene Daten dürfen nicht übermittelt werden, wenn die übermittelnde zuständige Behörde feststellt, dass Grundrechte und Grundfreiheiten der betroffenen Person das öffentliche Interesse an der Übermittlung im Sinne des Absatzes 1 Buchstaben d und e überwiegen.

Bundesdatenschutzgesetz	Richtlinie (EU) 2016/680 (JI-RL)
(3) Für Übermittlungen nach Absatz 1 gilt § 79 Absatz 2 entsprechend.	(3) Übermittlungen gemäß Absatz 1 werden dokumentiert und die Dokumentation einschließlich Datum und Zeitpunkt der Übermittlung, Informationen über die empfangende zuständige Behörde, Begründung der Übermittlung und übermittelte personenbezogene Daten, der Aufsichtsbehörde auf Anforderung zur Verfügung gestellt.
Gesetzesbegründung	**Erwägungsgründe**
§ 80 dient der Umsetzung von Artikel 38 der Richtlinie (EU) 2016/680 und beleuchtet Konstellationen, in denen weder ein Angemessenheitsbeschluss der Europäischen Kommission vorliegt noch die in § 79 erwähnten Garantien in Form eines rechtsverbindlichen Instruments oder nach Beurteilung durch den übermittelnden Verantwortlichen bestehen.	(72) Sind weder ein Angemessenheitsbeschluss noch geeignete Garantien vorhanden, so sollte eine Übermittlung oder eine Kategorie von Übermittlungen nur in bestimmten Fällen erfolgen können, in denen dies erforderlich ist: zur Wahrung wesentlicher Interessen der betroffenen oder einer anderen Person; zum Schutz berechtigter Interessen der betroffenen Person, wenn dies nach dem Recht des Mitgliedstaats, aus dem die personenbezogenen Daten übermittelt werden, vorgesehen ist; zur Abwehr einer unmittelbaren, ernsthaften Gefahr für die öffentliche Sicherheit eines Mitgliedstaats oder eines Drittlandes; in einem Einzelfall zum Zwecke der Verhütung, Ermittlung, Aufdeckung oder Verfolgung von Straftaten oder der Strafvollstreckung, einschließlich des Schutzes vor und der Abwehr von Gefahren für die öffentliche Sicherheit; oder in einem Einzelfall zur Geltendmachung, Ausübung oder Verteidigung von Rechtsansprüchen. Diese Ausnahmen sollten restriktiv ausgelegt werden, häufige, umfassende und strukturelle Übermittlungen personenbezogener Daten sowie Datenübermittlungen in großem Umfang ausschließen und daher auf unbedingt notwendige Daten beschränkt sein. Derartige Übermittlungen sollten dokumentiert werden, und die entsprechende Dokumentation sollte der Aufsichtsbehörde auf Anfrage zur Verfügung gestellt werden, damit diese die Rechtmäßigkeit der Übermittlung überprüfen kann.
§ 81 BDSG Sonstige Datenübermittlung an Empfänger in Drittstaaten	**Art. 39 JI-RL Übermittlung personenbezogener Daten an in Drittländern niedergelassene Empfänger**
(1) Verantwortliche können bei Vorliegen der übrigen für die Datenübermittlung in Drittstaaten geltenden Voraussetzungen im besonderen Einzelfall personenbezogene Daten unmittelbar an nicht in § 78 Absatz 1 Nummer 1 genannte Stellen in Drittstaaten übermitteln, wenn die Übermittlung für die Erfüllung ihrer Aufgaben unbedingt erforderlich ist und 1. im konkreten Fall keine Grundrechte der betroffenen Person das öffentliche Interesse an einer Übermittlung überwiegen,	(1) Abweichend von Artikel 35 Absatz 1 Buchstabe b und unbeschadet der in Absatz 2 dieses Artikels genannten internationalen Übereinkünfte kann das Unionsrecht oder das Recht der Mitgliedstaaten vorsehen, dass die in Artikel 3 Nummer 7 Buchstabe a genannten zuständigen Behörden im speziellen Einzelfall nur dann personenbezogene Daten direkt an in Drittländern niedergelassene Empfänger übermitteln dürfen, wenn die übrigen Bestimmungen dieser Richtlinie eingehalten werden und alle der folgende Voraussetzungen gegeben sind:

Bundesdatenschutzgesetz	Richtlinie (EU) 2016/680 (JI-RL)
2. die Übermittlung an die in § 78 Absatz 1 Nummer 1 genannten Stellen wirkungslos oder ungeeignet wäre, insbesondere weil sie nicht rechtzeitig durchgeführt werden kann, und 3. der Verantwortliche dem Empfänger die Zwecke der Verarbeitung mitteilt und ihn darauf hinweist, dass die übermittelten Daten nur in dem Umfang verarbeitet werden dürfen, in dem ihre Verarbeitung für diese Zwecke erforderlich ist.	a) Die Übermittlung ist für die Ausübung einer Aufgabe der übermittelnden zuständigen Behörde gemäß dem Unionsrecht oder dem Recht der Mitgliedstaaten für die in Artikel 1 Absatz 1 genannten Zwecke unbedingt erforderlich, b) die übermittelnde zuständige Behörde stellt fest, dass im konkreten Fall keine Grundrechte und Grundfreiheiten der betroffenen Person das öffentliche Interesse an einer Übermittlung überwiegen, c) die übermittelnde zuständige Behörde hält die Übermittlung an eine für die in Artikel 1 Absatz 1 genannten Zwecke zuständige Behörde in dem Drittland für wirkungslos oder ungeeignet, insbesondere weil die Übermittlung nicht rechtzeitig durchgeführt werden kann, [...] e) die übermittelnde zuständige Behörde teilt dem Empfänger den festgelegten Zweck oder die festgelegten Zwecke mit, für die die personenbezogenen Daten nur dann durch diesen verarbeitet werden dürfen, wenn eine derartige Verarbeitung erforderlich ist.
(2) Im Fall des Absatzes 1 hat der Verantwortliche die in § 78 Absatz 1 Nummer 1 genannten Stellen unverzüglich über die Übermittlung zu unterrichten, sofern dies nicht wirkungslos oder ungeeignet ist.	d) die für die in Artikel 1 Absatz 1 genannten Zwecke zuständige Behörde in dem Drittland wird unverzüglich unterrichtet, es sei denn, dies ist wirkungslos oder ungeeignet, und
	(2) Eine internationale Übereinkunft im Sinne des Absatzes 1 ist jede in Kraft befindliche bilaterale oder multilaterale internationale Übereinkunft zwischen Mitgliedstaaten und Drittländern im Bereich der justiziellen Zusammenarbeit in Strafsachen und der polizeilichen Zusammenarbeit.
(3) Für Übermittlungen nach Absatz 1 gilt § 79 Absatz 2 und 3 entsprechend.	(3) Die übermittelnde zuständige Behörde unterrichtet die Aufsichtsbehörde über die Übermittlungen gemäß diesem Artikel.
	(4) Übermittlungen gemäß Absatz 1 werden dokumentiert.
(4) Bei Übermittlungen nach Absatz 1 hat der Verantwortliche den Empfänger zu verpflichten, die übermittelten personenbezogenen Daten ohne seine Zustimmung nur für den Zweck zu verarbeiten, für den sie übermittelt worden sind.	
(5) Abkommen im Bereich der justiziellen Zusammenarbeit in Strafsachen und der polizeilichen Zusammenarbeit bleiben unberührt.	*[§ 81 Abs. 5 BDSG nF setzt Art. 39 Abs. 1 iVm Abs. 2 JI-RL um]*
Gesetzesbegründung	**Erwägungsgründe**
§ 81 dient der Umsetzung von Artikel 39 der Richtlinie (EU) 2016/680. Die hier geregelte	(73) Die zuständigen Behörden der Mitgliedstaaten wenden die geltenden bilateralen oder

Bundesdatenschutzgesetz	Richtlinie (EU) 2016/680 (JI-RL)
Konstellation zeichnet sich dadurch aus, dass der Kreis der möglichen Empfänger über öffentliche Stellen, die im Rahmen der Strafverfolgung tätig sind, hinaus auf sonstige öffentliche Stellen und Private ausgeweitet wird. Abgebildet werden etwa Ersuchen an Finanzinstitutionen oder Telekommunikationsdienstleister, die notwendigerweise mit der Übermittlung personenbezogener Daten verbunden sind. Für solche Übermittlungen „im besonderen Einzelfall" gelten die in § 81 Absatz 1 genannten strengen Voraussetzungen. In Absatz 4 ist eine verstärkte Zweckbindung der gemäß § 81 übermittelten Daten vorgesehen.	multilateralen internationalen Übereinkünfte, die mit Drittländern auf den Gebieten der justiziellen Zusammenarbeit in Strafsachen und der polizeilichen Zusammenarbeit geschlossen wurden, für den Austausch maßgeblicher Informationen an, um ihnen zu ermöglichen, die ihnen rechtlich zugewiesenen Aufgaben wahrzunehmen. Grundsätzlich erfolgt dies über die im betreffenden Drittland für die Zwecke dieser Richtlinie zuständigen Behörden oder zumindest in Zusammenarbeit mit diesen Behörden des Drittlandes, mitunter auch dann, wenn keine bilaterale oder multilaterale internationale Übereinkunft existiert. In speziellen Einzelfällen können die regulären Verfahren, die eine Kontaktaufnahme mit dieser Behörde in dem betreffenden Drittland vorschreiben, wirkungslos oder ungeeignet sein, insbesondere weil die Übermittlung nicht rechtzeitig durchgeführt werden konnte oder weil diese Behörde in dem betreffenden Drittland die Rechtsstaatlichkeit oder die internationalen Menschenrechtsbestimmungen nicht achtet, so dass die zuständigen Behörden der Mitgliedstaaten beschließen können, die personenbezogenen Daten direkt an in Drittländern niedergelassene Empfänger zu übermitteln. Dies kann der Fall sein, wenn es dringend geboten ist, personenbezogene Daten zu übermitteln, um das Leben einer Person zu schützen, die Gefahr läuft, Opfer einer Straftat zu werden, oder um die unmittelbar bevorstehende Begehung einer Straftat, einschließlich einer terroristischen Straftat, zu verhindern. Auch wenn eine solche Übermittlung zwischen zuständigen Behörden und in Drittländern niedergelassenen Empfängern nur in speziellen Einzelfällen erfolgen sollte, sollte diese Richtlinie die Voraussetzungen für die Regelung solcher Fälle vorsehen. Diese Bestimmungen sollten nicht als Ausnahmen von geltenden bilateralen oder multilateralen internationalen Übereinkünften auf den Gebieten der justiziellen Zusammenarbeit in Strafsachen und der polizeilichen Zusammenarbeit betrachtet werden. Diese Vorschriften sollten zusätzlich zu den sonstigen Vorschriften dieser Richtlinie gelten, insbesondere den Vorschriften über die Rechtmäßigkeit der Verarbeitung und Kapitel V.
Kapitel 6 Zusammenarbeit der Aufsichtsbehörden	
§ 82 BDSG Gegenseitige Amtshilfe	**Art. 50 JI-RL Gegenseitige Amtshilfe**
(1) Die oder der Bundesbeauftragte hat den Datenschutzaufsichtsbehörden in anderen Mitgliedstaaten der Europäischen Union Informationen zu übermitteln und Amtshilfe zu leisten, soweit dies für eine einheitliche Umsetzung und	(1) [1]Jeder Mitgliedstaat sieht vor, dass seine Aufsichtsbehörden einander maßgebliche Informationen übermitteln und Amtshilfe gewähren, um diese Richtlinie einheitlich durchzuführen und anzuwenden, und treffen Vorkehrungen für

Bundesdatenschutzgesetz	Richtlinie (EU) 2016/680 (JI-RL)
Anwendung der Richtlinie (EU) 2016/680 erforderlich ist. Die Amtshilfe betrifft insbesondere Auskunftsersuchen und aufsichtsbezogene Maßnahmen, beispielsweise Ersuchen um Konsultation oder um Vornahme von Nachprüfungen und Untersuchungen.	eine wirksame Zusammenarbeit. [2]Die Amtshilfe bezieht sich insbesondere auf Auskunftsersuchen und aufsichtsbezogene Maßnahmen, beispielsweise Ersuchen um Konsultation oder um Vornahme von Nachprüfungen und Untersuchungen.
(2) Die oder der Bundesbeauftragte hat alle geeigneten Maßnahmen zu ergreifen, um Amtshilfeersuchen unverzüglich und spätestens innerhalb eines Monats nach deren Eingang nachzukommen.	(2) [1]Jeder Mitgliedstaaten [sic!] sieht vor, dass jede Aufsichtsbehörde alle geeigneten Maßnahmen ergreift, um dem Ersuchen einer anderen Aufsichtsbehörde unverzüglich und spätestens innerhalb eines Monats nach Eingang des Ersuchens nachzukommen. [2]Dazu kann insbesondere auch die Übermittlung maßgeblicher Informationen über die Durchführung einer Untersuchung gehören.
(3) Die oder der Bundesbeauftragte darf Amtshilfeersuchen nur ablehnen, wenn 1. sie oder er für den Gegenstand des Ersuchens oder für die Maßnahmen, die sie oder er durchführen soll, nicht zuständig ist oder 2. ein Eingehen auf das Ersuchen gegen Rechtsvorschriften verstoßen würde.	(4) Die ersuchte Aufsichtsbehörde lehnt das Ersuchen nur ab, wenn a) sie für den Gegenstand des Ersuchens oder für die Maßnahmen, die sie durchführen soll, nicht zuständig ist oder b) ein Eingehen auf das Ersuchen gegen diese Richtlinie oder gegen das Unionsrecht verstoßen würde oder gegen das Recht des Mitgliedstaats, dem die Aufsichtsbehörde, bei der das Ersuchen eingeht, unterliegt.
(4) Die oder der Bundesbeauftragte hat die ersuchende Aufsichtsbehörde des anderen Staates über die Ergebnisse oder gegebenenfalls über den Fortgang der Maßnahmen zu informieren, die getroffen wurden, um dem Amtshilfeersuchen nachzukommen. Sie oder er hat im Fall des Absatzes 3 die Gründe für die Ablehnung des Ersuchens zu erläutern.	(5) [1]Die ersuchte Aufsichtsbehörde informiert die ersuchende Aufsichtsbehörde über die Ergebnisse oder gegebenenfalls über den Fortgang der Maßnahmen, die getroffen wurden, um dem Ersuchen nachzukommen. [2]Die ersuchte Aufsichtsbehörde erläutert gemäß Absatz 4 die Gründe für die Ablehnung des Ersuchens.
(5) Die oder der Bundesbeauftragte hat die Informationen, um die sie oder er von der Aufsichtsbehörde des anderen Staates ersucht wurde, in der Regel elektronisch und in einem standardisierten Format zu übermitteln.	(6) Die ersuchten Aufsichtsbehörden übermitteln die Informationen, um die von einer anderen Aufsichtsbehörde ersucht wurde, in der Regel auf elektronischem Wege unter Verwendung eines standardisierten Formats.
(6) Die oder der Bundesbeauftragte hat Amtshilfeersuchen kostenfrei zu erledigen, soweit sie oder er nicht im Einzelfall mit der Aufsichtsbehörde des anderen Staates die Erstattung entstandener Ausgaben vereinbart hat.	(7) [1]Ersuchte Aufsichtsbehörden verlangen für Maßnahmen, die sie aufgrund eines Amtshilfeersuchens getroffen haben, keine Gebühren. [2]Die Aufsichtsbehörden können untereinander Regeln vereinbaren, um einander in Ausnahmefällen besondere aufgrund der Amtshilfe entstandene Ausgaben zu erstatten.
(7) Ein Amtshilfeersuchen der oder des Bundesbeauftragten hat alle erforderlichen Informationen zu enthalten; hierzu gehören insbesondere der Zweck und die Begründung des Ersuchens. Die auf das Ersuchen übermittelten Informationen dürfen ausschließlich zu dem Zweck verwendet werden, zu dem sie angefordert wurden.	(3) [1]Amtshilfeersuchen enthalten alle erforderlichen Informationen, einschließlich Zweck und Begründung des Ersuchens. [2]Die übermittelten Informationen werden ausschließlich für den Zweck verwendet, für den sie angefordert wurden.
	(8) [1]Die Kommission kann im Wege von Durchführungsrechtsakten Form und Verfahren der Amtshilfe nach diesem Artikel und die Ausge-

Bundesdatenschutzgesetz	Richtlinie (EU) 2016/680 (JI-RL)
	staltung des elektronischen Informationsaustauschs zwischen den Aufsichtsbehörden sowie zwischen den Aufsichtsbehörden und dem Ausschuss festlegen. [2]Diese Durchführungsrechtsakte werden gemäß dem in Artikel 58 Absatz 2 genannten Prüfverfahren erlassen.
Gesetzesbegründung	**Erwägungsgründe**
§ 82 dient der Umsetzung des Artikels 50 der Richtlinie (EU) 2016/680.	(83) Die Aufsichtsbehörden sollten sich gegenseitig bei der Erfüllung ihrer Aufgaben unterstützen und einander Amtshilfe leisten, damit eine einheitliche Anwendung und Durchsetzung der nach dieser Richtlinie erlassenen Vorschriften gewährleistet ist. (90) Um einheitliche Bedingungen für die Anwendung dieser Richtlinie sicherzustellen, sollten der Kommission Durchführungsbefugnisse in Bezug auf Folgendes übertragen werden: die Angemessenheit des Datenschutzniveaus in einem Drittland, in einem Gebiet oder einem spezifischen Sektor in einem Drittland oder in einer internationalen Organisation, das Format und die Verfahren für Amtshilfe und die Vorkehrungen für den elektronischen Informationsaustausch zwischen Aufsichtsbehörden und zwischen Aufsichtsbehörden und dem Ausschuss. Diese Befugnisse sollten nach Maßgabe der Verordnung (EU) Nr. 182/2011 des Europäischen Parlaments und des Rates[13] ausgeübt werden. [13] Rechtsakt des Rates vom 29. Mai 2000 über die Erstellung – gemäß Artikel 34 des Vertrags über die Europäische Union – des Übereinkommens über die Rechtshilfe in Strafsachen zwischen den Mitgliedstaaten der Europäischen Union (ABl. C 197 vom 12.7.2000, S. 1).
Kapitel 7 Haftung und Sanktionen	
§ 83 BDSG Schadensersatz und Entschädigung	**Art. 56 JI-RL Recht auf Schadenersatz**
(1) Hat ein Verantwortlicher einer betroffenen Person durch eine Verarbeitung personenbezogener Daten, die nach diesem Gesetz oder nach anderen auf ihre Verarbeitung anwendbaren Vorschriften rechtswidrig war, einen Schaden zugefügt, ist er oder sein Rechtsträger der betroffenen Person zum Schadensersatz verpflichtet. Die Ersatzpflicht entfällt, soweit bei einer nichtautomatisierten Verarbeitung der Schaden nicht auf ein Verschulden des Verantwortlichen zurückzuführen ist. (2) Wegen eines Schadens, der nicht Vermögensschaden ist, kann die betroffene Person eine angemessene Entschädigung in Geld verlangen.	Die Mitgliedstaaten sehen vor, dass jede Person, der wegen einer rechtswidrigen Verarbeitung oder einer anderen Handlung, die gegen nach Maßgabe dieser Richtlinie erlassenen nationalen Vorschriften verstößt, ein materieller oder immaterieller Schaden entstanden ist, Recht auf Schadenersatz seitens des Verantwortlichen oder jeder sonst nach dem Recht der Mitgliedstaaten zuständigen Stelle hat.

Bundesdatenschutzgesetz	Richtlinie (EU) 2016/680 (JI-RL)
(3) Lässt sich bei einer automatisierten Verarbeitung personenbezogener Daten nicht ermitteln, welche von mehreren beteiligten Verantwortlichen den Schaden verursacht hat, so haftet jeder Verantwortliche beziehungsweise sein Rechtsträger. (4) Hat bei der Entstehung des Schadens ein Verschulden der betroffenen Person mitgewirkt, ist § 254 des Bürgerlichen Gesetzbuchs entsprechend anzuwenden. (5) Auf die Verjährung finden die für unerlaubte Handlungen geltenden Verjährungsvorschriften des Bürgerlichen Gesetzbuchs entsprechende Anwendung.	
Gesetzesbegründung	**Erwägungsgründe**
Die Vorschrift setzt Artikel 56 der Richtlinie (EU) 2016/680 um.	(88) Schäden, die einer Person aufgrund einer Verarbeitung entstehen, die gegen nach dieser Richtlinie erlassene Vorschriften verstößt, sollten von dem Verantwortlichen oder einer anderen nach dem Recht der Mitgliedstaaten zuständigen Behörde ersetzt werden. Der Begriff des Schadens sollte im Lichte der Rechtsprechung des Gerichtshofs weit und auf eine Art und Weise ausgelegt werden, die den Zielen dieser Richtlinie in vollem Umfang entspricht. Dies gilt unbeschadet von Schadenersatzforderungen aufgrund von Verstößen gegen andere Vorschriften des Unionsrechts oder des Rechts der Mitgliedstaaten. Wird auf eine Verarbeitung Bezug genommen, die unrechtmäßig ist oder nicht im Einklang mit den nach dieser Richtlinie erlassenen Vorschriften steht, so gilt dies auch für Verarbeitungen, die gegen gemäß dieser Richtlinie erlassene Durchführungsrechtsakte verstoßen. Die betroffenen Personen sollten einen vollständigen und wirksamen Schadenersatz für den erlittenen Schaden erhalten.
§ 84 BDSG Strafvorschriften	**Art. 57 JI-RL Sanktionen**
Für Verarbeitungen personenbezogener Daten durch öffentliche Stellen im Rahmen von Tätigkeiten nach § 45 Satz 1, 3 oder 4 findet § 42 entsprechende Anwendung.	[1]Die Mitgliedstaaten legen fest, welche Sanktionen bei einem Verstoß gegen die nach dieser Richtlinie erlassenen Vorschriften zu verhängen sind, und treffen die zu deren Anwendung erforderlichen Maßnahmen. [2]Die Sanktionen müssen wirksam, verhältnismäßig und abschreckend sein.
Gesetzesbegründung	**Erwägungsgründe**
Die Vorschrift setzt Artikel 57 der Richtlinie (EU) 2016/680 um. Durch § 81 wird keine dem deutschen Recht grundsätzlich fremde Strafbarkeit öffentlicher Stellen eingeführt. Um das gesetzgeberische Ziel des Gleichlaufs der Sanktionsmöglichkeiten gegenüber öffentli-	(89) Gegen jede natürliche oder juristische – privatem oder öffentlichem Recht unterliegende – Person, die gegen diese Richtlinie verstößt, sollten Sanktionen verhängt werden. Die Mitgliedstaaten sollten dafür sorgen, dass die Sanktionen wirksam, verhältnismäßig und abschre-

Bundesdatenschutzgesetz	Richtlinie (EU) 2016/680 (JI-RL)
chen Stellen bzw. deren Bediensteten und der bei diesen Stellen Beschäftigten unabhängig vom mit der Verarbeitung verfolgten Zweck herzustellen, wird auch für den Dritten Teil dieses Gesetzes mit § 41 Absatz 2 davon ausgegangen, dass gegen Behörden keine Geldbußen verhängt werden. Im Hinblick auf die Strafbarkeit von Handlungen wird ebenso von dem og Ziel eines Gleichlaufs geleitet – auf den für den Zweiten Teil maßgeblichen § 42 abgestellt.	ckend sind, und alle Maßnahmen zur Anwendung der Sanktionen treffen.
	Art. 36 JI-RL Datenübermittlung auf der Grundlage eines Angemessenheitsbeschlusses
Abs. 2 bis 8 bedürfen keiner Umsetzung in nationales Recht.	(1) [1]Die Mitgliedstaaten sehen vor, dass personenbezogene Daten an ein Drittland oder eine internationale Organisation übermittelt werden dürfen, wenn die Kommission beschlossen hat, dass das betreffende Drittland, ein Gebiet oder ein oder mehrere spezifische Sektoren in diesem Drittland oder die betreffende internationale Organisation ein angemessenes Schutzniveau bietet. [2]Eine solche Datenübermittlungen[sic!] bedarf keiner besonderen Genehmigung. (2) Bei der Prüfung der Angemessenheit des Schutzniveaus berücksichtigt die Kommission insbesondere a) die Rechtsstaatlichkeit, die Achtung der Menschenrechte und Grundfreiheiten, die in dem betreffenden Land bzw. der betreffenden internationalen Organisation geltenden Vorschriften sowohl allgemeiner als auch sektoraler Art, auch in Bezug auf die öffentliche Sicherheit, die Landesverteidigung, die nationale Sicherheit und das Strafrecht, und der Zugang der Behörden zu personenbezogenen Daten sowie die Durchsetzung dieser Vorschriften, Datenschutzvorschriften, Berufsregeln und Sicherheitsvorschriften einschließlich der Vorschriften für die Weiterübermittlung personenbezogener Daten an ein anderes Drittland bzw. eine andere internationale Organisation, Rechtsprechung sowie wirksame und durchsetzbare Rechte der betroffenen Person und wirksame verwaltungsrechtliche und gerichtliche Rechtsbehelfe für betroffene Personen, deren personenbezogene Daten übermittelt werden, b) die Existenz und die wirksame Funktionsweise einer oder mehrerer unabhängiger Aufsichtsbehörden in dem betreffenden Drittland oder denen eine internationale Organisation untersteht und die für die Einhaltung und Durchsetzung der Datenschutzvorschriften, einschließlich angemessener Durchsetzungsbefugnisse, für die Unterstützung und Beratung der betroffenen Personen bei der Ausübung ihrer Rechte und für die Zusammenarbeit mit den Aufsichtsbe-

Bundesdatenschutzgesetz	Richtlinie (EU) 2016/680 (JI-RL)
	hörden der Mitgliedstaaten zuständig sind, und c) die von dem betreffenden Drittland bzw. der betreffenden internationalen Organisation eingegangenen internationalen Verpflichtungen oder andere Verpflichtungen, die sich aus rechtsverbindlichen Übereinkünften oder Rechtsinstrumenten sowie aus der Teilnahme des Drittlandes oder der internationalen Organisation an multilateralen oder regionalen Systemen insbesondere in Bezug auf den Schutz personenbezogener Daten ergeben.
	(3) [1]Nach der Beurteilung der Angemessenheit des Schutzniveaus kann die Kommission im Wege eines Durchführungsrechtsaktes beschließen, dass ein Drittland beziehungsweise ein Gebiet oder ein oder mehrere spezifische Sektoren in einem Drittland oder eine internationale Organisation ein angemessenes Schutzniveau im Sinne des Absatzes 2 dieses Artikels bietet. [2]In dem Durchführungsrechtsakt wird ein Mechanismus für die regelmäßige Überprüfung vorgesehen, die mindestens alle vier Jahre erfolgt und bei der allen maßgeblichen Entwicklungen in dem Drittland oder der internationalen Organisation Rechnung getragen wird. [3]Im Durchführungsrechtsakt werden der territoriale und der sektorale Anwendungsbereich sowie gegebenenfalls die in Absatz 2 Buchstabe b dieses Artikels genannte Aufsichtsbehörde oder die dort genannten Aufsichtsbehörden angegeben. [4]Der Durchführungsrechtsakt wird gemäß dem in Artikel 58 Absatz 2 genannten Prüfverfahren erlassen.
	(4) Die Kommission überwacht fortlaufend die Entwicklungen in Drittländern und internationalen Organisationen, die die Wirkungsweise der nach Absatz 3 erlassenen Beschlüsse beeinträchtigen könnten.
	(5) [1]Die Kommission widerruft, ändert oder setzt die in Absatz 3 des vorliegenden Artikels genannten Beschlüsse im Wege von Durchführungsrechtsakten aus, soweit dies nötig ist und ohne rückwirkende Kraft, soweit entsprechende Informationen – insbesondere im Anschluss an die in Absatz 3 des vorliegenden Artikels genannte Überprüfung – dahingehend vorliegen, dass ein Drittland, ein Gebiet oder ein oder mehrere spezifische Sektoren in einem Drittland oder eine internationale Organisation kein angemessenes Schutzniveau im Sinne des Absatzes 2 des vorliegenden Artikels mehr gewährleistet. [2]Diese Durchführungsrechtsakte werden gemäß dem in Artikel 58 Absatz 2 genannten Prüfverfahren oder in äußerst dringlichen Fällen gemäß dem in Artikel 58 Absatz 3 genannten Verfahren erlassen.

Bundesdatenschutzgesetz	Richtlinie (EU) 2016/680 (JI-RL)
	In hinreichend begründeten Fällen äußerster Dringlichkeit erlässt die Kommission gemäß dem in Artikel 58 Absatz 3 genannten Verfahren sofort geltende Durchführungsrechtsakte. (6) Die Kommission nimmt Beratungen mit dem betreffenden Drittland bzw. der betreffenden internationalen Organisation auf, um Abhilfe für die Situation zu schaffen, die zu dem Beschluss nach Absatz 5 geführt hat. (7) Die Mitgliedstaaten sehen vor, dass Übermittlungen personenbezogener Daten an das betreffende Drittland, an das Gebiet oder einen oder mehrere spezifischen Sektoren in einem Drittland oder an die betreffende internationale Organisation gemäß den Artikeln 37 und 38 durch einen Beschluss nach Absatz 5 nicht berührt werden. (8) Die Kommission veröffentlicht im Amtsblatt der Europäischen Union und auf ihrer Website eine Liste aller Drittländern[sic!] beziehungsweise Gebiete und spezifischen Sektoren in einem Drittland und aller internationalen Organisationen, bei denen sie durch Beschluss festgestellt hat, dass diese ein beziehungsweise kein angemessenes Schutzniveau für personenbezogene Daten bieten. **Erwägungsgründe** (66) Die Kommission sollte mit Wirkung für die gesamte Union beschließen können, dass bestimmte Drittländer, ein Gebiet oder ein oder mehrere spezifische Sektoren in einem Drittland oder eine internationale Organisation ein angemessenes Datenschutzniveau bieten, und auf diese Weise in Bezug auf die Drittländer und internationalen Organisationen, die für fähig gehalten werden, ein solches Schutzniveau zu bieten, in der gesamten Union Rechtssicherheit schaffen und eine einheitliche Rechtsanwendung sicherstellen. In derartigen Fällen sollten personenbezogene Daten ohne besondere Genehmigung an diese Länder übermittelt werden können, es sei denn, dass ein anderer Mitgliedstaat, von dem die Daten stammen, die Übermittlung zu genehmigen hat. (67) In Übereinstimmung mit den Grundwerten der Union, zu denen insbesondere der Schutz der Menschenrechte zählt, sollte die Kommission bei der Bewertung des Drittlandes oder eines Gebiets oder eines bestimmten Sektors in einem Drittland berücksichtigen, inwieweit in einem bestimmten Drittland die Rechtsstaatlichkeit gewahrt ist, der Rechtsweg gewährleistet ist und die internationalen Menschenrechtsnormen und -standards eingehalten werden und welche allgemeinen und sektorspezifischen Vorschriften,

Bundesdatenschutzgesetz	Richtlinie (EU) 2016/680 (JI-RL)
	wozu auch die Vorschriften über die öffentliche Sicherheit, die Landesverteidigung, die nationale Sicherheit und öffentliche Ordnung sowie das Strafrecht zählen, dort gelten. Die Annahme eines Angemessenheitsbeschlusses in Bezug auf ein Gebiet oder einen bestimmten Sektor in einem Drittland sollte unter Berücksichtigung eindeutiger und objektiver Kriterien wie bestimmter Verarbeitungsvorgänge und des Anwendungsbereichs anwendbarer Rechtsnormen und geltender Rechtsvorschriften in dem Drittland erfolgen. Das Drittland sollte Garantien für ein angemessenes Schutzniveau bieten, das im Wesentlichen dem innerhalb der Union gewährleisteten Schutzniveau der Sache nach gleichwertig ist, insbesondere in Fällen, in denen Daten in einem oder mehreren spezifischen Sektoren verarbeitet werden. Das Drittland sollte insbesondere eine wirksame unabhängige Überwachung des Datenschutzes gewährleisten und Mechanismen für eine Zusammenarbeit mit den Datenschutzbehörden der Mitgliedstaaten vorsehen, und den betroffenen Personen sollten wirksame und durchsetzbare Rechte sowie wirksame behördliche und gerichtliche Rechtsbehelfe eingeräumt werden.
	(68) Die Kommission sollte neben den internationalen Verpflichtungen, die das Drittland oder die internationale Organisation eingegangen ist, auch die Verpflichtungen, die sich aus der Teilnahme des Drittlandes oder der internationalen Organisation an multilateralen oder regionalen Systemen insbesondere im Hinblick auf den Schutz personenbezogener Daten ergeben, sowie die Umsetzung dieser Verpflichtungen berücksichtigen. Insbesondere sollte der Beitritt des Drittlandes zum Übereinkommen des Europarates vom 28. Januar 1981 zum Schutz des Menschen bei der automatischen Verarbeitung personenbezogener Daten und dem dazugehörigen Zusatzprotokoll berücksichtigt werden. Die Kommission sollte den durch die Verordnung (EU) 2016/679 eingesetzten Europäischen Datenschutzausschuss (im Folgenden „Ausschuss") konsultieren, wenn sie das Schutzniveau in Drittländern oder internationalen Organisationen bewertet. Die Kommission sollte ferner alle maßgeblichen Angemessenheitsbeschlüsse berücksichtigen, die sie nach Artikel 45 der Verordnung (EU) 2016/679 angenommen hat.
	(69) Die Kommission sollte die Wirksamkeit von Feststellungen zum Schutzniveau in einem Drittland, einem Gebiet oder einem spezifischen Sektor in einem Drittland oder einer internationalen Organisation überwachen. In ihren Angemessenheitsbeschlüssen sollte die Kommission einen Mechanismus für die regelmäßige Über-

Bundesdatenschutzgesetz	Richtlinie (EU) 2016/680 (JI-RL)
	prüfung ihrer Wirkungsweise vorsehen. Diese regelmäßige Überprüfung sollte in Konsultation mit dem betreffenden Drittland oder der betreffenden internationalen Organisation erfolgen und allen maßgeblichen Entwicklungen in dem Drittland oder der internationalen Organisation Rechnung tragen.
	(70) Die Kommission sollte auch feststellen können, dass ein Drittland, ein Gebiet oder ein spezifischer Sektor in einem Drittland oder eine internationale Organisation kein angemessenes Datenschutzniveau mehr bietet. Die Übermittlung personenbezogener Daten an dieses Drittland oder an diese internationale Organisation sollte daraufhin verboten werden, es sei denn, die Anforderungen dieser Richtlinie in Bezug auf Datenübermittlung vorbehaltlich geeigneter Garantien und Ausnahmen für bestimmte Fälle werden erfüllt. Es sollten Verfahren für Konsultationen zwischen der Kommission und den betreffenden Drittländern oder internationalen Organisationen vorgesehen werden. Die Kommission sollte dem Drittland oder der internationalen Organisation frühzeitig die Gründe mitteilen und Konsultationen aufnehmen, um Abhilfe für die Situation zu schaffen.
	(90) Um einheitliche Bedingungen für die Anwendung dieser Richtlinie sicherzustellen, sollten der Kommission Durchführungsbefugnisse in Bezug auf Folgendes übertragen werden: die Angemessenheit des Datenschutzniveaus in einem Drittland, in einem Gebiet oder einem spezifischen Sektor in einem Drittland oder in einer internationalen Organisation, das Format und die Verfahren für Amtshilfe und die Vorkehrungen für den elektronischen Informationsaustausch zwischen Aufsichtsbehörden und zwischen Aufsichtsbehörden und dem Ausschuss. Diese Befugnisse sollten nach Maßgabe der Verordnung (EU) Nr. 182/2011 des Europäischen Parlaments und des Rates[13] ausgeübt werden.
	(92) Die Kommission sollte in hinreichend begründeten Fällen äußerster Dringlichkeit, die ein Drittland, ein Gebiet oder einen spezifischen Sektor in einem Drittland oder eine internationale Organisation betreffen, die kein angemessenes Schutzniveau mehr gewährleisten, sofort geltende Durchführungsrechtsakte erlassen.
	Art. 51 JI-RL Aufgaben des Ausschusses
Bedarf keiner Umsetzung in nationales Recht.	(1) [1]Der mit der Verordnung (EU) 2016/679 eingesetzte Europäische Ausschuss nimmt in Bezug auf Verarbeitungsvorgänge im Anwendungsbereich dieser Richtlinie folgende Aufgaben wahr:
	a) Beratung der Kommission in allen Fragen, die im Zusammenhang mit dem Schutz per-

Bundesdatenschutzgesetz	Richtlinie (EU) 2016/680 (JI-RL)
	sonenbezogener Daten in der Union stehen, einschließlich etwaiger Vorschläge zur Änderung dieser Richtlinie; b) Prüfung – von sich aus, auf Antrag eines seiner Mitglieder oder auf Ersuchen der Kommission – von die Anwendung dieser Richtlinie betreffenden Fragen und Ausarbeitung von Leitlinien, Empfehlungen und bewährten Verfahren zwecks Sicherstellung einer einheitlichen Anwendung dieser Richtlinie; c) Ausarbeitung von Leitlinien für die Aufsichtsbehörden in Bezug auf die Anwendung von Maßnahmen nach Artikel 47 Absätze 1 und 3; d) Ausarbeitung von Leitlinien, Empfehlungen und bewährten Verfahren gemäß Buchstabe b dieses Unterabsatzes für die Feststellung von Verletzungen des Schutzes personenbezogener Daten und die Festlegung der Unverzüglichkeit im Sinne des Artikels 30 Absätze 1 und 2 und für die konkreten Umstände, unter denen der Verantwortliche und der Auftragsverarbeiter die Verletzung des Schutzes personenbezogener Daten zu melden haben; e) Ausarbeitung von Leitlinien, Empfehlungen und bewährten Verfahren gemäß Buchstabe b dieses Absatzes in Bezug auf die Umstände, unter denen eine Verletzung des Schutzes personenbezogener Daten voraussichtlich ein hohes Risiko für die Rechte und Freiheiten der natürlichen Personen im Sinne des Artikels 31 Absatz 1 zur Folge hat; f) Überprüfung der praktischen Anwendung der unter den Buchstaben b und c genannten Leitlinien, Empfehlungen und bewährten Verfahren; g) Abgabe einer Stellungnahme gegenüber der Kommission zur Beurteilung der Angemessenheit des in einem Drittland, einem Gebiet oder einem oder mehrer[sic!] spezifischen Sektoren in einem Drittland oder einer internationalen Organisation gebotenen Schutzniveaus sowie zur Beurteilung der Frage, ob ein solches Drittland, das Gebiet, der spezifische Sektor oder die internationale Organisation kein angemessenes Schutzniveau mehr gewährleistet.[sic!] h) Förderung der Zusammenarbeit und eines wirksamen bilateralen und multilateralen Austauschs von Informationen und bewährten Verfahren zwischen den Aufsichtsbehörden; i) Förderung von Schulungsprogrammen und Erleichterung des Personalaustauschs zwischen Aufsichtsbehörden sowie gegebenen-

Bundesdatenschutzgesetz	Richtlinie (EU) 2016/680 (JI-RL)
	falls mit Aufsichtsbehörden von Drittländern oder mit internationalen Organisationen; j) Förderung des Austausches von Fachwissen und von Dokumentationen über Datenschutzrecht und -praxis mit Datenschutzaufsichtsbehörden in aller Welt. [2]In Bezug auf Unterabsatz 1 Buchstabe g stellt die Kommission dem Ausschuss alle erforderlichen Unterlagen zur Verfügung, darunter den Schriftwechsel mit der Regierung des Drittlandes, mit dem Gebiet oder spezifischen Sektor in diesem Drittland oder mit der internationalen Organisation. (2) Die Kommission kann, wenn sie den Ausschuss um Rat ersucht, unter Berücksichtigung der Dringlichkeit des Sachverhalts eine Frist angeben. (3) Der Ausschuss leitet seine Stellungnahmen, Leitlinien, Empfehlungen und bewährten Verfahren an die Kommission und an den in Artikel 58 Absatz 1 genannten Ausschuss weiter und veröffentlicht sie. (4) Die Kommission setzt den Ausschuss von allen Maßnahmen in Kenntnis, die sie im Anschluss an die von ihm herausgegebenen Stellungnahmen, Leitlinien, Empfehlungen und bewährten Verfahren ergriffen hat.
	Erwägungsgründe
	(84) Der Ausschuss sollte zur einheitlichen Anwendung dieser Richtlinie in der Union beitragen, einschließlich der Beratung der Kommission und der Förderung der Zusammenarbeit der Aufsichtsbehörden in der Union. (90) Um einheitliche Bedingungen für die Anwendung dieser Richtlinie sicherzustellen, sollten der Kommission Durchführungsbefugnisse in Bezug auf Folgendes übertragen werden: die Angemessenheit des Datenschutzniveaus in einem Drittland, in einem Gebiet oder einem spezifischen Sektor in einem Drittland oder in einer internationalen Organisation, das Format und die Verfahren für Amtshilfe und die Vorkehrungen für den elektronischen Informationsaustausch zwischen Aufsichtsbehörden und zwischen Aufsichtsbehörden und dem Ausschuss. Diese Befugnisse sollten nach Maßgabe der Verordnung (EU) Nr. 182/2011 des Europäischen Parlaments und des Rates ausgeübt werden.
	Art. 58 JI-RL Ausschussverfahren
Bedarf keiner Umsetzung in nationales Recht.	(1) [1]Die Kommission wird von dem mit Artikel 93 der Verordnung (EU) 2016/679 eingesetzten Ausschuss unterstützt. [2]Dieser Ausschuss ist ein

Bundesdatenschutzgesetz	Richtlinie (EU) 2016/680 (JI-RL)
	Ausschuss im Sinne der Verordnung (EU) Nr. 182/2011. (2) Wird auf diesen Absatz Bezug genommen, so gilt Artikel 5 der Verordnung (EU) Nr. 182/2011. (3) Wird auf diesen Absatz Bezug genommen, so gilt Artikel 8 der Verordnung (EU) Nr. 182/2011 in Verbindung mit deren Artikel 5. **Erwägungsgründe** (90) Um einheitliche Bedingungen für die Anwendung dieser Richtlinie sicherzustellen, sollten der Kommission Durchführungsbefugnisse in Bezug auf Folgendes übertragen werden: die Angemessenheit des Datenschutzniveaus in einem Drittland, in einem Gebiet oder einem spezifischen Sektor in einem Drittland oder in einer internationalen Organisation, das Format und die Verfahren für Amtshilfe und die Vorkehrungen für den elektronischen Informationsaustausch zwischen Aufsichtsbehörden und zwischen Aufsichtsbehörden und dem Ausschuss. Diese Befugnisse sollten nach Maßgabe der Verordnung (EU) Nr. 182/2011 des Europäischen Parlaments und des Rates[11] ausgeübt werden. (91) Durchführungsrechtsakte über die Angemessenheit des Datenschutzniveaus in einem Drittland, in einem Gebiet oder einem spezifischen Sektor in einem Drittland oder in einer internationalen Organisation, über das Format und die Verfahren für Amtshilfe und die Vorkehrungen für den elektronischen Informationsaustausch zwischen Aufsichtsbehörden und zwischen Aufsichtsbehörden und dem Ausschuss sollten im Wege des Prüfverfahrens festgelegt werden, da es sich um Rechtsakte von allgemeiner Tragweite handelt. (93) Da die Ziele dieser Richtlinie, nämlich die Grundrechte und Grundfreiheiten natürlicher Personen und insbesondere deren Recht auf Schutz ihrer personenbezogenen Daten und den ungehinderten Austausch personenbezogener Daten im Verkehr zwischen den zuständigen Behörden innerhalb der Union zu gewährleisten, von den Mitgliedstaaten nicht ausreichend verwirklicht werden können, sondern vielmehr wegen des Umfangs oder der Wirkungen der Maßnahme auf Unionsebene besser zu verwirklichen sind, kann die Union im Einklang mit dem in Artikel 5 EUV verankerten Subsidiaritätsprinzip tätig werden. Entsprechend dem in demselben Artikel genannten Grundsatz der Verhältnismäßigkeit geht diese Richtlinie nicht über das für

Bundesdatenschutzgesetz	Richtlinie (EU) 2016/680 (JI-RL)
	die Verwirklichung dieser Ziele erforderliche Maß hinaus.
	[11] Amtl. Anm.: Verordnung (EU) Nr. 182/2011 des Europäischen Parlaments und des Rates vom 16. Februar 2011 zur Festlegung der allgemeinen Regeln und Grundsätze, nach denen die Mitgliedstaaten die Wahrnehmung der Durchführungsbefugnisse durch die Kommission kontrollieren (ABl. L 55 vom 28.2.2011, S. 13).
	Art. 59 JI-RL Aufhebung des Rahmenbeschlusses 2008/977/JI
Bedarf keiner Umsetzung in nationales Recht.	(1) Der Rahmenbeschluss 2008/977/JI wird mit Wirkung vom 6. Mai 2018 aufgehoben.
	(2) Verweise auf den in Absatz 1 genannten aufgehobenen Beschluss gelten als Verweise auf diese Richtlinie.
	Erwägungsgründe
	(97) Diese Richtlinie lässt die Vorschriften zur Bekämpfung des sexuellen Missbrauchs und der sexuellen Ausbeutung von Kindern sowie der Kinderpornografie nach Maßgabe der Richtlinie 2011/93/EU des Europäischen Parlaments und des Rates[14] unberührt.
	(98) Der Rahmenbeschluss 2008/977/JI sollte daher aufgehoben werden.
	[14] Amtl. Anm.: Richtlinie 2011/93/EU des Europäischen Parlaments und des Rates vom 13. Dezember 2011 zur Bekämpfung des sexuellen Missbrauchs und der sexuellen Ausbeutung von Kindern sowie der Kinderpornografie sowie zur Ersetzung des Rahmenbeschlusses 2004/68/JI des Rates (ABl. L 335 vom 17.12.2011, S. 1).
	Art. 60 JI-RL Bestehende Unionsrechtsakte
Bedarf keiner ausdrücklichen Umsetzung in nationales Recht. Muss bei der Umsetzung beachtet werden.	Die besonderen Bestimmungen zum Schutz personenbezogener Daten in Unionsrechtsakten, die am oder vor dem 6. Mai 2016 im Bereich der justiziellen Zusammenarbeit in Strafsachen und der polizeilichen Zusammenarbeit erlassenen Rechtsakten der Union enthalten sind, die die Verarbeitung im Verkehr der Mitgliedstaaten untereinander sowie den Zugang der von den Mitgliedstaaten bestimmten Behörden zu den gemäß den Verträgen errichteten Informationssystemen im Anwendungsbereich dieser Richtlinie regeln, bleiben unberührt.

Bundesdatenschutzgesetz	Richtlinie (EU) 2016/680 (JI-RL)
	Erwägungsgründe
	(94) Besondere Bestimmungen, die in vor Erlass dieser Richtlinie im Bereich der justiziellen Zusammenarbeit in Strafsachen und der polizeilichen Zusammenarbeit erlassenen Rechtsakten der Union enthalten sind, die die Verarbeitung personenbezogener Daten im Verkehr der Mitgliedstaaten untereinander sowie den Zugang der von den Mitgliedstaaten bestimmten Behörden zu den gemäß den Verträgen errichteten Informationssystemen im Anwendungsbereich dieser Richtlinie regeln, sollten unberührt bleiben, beispielsweise die besonderen Bestimmungen betreffend den Schutz personenbezogener Daten gemäß dem Beschluss 2008/615/JI des Rates[12] oder Artikel 23 des Übereinkommens über die Rechtshilfe in Strafsachen zwischen den Mitgliedstaaten der Europäischen Union[10]. Da Artikel 8 der Charta und Artikel 16 AEUV vorschreiben, dass das Grundrecht auf Schutz personenbezogener Daten in der Union einheitlich angewendet werden sollte, sollte die Kommission das Verhältnis zwischen dieser Richtlinie und den vor ihrem Erlass angenommenen Rechtsakten, die die Verarbeitung personenbezogener Daten im Verkehr der Mitgliedstaaten untereinander oder den Zugang der von den Mitgliedstaaten bestimmten Behörden zu den gemäß den Verträgen errichteten Informationssystemen regeln, daraufhin prüfen, inwieweit die besonderen Bestimmungen dieser Rechtsakte an diese Richtlinie angepasst werden müssen. Die Kommission sollte gegebenenfalls Vorschläge zur Gewährleistung einheitlicher Rechtsvorschriften in Bezug auf die Verarbeitung personenbezogener Daten unterbreiten.
	[12] Amtl. Anm.: Rahmenbeschluss 2008/615/JI des Rates vom 23. Juni 2008 zur Vertiefung der grenzüberschreitenden Zusammenarbeit, insbesondere zur Bekämpfung des Terrorismus und der grenzüberschreitenden Kriminalität (ABl. L 210 vom 6.8.2008, S. 1).
	[13] Amtl. Anm.: Rechtsakt des Rates vom 29. Mai 2000 über die Erstellung – gemäß Artikel 34 des Vertrags über die Europäische Union – des Übereinkommens über die Rechtshilfe in Strafsachen zwischen den Mitgliedstaaten der Europäischen Union (ABl. C 197 vom 12.7.2000, S. 1).

Bundesdatenschutzgesetz	Richtlinie (EU) 2016/680 (JI-RL)
	Art. 61 JI-RL Verhältnis zu bereits geschlossenen internationalen Übereinkünften im Bereich der justiziellen Zusammenarbeit in Strafsachen und der polizeilichen Zusammenarbeit
Bedarf keiner ausdrücklichen Umsetzung in nationales Recht. Muss bei der Umsetzung beachtet werden.	Internationale Übereinkünfte, die die Übermittlung personenbezogener Daten an Drittländer oder internationale Organisationen mit sich bringen, die von den Mitgliedstaaten vor dem 6. Mai 2016 geschlossen wurden und die mit dem vor dem genannten Datum geltenden Unionsrecht vereinbar sind, bleiben in Kraft, bis sie geändert, ersetzt oder gekündigt werden.
	Erwägungsgründe
	(95) Zur Gewährleistung eines umfassenden und einheitlichen Schutzes personenbezogener Daten in der Union sollten internationale Übereinkünfte, die von den Mitgliedstaaten vor Inkrafttreten dieser Richtlinie geschlossen wurden und die im Einklang mit dem maßgeblichen vor Inkrafttreten dieser Richtlinie geltenden Unionsrecht stehen, in Kraft bleiben, bis sie geändert, ersetzt oder gekündigt werden.
	Art. 62 JI-RL Berichte der Kommission
Bedarf keiner Umsetzung in nationales Recht.	(1) [1]Bis zum 6. Mai 2022 und danach alle vier Jahre legt die Kommission dem Europäischen Parlament und dem Rat einen Bericht über die Bewertung und Überprüfung dieser Richtlinie vor. [2]Die Berichte werden öffentlich gemacht. (2) Im Rahmen der Bewertungen und Überprüfungen gemäß Absatz 1 prüft die Kommission insbesondere die Anwendung und Wirkungsweise des Kapitels V über die Übermittlung personenbezogener Daten an Drittländer oder internationale Organisationen und vor allem die Beschlüsse nach Artikel 36 Absatz 3 und Artikel 39. (3) Für die in den Absätzen 1 und 2 genannten Zwecke kann die Kommission Informationen von den Mitgliedstaaten und den Aufsichtsbehörden anfordern. (4) Bei den in den Absätzen 1 und 2 genannten Bewertungen und Überprüfungen berücksichtigt die Kommission die Standpunkte und Feststellungen des Europäischen Parlaments, des Rates sowie der anderen einschlägigen Stellen und Quellen. (5) Die Kommission legt erforderlichenfalls geeignete Vorschläge zur Änderung dieser Richtlinie vor und berücksichtigt dabei insbesondere die Entwicklungen in der Informationstechnologie und die Fortschritte in der Informationsgesellschaft.

Bundesdatenschutzgesetz	Richtlinie (EU) 2016/680 (JI-RL)
	(6) Bis zum 6. Mai 2019 überprüft die Kommission andere Rechtsakte der Union über die Verarbeitung durch die zuständigen Behörden für die in Artikel 1 Absatz 1 genannten Zwecke, einschließlich der auf der Grundlage von Artikel 60 erlassenen Rechtsakte, um festzustellen, inwieweit eine Anpassung an diese Richtlinie notwendig ist, und um gegebenenfalls die erforderlichen Vorschläge zur Änderung dieser Rechtsakte zu unterbreiten, damit ein einheitliches Vorgehen beim Schutz personenbezogener Daten innerhalb des Anwendungsbereichs dieser Richtlinie gewährleistet ist.
	Art. 63 JI-RL Umsetzung
Umsetzungsauftrag. Bedarf keiner direkten Umsetzung in nationales Recht. Nach Art. 8 Abs. 1 DSAnpUG-EU tretten die nationalen Umsetzungsvorschriften nach Ablauf der in Art. 63 JI-RL gesetzten Umsetzungsfrist in Kraft.	(1) [1]Die Mitgliedstaaten erlassen und veröffentlichen bis zum 6. Mai 2018 die Rechts- und Verwaltungsvorschriften, die erforderlich sind, um dieser Richtlinie nachzukommen. [2]Sie teilen der Kommission unverzüglich den Wortlaut dieser Vorschriften mit. [3]Sie wenden diese Vorschriften ab dem 6. Mai 2018 an. [1]Bei Erlass dieser Vorschriften nehmen die Mitgliedstaaten in den Vorschriften selbst oder durch einen Hinweis bei der amtlichen Veröffentlichung auf diese Richtlinie Bezug. [2]Die Mitgliedstaaten regeln die Einzelheiten der Bezugnahme. (2) Abweichend von Absatz 1 können die Mitgliedstaaten vorsehen, dass in Ausnahmefällen, in denen dies für die vor dem 6. Mai 2016 eingerichteten automatisierten Verarbeitungssysteme mit einem unverhältnismäßigen Aufwand verbunden ist, diese bis zum 6. Mai 2023 mit Artikel 25 Absatz 1 in Einklang gebracht werden müssen. (3) [1]Abweichend von Absätzen 1 und 2 dieses Artikels kann ein Mitgliedstaat in außergewöhnlichen Umständen ein automatisiertes Verarbeitungssystem im Sinne des Absatzes 2 dieses Artikels innerhalb einer bestimmten Frist nach Ablauf der in Absatz 2 dieses Artikels genannten Frist mit Artikel 25 Absatz 1 in Einklang bringen, wenn hierdurch sonst schwerwiegende Schwierigkeiten für den Betrieb dieses automatisierten Verarbeitungssystems entstehen würden. [2]Der betreffende Mitgliedstaat begründet gegenüber der Kommission, weshalb diese schwerwiegenden Schwierigkeiten entstehen würden und die Gründe für die bestimmte Frist, innerhalb derer er das automatisierte Verarbeitungssystem mit Artikel 25 Absatz 1 in Einklang bringen wird. [3]Diese Frist muss vor dem 6. Mai 2026 enden. (4) Die Mitgliedstaaten teilen der Kommission den Wortlaut der wichtigsten nationalen Rechts-

Bundesdatenschutzgesetz	Richtlinie (EU) 2016/680 (JI-RL)
	vorschriften mit, die sie auf dem unter diese Richtlinie fallenden Gebiet erlassen.
	Erwägungsgründe
	(96) Die Mitgliedstaaten sollten gehalten sein, diese Richtlinie innerhalb von höchstens zwei Jahren nach ihrem Inkrafttreten umzusetzen. Verarbeitungen, die zu diesem Zeitpunkt bereits begonnen haben, sollten innerhalb von zwei Jahren nach dem Inkrafttreten dieser Richtlinie mit ihr in Einklang gebracht werden. Stehen die Verarbeitungen jedoch im Einklang mit dem vor Inkrafttreten dieser Richtlinie geltenden Unionsrecht, so sollten die Anforderungen der vorliegenden Richtlinie betreffend die vorherige Konsultation der Aufsichtsbehörde nicht für Verarbeitungsvorgänge gelten, die bereits vor diesem Zeitpunkt begonnen wurden, da diese Anforderungen naturgemäß vor der Verarbeitung erfüllt sein müssen. Nehmen Mitgliedstaaten die längere Umsetzungsfrist, die sieben Jahre nach dem Inkrafttreten dieser Richtlinie endet, in Anspruch, um den Protokollierungspflichten für vor dem Inkrafttreten dieser Richtlinie eingerichtete automatisierte Verarbeitungssysteme nachzukommen, so sollte der Verantwortliche oder der Auftragsverarbeiter über wirksame Methoden zum Nachweis der Rechtmäßigkeit der Datenverarbeitung, zur Ermöglichung der Eigenüberwachung und zur Sicherstellung der Integrität und Sicherheit der Daten, wie etwa Protokolle oder andere Formen von Verzeichnissen, verfügen.
	(105) Gemäß der Gemeinsamen Politischen Erklärung der Mitgliedstaaten und der Kommission vom 28. September 2011 zu erläuternden Dokumenten haben sich die Mitgliedstaaten verpflichtet, in begründeten Fällen zusätzlich zur Mitteilung ihrer Umsetzungsmaßnahmen ein oder mehrere Dokumente zu übermitteln, in denen der Zusammenhang zwischen den Bestandteilen einer Richtlinie und den entsprechenden Teilen einzelstaatlicher Umsetzungsmaßnahmen erläutert wird. In Bezug auf diese Richtlinie hält der Gesetzgeber die Übermittlung derartiger Dokumente für gerechtfertigt.
	(107) Diese Richtlinie sollte die Mitgliedstaaten nicht daran hindern, die Bestimmungen über die Ausübung der Rechte der betroffenen Personen auf Unterrichtung, Auskunft und Berichtigung oder Löschung personenbezogener Daten und Beschränkung der Verarbeitung im Rahmen eines Strafverfahrens sowie mögliche Beschränkungen dieser Rechte in ihr einzelstaatliches Strafverfahrensrecht umzusetzen –

Bundesdatenschutzgesetz	Richtlinie (EU) 2016/680 (JI-RL)
	Art. 64 JI-RL Inkrafttreten
Bedarf keiner Umsetzung in nationales Recht.	Diese Richtlinie tritt am Tag nach ihrer Veröffentlichung im Amtsblatt der Europäischen Union in Kraft.
	Art. 65 JI-RL Adressaten
Bedarf keiner Umsetzung in nationales Recht.	Diese Richtlinie ist an die Mitgliedstaaten gerichtet. Geschehen zu Straßburg am 27. April 2016.
	Erwägungsgründe
	(99) Nach Artikel 6 a des dem EUV und dem AEUV beigefügten Protokolls Nr. 21 über die Position des Vereinigten Königreichs und Irlands hinsichtlich des Raums der Freiheit, der Sicherheit und des Rechts sind die Bestimmungen dieser Richtlinie über die Verarbeitung personenbezogener Daten durch die Mitgliedstaaten im Rahmen der Ausübung von Tätigkeiten, die in den Anwendungsbereich des Dritten Teils Titel V Kapitel 4 und 5 AEUV fallen, für das Vereinigte Königreich und Irland nicht bindend, wenn das Vereinigte Königreich und Irland nicht durch die Vorschriften gebunden sind, die Formen der justiziellen Zusammenarbeit in Strafsachen oder der polizeilichen Zusammenarbeit regeln, in deren Rahmen die auf der Grundlage des Artikels 16 AEUV festgelegten Vorschriften eingehalten werden müssen.
	(100) Nach den Artikeln 2 und 2 a des dem EUV und dem AEUV beigefügten Protokolls Nr. 22 über die Position Dänemarks ist Dänemark durch die Bestimmungen dieser Richtlinie, die sich auf die Verarbeitung personenbezogener Daten durch die Mitgliedstaaten im Rahmen der Ausübung von Tätigkeiten beziehen, die in den Anwendungsbereich des Dritten Teils Titel V Kapitel 4 und 5 AEUV fallen, weder gebunden noch zu ihrer Anwendung verpflichtet. Da diese Richtlinie den Schengen-Besitzstand gemäß dem Dritten Teil Titel V AEUV ergänzt, beschließt Dänemark gemäß Artikel 4 des genannten Protokolls innerhalb von sechs Monaten nach Erlass dieser Richtlinie, ob es sie in nationales Recht umsetzt.
	(101) Für Island und Norwegen stellt diese Richtlinie eine Weiterentwicklung von Bestimmungen des Schengen-Besitzstands im Sinne des Übereinkommens zwischen dem Rat der Europäischen Union sowie der Republik Island und dem Königreich Norwegen über die Assoziierung der beiden letztgenannten Staaten bei der Umsetzung, Anwendung und Entwicklung des Schengen-Besitzstands dar.[15]

Bundesdatenschutzgesetz	Richtlinie (EU) 2016/680 (JI-RL)
	(102) Für die Schweiz stellt diese Richtlinie eine Weiterentwicklung von Bestimmungen des Schengen-Besitzstands im Sinne des Abkommens zwischen der Europäischen Union, der Europäischen Gemeinschaft und der Schweizerischen Eidgenossenschaft über die Assoziierung dieses Staates bei der Umsetzung, Anwendung und Entwicklung des Schengen-Besitzstands dar.[16]
	(103) Für Lichtenstein[sic!] stellt diese Richtlinie eine Weiterentwicklung von Bestimmungen des Schengen-Besitzstands im Sinne des Protokolls zwischen der Europäischen Union, der Europäischen Gemeinschaft, der Schweizerischen Eidgenossenschaft und dem Fürstentum Liechtenstein über den Beitritt des Fürstentums Liechtenstein zu dem Abkommen zwischen der Europäischen Union, der Europäischen Gemeinschaft und der Schweizerischen Eidgenossenschaft über die Assoziierung der Schweizerischen Eidgenossenschaft bei der Umsetzung, Anwendung und Entwicklung des Schengen-Besitzstands dar.[17]
	(104) Diese Richtlinie steht im Einklang mit den Grundrechten und Grundsätzen, die mit der Charta anerkannt wurden und im AEUV verankert sind, insbesondere mit dem Recht auf Achtung des Privat- und Familienlebens, dem Recht auf Schutz personenbezogener Daten sowie dem Recht auf einen wirksamen Rechtsbehelf und ein faires Verfahren. Die Einschränkungen dieser Rechte stehen im Einklang mit Artikel 52 Absatz 1 der Charta, da sie erforderlich sind, um den von der Union anerkannten dem Gemeinwohl dienenden Zielsetzungen oder den Erfordernissen des Schutzes der Rechte und der Freiheiten anderer zu entsprechen.
	(106) Der Europäische Datenschutzbeauftragte wurde gemäß Artikel 28 Absatz 2 der Verordnung (EG) Nr. 45/2001 konsultiert und hat seine Stellungnahme am 7. März 2012 abgegeben.[18]
	[15] Amtl. Anm.: ABl. L 176 vom 10.7.1999, S. 36.
	[16] Amtl. Anm.: ABl. L 53 vom 27.2.2008, S. 52.
	[17] Amtl. Anm.: ABl. L 160 vom 18.6.2011, S. 21.
	[18] ABl. C 192, 30.6.2012, S. 7

§ 3 Kompaktsynopse

Folgende Kompaktsynopse stellt das neue, ab dem 25. Mai 2018 in Kraft tretende, Bundesdatenschutzgesetz sowohl mit der JI-Richtlinie als auch mit der Datenschutz-Grundverordnung gegenüber. Gezeigt wird, welche Regelung des Bundesdatenschutzgesetzes welche Regelung der JI-Richtlinie in nationales Rechts umsetzen. Gezeigt wird auch, welche Regelung des Bundesdatenschutzgesetzes auf einer Öffnungsklausel der Datenschutz-Grundverordnung basiert, eine Regelung der Verordnung anpasst oder eine Regelung der Verordnung zum Vorbild hatte. 1

Teile von einzelnen Paragrafen neuen Bundesdatenschutzgesetz, wie Absätze oder Nummern, wurden nur dort einzeln aufgeführt, wo dies für die Zuordnung zu anderen Vorschriften notwendig ist 2

Auch wird aufgeführt, welche Regelung des neuen Bundesdatenschutzgesetzes laut Gesetzesbegründung zum Erhalt welcher Regelung des Bundesdatenschutzgesetzes in der alten Fassung dient oder diese zum Vorbild hatte. 3

BDSG nF	JI-RL	DS-GVO	BDSG aF
§ 1			
§ 1 Abs. 1			
§ 1 Abs. 2			§ 1 Abs. 3 S. 2
§ 1 Abs. 3			§ 1 Abs. 4
§ 1 Abs. 4			
§ 1 Abs. 5		Art. 2 Abs. 1	
§ 1 Abs. 6			
§ 1 Abs. 7			
§ 1 Abs. 8			
§ 2		Art. 6 Abs. 1 lit. e iVm Abs. 3 Satz 1	§ 2; § 27 Abs. 1 Satz 1 Nr. 2
§ 3		Art. 6 Abs. 1 lit. e iVm Abs. 3 Satz 1	§§ 13 Abs. 1; § 14 Abs. 1
§ 4			
§ 4 Abs. 1			§ 6 b Abs. 1 S. 2
§ 4 Abs. 2			
§ 4 Abs. 3			
§ 4 Abs. 4			
§ 4 Abs. 5			
§ 5	Art. 32	Art. 37	
§ 5 Abs. 1	Art. 32 Abs. 1	Art. 37 Abs. 1 lit. a	
§ 5 Abs. 2	Art. 32 Abs. 3	Art. 37 Abs. 3	
§ 5 Abs. 3	Art. 32 Abs. 2	Art. 37 Abs. 5	
§ 5 Abs. 4	EG 63	Art. 37 Abs. 6	
§ 5 Abs. 5	Art. 32 Abs. 4	Art. 37 Abs. 7	
§ 6	Art. 33	Art. 38	
§ 6 Abs. 1	Art. 33 Abs. 1	Art. 38 Abs. 1	

BDSG nF	JI-RL	DS-GVO	BDSG aF
§ 6 Abs. 2	Art. 33 Abs. 2	Art. 38 Abs. 2	
§ 6 Abs. 3	EG 63	Art. 38 Abs. 3	
§ 6 Abs. 4	EG 63	Art. 38 Abs. 3	§ 4 f Abs. 3 Satz 4 bis 6
§ 6 Abs. 5	Art. 34	Art. 38 Abs. 4 und 5	§ 4 f Abs. 4
§ 6 Abs. 6			§ 4 f Abs. 4 a
§ 7	Art. 34	Art. 39	
§ 7 Abs. 1	Art. 34	Art. 39 Abs. 1	
§ 7 Abs. 2	EG 63	Art. 38 Abs. 6	
§ 7 Abs. 3		Art. 39 Abs. 2	
§ 8		Art. 54	
§ 8 Abs. 1			§ 22 Abs. 5
§ 8 Abs. 2			§ 22 Abs. 5
§ 8 Abs. 3			
§ 9		Art. 55	
§ 9 Abs. 1			
§ 9 Abs. 2			
§ 10	Art. 42	Art. 52	
§ 10 Abs. 1	Art. 42 Abs. 1 und 2	Art. 52 Abs. 1 und 2	
§ 10 Abs. 2	Art. 42 Abs. 6	Art. 52 Abs. 6	
§ 11	Art. 43	Art. 53	
§ 11 Abs. 1	Art. 43 Abs. 1 und 2	Art. 53 Abs. 1 und 2	§ 22 Abs. 1 Satz 1 und 3-4
§ 11 Abs. 2	Art. 43 Abs. 4; Art. 44 Abs. 1 lit. c	Art. 53 Abs. 4; Art. 54 Abs. 1 lit. c	§ 22 Abs. 2
§ 11 Abs. 3	Art. 44 Abs. 1 lit. d und e	Art. 54 Abs. 1 lit. d und e	§ 22 Abs. 3
§ 12			
§ 12 Abs. 1	Art. 42 Abs. 1 litc. c	Art. 54 Abs. 1 lit. c.	§ 22 Abs. 4 S. 1
§ 12 Abs. 2	Art. 43 Abs. 3 und 4, Art. 44 Abs. 1 litc. c, d und f	Art. 43 Abs. 3 und 4, Art. 54 Abs. 1 lit. c, d und f.	§ 23 Abs. 1
§ 12 Abs. 3	Art. 44 Abs. 1 lit. a und d	Art. 54 Abs. 1 lit. a und d	§ 22 Abs. 6
§ 12 Abs. 4	Art. 44 Abs. 1 lit. a und c	Art. 54 Abs. 1 lit. a und c	§ 23 Abs. 7
§ 13			§ 23 Abs. 2 bis 6 und 8
§ 13 Abs. 1	Art. 42 Abs. 3, Art. 44 Abs. 1 lit. f	Art. 52 Abs. 3, Art. 54 Abs. 1 lit. f	§ 23 Abs. 2

BDSG nF	JI-RL	DS-GVO	BDSG aF
§ 13 Abs. 2	Art. 42 Abs. 3, Art. 44 Abs. 1 lit. f	Art. 52 Abs. 3, Art. 54 Abs. 1 lit. f	§ 23 Abs. 3
§ 13 Abs. 3			§ 23 Abs. 4
§ 13 Abs. 4	Art. 44 Abs. 2	Art. 54 Abs. 2	§ 23 Abs. 5
§ 13 Abs. 5			§ 23 Abs. 6
§ 13 Abs. 6			§§ 12 Abs. 3, 23 Abs. 8
§ 14	Art. 46	Art. 57	
§ 14 Abs. 1	Art. 46 Abs. 1		
§ 14 Abs. 1 Nr. 1	Art. 46 Abs. 1 lit. a		
§ 14 Abs. 1 Nr. 2	Art. 46 Abs. 1 lit. b		
§ 14 Abs. 1 Nr. 3	Art. 46 Abs. 1 lit. c		
§ 14 Abs. 1 Nr. 4	Art. 46 Abs. 1 lit. d		
§ 14 Abs. 1 Nr. 5	Art. 46 Abs. 1 lit. e		
§ 14 Abs. 1 Nr. 6	Art. 46 Abs. 1 lit. f		
§ 14 Abs. 1 Nr. 7	Art. 46 Abs. 1 lit. h		
§ 14 Abs. 1 Nr. 8	Art. 46 Abs. 1 lit. i		
§ 14 Abs. 1 Nr. 9	Art. 46 Abs. 1 lit. j		
§ 14 Abs. 1 Nr. 10	Art. 46 Abs. 1 lit. k		
§ 14 Abs. 1 Nr. 11	Art. 46 Abs. 1 lit. l		
§ 14 Abs. 2	Art. 47 Abs. 3	Art. 58 Abs. 3 lit. b	§ 26 Abs. 2 Satz 2
§ 14 Abs. 3	Art. 46 Abs. 2	Art. 57 Abs. 2	
§ 14 Abs. 4	Art. 46 Abs. 3 und 4	Art. 57 Abs. 3 und 4	
§ 15	Art. 49	Art. 59	
§ 16	Art. 47	Art. 58	
§ 16 Abs. 1	Art. 47 Abs. 1	Art. 58 Abs. 4 und 5	§ 25 Abs. 1
§ 16 Abs. 2	Art. 47 Abs. 2		
§ 16 Abs. 3			§ 24 Abs. 2 Satz 1 und 2
§ 16 Abs. 4	Art. 47 Abs. 1	Art. 58 Abs. 1 lit. f	§ 24 Abs. 4
§ 16 Abs. 5			§ 26 Abs. 4
§ 17	Art. 41	Art. 51, EG 119	
§ 17 Abs. 1	Art. 41 Abs. 4	Art. 51 Abs. 3, Art. 68 Abs. 3	
§ 17 Abs. 2		Art. 51 Abs. 3	
§ 18	Art. 41 Abs. 2 und 3; EG 77	Art. 51 Abs. 3, EG 119	
§ 18 Abs. 1	Art. 50 Abs. 1 und 2; EG 83	Art. 60 Abs. 1 und 3	§ 38 Abs. 1 Satz 4
§ 18 Abs. 2			
§ 18 Abs. 3			

BDSG nF	JI-RL	DS-GVO	BDSG aF
§ 19	Art. 41 Abs. 1, EG 77	Art. 51 Abs. 1; EG 119	
§ 20	Art. 53 Abs. 1	Art. 78 Abs. 1	
§ 21	Art. 47 Abs. 5	Art. 58 Abs. 5	
§ 22		Art. 9 Abs. 2	
§ 22 Abs. 1 Nr. 1		Art. 9 Abs. 2	
§ 22 Abs. 1 Nr. 1 lit. a		Art. 9 Abs. 2 lit. b	
§ 22 Abs. 1 Nr. 1 lit. b		Art. 9 Abs. 2 lit. h, Abs. 3	
§ 22 Abs. 1 Nr. 1 lit. c		Art. 9 Abs. 2 lit. i	
§ 22 Abs. 1 Nr. 2		Art. 9 Abs. 2 lit. g	§ 13 Abs. 1 Nr. 1, 5, 6 und 9
§ 22 Abs. 2		Art. 9 Abs. 2 lit. b, g und i	
§ 23			§ 13 Abs. 2; § 14 Abs. 2, 3, 4 und 5
§ 23 Abs. 1		Art. 6 Abs. 1 UAbs. 1 lit. e, Abs. 2 und 3	
§ 23 Abs. 2		Art. 9 Abs. 2	
§ 24			§ 28 Abs. 2 Nr. 2 lit. b; § 28 Abs. 2 iVm Abs. 1 Nr. 2; § 28 Abs. 8 Satz 1 iVm Abs. 6 Nr. 1 bis 3; Abs. 7 Satz 2
§ 24 Abs. 1		Art. 23 Abs. 1 lit. a. bis d und lit. i und j	
§ 24 Abs. 2		Art. 9 Abs. 2	
§ 25			
§ 25 Abs. 1		Art. 6 Abs. 1 UAbs. 1 lit. e, Abs. 2 und 3	§ 15 Abs. 1 und 3
§ 25 Abs. 2 Nr. 1		Art. 6 Abs. 1 UAbs. 1 lit. e, Abs. 2 und 3	§ 16 Abs. 1 Nr. 1 und Abs. 4
§ 25 Abs. 2 Nr. 2		Art. 6 Abs. 1 UAbs. 1 lit. e und f., Abs. 2 und 3	§ 16 Abs. 1 Nr. 2 und Abs. 4
§ 25 Abs. 2 Nr. 3		Art. 6 Abs. 1 UAbs. 1 lit. e	§ 16 Abs. 1 Nr. 2 und Abs. 4

BDSG nF	JI-RL	DS-GVO	BDSG aF
		und f., Abs. 2 und 3, Art. 23 Abs. 1 lit. j	
§ 25 Abs. 3		Art. 9 Abs. 2	
§ 26		Art. 88; Art. 9 Abs. 2	§ 32; § 3 Abs. 11
§ 27			
§ 27 Abs. 1		Art. 9 Abs. 2 lit. j	
§ 27 Abs. 2		Art. 89 Abs. 2; Art. 23	
§ 27 Abs. 3		Art. 9 Abs. 2, 4	§ 40 Abs. 2 und 3
§ 27 Abs. 4		Art. 85, Art. 9 Abs. 2	§ 40 Abs. 2 und 3
§ 28			
§ 28 Abs. 1		Art. 9 Abs. 2 lit. j	
§ 28 Abs. 2		Art. 89 Abs. 3	
§ 28 Abs. 3		Art. 89 Abs. 3	
§ 28 Abs. 4		Art. 89 Abs. 3	
§ 29		Art. 23	
§ 29 Abs. 1		Art. 23 Abs. 1 lit. i	§ 19 a Abs. 3 iVm § 19 Abs. 4 Nr. 3; § 33 Abs. 2 Satz 1 Nr. 3; § 19 Abs. 4 Nr. 3; § 34 Abs. 7
§ 29 Abs. 2		Art. 23 Abs. 1 lit. i	
§ 29 Abs. 3		Art. 90	
§ 30			§ 29 Abs. 6 und 7
§ 31		§ 22 Abs. 2 lit. b	§§ 28 a und 28 b
§ 32		Art. 23; Art. 13	
§ 32 Abs. 1		Art. 23	
§ 32 Abs. 1 Nr. 1		Art. 23 Abs. 1 lit. i	
§ 32 Abs. 1 Nr. 2		Art. 23 Abs. 1 lit. a bis e; Art. 6 Abs. 1 UAbs. 1 lit. c und e, Abs. 2 und 3	
§ 32 Abs. 1 Nr. 3		Art. 23 Abs. 1 lit. a bis e; Art. 6 Abs. 1 UAbs. 1 lit. c und e, Abs. 2 und 3	
§ 32 Abs. 1 Nr. 4		Art. 23 Abs. 1 lit. i	
§ 32 Abs. 1 Nr. 5		Art. 23 Abs. 1 lit. e	
§ 32 Abs. 2		Art. 23 Abs. 2	
§ 32 Abs. 3		Art. 23 Abs. 1	
§ 33		Art. 23; Art. 14	

BDSG nF	JI-RL	DS-GVO	BDSG aF
§ 33 Abs. 1 Nr. 1 lit. a		Art. 23 Abs. 1 lit. a bis e; Art. 6 Abs. 1 UAbs. 1 lit. c und e, Abs. 2 und 3	§ 19a Abs. 3 iVm Abs. 4 Nr. 1 und 2
§ 33 Abs. 1 Nr. 1 lit. b		Art. 23 Abs. 1 lit. a bis e; Art. 6 Abs. 1 UAbs. 1 lit. c und e, Abs. 2 und 3	
§ 33 Abs. 1 Nr. 2 lit. a		Art. 23 Abs. 1 lit. i iVm Abs. 2 lit. c	§ 33 Abs. 2 Satz 1 Nr. 7b)
§ 33 Abs. 1 Nr. 2 lit. b		Art. 23 Abs. 1 lit. a bis e	§ 33 Abs. 2 Satz 1 Nr. 6
§ 33 Abs. 2		Art. 23 Abs. 2	
§ 33 Abs. 3		Art. 23 Abs. 1 lit. a und b iVm Abs. 2 lit. c und e	§ 19a Abs. 3 iVm Abs. 3
§ 34			
§ 34 Abs. 1 Nr. 1		[s. o. zu § 34 Abs. 1 und 3]	§ 19 Abs. 3 und 4 Nr. 1 und 2 sowie § 34 Abs. 7 iVm § 33 Abs. 2 Satz 1 Nr. 6 und 7b
§ 34 Abs. 1 Nr. 2		Art. 23 Abs. 1 lit. h iVm Abs. 2 lit. c [§ 19 Abs. 2; § 33 Abs. 2 S. 1 Nr. 2 BDSG aF]	§ 19 Abs. 2; § 33 Abs. 2 Satz 1 Nr. 2
§ 34 Abs. 2		Art. 23 Abs. 2 lit. c, d, g und h	§ 34 Abs. 5
§ 34 Abs. 3		Art. 23 Abs. 1 lit. c und d	§ 19 Abs. 6
§ 34 Abs. 4			§ 19 Abs. 1 Satz 3
§ 35		Art. 23 Abs. 1 lit. i iVm Abs. 2 lit. c	
§ 35 Abs. 1			§ 20 Abs. 3 Nr. 3; § 35 Abs. 3 Nr. 3
§ 35 Abs. 2		Art. 23 Abs. 1 lit. i	§ 20 Abs. 3 Nr. 2; § 35 Abs. 3 Nr. 3
§ 35 Abs. 3		Art. 23 Abs. 1 lit. h	
§ 36		Art. 23 Abs. 1 iVm Abs. 2 lit. c; Art. 6 Abs. 1 UAbs. 1 lit. c und e, Abs. 2 und 3	

BDSG nF	JI-RL	DS-GVO	BDSG aF
§ 37		Art. 22 Abs. 2 lit. b	§ 6 a Abs. 2 Nr. 2
§ 38			
§ 38 Abs. 1		Art. 37 Abs. 4 S. 1;	§ 4 f Abs. 1 Satz 4
§ 38 Abs. 2		Art. 38 Abs. 5	
§ 39		Art. 43 Abs. 1	
§ 40		Art. 58 Abs. 6	§ 38
§ 41		Art. 83	
§ 42		Art. 84	
§ 42 Abs. 1			
§ 42 Abs. 2			
§ 42 Abs. 3			§ 44 Abs. 2
§ 42 Abs. 4			§ 42 a S. 6
§ 43			
§ 43 Abs. 1			§ 43 Abs. 3 Nr. 7 a und b
§ 43 Abs. 2			§ 43 Abs. 3 S. 1
§ 43 Abs. 3		Art. 83 Abs. 7	
§ 43 Abs. 4		Art. 83 Abs. 8	§ 42 a S. 6
§ 44		Art. 79 Abs. 2	
§ 45	Art. 1 Abs. 1, 2 Abs. 1		
§ 46	Art. 3		
§ 46 Nr. 1	Art. 3 Nr. 1		
§ 46 Nr. 2	Art. 3 Nr. 2		
§ 46 Nr. 3	Art. 3 Nr. 3		
§ 46 Nr. 4	Art. 3 Nr. 4		
§ 46 Nr. 5	Art. 3 Nr. 5		
§ 46 Nr. 6	Art. 3 Nr. 6		
§ 46 Nr. 7	Art. 3 Nr. 8		
§ 46 Nr. 8	Art. 3 Nr. 9		
§ 46 Nr. 9	Art. 3 Nr. 10		
§ 46 Nr. 10	Art. 3 Nr. 11		
§ 46 Nr. 11	Art. 3 Nr. 12		
§ 46 Nr. 12	Art. 3 Nr. 13		
§ 46 Nr. 13	Art. 3 Nr. 14		
§ 46 Nr. 14	Art. 10		
§ 46 Nr. 15	Art. 3 Nr. 15		
§ 46 Nr. 16	Art. 3 Nr. 16		
§ 46 Nr. 17	Art. 51; EG 35	Art. 4 Nr. 11	
§ 47	Art. 4		
§ 47 Nr. 1	Art. 4 Abs. 1 lit. a		
§ 47 Nr. 2	Art. 4 Abs. 1 lit. b		
§ 47 Nr. 3	Art. 4 Abs. 1 lit. c		
§ 47 Nr. 4	Art. 4 Abs. 1 lit. d		

BDSG nF	JI-RL	DS-GVO	BDSG aF
§ 47 Nr. 5	Art. 4 Abs. 1 lit. e		
§ 47 Nr. 6	Art. 4 Abs. 1 lit. f		
§ 48	Art. 10		
§ 48 Abs. 1	Art. 10		
§ 48 Abs. 2	EG 37		
§ 49	Art. 4 Abs. 2		
§ 50	Art. 4 Abs. 3		
§ 51	EG 35, 37		
§ 51 Abs. 1		Art. 7 Abs. 1	
§ 51 Abs. 2		Art. 7 Abs. 2	
§ 51 Abs. 3		Art. 7 Abs. 3	
§ 51 Abs. 4		Art. 7 Abs. 4	§ 4 a Abs. 1
§ 51 Abs. 5	EG 37		§ 4 a Abs. 3
§ 52	Art. 23		
§ 53			§ 5
§ 54	Art. 11		
§ 54 Abs. 1	Art. 11 Abs. 1		
§ 54 Abs. 2	Art. 11 Abs. 2		
§ 54 Abs. 3	Art. 11 Abs. 3		
§ 55	Art. 13 Abs. 1		
§ 55 Nr. 1	Art. 13 Abs. 1 lit. c		
§ 55 Nr. 2	Art. 13 Abs. 1 lit. e		
§ 55 Nr. 3	Art. 13 Abs. 1 lit. a und b		
§ 55 Nr. 4	Art. 13 Abs. 1 lit. d		
§ 55 Nr. 5	Art. 13 Abs. 1 lit. d		
§ 56	Art. 13 Abs. 2		
§ 56 Abs. 1	Art. 13 Abs. 2 iVm Abs. 1		
§ 56 Abs. 2	Art. 13 Abs. 3		
§ 56 Abs. 3	Art. 13 Abs. 3 und 4		§ 19 Abs. 3
§ 56 Abs. 4	Art. 13 Abs. 3; Art. 17 Abs. 1; Art. 15 Abs. 3 S. 2, Art. 52		
§ 57	Art. 14		
§ 57 Abs. 1	Art. 14 Abs. 1		
§ 57 Abs. 1 Nr. 1	Art. 14 Abs. 1 lit. b und g		
§ 57 Abs. 1 Nr. 2	Art. 14 Abs. 1 lit. g		
§ 57 Abs. 1 Nr. 3	Art. 14 Abs. 1 lit. a		
§ 57 Abs. 1 Nr. 4	Art. 14 Abs. 1 lit. c		
§ 57 Abs. 1 Nr. 5	Art. 14 Abs. 1 lit. d		

BDSG nF	JI-RL	DS-GVO	BDSG aF
§ 57 Abs. 1 Nr. 6	Art. 14 Abs. 1 lit. e		
§ 57 Abs. 1 Nr. 7	Art. 14 Abs. 1 lit. f; 1		
§ 57 Abs. 1 Nr. 8	Art. 14 Abs. 1 lit. f		
§ 57 Abs. 2	Art. 15 Abs. 1		§ 19 Abs. 2
§ 57 Abs. 3	Art. 15 Abs. 1		§ 19 Abs. 1 S. 3
§ 57 Abs. 4	Art. 15 Abs. 1		
§ 57 Abs. 5	Art. 15 Abs. 2 und 1		§ 19 Abs. 3
§ 57 Abs. 6	Art. 15 Abs. 3		§ 19 Abs. 5 Satz 1
§ 57 Abs. 7	Art. 15 Abs. 3; Art. 17 Abs. 1; Art 52		§ 19 Abs. 6 Satz 1 und 2
§ 57 Abs. 8	Art. 15 Abs. 4		
§ 58	Art. 16		
§ 58 Abs. 1	Art. 16 Abs. 1; EG 47; 16 Abs. 3		
§ 58 Abs. 2	Art. 16 Abs. 2		
§ 58 Abs. 3	Art. 16 Abs. 3		§ 20 Abs. 3
§ 58 Abs. 4	EG 47		
§ 58 Abs. 5	Art. 16 Abs. 5 und 6		
§ 58 Abs. 6	Art 16 Abs. 4,		
§ 58 Abs. 7	Art 16 Abs. 4, 17 Abs. 1		
§ 59	Art. 12		
§ 59 Abs. 1	Art. 12 Abs. 1		
§ 59 Abs. 2	Art. 12 Abs. 3		
§ 59 Abs. 3	Art. 12 Abs. 4		
§ 59 Abs. 4	Art. 12 Abs. 5		
§ 60	Art. 52		
§ 60 Abs. 1	Art. 52 Abs. 1, 3, 4; EG 80		§ 21
§ 60 Abs. 2	Art. 52 Abs. 2 und 3		
§ 61	Art. 53		
§ 61 Abs. 1	§ 53 Abs. 1		
§ 61 Abs. 2	Art. 53 Abs. 2		
§ 62	Art. 22	Art. 28	
§ 62 Abs. 1			§ 11 Abs. 1
§ 62 Abs. 2	Art. 22 Abs. 1		
§ 62 Abs. 3	Art. 22 Abs. 2		
§ 62 Abs. 4		Art. 28 Abs. 4	
§ 62 Abs. 5	Art. 22 Abs. 3	Art. 28 Abs. 3	§ 11 Abs. 2 und 3

BDSG nF	JI-RL	DS-GVO	BDSG aF
§ 62 Abs. 6	Art. 22 Abs. 4		
§ 62 Abs. 7	Art. 22 Abs. 5		
§ 63	Art. 21		
§ 63 S. 1 und 2	Art. 21 Abs. 1		
§ 63 S. 3	Art. 21 Abs. 2		§ 6 Abs. 2
§ 64	Art. 29		
§ 64 Abs. 1	Art. 29 Abs. 1		§ 9 Satz 2
§ 64 Abs. 2		Art. 32 Abs. 1 lit. a bis c	
§ 64 Abs. 3	Art. 29 Abs. 2		§ 9 und Anhang § 9 Satz 1
§ 65	Art. 30		
§ 65 Abs. 1	Art. 30 Abs. 1		
§ 65 Abs. 2	Art. 30 Abs. 2		
§ 65 Abs. 3	Art. 30 Abs. 3		
§ 65 Abs. 4	Art. 30 Abs. 4		
§ 65 Abs. 5	Art. 30 Abs. 5		
§ 65 Abs. 6	Art. 30 Abs. 6		
§ 65 Abs. 7			§ 42 a S. 6
§ 65 Abs. 8			
§ 66	Art. 31		
§ 66 Abs. 1	Art. 31 Abs. 1		
§ 66 Abs. 2	Art. 31 Abs. 2		
§ 66 Abs. 3	Art. 31 Abs. 3		
§ 66 Abs. 4	Art. 31 Abs. 4		
§ 66 Abs. 5	Art. 31 Abs. 5		
§ 66 Abs. 6			§ 42 a S. 6
§ 67	Art. 27	Art. 35	
§ 67 Abs. 1	Art. 27 Abs. 1		
§ 67 Abs. 2		Art. 35 Abs. 1 S. 2	
§ 67 Abs. 3		Art. 35 Abs. 2	
§ 67 Abs. 4	Art. 27 Abs. 2	Art. 35 Abs. 7	
§ 67 Abs. 5		Art. 35 Abs. 11	
§ 68	Art. 26		
§ 69	Art. 28		
§ 69 Abs. 1	Art. 28 Abs. 1		
§ 69 Abs. 2	Art. 28 Abs. 4	Art. 36 Abs. 3	
§ 69 Abs. 3	Art. 28 Abs. 5		
§ 69 Abs. 4			
§ 70	Art. 24		
§ 70 Abs. 1	Art. 24 Abs. 1		
§ 70 Abs. 2	Art. 24 Abs. 2		
§ 70 Abs. 3	Art. 24 Abs. 3 UAbs. 1		

BDSG nF	JI-RL	DS-GVO	BDSG aF
§ 70 Abs. 4	Art. 24 Abs. 3 UAbs. 2		
§ 71	Art. 20		
§ 71 Abs. 1	Art. 20 Abs. 1		§ 3 a
§ 71 Abs. 2	Art. 20 Abs. 2		
§ 72	Art. 6		
§ 73	Art. 7 Abs. 1		
§ 74	Art. 7 Abs. 2		
§ 74 Abs. 1	Art. 7 Abs. 2		
§ 74 Abs. 2	Art. 9 Abs. 3		
§ 74 Abs. 3	Art. 9 Abs. 4		
§ 75	Art. 16		
§ 75 Abs. 1	Art. 16 Abs. 1 und 5, Art. 7 Abs. 3 S. 2		
§ 75 Abs. 2	Art. 16 Abs. 2		
§ 75 Abs. 3	Art. 7 Abs. 3; Art. 16 Abs. 5		
§ 75 Abs. 4	Art. 5		
§ 76	Art. 25		
§ 76 Abs. 1	Art. 25 Abs. 1 S. 1		
§ 76 Abs. 2	Art. 25 Abs. 1 S. 2		
§ 76 Abs. 3	Art. 25 Abs. 2		
§ 76 Abs. 4	Art. 5		
§ 76 Abs. 5	Art. 25 Abs. 3		
§ 77	Art. 48		
§ 78	Art. 35		
§ 78 Abs. 1	Art. 35 Abs. 1 lit. b und d, Art. 36		
§ 78 Abs. 2	Art. 35 Abs. 3		
§ 78 Abs. 3	Art. 35 Abs. 1 lit. c, Abs. 2		
§ 78 Abs. 4	Art. 35 Abs. 1 lit. e		
§ 79	Art. 37		
§ 79 Abs. 1	Art. 37 Abs. 1		
§ 79 Abs. 2	Art. 37 Abs. 3		
§ 79 Abs. 3	Art. 37 Abs. 2		
§ 80	Art. 38		
§ 80 Abs. 1	Art. 38 Abs. 1		
§ 80 Abs. 2	Art. 38 Abs. 2		
§ 80 Abs. 3	Art. 38 Abs. 3		
§ 81	Art. 39		
§ 81 Abs. 1	Art. 39 Abs. 1		
§ 81 Abs. 2	Art. 39 Abs. 1 lit. d		

BDSG nF	JI-RL	DS-GVO	BDSG aF
§ 81 Abs. 3	Art. 39 Abs. 3 und 4		
§ 81 Abs. 4			
§ 81 Abs. 5	Art. 39 Abs. 1 iVm Abs. 2		
§ 82	Art. 50		
§ 82 Abs. 1	Art. 50 Abs. 1		
§ 82 Abs. 2	Art. 50 Abs. 2		
§ 82 Abs. 3	Art. 50 Abs. 4		
§ 82 Abs. 4	Art. 50 Abs. 5		
§ 82 Abs. 5	Art. 50 Abs. 6		
§ 82 Abs. 6	Art. 50 Abs. 7		
§ 82 Abs. 7	Art. 50 Abs. 3		
§ 83	Art. 56		
§ 83 Abs. 1	Art. 56		
§ 83 Abs. 2	Art. 56		
§ 83 Abs. 3	Art. 56		
§ 83 Abs. 4	Art. 56		
§ 83 Abs. 5	Art. 56		
§ 84	Art. 57		
§ 85			
§ 85 Abs. 1			§ 4 b Abs. 2
§ 85 Abs. 2			§ 24 Abs. 4 S. 4
§ 85 Abs. 3			§ 19 Abs. 3 und 5

Literaturverzeichnis

Aden, Stellungnahme zum Gesetzentwurf der Bundesregierung: Entwurf eines Gesetzes zur Anpassung des Datenschutzrechts an die Verordnung (EU) 2016/679 und zur Umsetzung der Richtlinie (EU) 2016/680 (Datenschutz-Anpassungs- und -Umsetzungsgesetz EU – DSAnpUG-EU), BT-Drucksache 18/11325, BT Ausschussdrucksache 18(4)824 G.

Albrecht, J. P./Jotzo, F., Das neue Datenschutzrecht der EU, Baden-Baden 2017.

Art. 29-Gruppe, Opinion 03/2015 on the draft directive on the protection of individuals with regard to the processing of personal data by competent authorities for the purposes of prevention, investigation, detection or prosecution of criminal offences or the execution of criminal penalties, and the free movement of such data, 3211/15/EN, WP 233.

Bäcker, M./Hornung, G., EU-Richtlinie für die Datenverarbeitung bei Polizei und Justiz in Europa: Einfluss des Kommissionsentwurfs auf das nationale Strafprozess- und Polizeirecht, ZD 2012, 147.

Beckmann, M./Mann, T./Durner, W./Röckinghausen M. (Hrsg.), Umweltrecht, 82. El., München 2017 (zitiert: *Autor*, in: Landmann/Rohmer 2017).

Bertram, K., Die Verwendung präventiv-polizeilicher Erkenntnisse im Strafverfahren, Baden-Baden 2009.

Böhm, F., Information Sharing and Data Protection in the Area of Freedom, Security and Justice – Towards Harmonised Data Protection Principles for Information Exchange at EU-level, Berlin, Heidelberg 2012.

Brodowski, D., Strafrechtsrelevante Entwicklungen in der Europäischen Union – ein Überblick, ZIS 2017, 11.

Dammann, U., Erfolge und Defizite der EU-Datenschutzgrundverordnung – Erwarteter Fortschritt, Schwächen und überraschende Innovationen, ZD 2016, 307.

Dammann, U./Simitis, S., EG-Datenschutzrichtlinie, Kommentar, Baden-Baden 1997.

Der Landesbeauftragte für Datenschutz M-V, Der Stellungnahme des LfDI M-V zum DSAnpUG-EU, 2017, https://www.datenschutz-mv.de/presse/2017/sn-bdsg-e.pdf.

Dick, C., Entwicklungsperspektiven der polizeilichen Zusammenarbeit und des Polizeirechts in der EU, ZRP 2013, 117.

DSK, Kurzpapier Nr. 1: Verzeichnis von Verarbeitungstätigkeiten – Art. 30 DS-GVO, Stand 29. Juni 2017, https://www.bfdi.bund.de/SharedDocs/Downloads/DE/Datenschutz/Kurzpapier_Verzeichnis%20von%20Verarbeitungstaetigkeiten.pdf.

DSK, Kurzpapier Nr. 4: Datenübermittlung in Drittländer, Stand 11. Juli 2017, https://www.bfdi.bund.de/SharedDocs/Downloads/DE/Datenschutz/Kurzpapier_Drittlaender.pdf.

DSK, Kurzpapier Nr. 5: Datenschutz-Folgenabschätzung nach Art. 35 DS-GVO, Stand 24. Juli 2017, https://www.bfdi.bund.de/SharedDocs/Downloads/DE/Datenschutz/Kurzpapier_DatenschutzFolgeabschaetzung.pdf.

Düwell, F.-J., Das Datenschutz-Anpassungs- und -Umsetzungsgesetz, jurisPR-ArbR 22/2017 Anm. 1.

Ehmann, E./Selmayr, M. (Hrsg.), DS-GVO – Datenschutz-Grundverordnung Kommentar, München 2017 (zitiert: *Autor*, in: Ehmann/Selmayr 2017).

Eifert, M. (Hrsg.), 2011, Innovation, Recht und öffentliche Kommunikation, 1. Aufl., Berlin: (zitiert: *Autor*, in: Eifert 2011).

Friedewald, M./Obersteller, H./Nebel, M./Bieker, F./Rost, M., Forum Privatheit (Hrsg.), Whitepaper Datenschutz-Folgenabschätzung 2017, abrufbar http://www.forum-privatheit.de/forum-privatheit-de/publikationen-und-downloads/veroeffentlichungen-des-forums.php (zitiert: Forum Privatheit, White Paper Datenschutz-Folgenabschätzung, 2017).

Gola P. (Hrsg.), Datenschutz-Grundverordnung: DSGVO, München 2017 (zitiert: *Autor*, in: Gola 2017).

Göbel-Zimmermann, R./Kern, M., Der Anwendungsvorrang der Antidiskriminierungsrichtlinien bei mangelnder "Normbereinigung" durch die Landesgesetzgeber, NVwZ 2014, 1202.

Grabitz, E./Hilf, M. (Hrsg.), Das Recht der Europäischen Union, 40. Ergl., München 2009 (zitiert: *Autor*, in: Grabitz/Hilf 2009).

Grabitz, E./Hilf, M./Nettesheim, M. (Hrsg.), Das Recht der Europäischen Union, 62. Ergl., München 2016 (zitiert: *Autor*, in: Grabitz/Hilf/Nettesheim 2016).

Graf, J. P. (Hrsg.), Beck'scher Online-Kommentar StPO mit RiStBV und MiStra, 27. Edition, München 2017 (zitiert: *Autor*, in: Graf 2017).

Härting, N., Profiling: Vorschläge für eine intelligente Regulierung, CR 2014, 528.

Hofmann, J./Johannes, P. C., DS-GVO: Anleitung zur autonomen Auslegung des Personenbezugs, ZD 2017, 221.

Hörauf, D., Das neue Antiterrordateigesetz – Auswege aus oder Irrwege innerhalb einer verfassungsrechtlichen Sackgasse?, NVwZ 2015, 181.

Hornung, G./Schindler, S., Das biometrische Auge der Polizei, ZD 2017, 203.

Johannes, P. C., Bundestag: Gesetz zum Abbau der Schriftform im Verwaltungsrecht des Bundes beschlossen, ZD-Aktuell 2017, 05489.

Johannes, P. C, Unterschiede in der Datenschutz-Folgenabschätzung für Polizei und Strafverfolgungsbehörden nach europäischem und deutschem Recht, ZD-Aktuell 2017, 05852.

Johannes, P. C, Die Gegenüberstellung – Der Datenschutzbeauftragte nach DS-GVO, JI-Richtlinie und zukünftigem BDSG, ZD-Aktuell 2017, 05794.

Johannes, P. C., Die Gegenüberstellung – Allgemeine Grundsätze der Datenverarbeitung nach neuem BDSG, DS-GVO und JI-Richtlinie, ZD-Aktuell 2017, 05757.

Johannes, P. C./Richter, P., Privilegierte Verarbeitung im BDSG-E, DuD 2017, 300.

Körner, M., Die Datenschutz-Grundverordnung und nationale Regelungsmöglichkeiten für Beschäftigtendatenschutz, NZA 2016, 1383.

Kühling, J., Neues Bundesdatenschutzgesetz – Anpassungsbedarf bei Unternehmen, NJW 2017, 1985.

Kühling, J./Buchner, B. (Hrsg.), Datenschutz-Grundverordnung: DS-GVO, München 2017 (zitiert: *Autor*, in: Kühling/Buchner 2017).

Kühling, J./Martini, M., Die Datenschutz-Grundverordnung: Revolution oder Evolution im europäischen und deutschen Datenschutzrecht?, EuZW 2016, 448.

Kühling, J./Martini, M./Heberlein, J. ua, Die Datenschutzgrundverordnung und das nationale Recht: Erste Überlegungen zum innerstaatlichen Regelungsbedarf, Münster 2016, http://www.foev-speyer.de/files/de/downloads/Kuehling_Martini_et_al_Die_DS GVO_und_das_nationale_Recht_2016.pdf (zitiert: *Kühling/Martini ua 2016*).

Kugelmann, D., Datenschutz bei Polizei und Justiz, DuD 2012, 581.

Laue, P., Öffnungsklauseln in der DS-GVO – Öffnung wohin? Geltungsbereich einzelstaatlicher (Sonder-) Regelungen, ZD 2016, 463.

Laue, P./Nink, J./Kremer, S., Das neue Datenschutzrecht in der betrieblichen Praxis, Baden-Baden 2016.

Linder, A., EU-Datenschutz-Grundverordnung: Gesetzeswortlaut mit eingereihten Erwägungsgründen, Norderstedt 2016.

Lisken, H./Denninger, E./Rachor, F./Boldt, H. (Hrsg.), Handbuch des Polizeirechts – Gefahrenabwehr, Strafverfolgung, Rechtsschutz, 4. Aufl., München 2007 (zitiert: *Autor*, in: Lisken/Denninger 2007).

Lisken, H./Denninger, E./Rachor, F./Boldt, H. (Hrsg.), Handbuch des Polizeirechts – Gefahrenabwehr, Strafverfolgung, Rechtsschutz, 5. Aufl., München 2012 (zitiert: *Autor*, in: Lisken/Denninger 2012).

Marquenie, T., The Police and Criminal Justice Authorities Directive: Data protection standards and impact on the legal framework, CL&SR 2017, 324.

Meyer-Ladewig, J./Nettesheim, M./von Raumer, S. (Hrsg.), Europäische Menschrechtskonvention Handkommentar, 4. Aufl., München 2017 (zitiert: *Autor*, in: Meyer-Ladewig/Nettesheim/von Raumer 2017).

Müller-Eiselt, P. G., Highway oder Nadelöhr?, DVBl. 2014, 1168.

Müllmann, D., Zweckkonforme und zweckändernde Weiternutzung, NVwZ 2016, 1692.

Nebel, M./Richter, P., Datenschutz bei Internetdiensten nach der DS-GVO – Vergleich der deutschen Rechtslage mit dem Kommissionsentwurf, ZD 2012, 407.

Nguyen, A., Die Subsidiaritätsrüge des Deutschen Bundesrates gegen den Vorschlag der EU-Kommission für eine Datenschutz- Grundverordnung, ZEuS 2012, 277.

Ohm, P., Broken Promises of Privacy: Responding to the surprising Failure of Anonymization, UCLA Law Review 2010, 1701.

Paal B. P./Pauly, D. A. (Hrsg.), Datenschutz-Grundverordnung: DSGVO, München 2017 (zitiert: *Autor*, in: Paal/Pauly 2017).

Pieroth, B./Schlink, B./Kniesel, M., Polizei- und Ordnungsrecht mit Versammlungsrecht, 7. Aufl., München 2012.

Plath, K. U. (Hrsg.), BDSG/DSGVO – Kommentar zum BDSG und zur DSGVO sowie den Datenschutzbestimmungen des TMG und TKG, 2. Aufl. Köln 2016 (zitiert: *Autor*, in: Plath 2016).

Potacs, M., Effet utile als Auslegungsgrundsatz, EuR 2009, 465.

Reding, V., Sieben Grundbausteine der europäischen Datenschutzreform, ZD 2012, 195.

Roßnagel, A., Handbuch Datenschutzrecht, München 2003 (zitiert: *Autor,* in: Roßnagel 2003).

Roßnagel, A. (Hrsg.), Europäische Datenschutz-Grundverordnung: Vorrang des Unionsrechts – Anwendbarkeit des nationalen Rechts, Baden-Baden 2017 (zitiert: *Autor,* in: Roßnagel 2017).

Roßnagel, A., Datenschutzaufsicht nach der EU-Datenschutz-Grundverordnung: Neue Aufgaben und Befugnisse der Aufsichtsbehörden, Wiesbaden 2017.

Roßnagel, A., Gesetzgebung im Rahmen der Datenschutz-Grundverordnung, DuD 2017, 277.

Roßnagel, A. (Hrsg.), Das neue Datenschutzrecht - Europäische Datenschutz-Grundverordnung und deutsche Datenschutzgesetze, Baden-Baden 2018 (zitiert: *Autor,* in: Roßnagel 2018).

Roßnagel, A./Laue, P., Zweckbindung im Electronic Government, DöV 2007, 543.

Roßnagel, A./Richter, P./Nebel, M., Besserer Internetdatenschutz für Europa – Vorschläge zur Spezifizierung der DS-GVO, ZD 2013, 103.

Schaffland, H.-J./Wiltfang, N. (Hrsg.), Datenschutz-Grundverordnung (DS-GVO)/ Bundesdatenschutzgesetz (BDSG), Stand 2017, Berlin 2017 (zitiert: *Autor*, in: Schaffland/Wiltfang 2017).

Schantz, P., Die Datenschutz-Grundverordnung: Beginn einer neuen Zeitrechnung im Datenschutzrecht, NJW 2016, 1841.

Schantz, P./Wolff, A., Das neue Datenschutzrecht – Datenschutz-Grundverordnung und Bundesdatenschutzgesetz in der Praxis, München 2017.

Schwichtenberg, S., Die „kleine Schwester" der DSGVO: Die Richtlinie zur Datenverarbeitung bei Polizei und Justiz, DuD 2016, 606.

Simitis, S. (Hrsg.), Bundesdatenschutzgesetz, 8. Aufl., Frankfurt am Main 2014 (zitiert: *Autor,* in: Simitis 2014).

Stief, M., Die Richtlinie (EU) 2016/680 zum Datenschutz in der Strafjustiz und die Zukunft der datenschutzrechtlichen Einwilligung im Strafverfahren, StV 2017, 470.

Sydow, G. (Hrsg.), Europäische Datenschutzgrundverordnung, Baden-Baden, Wien, Zürich/St. Gallen 2017 (zitiert: *Autor*, in: Sydow 2017).

Tene, O./Zanfir-Fortuna, G., Chasing the Golden Goose: What is the path to effective anonymisation?, PinG 2017, 129.

Thiel, M., Polizei- und Ordnungsrecht, Baden-Baden 2013.

von der Groeben, H./Schwarze, J./Hatje, A. (Hrsg.), Europäisches Unionsrecht, Band 1, 7. Aufl., Baden-Baden 2015 (zitiert: *Autor*, in: v.d. Groeben/Schwarze/Hatje 2015).

Weichert, T., Die EU-Richtlinie für den Datenschutz bei Polizei und Justiz, Bonn, Stand: 01 Februar 2016, http://www.netzwerk-datenschutzexpertise.de/sites/default/files/bewertung_2016_02_eudsri_polizei.pdf.

Weinhold, R., RL zum Datenschutz für Polizei und Justiz – Überblick und Umsetzung, ZD-Aktuell 2017, 05451.

Weinhold, R./Johannes, P. C., Europäischer Datenschutz in Strafverfolgung und Gefahrenabwehr – Die neue Datenschutz-Richtlinie im Bereich Polizei und Justiz sowie deren Konsequenzen für deutsche Gesetzgebung und Praxis, DVBl 2016, 1501.

Wolff, H. A./Brink, S. (Hrsg.), BeckOK Datenschutzrecht, 22. Ed., München 2017 (zitiert: *Autor*, in: Wolff/Brink 2017).

Gesetze- und Gesetzgebungsmaterialien

Verordnung (EU) 2016/679 des europäischen Parlaments und des Rates vom 27. April 2016 zum Schutz natürlicher Personen bei der Verarbeitung personenbezogener Daten, zum freien Datenverkehr und zur Aufhebung der Richtlinie 95/46/EG (Datenschutz-Grundverordnung), EU ABl. 119 vom 4. Mai 2016, Seite 1.

Richtlinie (EU) 2016/680 des Europäischen Parlaments und des Rates vom 27. April 2016 zum Schutz natürlicher Personen bei der Verarbeitung personenbezogener Daten durch die zuständigen Behörden zum Zwecke der Verhütung, Ermittlung, Aufdeckung oder Verfolgung von Straftaten oder der Strafvollstreckung sowie zum freien Datenverkehr und zur Aufhebung des Rahmenbeschlusses 2008/977/JI des Rates, EU ABl. 119 vom 4. Mai 2016, Seite 89.

Rahmenbeschluss vom 27. November 2008 über den Schutz personenbezogener Daten, die im Rahmen der polizeilichen und justiziellen Zusammenarbeit in Strafsachen verarbeitet werden, EU ABl. L 350 vom 30. Dezember 2008, Seite 60.

Gesetz zur Anpassung des Datenschutzrechts an die Verordnung (EU) 2016/679 und zur Umsetzung der Richtlinie (EU) 2016/680 (Datenschutz-Anpassungs- und -Umsetzungsgesetz EU – DSAnpUG-EU) vom 30. Juni 2017 – Bundesgesetzblatt Teil I 2017 Nr. 44, 5. Juli 2017, Seite 2097.

BR-Drs. 110/17 – Gesetzentwurf.

BR-Drs. 110/17 (B) – Beschlussdrucksache.

BR-Plenarprotokoll 954, TOP 36, 112B–114D, 1. Durchgang vom 10. März 2017.

BR-Plenarprotokoll 957, TOP 10, 224C–225D, 2. Durchgang vom 12. Mai 2017.

BT-Drs. 18/11325 – Gesetzentwurf.

BT-Drs. 18/11655 – Unterrichtung über Stellungnahme des BR und Gegenäußerung der BRg.

BT-Drs. 18/12084 – Beschlussempfehlung, Urheber: Innenausschuss.

BT-Plenarprotokoll 18/221, 22176B–22183D – 1. Beratung vom 9. März 2017.

BT-Plenarprotokoll 18231, 23299A–23307A – 2. Beratung vom 27. April 2017.

BT-Plenarprotokoll 18231, 23306D – 3. Beratung vom 27. April 2017.

Stichwortverzeichnis

Fette Zahlen bezeichnen die Paragraphen, magere die Randnummern.